Libretto

GILES MILTON

SAMOURAÏ WILLIAM

L'Anglais qui rompit l'isolement du Japon

Traduit de l'anglais par
ANNE-MARIE HUSSEIN

libretto

Titre original :
Samurai William. The Adventurer Who Unlocked Japan

Hodder and Stoughton, London, 2002.

I.S.B.N. : 978-2-7529-0764-6

Né en 1966 dans le Buckinghamshire, le journaliste et écrivain anglais Giles Milton est spécialiste de l'histoire des voyages et des explorations. Il collabore à de nombreux journaux, en France et à l'étranger, et est l'auteur de plusieurs essais : *Les Aventuriers de la Reine*, *Captifs en Barbarie* (Noir sur Blanc, 2002 et 2006). Son premier roman, *Le Nez d'Edward Trencom*, a paru en 2007 aux Éditions Buchet/Chastel.

REMERCIEMENTS

L'histoire du Samouraï William est tirée de lettres et de journaux intimes datant du règne du roi Jacques Ier d'Angleterre. Je suis extrêmement reconnaissant aux érudits qui ont rassemblé et publié ces pittoresques documents. La liste des sources auxquelles le présent récit a puisé figure dans les dernières pages de ce livre. Le magnifique ouvrage *The English Factory in Japan*, d'Anthony Farrington, mérite cependant une mention particulière. Les portraits des Anglais vivant au Japon doivent beaucoup à cette monumentale collection de textes originaux.

J'ai aussi une dette de reconnaissance envers de nombreux chercheurs et traducteurs qui m'ont apporté leur aide au Japon : Laura Inoue pour ses conseils, son ardeur au travail et son excellent alcool de prune ; le personnel de la Japan Foundation Library de Tokyo, ainsi que Takako Suga qui m'a servi d'interprète et de guide à Hirado.

Ma gratitude va aussi à Marjolein van der Valk qui a traduit des dizaines de pages de *De Ries van Mahu en de Cordes*, et à Peter ten Arve, de Rotterdam, à qui je dois la découverte et la traduction de manuscrits hollandais.

Je n'oublie pas non plus les nombreux Londoniens qui m'ont apporté leur concours, Maggie Noach et Jill Hughes ; Roland Philipps, Lizzie Dipple et Celia Levett ; George Tiffin qui a photographié un grand nombre des illustrations ; Frank

Barrett et Wendy Driver ; enfin les membres du personnel (et amis) toujours obligeants de la London Library où ce livre a été en grande partie écrit.

Je suis particulièrement reconnaissant envers Paul Whyles qui a accepté de lire et de relire le manuscrit dans des délais très courts et a suggéré de très utiles modifications.

Enfin je veux dire un grand merci à Alexandra pour les encouragements, le soutien et les conseils affectueux que j'ai reçus d'elle, ainsi qu'à Madeleine et à Héloïse pour leurs niches et leur joyeux babillage.

Pour Aurelia

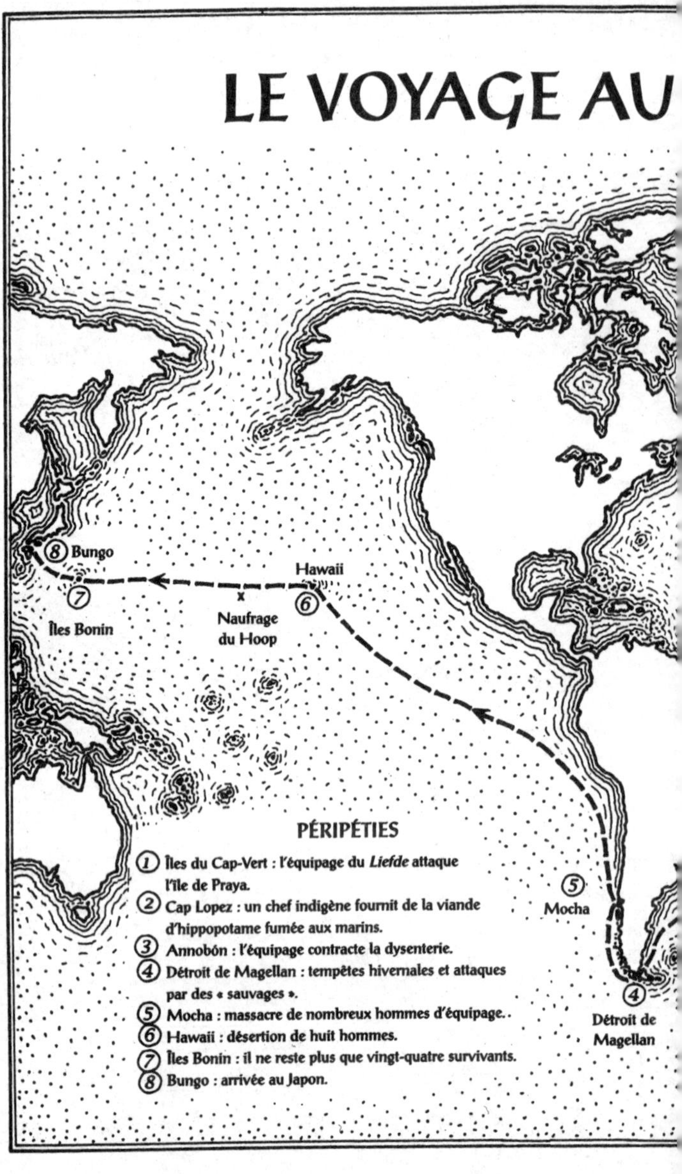
LE VOYAGE AU
Bungo
Hawaii
Îles Bonin
Naufrage
du Hoop
Mocha
Détroit de
Magellan
PÉRIPÉTIES
① Îles du Cap-Vert : l'équipage du *Liefde* attaque l'île de Praya.
② Cap Lopez : un chef indigène fournit de la viande d'hippopotame fumée aux marins.
③ Annobón : l'équipage contracte la dysenterie.
④ Détroit de Magellan : tempêtes hivernales et attaques par des « sauvages ».
⑤ Mocha : massacre de nombreux hommes d'équipage.
⑥ Hawaii : désertion de huit hommes.
⑦ Îles Bonin : il ne reste plus que vingt-quatre survivants.
⑧ Bungo : arrivée au Japon.

APON : 1598-1600

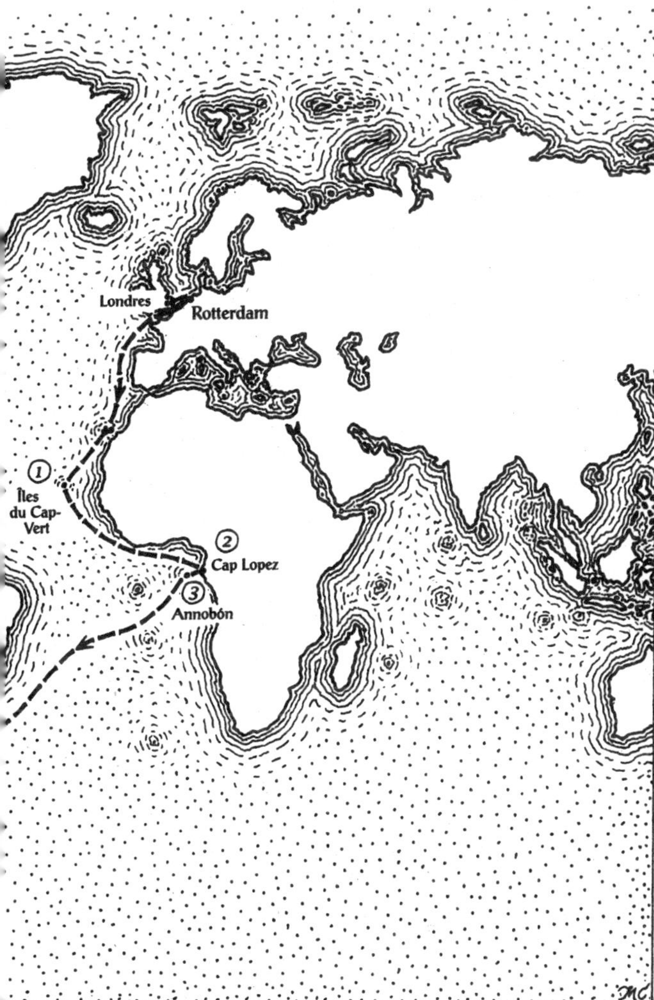

NOTE SUR LA LANGUE

La langue utilisée par William Adams, Cocks et tous les personnages cités dans cet ouvrage est à la fois riche et bizarre. Une orthographe excentrique la rend parfois difficile à déchiffrer. Dans la version originale anglaise, l'auteur l'a quelque peu modernisée tout en prenant soin d'en conserver la fraîcheur et le pittoresque.

Nous nous sommes efforcés, en traduisant les citations empruntées à des documents de l'époque, de rester aussi près possible du texte original afin d'en conserver la vivacité. Nous avons néanmoins pensé qu'inventer un faux langage censé correspondre à la fin du XVIe siècle et au début du XVIIe risquerait de nuire à l'authenticité de ces témoignages. Nous avons donc décidé de nous en tenir à une structure grammaticale relativement moderne en prenant toutefois soin d'éviter les anachronismes dans le choix du vocabulaire et en utilisant, à l'occasion, des expressions empruntées à des ouvrages comparables de la même époque.

PROLOGUE

Ils avaient atteint les confins du monde. Une terrible tempête les avait poussés vers une région inconnue où, sur les cartes et les mappemondes, ne figuraient que des monstres habitant les abîmes marins. Au ciel nocturne scintillaient des étoiles orientales, mais ces astres mal connus n'avaient été, pour ces aventuriers solitaires et égarés, que des guides malicieux.

Il y avait près de deux ans que William Adams et ses compagnons bravaient la houle déchaînée des océans. Ils avaient essuyé les jets de javelots des habitants des îles rencontrées en chemin, enduré la maladie et la faim. En ce 12 avril 1600, les quelques hommes qui avaient survécu au voyage virent une fois de plus une terre apparaître à l'horizon. Ils y trouveraient, pensèrent-ils, la mort aux mains de cruels sauvages.

À l'aube, la cloche du grand monastère Manju-ji retentit. Tandis que la timide lumière du printemps se répandait sur les montagnes, une douzaine de sonneries émanant d'autres temples lui firent bruyamment écho. Il faisait déjà jour sur le delta de la rivière Oita, mais la nuit continuait à envelopper les palais et les pagodes de Funai. Les toits cunéiformes de ces bâtiments retenaient l'ombre prisonnière, et plusieurs heures s'écouleraient avant que la lumière n'envahisse l'enchevêtrement des ruelles.

L'étrange navire que les vagues poussaient dans le port était dans un état lamentable. Ses voiles étaient en lambeaux, les bois de sa charpente blanchis par le soleil. Sa poupe majestueuse et sa proue percée de fenêtres à meneaux le distinguaient cependant des jonques qui fréquentaient ces rivages méridionaux du Japon. Dès qu'il avait été aperçu, l'alarme avait été donnée et un petit groupe de citadins était parti à la rame pour l'observer de plus près. Un spectacle pitoyable se présenta aux yeux des quelques hommes qui grimpèrent à bord. Douze aventuriers gémissants gisaient dans leurs excréments. Des rougeurs, symptômes du scorbut, couvraient la peau de beaucoup d'entre eux, et les autres souffraient de terribles maladies tropicales. Leurs provisions étaient épuisées depuis longtemps et ils avaient survécu en se nourrissant des rats et autres vermines qui pullulaient au fond de la cale, parmi les monceaux de détritus. Seul William Adams était en état d'adresser quelques mots aux nouveaux arrivants et la vision de ces premiers représentants d'une civilisation plus ancienne, et peut-être plus raffinée que la sienne, le remplit d'étonnement.

Il se rendit immédiatement compte que ces hommes étaient venus non pas pour le secourir, lui et ses compagnons, mais pour piller leur navire. Il ne lui restait plus que l'espoir de trouver un bon accueil à terre. Après avoir livré une longue bataille contre les tempêtes et la faim, les voyageurs avaient réussi l'exploit hors du commun de traverser deux océans, l'Atlantique et le Pacifique, en se frayant un chemin à travers le redoutable détroit de Magellan. Ils avaient survécu aux blizzards de l'Antarctique et aux tempêtes tropicales et avaient vu, horrifiés, leurs amis et leurs camarades perdre leurs forces et rendre l'âme. Des cinq navires qui composaient leur flotte, le leur était le seul à atteindre les côtes du Japon. De la centaine de marins embarqués avec eux, vingt-quatre seulement étaient encore en vie, dont six étaient aux portes de la mort.

Après plus de dix-neuf mois passés en mer, Adams avait abordé au Japon, île mythique sur laquelle aucun Anglais n'avait encore posé le pied. Au moment de débarquer, il pria Dieu que le voyage d'exploration dans lequel il s'était lancé soit enfin arrivé à son terme. La découverte ne faisait en réalité que commencer pour lui.

À l'époque élisabéthaine, les Londoniens ignoraient presque tout du Japon. Sur les cartes consultées par les aventuriers, le lointain Orient n'était indiqué que par quelques traits informes, par des points et par des figures de monstres grotesques. Sur la carte du monde établie par Gerhard Mercator en 1569, une tache en forme de losange à laquelle se rattachaient deux chaînes d'îles tentaculaires figurait le Japon. Edward Wright n'avait pas fait beaucoup mieux. Lorsque ce cartographe en était venu à dessiner le Japon, il avait fait appel à son imagination et avait tracé les contours d'une langouste difforme, dotée d'une longue barbe duveteuse. Tout en qualifiant fièrement son œuvre de « description hydrographique véritable », il avait admis n'avoir dessiné avec exactitude du monde que « ce qui avait été découvert jusqu'à ce jour ». Le Japon, hélas, n'en faisait pas partie.

Ailleurs en Europe du Nord, l'ignorance des érudits quant à l'emplacement du Japon et à la population de ce mystérieux « royaume » était tout aussi profonde. Tous les renseignements que l'on avait à ce sujet aux Pays-Bas, en France et dans le Saint Empire étaient puisés dans les récits de Marco Polo, vieux déjà de trois siècles. Le grand voyageur vénitien, qui n'était pas allé lui-même au Japon – pays qu'il nommait Sypangu –, s'était d'ailleurs fié à des ouï-dire et répétait ce qu'il avait appris des Chinois : « Les gens sont blancs et de moult belle manière », écrit-il, ajoutant qu'ils étaient férocement fiers et qu'ils avaient leur propre gouvernement. Personne – pas même leurs voisins les Chinois – n'ose s'embarquer pour leur pays, note-t-il, car les distances à parcourir sont énormes et les dangers graves.

Les royaumes interdits étaient riches, tout au moins dans l'imagination des aventuriers, et, à leurs yeux, le lointain Japon – le pays du Soleil Levant – brillait de l'éclat de l'or : « Ils ont tant d'or que c'est sans nombre, raconte Polo au comble de l'excitation, car ils le trouvent en leur île. » Le palais de l'empereur « est tout couvert d'or fin », ses fenêtres brillent et scintillent, et on y trouve « si démesurément grande richesse que trop serait grande merveille qui la pourrait nombrer ».

De nombreux naufrages étaient dus à l'inexactitude des cartes. Sur celle-ci, gravée aux Pays-Bas vers 1596 et jugée « très vraie » par un capitaine, le Japon a la forme d'une langouste, comme c'était le cas dans des versions antérieures.

De telles perspectives poussèrent des douzaines d'aventuriers anglais à braver les mers inconnues, à mettre leur confiance en Dieu et à compter sur des vents favorables. Après avoir étudié cartes et portulans, ils étaient arrivés à la conclusion, certes logique, que, pour aller en Orient, la route la plus courte passait par l'océan Arctique. L'idée que leurs fragiles vaisseaux puissent se heurter à de monstrueux icebergs et à des montagnes de glace translucides ne leur effleura pas l'esprit. Ce fut pourtant ce qui arriva à Sir Hugh Willoughby, parti en 1553. Son expédition se solda par une catastrophe spectaculaire : son navire fut immobilisé dans le piège glacé de la mer Blanche, au nord de la Moscovie où ses hommes, gelés par un blizzard de l'Antarctique, trouvèrent la mort.

Pour atteindre le Japon et la Chine, la route qui contournait le continent américain par le nord, celle du passage du Nord-Ouest, était réputée être plus courte encore. Mais elle s'était révélée, elle aussi, désastreuse pour nombre de loups de mer élisabéthains. « Le froid était si grand, raconte l'aventurier George Beste, qu'il gelait non seulement les corps des hommes mais les cordages et les lignes. » La glace envahissait la mer, même en plein été, car de terribles tempêtes fracturaient la banquise et jetaient des montagnes de glace sur la route des navires en bois des explorateurs. « Nous étions entourés de glace, écrivit ce navigateur à propos d'une de ses expéditions, au point que nous ne pouvions voir ni terre ni mer. »

George Beste n'en encourageait pas moins ses compatriotes à atteindre l'Orient dont il faisait miroiter à leurs yeux les trésors inimaginables. « Des mondes entiers s'offrent, disait-il, à ceux qui, les premiers, daigneront en prendre possession, les habiter et les cultiver. » La planète et ses richesses étaient à conquérir au XVIe siècle, et dans les océans, de vastes étendues restaient encore à traverser. « Oui, des pays sont encore sans maîtres ni propriétaires, fertiles cependant, où pousseraient toutes commodités de blés et de grains», poursuivait l'explorateur qui se serait montré peut-être un peu moins enthousiaste s'il avait connu les périls encourus sur les mers tropicales. Les vaisseaux élisabéthains étaient fragiles et entièrement livrés aux caprices des vents, des tourbillons et des courants. Les hauts-fonds et les bancs de sable de la mer de Chine ne figuraient sur aucune carte et on disait la mystérieuse île du Japon environnée de tempêtes imprévues dans lesquelles les navires disparaissaient d'un seul coup.

Les audacieux aventuriers portugais s'étaient montrés capables de pénétrer plus loin en Orient que leurs homologues anglais. Longeant les côtes de l'Afrique, ils avaient d'abord doublé, en 1488, le cap de Bonne-Espérance, puis, manœuvrant à tâtons leurs caraques dans les eaux inconnues de l'océan Indien, ils avaient atteint l'Inde dix ans plus tard et, en 1511, avaient capturé le port malais de Malacca. Poussant plus loin vers l'est, ils avaient entrepris un commerce clandestin avec les régions côtières de la Chine, achetant soieries et porcelaines aux sujets des empereurs Ming. Mais, tandis qu'ils longeaient les rivages du ventre arrondi de ce grand empire, le courage avait commencé à leur manquer. Leurs ressources en moyens matériels et en hommes étaient insuffisantes. Ils opéraient aux confins du monde connu et, ayant atteint des limites qu'ils ne se sentaient plus capables de dépasser, ils décidèrent de s'en tenir là.

Trente années devaient s'écouler avant que les terribles vents tropicaux ne poussent les premiers Occidentaux jusque sur les rives du Japon. Ils se trouvèrent dans un pays tel qu'ils n'en avaient jamais vu de semblable. Des moines ascétiques y côtoyaient des courtisans parfumés, de ravissants palais s'élevaient à côté de temples aux murs laqués. Les nouveaux arrivants furent ébahis en découvrant que les Japonais s'adonnaient à des plaisirs d'un extrême raffinement et se pliaient à un cérémonial dont les règles étaient aussi compliquées qu'étonnantes.

Ce brillant tableau n'était cependant pas sans ombres. Les seigneurs féodaux et leurs armées s'affrontaient lors de batailles d'une ampleur dépassant tout ce que l'on connaissait en Europe. Des centaines de milliers de guerriers y prenaient part et les vaincus pratiquaient le suicide rituel plutôt que de subir l'opprobre de la reddition. À l'autre bout du monde s'étendait un pays à la fois enchanté et profondément mélancolique.

L'histoire du Samouraï William, qui s'y déroula au début du XVIIe siècle, est l'une des plus remarquables de cette époque. Elle eut pour cadre une civilisation dont le raffinement dépassait l'imagination, mais qu'allaient déchirer des conflits aggravés par les interventions des Européens. Elle eut pour prologue, en 1544, presque soixante ans avant l'arrivée de son héros au pays du Soleil Levant, l'aventure d'un petit groupe de marchands portugais voyageant à bord d'une jonque aux voiles gonflées par le turbulent vent de mousson. Cette embarcation fut entraînée si loin sur la mer de Chine orientale que ses passagers finirent par apercevoir les forêts recouvrant l'île de Kyushu, au sud-ouest du Japon. Ce fut ainsi qu'en 1544, trois Portugais débarquèrent sur le sol de l'antique fief de Bungo.

I

À LA COUR DE BUNGO

Personne n'avait jamais vu d'hommes à l'aspect aussi étrange. Ils avaient de grands nez, des moustaches géantes et portaient des pantalons bouffants, entièrement matelassés. Ils semblaient aussi ne pas comprendre grand-chose aux manières des Japonais et aux règles de l'étiquette observée dans leur pays. Les quelques curieux assemblés sur les quais du port de Funai les crurent venus d'un autre monde.

Le navire des nouveaux arrivants avait été entraîné vers ces rivages par la « grande et véhémente tempête » qui menait sa dernière danse au large des côtes. Il était rare qu'une jonque traverse la mer de Chine orientale et l'arrivée de ce navire mis à mal par les flots attira immédiatement l'attention du gouverneur de Funai. Il se rendit au port où les étrangers lui expliquèrent, par l'intermédiaire d'interprètes chinois, qu'ils « venaient d'une autre terre appelée Portugal, qui était à l'extrémité la plus lointaine du monde ».

Ne sachant que faire, le gouverneur chargea un messager d'apprendre la nouvelle au seigneur de Bungo dont l'autorité s'étendait sur le port. Craignant que les étrangers ne soient une source d'interminables ennuis s'il les laissait en vie, ce dernier ordonna qu'on les exécute sur-le-champ, qu'on s'empare de leurs biens et qu'on confisque leur navire. Cette décision provoqua beaucoup de commentaires dans les salles du palais, en particulier lorsque la nouvelle arriva aux oreilles du fils aîné du seigneur. Celui-ci déclara à son père qu'un tel acte ternirait la réputation de Bungo dans le Japon tout entier, et qu'il s'opposait à ce qu'un tel meurtre fût perpétré.

Le seigneur de Bungo revint sur sa décision. Il le fit de mauvais gré, mais s'en félicita plus tard, lorsqu'il en eut appris davantage sur les hommes venus «d'une autre terre». On lui dit en effet qu'ils étaient bien habillés et parlaient d'une manière très raffinée, ce qui était particulièrement important dans la société japonaise de l'époque, policée et strictement hiérarchisée. Sa Seigneurie fut particulièrement satisfaite de savoir qu'ils étaient «vêtus de soie et portaient habituellement une épée au côté, contrairement aux marchands». Dans une missive destinée au gouverneur du port, il ordonna qu'on lui amène immédiatement l'un de ces hommes, sinon tous. «Je tiens pour vrai, écrivit-il, que ces mêmes hommes vous ont largement entretenu de sujets tenant à l'univers, et vous ont assuré, sur leur foi, de l'existence d'un autre monde plus grand que le nôtre.»

Seule une curiosité futile inspirait, à ce qu'il apparut par la suite, le soudain intérêt porté aux visiteurs par le seigneur de Bungo. C'était un être léthargique, qui souffrait de divers maux, réels ou imaginaires, et sur lequel l'ennui pesait depuis longtemps. «Vous connaissez ma longue indisposition accompagnée de tant de souffrances et douleurs, poursuivait-il dans sa lettre, et le grand besoin où elle me met de quelque diversion.» Il promettait que quiconque visiterait sa petite cour serait traité avec le plus grand honneur et respect.

Il n'y eut aucun doute quant à celui des trois Portugais qui allait se présenter à la cour du seigneur de Bungo. Le choix du gouverneur se porta sur Fernao Mendes Pinto, un aventurier loquace, parce qu'étant «le plus vif d'humeur, ce par quoi les naturels japonais sont infiniment ravis, il pourrait réjouir le malade ». Cette vivacité, pensa le gouverneur, « distrairait la mélancolie [du seigneur] au lieu de la détourner ».

Les Japonais étaient à la fois fascinés et dégoûtés par les capitaines portugais. Ces aventuriers hâbleurs portaient des costumes fabuleux, mais ils se lavaient rarement et se montraient peu respectueux des us et coutumes de leurs hôtes.

C'est ce qu'il advint. Pinto était un aventurier *extraordinaire*, un *fidalgo* (noble) hors du commun dont le costume d'une élégance voyante indiquait une personnalité pittoresque. C'était un éternel romantique, un collectionneur de contes qui avait quitté le Portugal six ans plus tôt à la recherche du bizarre et de l'absurde. Lorsque, plusieurs années plus tard, il en vint à écrire l'histoire de ses voyages, il sut, par le sous-titre de son livre, aiguiser la curiosité des lecteurs en proclamant avoir été « cinq fois naufragé, seize fois vendu et treize fois réduit en esclavage ».

Cet ouvrage, intitulé *Peregrinaçam* (« Pérégrinations »), est rempli du récit d'incidents et de dangereuses aventures à la plupart desquelles l'intrépide auteur avait pris part. Rédigé pour la famille et les amis du voyageur, il ne tarda pas à être imprimé et devint un best-seller. Il aurait dû être accompagné d'un avertissement : Pinto était un fabulateur qui n'hésitait pas à s'attribuer les exploits d'autrui. Il prétendait avoir été le premier Européen à avoir débarqué au Japon, et pourtant on sait à présent – et il le savait lui-même – qu'une poignée de naufragés avaient été jetés sur les côtes de cet archipel l'année précédente. Pour rendre ses histoires plus intéressantes, il modifiait les dates, ajoutait des épisodes empruntés ailleurs, et exagérait sa propre audace. Ce qu'il dit du Japon contient néanmoins beaucoup de vérités. Qu'il ait abordé à Bungo avec son compatriote Jorge de Faria ne fait pas de doute, et les renseignements qu'il fournit sur les côtes japonaises sont, dans l'ensemble, exactes. Il en va de même du récit des incidents qui marquèrent le séjour qu'il y fit, car d'autres sources en attestent la véracité. Otomo Yoshishige, le fils du seigneur du lieu, en fit plus tard à un chroniqueur japonais un compte rendu d'une remarquable similitude. Le traducteur qui fit connaître l'ouvrage de Pinto au public anglais n'avait pas entièrement tort lorsqu'il écrivit : « Personne avant lui [...] n'a parlé autant et si véridiquement de ces parties orientales du monde. »

Une imposante escorte de nobles et de dignitaires accompagna Pinto lorsqu'il alla se présenter au seigneur de Bungo. Ces personnages étaient vêtus de riches robes et portaient des masses d'armes, insignes de leur rang. Le Portugais fut immédiatement frappé par la somptuosité de leurs costumes brodés de délicats pétales sertis de filigrane d'or. Ce fut plutôt par la physionomie des habitants du pays que les voyageurs qui visitèrent le Japon par la suite furent frappés. « Leurs yeux et leurs nez sont minuscules », note le père jésuite Luis Frois, et les fabuleuses moustaches qu'affectionnaient les Portugais n'ornaient pas leur visage. Au contraire, ils « arrachaient les poils de leur face » avec des pinces, et leur peau était, en conséquence, lisse et brillante. Leur coiffure aussi excitait les rires des visiteurs. Ils se rasaient une grande partie de la tête, ne laissant qu'une queue-de-cheval « à l'arrière [...] longue et attachée ». La façon dont les Japonais se curaient le nez faisait elle aussi l'objet de commentaires. « Nous nous servons de notre pouce ou de notre index, écrit un observateur, [...] ils se servent de leur petit doigt à cause de la petitesse de leurs narines. »

Après avoir été conduit à travers les salles du grand palais de Funai, Pinto fut introduit dans les appartements où Sa Seigneurie se languissait dans son lit. Mais, à peine le malade eut-il aperçu le visiteur qu'il se souleva et qu'un sourire illumina, fait rare, sa face : « Votre arrivée dans ce pays qui est le mien ne m'est pas moins agréable que la pluie tombée du ciel n'est profitable aux champs où le riz a été planté », déclara-t-il. Un si extraordinaire accueil étonna fort Pinto qui avoua, dans son livre, avoir été « un peu perplexe devant la nouveauté de ces termes et la manière de cette salutation ». Toutefois, il reprit vite ses esprits et, s'excusant de son court silence, il l'expliqua par la conscience qu'il avait de se trouver « aux pieds d'un si grand roi », ce qui aurait suffi à le rendre « muet pendant cent mille ans ». Il ajouta qu'il n'était « qu'une misérable fourmi, comparé à la grandeur » de son hôte.

Peut-être Pinto s'était-il cru en présence du roi du Japon, car les Portugais apprirent, bien des années plus tard, qu'Otomo Yoshiaki – tel était le nom du seigneur de Bungo – n'était qu'un des soixante-six seigneurs féodaux que comptait le Japon. Son autorité ne s'étendait que sur une petite partie de Kyushu, l'une des quatre îles principales composant le royaume.

Sa Seigneurie ne fit rien pour corriger l'erreur de Pinto, pas plus qu'il ne témoigna d'un quelconque intérêt pour le pays dont son visiteur était originaire. Abordant au contraire son sujet favori, c'est-à-dire parlant de sa propre personne, il mit Pinto au courant de ses maux, par l'intermédiaire de ses interprètes chinois. «Tu m'obligerais, déclara-t-il, en me faisant savoir si, dans ton pays, qui est à l'extrémité la plus lointaine du monde, tu as entendu parler d'un remède pour cette maladie qui me tourmente. » Il souffrait de la goutte, mais pas seulement : son estomac se révoltait chaque fois qu'on lui présentait un plat de fruits de mer ou de crustacés, et il confia à Pinto que ce dégoût ne l'avait pas quitté « depuis près de deux mois ».

Inquiet de se voir sommé de fournir des médicaments, Pinto chercha d'abord à gagner du temps en déclarant qu'il ne faisait « pas profession de fisicien ». Saisi par la crainte de décevoir son hôte, il changea cependant de ton et prétendit avoir dans ses coffres restés à bord « un certain bois » qui, trempé dans l'eau, « guérissait de maux bien plus graves » que celui dont le souverain se plaignait. Le bois en question fut apporté, Pinto en fit une infusion et Yoshiaki « en ayant usé pendant trente jours de suite [...] guérit parfaitement de sa maladie ».

Le seigneur de Bungo se lia très vite d'amitié avec son hôte portugais. La potion que celui-ci lui avait procurée l'avait soulagé et il paraissait lui en être sincèrement reconnaissant. Ses sujets semblent, en revanche, ne pas avoir trouvé grand-chose à louer chez les premiers arrivants européens. « Ces hommes sont des marchands de la Barbarie du sud-ouest, raille l'auteur de *Yaita-hi*, une chronique japonaise. Ils comprennent jusqu'à un certain point la distinction entre Supérieur et Inférieur, mais je ne sais pas s'ils possèdent de véritables règles d'étiquette. » La façon qu'avaient les étrangers de se parler en criant et de s'injurier horrifiait d'autres observateurs japonais. « Ils laissent voir leurs sentiments sans chercher à les maîtriser, note avec mépris l'un d'entre eux, et sont incapables de comprendre le sens des caractères écrits. » Il y avait pire : leurs vêtements étaient crasseux et puaient la sueur tandis que la barbe qui leur couvrait le visage leur donnait un aspect inquiétant.

Les Japonais se seraient sans doute vite désintéressés des Portugais si les cales des navires à bord desquels ils étaient arrivés n'avaient pas contenu des objets d'une grande importance. Il s'agissait d'armes – mousquets et arquebuses – dont le pouvoir de destruction remplissait d'étonnement les habitants de ces îles. « Ils n'avaient jamais vu de fusil dans ce pays, écrit Pinto, et ils ne comprenaient pas ce que cela pouvait bien être, aussi, incapables de concevoir le secret de la poudre, ils l'attribuèrent nécessairement à une quelconque sorcellerie. »

Le seigneur de Bungo demanda à Pinto combien d'artilleurs servaient le roi du Portugal. Cédant à son penchant pour la hâblerie, celui-ci prétendit qu'ils étaient approximativement deux millions. « Le roi fut fort ébahi », écrit Pinto qui, très content de lui-même, ajouta que c'était « une réponse merveilleuse ».

Yoshishige, le fils du seigneur de Bungo, ne mit pas longtemps à se rendre compte de la valeur que pouvaient avoir des armes d'une telle puissance dans un pays où on se battait

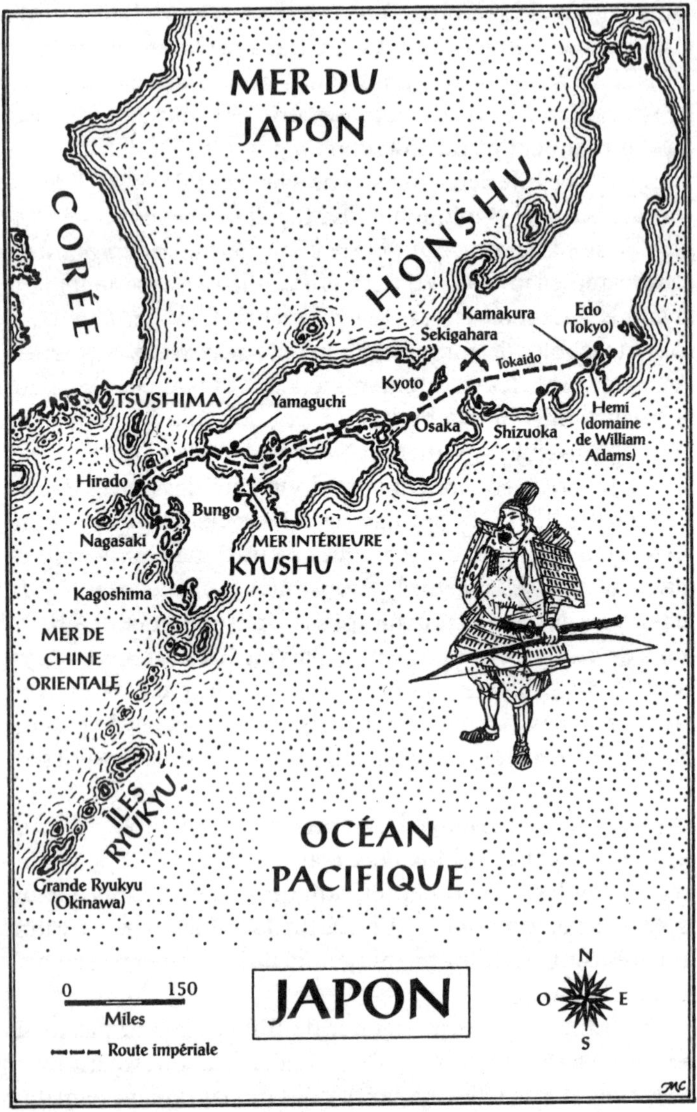

MER DU JAPON
CORÉE
HONSHU
Kamakura
Edo (Tokyo)
Sekigahara
Tokaido
Kyoto
TSUSHIMA
Yamaguchi
Osaka
Shizuoka
Hemi (domaine de William Adams)
Hirado
Bungo
Nagasaki
MER INTÉRIEURE
KYUSHU
Kagoshima
MER DE CHINE ORIENTALE
ILES RYUKYU
OCÉAN PACIFIQUE
Grande Ryukyu (Okinawa)
0
150
Miles
Route impériale
JAPON
N
O
E
S
MC

encore à l'épée et à l'arbalète. Désirant découvrir par lui-même le maniement de l'arquebuse et craignant que Pinto ne lui refuse de le laisser se servir de son arme, il se glissa, la nuit, dans la chambre de son hôte et la lui déroba. Il ne tarda pas à s'en repentir. Il n'avait pas grande idée de la manière de charger une arme à feu et ne savait pas non plus comment on s'y prenait pour tirer. Il versa une énorme quantité de poudre dans le canon, y enfonça la balle et alluma la mèche. Une lumière fulgurante l'aveugla, accompagnée d'une énorme explosion. « Par maladventure, l'arquebuse se brisa en trois morceaux et lui causa deux blessures, par l'une desquelles le pouce de sa main droite fut, d'une certaine manière, perdu. » Le jeune prince, voyant son pouce sectionné, s'évanouit et « tomba à terre comme mort ».

Pinto se trouva dans une situation critique. L'accident survenu au prince mit le palais sens dessus dessous et l'hôte arrivé sans avoir été invité fit les frais de la colère générale. « Ils conclurent que je l'avais tué, se remémore l'aventurier, et deux quidams de la compagnie tirèrent leurs cimeterres prêts à m'occire. » Mais le seigneur de Bungo les arrêta car il voulait d'abord faire subir à Pinto un interrogatoire plus poussé. L'ayant fait agenouiller, mains liées derrière le dos, il le questionna par l'intermédiaire d'un interprète tandis qu'un juge penché sur lui brandissait un poignard « trempé dans le sang du jeune prince ». Le Portugais comprit vite la nature de la justice japonaise. En temps normal, les condamnés étaient mutilés en public, puis fouettés à mort ou décapités. On laissait ensuite leur corps pourrir, ce macabre spectacle étant censé avoir valeur d'exemple. Le châtiment promis au Portugais ne serait pas moins affreux. « Si tu ne réponds pas aux questions que je te pose, lui dit son interrogateur, tes membres seront éparpillés dans l'air, comme les plumes d'une volaille morte que le vent transporte d'un endroit à l'autre, arrachées au corps avec lequel elles ne faisaient qu'un quand elle était en vie. »

Les bourreaux étaient impatients de découper leur victime, mais une autre idée, beaucoup plus raisonnable, vint à l'esprit du seigneur de Bungo. Puisque son hôte était à l'origine de l'accident dont Otomo avait été victime, suggéra-t-il, c'était à lui que devrait incomber le devoir de le ressusciter. Il avait fourni un remède contre la goutte, peut-être était-il capable d'administrer au prince une potion qui le ramènerait à la vie. Une fois de plus, Pinto se trouva forcé à jouer les médecins. Seulement, cette fois, son existence même était en jeu.

L'état du jeune Yoshishige semblait désespéré. Il gisait sur le sol, « baignant dans son propre sang, sans bouger ni main ni pied ». Mais un rapide examen convainquit Pinto que ses blessures n'étaient pas aussi graves que les courtisans qui se pressaient autour de lui le croyaient. La balafre qui lui entaillait le front était impressionnante, mais ce n'était en réalité « pas grand-chose » et le pouce qui pendait, accroché aux tendons, pouvait probablement être recousu. « Pour lors, comme la blessure à son pouce droit était la plus dangereuse, raconte Pinto, je commençai par là et fis sept points de suture. » La coupure continuant à saigner du fait de la maladresse du chirurgien improvisé, celui-ci eut recours à un emplâtre traditionnel préparé avec « du blanc d'œuf [...] et utilisé aux Indes » où il l'avait vu employer. Les soins ainsi prodigués eurent de bons effets. Le sang se coagula, le prince reprit connaissance et commença à se sentir mieux. Vingt jours plus tard il était presque complètement remis « sans autre inconvénient qu'une petite faiblesse de son pouce ». La nouvelle technologie – les mousquets et les arquebuses de Pinto – avait fait ses preuves. Elle avait un avenir assuré au Japon. Quelques mois après l'accident, les armuriers de Bungo étaient diligemment occupés à copier les armes venues de par-delà les mers.

Pinto n'en finissait pas de s'étonner des manières raffinées des Japonais qu'atterrait en revanche la façon fruste

Les échanges de cadeaux jouaient un grand rôle
dans la vie japonaise et faisaient l'objet de tout un cérémonial.
Le shōgun et ses courtisans s'attendaient à ce que les marchands
européens leur offrent des présents coûteux
et exotiques à leurs yeux.

et grossière de manger des Portugais. En 1556, lors de sa seconde visite au Japon, Pinto, invité à un banquet officiel, se trouva vite en butte à la moquerie de ses hôtes. « Nous nous mîmes à manger à notre propre façon de tout ce qui était placé devant nous », écrit-il, ajoutant que les voir faire « causa plus d'amusement au roi et à la reine que toutes les comédies qui auraient pu être jouées devant eux ». « Les Japonais ont pour habitude de manger avec deux petits bâtons [...], observèrent les Portugais, et estiment que toucher les viandes avec la main est une grande incivilité. » À la fin du repas, leur bonne humeur avait tourné au dédain et les convives « passèrent leur temps à se distraire à nos dépens, brocardant et raillant ». Le banquet prit abruptement fin lorsqu'un marchand japonais pénétra dans la salle, portant un lot de bras artificiels taillés dans le bois. À la grande joie des courtisans, il expliqua à Pinto et à ses hommes que, vu que leurs mains « devaient, par nécessité, toujours sentir la chair et le poisson [...], ces marchandises devraient leur être très commodes ».

Pinto quitta Bungo après avoir passé quelques mois à la cour d'Otomo. Le Japon l'avait fasciné par sa richesse et sa splendeur et, bien que le récit qu'il fit de son séjour ait, en maints endroits, tout de la fable médiévale, il offrit au monde la première description de ce pays faite par un témoin oculaire. Il y exprima d'une manière pittoresque l'étonnement que ressentiraient aussi les hommes qui s'y rendraient bientôt à sa suite. L'un d'entre eux devait choquer ses proches en déclarant dans une lettre que les Japonais étaient une race supérieure sur presque tous les plans : « Il ne vous faut pas croire que ce sont des barbares, écrit-il ; sauf pour notre religion, nous leur sommes grandement inférieurs. »

Ce fut un mélange de bluff, de courage et de jovialité qui permit à Pinto de garder la vie sauve pendant son séjour au Japon. N'étant jamais sorti du fief de Bungo et ne s'étant jamais éloigné de la région qui en borde les côtes, il semble avoir ignoré que le Japon du XVIe siècle était l'une des contrées les plus dangereuses au monde. Le pays du Soleil Levant traversait la terrible *sengoku jidai* – l'ère des guerres civiles – durant laquelle seule la force garantissait le pouvoir. « Les hommes se châtiaient et se tuaient les uns les autres, écrit un des premiers visiteurs européens, bannissaient, confisquaient les biens à leur guise, de telle manière que la félonie foisonnait et que personne ne faisait confiance à son voisin. »

Le pays était nominalement gouverné par un empereur, le « Souverain céleste », comme on l'appelait, qui vivait à Kyoto cloîtré dans un splendide isolement. Au Moyen Âge, période bénie de l'histoire du Japon, le souverain avait été entouré de foules de dames et de courtisans qui occupaient leurs journées à cultiver les beaux-arts. Les coffres impériaux s'étant vidés par la suite, nombre de *daimyo* – les nobles – avaient abandonné la vie de cour bien réglée et ses loisirs pour se retirer dans leurs provinces d'origine, laissant l'empereur livré à lui-même. Selon un chroniqueur japonais, le palais du souverain ne valait guère mieux qu'une hutte de paysan, et les courtisans restés à ses côtés subvenaient à leurs besoins en vendant des poèmes autographes et en colportant des objets anciens dans les ruelles de Kyoto. Il ne pouvait pas être question pour lui d'abdiquer car la cour ne pouvait pas financer les rites et les cérémonies qu'aurait requis une telle occasion. Lorsque l'empereur Go-Tsuchimikado mourut en 1500, l'état des finances impériales était tel que son corps en décomposition ne fut enterré qu'au bout de six semaines. La situation de l'empereur régnant à l'époque du séjour de Pinto était à peine plus enviable. Le couronnement n'eut lieu que neuf ans après son accession au trône car l'argent manquait – et, même alors, il n'était qu'une marionnette sans pouvoir. « Le vrai roi, mais obéi de personne », remarque un observateur.

L'empereur avait un protecteur en la personne du *shōgun*,

« le généralissime pour la soumission des barbares », qui était aussi l'homme fort parmi les seigneurs féodaux. Mais, vers 1540, lui non plus n'exerçait aucune autorité réelle car le pays était en proie à l'anarchie, et la réalité du pouvoir était entre les mains de brigands, de mercenaires et de seigneurs de la guerre rivaux. Ces derniers, les grands daimyo comme Otomo Yoshiaki, seigneur de Bungo, étaient engagés dans d'interminables guerres intestines, faisant main basse sur les fiefs les uns des autres, massacrant leurs ennemis avec toute leur parentèle.

Le pouvoir était entre les mains des barons voleurs dépourvus de scrupules, des bandits et des moines guerriers qui dévastaient régulièrement les campagnes. Ils dépendaient dans une grande mesure, pour leur succès, des *samouraïs*, porteurs de deux sabres qu'ils recrutaient sur leurs terres. Ces hommes d'armes avaient, dans un passé lointain, manifesté une fidélité sans faille envers leur suzerain. « Nous ne mourrons pas paisiblement, mais nous mourrons au côté de notre roi », telle était leur devise. Ils étaient devenus incapables de loyauté et ceux qui vivaient dans des régions frontalières étaient toujours prêts à changer de camp pour aller servir des seigneurs plus riches ou plus heureux à la guerre.

Les moines guerriers constituaient une autre menace pour les seigneurs et pour le shōgun. Les chroniques japonaises fourmillent d'exemples d'individus de ce type, riant avec mépris à l'idée que quiconque pourrait s'emparer de leurs monastères fortifiés perchés sur des pitons rocheux. En sécurité derrière leurs remparts massifs, ils se sentaient à l'abri de toute attaque et avaient, en grand nombre, abandonné la prière pour des festivités tapageuses, pour la sodomie et pour l'adultère. Les ténèbres n'enveloppaient cependant pas entièrement cette période turbulente. On pratiquait toujours la calligraphie dans les plus grands monastères zen où des œuvres exquises voyaient encore le jour. Les plus instruits parmi les seigneurs féodaux s'adonnaient, eux aussi, à cette forme d'art. Le drame lyrique du *nô*, la poésie et les rituels raffinés de la cérémonie du thé étaient aussi à l'honneur en ces temps troublés.

En dépit de l'incertitude et des luttes pour le pouvoir, la cour, privée de moyens financiers, continuait à fonctionner sur un mode distant et grandiose, et jouissait toujours d'un immense respect. « Bien que l'empereur ait perdu sa position, son pouvoir et ses revenus il y a quatre cents ans et ne soit plus guère qu'une idole, on lui témoigne encore un grand respect », écrit le jésuite Luis Frois. Les aristocrates à la tête rasée qui l'entouraient – les *kuge* – n'avaient plus aucun pouvoir, et pourtant ils étaient traités avec toute la révérence possible. Dans cette société extrêmement hiérarchisée, les titres honorifiques qu'ils portaient n'étaient pas purement symboliques ; une fois anoblis par une patente impériale, les guerriers les plus pauvres manifestaient un incommensurable mépris envers les barons voleurs les plus puissants. C'était là un phénomène typiquement japonais, et les étrangers qui arrivaient dans le pays avaient du mal à comprendre qu'un seigneur féodal dont le pouvoir s'étendait sur deux ou trois provinces mais auquel l'empereur n'avait pas accordé de place à sa cour puisse être traité avec irrévérence.

Quelques aventuriers portugais débarquèrent bientôt au Japon à la suite de Pinto. Pendant l'hiver 1547, le capitaine Jorge Alvarez visita le pays et se déclara beaucoup plus impressionné que par les régions côtières de la Chine et par les îles des Indes orientales. Il décrivit longuement les montagnes et les vergers et conclut son récit par une brève analyse du peuple japonais. Il fit l'éloge de nombre de choses, notant avec plaisir que le pays était habité par « une race blanche [...] de bonne apparence », et parla d'une façon admirative du régime alimentaire qu'on y observait, consistant surtout en grains bouillis et gluants : « Ils le cuisent comme un gruau, note-t-il, et en mangent très peu chaque fois. »

Ils étaient aussi très pieux et passaient une grande partie de chaque matinée « en prière, un rosaire à la main ». Dans leur vieillesse, beaucoup d'entre eux se retiraient dans un monastère bouddhiste pour y finir leurs jours dans la prière et la contemplation. C'était une vision très édifiante pour les hommes d'Église portugais, que venait seulement ternir l'habitude qu'avaient les moines, une fois leurs dévotions finies, de retrousser leurs kimonos et de « sodomiser les jeunes garçons qu'ils avaient charge d'instruire ».

Le récit d'Alvarez fascina un jeune jésuite du nom de François Xavier qui, ayant passé plus de huit ans en Inde et dans l'archipel malais, vit s'ouvrir devant lui un vaste champ de nouvelles activités missionnaires. Son enthousiasme ne fit que croître lorsque le capitaine lui eut fait faire la connaissance d'un réfugié japonais à l'esprit ouvert répondant au nom d'Anjiro. Après s'être converti au christianisme, ce dernier, accompagné d'un domestique et d'un ami, partit avec Xavier pour le Japon.

Les difficultés ne furent pas épargnées aux voyageurs. La traversée fut difficile pour le rafiot qui les transportait et qui dut faire route parmi tempêtes et récifs cachés, pirates et hauts-fonds. Lorsque la fille du capitaine se noya en tombant à la mer, les marins chinois « païens » se livrèrent à des rituels diaboliques, sacrifiant des oiseaux marins pour en enduire de leur sang l'image de leurs déesses. Au bout d'une épuisante traversée de trois semaines, François Xavier et ses compagnons aperçurent enfin les côtes boisées de Kagoshima, ville au sud du Japon. On était le 15 août 1549, vingt-deuxième jour du septième mois de la huitième année de la période dite Tembun.

Située à quelque deux cents kilomètres au sud-ouest de Funai, Kagoshima avait un air beaucoup plus imposant que ce port. C'était la capitale du fief de Satsuma et les collines boisées qui l'entouraient étaient parsemées de pagodes à multiples étages et aux toits concaves. Xavier arriva au moment où elle était à son plus pittoresque. À peine une semaine auparavant, ses habitants avaient célébré la grande fête du *Bon*, le jour des morts bouddhiste, et des fleurs fraîches jonchaient les cimetières.

L'archipel japonais n'avait pas usurpé sa réputation, Xavier fut enchanté de le constater. Ses habitants avaient « un sens de l'honneur étonnamment grand, écrivit-il, ils prisent l'honneur plus que toute autre chose ». Il fut déçu de découvrir que les moines bouddhistes étaient « enclins à des péchés que la nature abhorre », mais il se montra convaincu que le Japon se révélerait un terrain fertile. « Si nous savions parler leur langue, assura-t-il, je ne doute pas que beaucoup deviendraient chrétiens. »

Kagoshima était située dans l'une des provinces les plus conservatrices du Japon, bastion de l'antique culte shinto, et le long de ses rues s'alignaient de petits sanctuaires anciens en bois avec leurs portiques caractéristiques, surmontés de deux poutres. Il y avait aussi des temples bouddhistes dont les autels abritaient des idoles dorées qui luisaient dans la faible lumière répandue par des bougies. On trouvait toutes les sectes les plus importantes dans la ville, des fanatiques disciples du Hokke habillés de robes exotiques aux moines vêtus de gris du Ji-shu. Ces derniers vivaient avec des nonnes et on disait que de frénétiques copulations occupaient leurs nuits.

Xavier prit le chemin du grand monastère de Fukusho-ji situé tout près du port. C'était un endroit délicieux qu'ombrageaient des camphriers et dont les pruniers en fleur embaumaient l'air. On y voyait des lanternes de pierre et un bassin couvert de lotus, un pont gardé par un dragon et des statues aux faces grimaçantes. Xavier rencontra le vénérable supérieur, l'abbé Ninshitsu, bouddhiste zen âgé de quatre-vingts ans qui se montra très aimable. La question de l'immortalité de l'âme troublait depuis longtemps cet homme que la foi prêchée par Xavier et sa simple piété fascinèrent. Ayant longuement conversé avec son hôte par le truchement d'Anjiro, l'abbé le conduisit dans la salle de méditation où les moines étaient en prière. Le visiteur ayant demandé ce qu'ils faisaient, Ninshitsu eut un haussement d'épaules désabusé : « Les uns comptent les dons qu'ils ont reçus des fidèles les mois précédents, dit-il, les autres se demandent comment se procurer de meilleurs vêtements... bref, ils ne pensent à rien qui ait du sens. »

Le temps commença à changer peu après l'arrivée de Xavier à Kagoshima. Le vent d'automne apporta de brusques averses

Les habitants de Kyushu *(ci-dessus)* s'habillaient de manière recherchée, employaient un langage courtois et avaient des manières raffinées. « Ils prisent l'honneur plus que toute autre chose », écrivit d'eux saint François Xavier.

et les journées fraîchirent. Les chrysanthèmes fleurirent et se fanèrent ; les rizières moissonnées se transformèrent en marécages de boue grise et, après un bref mais spectaculaire flamboiement, les chênes perdirent leurs feuilles. Seuls les camphriers du Fukusho-ji, résistant au vent du nord glacé, gardèrent les leurs.

Xavier et ses compagnons grelottaient dans leurs tuniques de coton. On gelait dans les maisons qu'ils habitaient car les fenêtres garnies de papier n'empêchaient pas le vent glacé venu de la mer d'y souffler. L'hiver apporta la première neige dont le jésuite n'avait pas vu le moindre flocon depuis qu'il avait quitté le Portugal. Il resta au logis à étudier avec ténacité la langue du pays qui lui donnait beaucoup de mal. Le catéchisme japonais qu'il essaya de retranscrire phonétiquement fut un désastre. Deux fois par jour, il escaladait les escaliers de pierre menant au Fukusho-ji et, assis à une extrémité du pont gardé par un dragon qui enjambait le paisible bassin parsemé de lotus, il essayait de lire son œuvre à voix haute. Mais la langue en était pauvre et la doctrine qu'il exposait inintelligible. Pis encore, la maladresse de son style offensait les oreilles des moines érudits qui riaient et le traitaient de fou.

Quelques-uns des efforts qu'il fit pour obtenir des conversions individuelles par l'intermédiaire d'interprètes avaient été couronnés de succès. Un samouraï tombé dans la misère avait été le premier à se faire baptiser et, sous le nom de Bernardo, il s'était mis à l'étude de la Bible. La mère, l'épouse et la fille d'Anjiro étaient aussi devenues chrétiennes, ainsi que le propriétaire de la maison où Xavier logeait. Mais il ne s'agissait là que de succès rares, et le jésuite était forcé de constater que, même s'ils lui prêtaient une oreille attentive, ses auditeurs restaient généralement sceptiques. Il avait tenté d'utiliser des mots japonais – en les adaptant – lorsqu'il essayait d'enseigner le christianisme à la population locale, mais force lui fut bientôt de constater que cette méthode ne faisait que créer la plus extrême confusion. Le vocabulaire religieux des Japonais était trop chargé de symboles pour pouvoir servir à véhiculer la théologie sur laquelle est fondé l'Évangile.

Jusque-là, Xavier n'avait pas pénétré dans l'intérieur du Japon et sa connaissance de ce pays se limitait – à l'instar de celle de Pinto – aux régions côtières. Dès le début, il avait eu l'intention de se rendre dans la mythique capitale impériale de Kyoto, appelée alors Miyako, pour demander à l'empereur lui-même la permission de prêcher. Il espérait aussi être reçu dans la fameuse université de Heizan afin d'y échanger des idées avec les moines érudits et de les convertir.

Il se mit en route avec ses compagnons à la fin du mois d'août 1550. Au cours de ce voyage, qui devait se révéler hérissé de difficultés, la petite troupe dut affronter, dans un premier temps, une dangereuse traversée en mer, bravant tempêtes et pirates avant d'escalader des montagnes couvertes de neige. Les souffrances que le jésuite eut à endurer le laissèrent désorienté; son refus de l'offre qu'on lui fit d'un animal de bât n'arrangeait pas les choses, pas plus que l'alimentation de riz grillé pris en quantités minuscules qu'il s'imposait. «Il était si absorbé en Dieu, écrivit un de ses compagnons de voyage, qu'il s'écartait du chemin sans s'en apercevoir, déchirait son pantalon et se blessait les pieds sans le savoir.» Il ne fit que de rares conversions en chemin car tous ceux qu'il rencontrait voyaient en lui un être excentrique dont l'évidente pauvreté ne commandait pas le respect au Japon. À son arrivée dans les environs de Kyoto, son surplis noir sans manches était en lambeaux, et la petite calotte siamoise qu'il portait attachée par une ficelle lui donnait l'air d'un bouffon.

Xavier attendait beaucoup de la mythique capitale impériale. «On nous en dit de grandes choses, écrivit-il, [...] et nous sommes assurés qu'on y trouve plus de quatre-vingt-dix mille maisons et une grande université.» On lui avait parlé de temples et de monastères monumentaux, de sanctuaires dorés et de maisons de plaisir où l'empereur et sa cour se livraient à des joutes intellectuelles. La vérité était tout autre. Kyoto était un champ de mines parsemé de bâtiments et de temples croulants, car la guerre, les épidémies et les inondations avaient laissé la ville dans un état lamentable. Un

Rares étaient les moines bouddhistes qui étaient sensibles aux prédications de saint François Xavier. Les tentatives maladroites de ce jésuite pour parler le japonais heurtaient l'ouïe de ces hommes, pauvres mais très instruits.

typhon avait endommagé deux grands portiques autrefois magnifiques, et une crue avait emporté la palissade de bambous taillés qui entourait les appartements impériaux. Les princesses et les maîtresses des dignitaires ne passaient plus leurs journées à écrire des poèmes mais à errer près des haies clôturant les jardins pour supplier les marchands de nourriture ambulants de leur faire la charité. L'empereur lui-même s'était retiré au fond de son palais.

Si Xavier avait été autorisé à jeter un coup d'œil dans les appartements interdits, il aurait découvert un spectacle étonnant. L'empereur n'était plus qu'une marionnette et il avait véritablement le physique de l'emploi. Il portait un extraordinaire couvre-chef muni de gigantesques oreillettes, des pompons pendaient de chacune de ses mains et il était juché sur des sandales de paille dont les talons mesuraient cinquante centimètres. « Ce gentilhomme ne touche jamais le sol avec son pied [...], écrivit un peu plus tard un visiteur, et il a le front peint en blanc et rouge. »

Le séjour qu'il fit à Kyoto découragea Xavier qui comprit que, pour avoir le moindre succès au Japon, il lui faudrait demander l'autorisation de prêcher aux grands seigneurs féodaux. Il se rendit aussi compte que sa robe déchirée et ses cheveux en broussaille, signes visibles de sa pauvreté, ne faisaient pas une bonne impression sur les Japonais. Aussi, ayant atteint Yamaguchi, Xavier revêtit-il des habits de soie dont il venait de faire l'acquisition pour se rendre à l'audience qu'Ouchi Yoshitaka, le seigneur du lieu, lui avait accordée à sa demande. Il déclara à son hôte être l'ambassadeur du gouverneur de l'Inde et lui offrit les présents destinés à l'empereur – une pendule, du vin portugais et deux télescopes. Il entreprit d'éblouir l'entourage du maître des lieux en faisant étalage de son érudition, en discourant entre autres sur l'astronomie et en expliquant la géographie du monde. Il avait enfin trouvé la note juste. « Ils ne savent pas que la terre est ronde, écrivit-il, pas plus qu'ils ne connaissent la course du soleil, et ils posent des questions sur ces sujets et d'autres, tels les comètes, les éclairs, la pluie et la neige. » Xavier vit tout le plaisir qu'Ouchi et sa cour prenaient à ses conférences : « Ils voyaient en nous des hommes instruits, ce qui ne fut pas pour rien dans le crédit qu'ils accordaient à nos paroles. » Quand il quitta la ville après avoir appris qu'un navire l'attendait dans le port de Funai, il avait obtenu quelque cinq cents conversions. Paradoxalement, ce n'était pas le christianisme qui avait attiré les nouveaux adeptes mais la connaissance que l'homme qui prêchait cette religion avait de l'astronomie.

Xavier quitta le Japon en novembre 1551. Pendant les deux années qu'il y avait passées il avait beaucoup vieilli et ses cheveux étaient devenus blancs. Loin cependant de se plaindre des difficultés qu'il avait dû affronter, il parla avec enthousiasme du Japon dans une lettre adressée à ses collègues missionnaires. Les Japonais, dit-il, « sont les meilleurs de tous ceux que nous avons découverts jusqu'ici, et il semble que nous ne trouverons jamais parmi les païens une race qui soit leur égale ». Bien que ses contacts avec la population eussent été limités, ils avaient été suffisants pour lui permettre de conclure que c'étaient « des gens d'excellentes manières, en général bons, et pas malicieux ».

Pendant que Xavier s'efforçait de moissonner les âmes, les marchands portugais s'étaient livrés à d'autres activités, plus lucratives. Ils avaient découvert que les Japonais avaient un appétit vorace pour la soie de Chine et qu'ils étaient prêts à payer des sommes énormes pour s'en procurer. Il leur était impossible d'en acheter eux-mêmes car les empereurs Ming, fatigués des razzias opérées par les pirates sur leurs côtes, avaient interdit aux Japonais d'y mettre le pied sous peine de mort. Selon un décret impérial, c'étaient tous « des voleurs, des oiseaux de proie et des rebelles à l'autorité de l'empereur souverain de Chine ». De tels propos enchantaient les

Portugais. « La discorde entre la Chine et le Japon aide grandement les Portugais qui ont par là un bon moyen de négocier leurs affaires profanes », constate un jésuite.

Aux alentours de 1500, le Portugal réussit à prendre pied sur la minuscule île de Macao, située au large de la côte sud de la Chine, ce qui leur donna accès à Canton, le grand marché de la soie. Avec l'énergie qui les caractérisait, ils se mirent à faire l'acquisition de vastes quantités de soieries dans l'intention de les revendre au Japon, ainsi que d'autres « marchandises chinoises » – porcelaine, musc, fards et rhubarbe –, lors du premier grand voyage commercial qu'ils projetaient.

En 1555, une énorme caraque mit à la voile, chargée à ras bord de soieries et commandée par le capitaine Duarte da Gama. Au Japon, les affaires allèrent bon train et, à son retour à Macao, le navire rapporta une si vaste quantité de lingots d'argent que les jésuites eux-mêmes n'en croyaient pas leurs yeux. « Il y a dix ou douze jours un grand navire venant du Japon arriva ici, écrivit l'un d'eux, le père Belchior. Il y avait une si riche cargaison à son bord que maintenant tous les Portugais et tous les navires qui sont en Chine veulent aller au Japon. » Ce succès déclencha une activité commerciale frénétique car, au Portugal, les marchands voulurent tous profiter de l'aubaine. Les bénéfices qu'on pouvait tirer d'un tel commerce étaient véritablement colossaux et les commentateurs, fascinés, décrivirent les quantités d'argent rapportées du Japon. L'un parla de vingt millions de grammes par an ; « la cargaison [...] est tout entière échangée contre des lingots d'argent, d'une valeur de plus d'un million de cruzeiros en or », se vante un autre, Diogo de Couto.

Pour transporter tout cet argent, les marchands de Macao construisirent d'énormes navires, monstres jaugeant près de deux mille tonneaux. Ces *nao do trato* étaient très larges du barrot et comportaient jusqu'à quatre plats-ponts. Il y avait assez de place pour transporter un volume de lingots d'argent équivalant à 325 m^3. C'était une quantité astronomique. Ces vaisseaux, gigantesques pour l'époque, dominaient les jonques locales. Les règles qui régissaient le commerce naissant étaient tout à fait excentriques : le droit exclusif d'entreprendre le voyage annuel au Japon était littéralement vendu au plus offrant. Les gains qu'une telle expédition rapportait et l'autorité qu'elle conférait à celui qui la menait montèrent à la tête de bien des capitaines qui arpentaient en plastronnant les ports japonais, accompagnés d'une escorte d'hommes en armes, de joueurs de fifres et d'esclaves noirs. Les Japonais n'avaient jamais rien vu de pareil.

Tout en continuant à appeler les Portugais des barbares, les Japonais se montrèrent assez perspicaces pour comprendre qu'ils tenaient le moyen de se procurer les soieries tant recherchées. Ils découvrirent aussi que la meilleure façon d'attirer les marchands était de s'adresser aux jésuites qui faisaient le voyage en même temps que les ballots de tissu.

Otomo Yoshishige fut le premier à être assez malin pour comprendre que commerce et religion allaient de pair. Il écrivit aux autorités jésuites dans les termes les plus obséquieux pour les supplier de persuader les marchands de mouiller dans le port de Bungo. « Une raison en est que je pourrai pourvoir de nouveau à l'installation des pères [...] et qu'ils recevront un meilleur accueil que la première fois », avança-t-il. Mais ce n'était pas tout. Le seigneur de Bungo désirait désespérément se procurer des armes portugaises, en particulier des canons « espera » avec lesquels on tirait des boulets de cinq kilos. « Si mon royaume est prospère et défendu, l'Église de Dieu le sera aussi », plaidait-il. Il ajoutait, dans une veine plus mielleuse, qu'il s'était toujours plu dans la compagnie des Portugais et que son trésor le plus cher était une lettre de la reine du Portugal qui lui était si précieuse qu'il la portait contre sa poitrine « comme une relique ».

La requête du pauvre Yoshishige ne trouva pas d'écho

auprès des Portugais. Les marchands et les hommes d'Église avaient découvert un meilleur port sur la côte nord-ouest de Kyushu. Il s'appelait Nagasaki et, à partir de 1571, leurs grands vaisseaux vinrent mouiller dans ses eaux profondes et sûres. « C'est une véritable forteresse, aucun seigneur japonais ne pourrait la prendre de force », écrit un Portugais. L'endroit se révélerait bientôt aussi favorable aux marchands que providentiel pour les jésuites. Omura Sumitada, le seigneur du fief dans lequel il se trouvait, s'était converti au christianisme en 1562 et avait pris le nom de Dom Bartolemeu. Il alla plus loin lorsqu'il vit arriver les quantités de soieries, de damas et de porcelaine apportées par les vaisseaux étrangers, et déclara vouloir faire de son fief une enclave exclusivement chrétienne dont serait expulsé quiconque n'embrasserait pas la nouvelle religion. Ces déclarations furent immédiatement suivies d'effets et une bande de jésuites « accompagnée par une forte garde parcourut la région, mettant à bas les églises des gentils [c'est-à-dire les temples bouddhistes et shintoïstes] ». Sept mois plus tard, vingt mille personnes avaient été baptisées, ainsi que les moines de quelque soixante monastères. Les jésuites étaient enchantés et se réjouissaient de voir ces religieux, qui les avaient jugés « plus vils que des esclaves », venir à eux et mettre « les mains et le front sur le sol en signe de soumission ».

Les jésuites se rendaient parfaitement compte que c'était moins la charité chrétienne que le sens des affaires qui animait Dom Bartolemeu. Il a agi « parce qu'il s'assurait ainsi qu'il aurait le Grand Navire dans son port, par lequel il gagnerait une grande réputation, et qui ferait de lui un grand seigneur à cause des taxes et des bénéfices qu'il gagnerait ». Le seigneur japonais fit bientôt aux Portugais une concession encore plus importante. Le 9 juin 1580, il leur céda le port de Nagasaki, la raison ostensible de sa générosité étant qu'ils auraient ainsi l'argent dont ils avaient besoin pour financer leur mission. Mais il bénéficierait lui aussi de sa propre largesse. Il continuerait en effet à percevoir taxes et redevances et serait autorisé à se réfugier à Nagasaki en cas de danger.

Les Portugais amasseraient de considérables richesses aussi longtemps qu'ils conserveraient le monopole du commerce avec le Japon. Cependant, à leur insu, une expédition vers le pays du Soleil Levant se préparait à Londres, dans les docks de Limehouse.

II

DES ICEBERGS EN ORIENT

Limehouse avait un aspect misérable à marée basse. Les planches de bois noirci dont étaient faits ses quais dégoulinaient de pluie et grinçaient sous les pas ; dans la demi-obscurité de l'aube, on aurait dit le squelette de quelque galion naufragé.

De là, on apercevait l'église de Saint-Dunstan tandis que la Tour de Londres était visible du fleuve. Un peu plus en amont se trouvait Execution Dock où les foules s'assemblaient pour contempler, bouche bée, les corps raides et ballonnés, qui pendaient, sinistres avertissements, aux gibets dressés sur la berge. C'étaient ceux de corsaires et de flibustiers pris sur le fait, en train de piller caraques et navires marchands. Le châtiment qui les attendait une fois qu'ils avaient été condamnés était terrible : ils étaient suspendus « au plus bas niveau des eaux et laissés là jusqu'à ce que la marée les eût submergés trois fois ».

En temps ordinaire, Limehouse ne s'éveillait à la vie qu'au lever du jour, mais le matin du 20 mai 1580 une activité inhabituelle s'y déployait avant l'aube. Les porteurs d'eau et les aconiers s'affairaient à préparer le départ imminent de deux minuscules navires. La destination de ces deux bâtiments était inconnue, mais leur cargaison était si inusitée qu'elle attirait les commentaires des hommes occupés à la charger. Gobelets de cristal et flasques d'étain, miroirs vénitiens et peignes l'ivoire s'y côtoyaient. Ce n'étaient pas là les marchandises que les navires en partance pour des terres inconnues et barbares transportaient habituellement à leur bord.

Les bâtiments en question appartenaient à deux des plus extraordinaires entrepreneurs de l'Angleterre élisabéthaine. Sir George Barne était un aventurier invétéré qui prenait part « à la découverte de nouveaux commerces » depuis près de trente ans. Les premiers voyages qu'il avait commandités, entrepris dans les années 1550, avaient eu l'Afrique pour destination. Il avait depuis envoyé plusieurs expéditions en Guinée, et ses hommes avaient rapporté de l'une d'elles la tête d'un éléphant et des esclaves noirs. Ces derniers avaient mal supporté d'être séparés de leurs familles et s'étaient plaints, non sans raison, que l'Angleterre était un pays de continuelles averses. « L'air froid et humide les offense assurément quelque peu », nota le chroniqueur de l'expédition.

Après avoir passé des années à développer ses réseaux commerciaux, Sir George s'était donné le lointain continent asiatique pour objectif.

Son associé, Sir Rowland Heyward, s'y connaissait, lui aussi, très bien en expéditions commerciales envoyées explorer des terres inconnues. Cofondateur de la Compagnie de la Moscovie, qui avait ouvert au commerce le vaste royaume d'Ivan le Terrible, il s'était vu concéder dans cette partie du monde des droits très importants qui ne se limitaient pas à Moscou mais s'étendaient à des villes lointaines comme Astrakan, Novgorod et Kazan, la grande cité tatare des bords de la Volga. Il avait en outre demandé au tsar de lui accorder un permis de construire valable pour tout son empire. Ivan, éberlué, avait accédé à cette requête : « Nous donnons permission au marchand anglais [...] de construire des maisons à Vologda, Colmogro et sur la côte ; à Ivangorod, à Cherell et autres lieux dans nos États », avait-il ordonné. L'insatiable Sir Rowland ne s'était pas contenté de ces succès. Quelques années plus tard il avait tourné son regard vers la Perse et avait persuadé la reine Elizabeth de se mettre en rapport avec « l'empereur » de ce pays et de lui demander d'accorder le droit de commercer dans ses terres.

C'était maintenant au tour de l'Orient le plus lointain d'intéresser les deux marchands, car on y disait la Chine et le Japon fabuleusement riches. Sir Rowland pensait que, s'il pouvait être le premier à s'établir dans ces contrées, il obtiendrait fortune et gloire. Ni les problèmes soulevés par l'organisation d'un tel voyage ni les distances à parcourir ne parvenaient à le décourager. De conserve avec Sir George, il se mit à recueillir tous les renseignements disponibles et à établir un plan d'action avec l'enthousiasme et l'allant qui le caractérisaient.

Les deux hommes découvrirent bientôt qu'il ne leur restait plus beaucoup de recherches à faire. Moins de trois ans auparavant, en 1577, deux documents jusque-là inconnus et contenant des descriptions de la Chine et du Japon étaient tombés entre les mains de Richard Willes, un Anglais à la curiosité insatiable. On ne connaissait à l'époque rien ou presque de ces deux pays et Willes, qui le savait et pensait que sa trouvaille valait de l'or, décida de publier tout ce qu'il venait de découvrir dans un livre intitulé *A History of Travaile* (« Une histoire de voyages »).

Ce qui y était rapporté sur la Chine était puisé dans un récit fait par un marchand portugais qui avait été capturé et emprisonné par les mandarins de la cour des empereurs Ming. Un puissant souverain sur les ordres duquel étaient infligés des châtiments d'une terrible cruauté régnait sur cette contrée, y apprenait-on. Son empire était extraordinairement vaste et la population y augmentait à un rythme incroyable. « Le pays est si bien habité, raconte Willes, qu'il n'y a pas un pouce de sol laissé inculte. » Aux yeux des marchands anglais, vaste population signifiait marché potentiel : il ne pouvait pas y avoir de nouvelle plus propre à les réjouir. Les Chinois avaient cependant des habitudes alimentaires peu séduisantes. Aucune créature vivante ne les rebute, disait-on, et Willes apprit avec étonnement que « les grenouilles se vendent au même prix que les poules [...] et aussi les chiens, les chats, les rats, les serpents et autres chairs malpropres ».

Ce qui était dit du Japon était beaucoup plus encourageant. Willes s'était procuré un certain nombre de lettres concernant la « nation japonaise » écrites par un jésuite, le père Luis Frois. Destinées à d'autres membres de la Compagnie de Jésus, elles n'étaient pas faites pour être lues attentivement – encore moins publiées – par des protestants « hérétiques ». Mais Willes, qui s'était vite rendu compte de leur valeur, les avait traduites « mot pour mot, de la manière qui suit ».

Lors de sa publication, l'ouvrage fit sensation dans le milieu des aventuriers londoniens, car il fournissait la preuve irréfutable que Marco Polo avait dit vrai. Le Japon était bien « une île glorieuse parmi tant de nations barbares et de rudes régions », si fabuleusement riche qu'elle avait les moyens d'acheter – et non de troquer – les marchandises qu'on voudrait y vendre. Il n'y avait que peu d'or, contrairement à ce que Polo avait annoncé, mais il y avait « de grandes quantités de mines d'argent » produisant des milliers de tonnes par an. Il y avait mieux : les Japonais ne ressemblaient en rien aux sauvages et aux cannibales habitant, disait-on, la plupart des îles de l'Orient. La population y était « amène, civile, pleine d'esprit, courtoise et sans duplicité » et les marchands anglais, assurait Willes, seraient bien accueillis par un peuple civilisé qui, « en vertu et honnête conversation », surpassait tous ceux qui habitaient les régions orientales de la planète.

Ce tableau n'était cependant pas exempt d'ombres. Les

côtes de ce royaume enchanté étaient extrêmement dangereuses et « une grande piraterie » en rendait, disait-on, les abords encore plus traîtres. Le climat était aussi d'une rigueur difficilement supportable. « Il tombe tellement de neige que les maisons sont enterrées dessous et que les habitants restent à l'intérieur », rapportait Willes. Lorsque les Japonais veulent sortir de chez eux, poursuivait-il, il leur faut « casser les tuiles » de leur toit. Un tel désavantage ne manquait pas d'avoir son bon côté : la rigueur du climat donnait à supposer que les étoffes de laine anglaises se vendraient bien.

Tout courtois et honnêtes qu'ils étaient censés être, les Japonais faisaient néanmoins preuve d'une propension

La description du *seppuku*, le suicide rituel en honneur au Japon, étonnait les lecteurs de Richard Willes. Les personnes qui le pratiquaient s'ouvraient le corps avec un sabre recourbé « de la poitrine jusqu'au bas du ventre. »

alarmante à la violence et à la brutalité. Pour économiser la nourriture, rare dans leur pays, ils étranglaient fréquemment leurs propres enfants, et ils étaient d'un tempérament étrangement mélancolique. Les suicides étaient fréquents parmi eux, et souvent extrêmement sanglants. Tout individu animé de l'intention de mettre fin à ses jours revêtait ses plus beaux habits de soie, sortait un énorme sabre recourbé de son fourreau et « taillant son corps, de la poitrine jusqu'au bas du ventre, s'assassinait lui-même ».

Les habitants de la principale des îles japonaises étaient censés être extrêmement civilisés, mais ceux qui peuplaient les provinces septentrionales, où les expéditions commanditées par Barnet et Heard aborderaient très probablement en premier, étaient d'une espèce beaucoup plus barbare. L'île de Hokkaido était peuplée de « sauvages vêtus de peaux de bêtes, avec d'immenses barbes et de monstrueuses moustaches » dont les poils étaient si longs que leurs propriétaires devaient les soulever à l'aide de fourchettes spéciales pendant les beuveries auxquelles ils s'adonnaient fréquemment.

Ayant pris connaissance de la richesse des deux royaumes orientaux, nos entrepreneurs décidèrent de poursuivre leurs préparatifs sans plus tarder, et ils se mirent à la recherche de bailleurs de fonds tout en cherchant à consulter tous les hommes censés posséder une quelconque expertise en matière d'explorations. La route à prendre par les navires qu'ils affréteraient ne semblait au premier abord pas faire de doute : c'était celle qui, après avoir longé les côtes de l'Afrique, contournait le cap de Bonne-Espérance et traversait l'océan Indien. Elle était cependant pleine de dangers. Les aventuriers et marchands portugais qui l'empruntaient depuis près d'un siècle étaient les maîtres des meilleurs ports et des principaux points d'eau. Il y avait peu de chances qu'ils y fassent bon accueil aux marins anglais hérétiques. La seconde solution – faire le tour de l'Amérique du Sud et traverser l'étendue inhabitée du Pacifique – n'était pas beaucoup plus attrayante. Avec ses énormes rochers, le détroit de Magellan présentait un formidable défi aux pilotes les plus compétents et le Pacifique était aussi capricieux que mal connu. Pis encore, les Philippines, qui se trouveraient inévitablement sur la route des navigateurs, étaient aux mains du roi Philippe II d'Espagne.

Aussi Sir Rowland et Sir George décidèrent-ils que ces itinéraires présentaient tous deux des risques trop graves. Les frimas des régions septentrionales du globe leur étaient plus familiers que les chaleurs des tropiques, et il leur semblait que, quoique dangereuse, la route qui passait au nord de la Russie présentait en outre l'avantage d'être relativement courte. Après avoir consulté Richard Hakluyt, le grand expert ès expéditions de l'époque élisabéthaine, ils mirent au point un plan aussi hardi que simple. Ils feraient établir, sur l'une des nombreuses îles de l'Arctique – peut-être Vaïgatch, à l'entrée de la mer de Kara –, une base qui servirait de dépôt. Ce camp pourrait constituer un refuge salutaire pendant les longs mois d'hiver et deviendrait, éventuellement, un entrepôt sur la route reliant l'Angleterre à l'Orient le plus extrême. Outre qu'elle était d'une extrême simplicité, cette idée présentait d'autres avantages, notamment celui de permettre d'éviter les heurts avec les Portugais et les Espagnols. Les futures expéditions seraient d'autre part moins exposées au risque de courir à une fin aussi désastreuse que celle qu'avaient rencontrée en 1553 les marins de Sir Hugh Willoughby.

Sir Rowland et Sir George savaient que l'échec des expéditions précédentes avait été dû au « manque de connaissance de la cosmographie et de l'art de la navigation ». Aussi étaient-ils, dès le début, décidés à recruter les meilleurs des capitaines disponibles. Après avoir longtemps cherché, ils choisirent deux navigateurs aguerris et fiables, Arthur Pet et Charles Jackman, qui avaient déjà effectué l'un et l'autre de longs voyages dans les régions arctiques. Jackman était parti à deux reprises avec Martin Frobisher à la recherche du passage du Nord-Ouest, et Pet avait acquis une très grande expérience des régions les plus septentrionales de la Russie. Les deux capitaines acceptèrent avec enthousiasme de participer de nouveau à une expédition de cette nature, dangereuse certes, mais passionnante. Ils furent rejoints par le marchand londonien Nicholas Chancellor qui espérait être le premier Anglais à faire fortune en Extrême-Orient.

Trouver des hommes d'équipage se révéla beaucoup plus difficile. Le projet présenté par Sir Rowland et Sir George sur les quais de la Tamise ne souleva qu'un intérêt des plus tièdes : il ne se trouva que treize hommes et deux jeunes garçons pour accepter de participer à l'expédition qui se préparait. Quoique sans grand espoir d'enrôler d'autres candidats à l'aventure, les deux marchands n'abandonnèrent toutefois pas leur idée. Inquiet du petit nombre des recrues, Richard Hakluyt, l'expert en explorations, les prévint que la mort d'un ou deux hommes mettrait toute l'entreprise en danger : « Étant si peu nombreux, vous devez veiller avec le plus grand soin à préserver la vie de vos gens, conseilla-t-il, et ne pas risquer l'un ou l'autre d'une quelconque manière. »

Sir Rowland et Sir George affrétèrent deux navires de petite taille, le *George* et le *William*, qui furent mis au mouillage « dans la Tamise, à Limehouse ». Puis ils s'occupèrent des détails de l'opération et commencèrent par rédiger une lettre officielle de commission pour chacun de leurs capitaines. Le principal but qui était assigné à ces hommes dans ce document était « la recherche et la découverte d'un passage par mer… vers les terres et États du puissant prince, l'empereur de Cathay et, dans les mêmes, des villes de Cambalu (Pékin) et Quinsay (Hang-Tcheou) ». Comme l'endurance de l'équipage serait, de toute évidence, mise à rude épreuve, les capitaines reçurent l'ordre de « se lier ensemble en amitié, comme des amis très chers et des frères [...], pour la réussite et poursuite ordonnée du voyage». Il leur était enjoint de s'aimer l'un l'autre, de prier l'un pour l'autre. «Vouez toutes vos forces à l'accomplissement de la chose pour laquelle vous avez été tous deux employés», leur était-il recommandé.

Richard Hakluyt fut prié de préparer une liste détaillée de tout ce dont les voyageurs auraient besoin en fait de vivres et de marchandises, tandis que des conseils relatifs à la navigation et à la topographie étaient demandés au Dr John Dee, mathématicien et astrologue bien connu. Celui-ci insista pour qu'à leur arrivée en Chine, les voyageurs ne jettent pas l'ancre dans le port de Hang-Tcheou: «Faites voile vers l'île du Japon, leur recommanda-t-il, où vous rencontrerez des chrétiens, des jésuites de nombreux pays [...] chez qui vous trouverez de grands enseignements et conseils.» William Borough, grand navigateur, fut aussi consulté. Il avait établi la carte d'au moins une partie des côtes de la mer Blanche, et supplia Pet et Jackman de poursuivre son œuvre, leur disant d'indiquer où se trouvaient «les hautes falaises et basses terres, sables, collines ou forêts». Pour les récompenser de leurs peines, il les autorisa à baptiser la plus petite baie et le moindre cap «à leur gré».

Sir Richard et Sir George avaient beaucoup réfléchi à la sorte de cargaison qu'il convenait de charger sur leurs navires, et ils étaient tombés d'accord avec Hakluyt pour faire de l'expédition qu'ils préparaient beaucoup plus qu'une banale mission commerciale: ce serait une exposition flottante de tous les produits de l'Angleterre élisabéthaine et témoignerait de l'état avancé de civilisation régnant dans ce pays.

Dans ses écrits, Hakluyt révèle l'inquiétude qui l'habitait à l'idée du contact projeté avec une contrée païenne réputée être aussi civilisée et évoluée que l'Europe. Les terres abordées jusque-là par les explorateurs avaient été «rudes» et «barbares», habitées par des «sauvages» vêtus de peaux puantes

Richard Hakluyt avait entendu dire que les Japonais étaient raffinés, surtout les nobles *(ci-dessus)*. En préparant leur voyage, les capitaines Pet et Jackman prirent soin de ne choisir que des marchandises de qualité.

et brandissant des sagaies. Lors des voyages qui l'avaient conduit en Amérique du Sud, William Hawkins et ses compagnons s'étaient trouvés face à face avec des Indiens dont les joues étaient incrustées de morceaux d'os logés dans des trous pratiqués dans la peau. En Guinée, William Towerson avait découvert des « nègres sauvages » qui mangeaient de la chair crue et vivaient dans des huttes de boue. Plus les Anglais exploraient le monde, plus ils étaient convaincus que les régions lointaines de la planète étaient habitées par les membres de tribus primitives qui cavalcadaient entièrement nus, exhibant leurs « parties honteuses ». Ce n'était là en grande partie que des préjugés nourris par un sentiment de supériorité. Les habitants de l'extrême nord de l'Amérique avaient prouvé qu'ils pratiquaient la chasse et la cueillette avec une très grande habileté et qu'ils ne se dévoraient pas les uns les autres, pourtant les voyageurs disaient d'eux que c'étaient des créatures « voraces, sanguinaires et mangeuses d'hommes », et tournaient en dérision le goût dont ils faisaient preuve pour des objets simples, « cloches, miroirs et autres jouets ». Les habitants des régions périphériques de l'Angleterre élisabéthaine eux-mêmes étaient jugés primitifs par les Londoniens raffinés aux yeux desquels une population était particulièrement arriérée : celle du Pays de Galles, idolâtre, superstitieuse et vivant dans « une barbare ignorance ».

Hakluyt savait qu'au cours du voyage qui les conduirait en Extrême-Orient, les Anglais entreraient en contact avec des populations très évoluées et il recommanda que seuls des articles de qualité soient chargés sur les navires commandés par Pet et Jackman. Il insista pour que soient emportés des balances exactes et des poids qui, d'après lui, n'étaient en usage que dans des sociétés « faisant preuve d'une certaine sagesse ». Il suggéra que les voyageurs se munissent d'une collection de pièces d'argent frappées à la noble effigie de la reine Elizabeth I. Elles seraient « montrées aux gouverneurs [...] étant des choses qui, en silence, parlent à des hommes sages plus que l'on imagine ». Il leur recommanda aussi de se munir d'une carte de l'Angleterre, mais pas de n'importe laquelle : il fallait, dit-il, qu'elle soit « en belles couleurs [...] et de la sorte la plus grande ». Parmi les objets à emporter devaient aussi figurer les meilleurs échantillons du savoir-faire des forgerons anglais, « serrures et clés, gonds, verrous, loquets, etc., grands et petits, d'excellente facture ». Les miroirs à main et les lunettes devaient être aussi représentés, ainsi que de beaux objets en verre, des sabliers et des « peignes en ivoire ». Glaces vénitiennes, gants en tricot, flasques en étain et boutons en cuir ne devaient pas être oubliés non plus. La laine, le principal produit d'exportation anglais, serait bien représentée par des chaussettes et des gants tricotés à la main, ainsi que des bonnets de nuit et des couvertures. Les cales contiendraient aussi d'autres articles, graines de fleurs odoriférantes, briquets à silex, soufflets et livres imprimés, chaque article ayant été choisi avec soin pour montrer que l'Angleterre était un royaume riche, évolué, et d'un niveau culturel extrêmement élevé.

Le *George* et le *William* quittèrent Limehouse au printemps 1580. Après une brève escale à Harwich pour prendre un complément de vivres, les navires pénétrèrent dans la mer du Nord. À peine étaient-ils partis que Richard Hakluyt recevait une réponse à une lettre qu'il avait adressée à Gerhard Mercator. Cette missive contenait un conseil d'une grande importance pour Pet et Jackman. Qu'elle soit arrivée avec deux semaines de retard était très regrettable, car le célèbre cartographe flamand avertissait qu'un des problèmes rencontrés lorsque l'on naviguait dans les mers septentrionales était que la boussole y était très inexacte. « Plus vous vous approchez du pôle Nord, écrivait-il, plus l'aiguille de la boussole s'écarte du nord, parfois vers l'ouest et parfois vers l'est. » Ces fluctuations étaient la cause de fréquents désastres dont les explorateurs arctiques étaient victimes, expliquait-il. « Si Maître Arthur Pet n'est pas bien équipé, avertissait-il [...], ou d'une dextérité si grande que, percevant l'erreur, il est capable de la corriger, je crains qu'il ne soit pris dans les glaces. »

Les caprices de la boussole n'étaient pas les seuls dangers auxquels Pet et Jackman seraient exposés. La fragile coque en bois de chêne des navires élisabéthains était peu faite pour résister aux éventuelles collisions avec la partie immergée des icebergs. Lorsque Martin Frobisher était parti à la recherche du passage du Nord-Ouest quelques années auparavant, ses hommes avaient dû surveiller ces montagnes de glace d'un œil vigilant et « avaient maintes fois atteint la pointe extrême du péril ». Horrifiés, ils avaient vu « des ais de bois épais de plus de trois pouces [...] disjoints et fendus en deux ». Même au milieu de l'été, quand le climat arctique était à son plus clément, il arrivait qu'un fort vent du nord pousse une flotte d'icebergs jusque dans des eaux auparavant libres de glaces.

Les nuages qui obscurcissent le ciel dans ces régions gênaient par ailleurs les pilotes qui, avec les instruments de navigation dont ils disposaient, ne pouvaient déterminer leur position avec exactitude que par rapport au soleil. « Dans les régions nordiques, le soleil est proche de l'horizon, explique l'un d'eux, et il est communément obscurci par des vapeurs et des brouillards épais. » La situation était particulièrement critique en hiver, saison où la terre était « déformée par une obscurité horrible et une nuit continuelle ».

En dépit du pessimisme qui régnait à Londres, les capitaines Pet et Jackman atteignirent rapidement Wardhouse, port très actif alors, situé sur ce qui constitue aujourd'hui la frontière entre la Russie et la Finlande. Ils s'y réapprovisionnèrent en vivres frais et procédèrent à des réparations urgentes : le gouvernail du *William* avait été endommagé et sa coque « fuyait un peu ». Il fallut un jour entier pour la colmater.

Peu après avoir quitté Wardhouse, les deux capitaines eurent leur premier différend. Pour des raisons qui restent obscures, Jackman voulut faire escale dans le port suivant. Pet accusa son prétendu ami de couardise et déclara d'un ton sarcastique que « s'il se jugeait incapable de tenir la mer, il devait faire ce qu'il pensait être pour le mieux ». Il ajouta que l'équipage du *George* avait l'intention de poursuivre sa route seul. C'était une décision totalement absurde, qui allait de surcroît à l'encontre de l'ordre qu'ils avaient reçu « de ne pas se perdre de vue l'un l'autre ».

Tout juste quatre jours plus tard, le capitaine Pet nota dans son journal une brève mais menaçante observation : « Rencontré de la glace ce jour. » Or on était en plein été et le navire suivait une route beaucoup plus au sud que celle qu'il aurait bientôt à prendre. Le capitaine fit hisser toutes les voiles et le *George* se désengagea rapidement. Il s'agissait d'un phénomène isolé, pensa Pet, et l'iceberg auquel ils venaient de se heurter était un reliquat laissé par l'hiver dans un coin de la mer Blanche que le soleil n'atteignait jamais.

Au bout d'une semaine passée à naviguer dans un brouillard

épais, à essuyer des tornades et des coups de vent accompagnés de tonnerre, l'équipage accueillit avec des cris de joie l'apparition, à l'horizon, des côtes de l'île de Vaïgatch. Ce minuscule lopin de terre situé au sud de Novaïa Zemlia marquait la frontière entre les mers de Barents et de Kara, et représentait un point de passage important sur la route de l'Extrême-Orient. Les vagues chargées de glaçons de la mer de Kara déferlaient en effet sur les rives de l'Asie. En pénétrant dans cette étendue d'eau, les navigateurs quitteraient l'Europe.

Le lieu avait une certaine importance stratégique qu'on avait, de l'avis de Hakluyt, trop longtemps négligée. Il avait suggéré que Pet et Jackman établissent leur base à Vaïgatch ou sur une île avoisinante : « De là [...] nous pourrions nourrir ces nations païennes avec nos marchandises, imaginait-il, [...] sans aventurer notre masse tout entière dans les entrailles de leur pays. » Il proposait qu'on y construise un fort ou un petit entrepôt, et qu'on encourage les marchands pékinois à y venir régulièrement. Ces intermédiaires permettraient aux Anglais de créer un réseau commercial qui étendrait ses ramifications dans l'Extrême-Orient tout entier.

Il n'y avait rien à redire aux projets de Hakluyt, sauf en ce qui concernait un point important : l'île de Vaïgatch n'était pas aussi proche de Pékin que le géographe le pensait. Elle était en fait située à environ trois mille kilomètres de la capitale des empereurs de Chine et il fallait, pour atteindre cette ville, traverser les étendues sauvages de la Sibérie, avec leurs forêts de bouleaux, leur toundra et leur permafrost. On devait aussi affronter le désert de Gobi et les hautes montagnes de la Mongolie du Nord. Les marchands chinois seraient-ils prêts à entreprendre un tel voyage pour acheter les chaussettes et les gants anglais ? On pouvait en douter.

L'île n'était pas non plus, comme les marins anglais devaient le découvrir, l'endroit idéal pour établir une base. On n'y voyait ni habitations ni signe qu'on pouvait s'y approvisionner, et les hommes grelottaient dans leur justaucorps sous les rafales de vent glacé. L'escouade qui y débarqua, environnée d'un « épais brouillard », découvrit immédiatement une grande croix de pierre « et un homme enterré au pied ». Ce spectacle rappela le capitaine Pet au bon sens qui lui était naturel : se sentant tout à coup terriblement coupable de s'être séparé de ses compagnons de voyage, il grava son nom sur la croix « dans le but, écrit-il, si le *William* passait d'aventure par là, qu'ils aient connaissance que nous y avons été ».

Peut-être le capitaine anglais se rendait-il compte que la Chine était encore loin car, toujours résolu à poursuivre sa route, il ordonna à ses hommes de remonter à bord. Il dut cependant bientôt reconnaître que la mer de Kara présentait d'énormes difficultés, même pour un pilote expérimenté comme lui. Elle était parcourue de violents courants, parsemée de nombreux îlots rocheux, et, plus inquiétant encore, il y avait « une grande quantité de glaces au bord des côtes ». Le temps s'était en outre gâté. « Force tempêtes, pluies et brouillards », note Pet qui remarque que les vents soit secouaient sans relâche leur navire, soit le laissaient encalminé. Une bonne nouvelle attendait cependant les voyageurs : le 23 août, à « neuf heures après midi, nous avons aperçu le *William* », lit-on dans le journal de bord. Les équipages fatigués et abattus s'empressèrent de célébrer ces retrouvailles. Tout joyeux, Pet et Jackman oublièrent vite leurs rancœurs. Les marins du *George*, ayant fourbi leurs instruments de musique en cuivre, se mirent en devoir d'accueillir leurs compagnons de voyage comme il se devait : « Nous avons sonné de la trompette et tiré deux coups de mousquet », raconte Pet qui préféra, pour sa part, exprimer sa gratitude par une prière : « Nous reconnûmes dans notre rencontre un grand bienfait de Dieu accordé pour notre soulagement mutuel, nota-t-il, aussi en remerciâmes-nous Sa Majesté. »

Il ne tarda pas à découvrir que le voyage du *William* à travers la mer de Kara avait été difficile. Le navire avait l'étambot brisé, le gouvernail cassé et il n'avançait qu'à grand-peine. Réparer le gouvernail se révéla difficile, car l'eau était trop froide pour que les hommes puissent s'y immerger. Il fallut déménager canons et cargaisons pour les placer à l'avant du bâtiment afin que, par un effet de bascule, l'arrière se trouve par moments soulevé hors des flots. Les menuisiers se mirent alors à l'œuvre et il leur fallut quelques heures pendant lesquelles l'inquiétude régna pour terminer leur travail. Le *William* finit par être de nouveau en état de naviguer.

Pendant les jours qui suivirent leurs retrouvailles inattendues, les deux capitaines se mirent ensemble à réfléchir à ce qu'ils devaient faire. La perspective de poursuivre leur voyage les remplissait d'inquiétude. Le vent soufflait du nord en bourrasques glaciales et la quantité de glace flottant dans l'eau augmentait d'une façon alarmante. « Les vents, nous en avons eu à gré, note Pet, mais la glace et le brouillard plus qu'à notre gré. » Ils manquaient par ailleurs de renseignements précis. Les instructions nautiques que William Borough avait été en mesure de leur donner leur avaient servi jusqu'à Vaïgatch, mais les conseils du cartographe n'étaient que d'une utilité limitée une fois cette île laissée derrière eux. « Il est probable que vous trouviez la terre sur votre droite », avait-il dit, ajoutant, sans en être tout à fait sûr, que Pékin se trouvait à quelque six cents kilomètres de là.

Les raisons de rebrousser chemin ne manquaient pas aux deux capitaines, mais, intrépides l'un et l'autre, ils décidèrent de poursuivre leur route, poussés par la fièvre qu'entretenait en eux la perspective de découvrir des terres inconnues. Leur voyage avait d'ailleurs demandé tant de préparatifs et exigé tant de travail qu'ils auraient pensé faire preuve de désinvolture en ne le menant pas jusqu'à son terme. Ils avaient d'ailleurs grande envie de rencontrer les habitants civilisés de l'Orient. Richard Hakluyt leur avait expliqué en détail la conduite à tenir à l'égard de telles populations. Il leur avait dit que les Chinois et les Japonais n'étaient pas des sauvages et ne devaient pas être traités avec la rudesse habituellement réservée aux tribus africaines et aux «brutes» barbares de l'Amérique du Sud. On devait faire preuve de civilité envers eux, leur témoigner de la déférence et leur faire un accueil gracieux quand on les invitait à bord des navires. «D'abord, conseillait Hakluyt, les plus doux parfums doivent être répandus sous les écoutilles, pour que l'endroit sente bon.» Après leur avoir rendu tous les honneurs qui leur étaient dus, on devait leur offrir les mets les plus délicats disponibles à bord: «Marmelade... pruneaux... amandes... poires séchées.» On devait leur donner du sucre, de l'huile de Zante, de l'eau à la cannelle avec des biscuits au vinaigre, gourmandise appréciée en Angleterre à l'époque élisabéthaine car «avec un peu de sucre ajouté, elle rafraîchit, revigore et stimule l'esprit de l'homme». Hakluyt suggéra aussi qu'on débouche des flacons «de bonnes eaux de senteur [...] pour les en asperger, à leur arrivée à bord». Lors du départ des visiteurs, il fallait leur offrir des confitures et des conserves: «Avec le don de ces marmelades, vous pourrez leur être agréables», assurait-il.

Hakluyt avait bon espoir que les Anglais seraient invités à terre, ce qui leur donnerait l'occasion de se livrer à un peu d'espionnage. «Observez bien leur marine, conseilla-t-il, leurs voiles, leurs palans, leurs ancres, leur équipement en bouches à feu, en armures et munitions.» Les Anglais devaient faire l'acquisition d'un peu de poudre afin d'en vérifier l'efficacité, et noter la qualité de leurs cuirasses. Il leur faudrait aussi étudier la protection offerte par «les murs et les remparts de leurs villes». Mais la curiosité de Hakluyt n'était pas d'ordre exclusivement militaire. Il avait demandé aux capitaines de rapporter des graines «d'herbes et de fleurs étranges» et de se procurer «d'anciens livres imprimés» pour permettre l'étude

Richard Hakluyt avait recommandé aux explorateurs
de se renseigner sur les armes utilisées par les Japonais.
Les Anglais devaient s'étonner de la qualité – et de la terrible
efficacité – des sabres des samouraïs, aiguisés avec
le plus grand soin par des maîtres artisans.

des langues utilisées dans ces pays lointains. Il leur avait même suggéré de ramener en Angleterre « un quelconque jeune homme » à qui l'on apprendrait l'anglais et qui pourrait révéler les secrets de sa terre natale.

Les deux capitaines poursuivirent leur route malgré les risques que leur faisaient courir icebergs et glaces flottantes jusqu'au jour où ils ne purent plus avancer. « Là se trouvaient des morceaux de glace si hauts que nous ne pouvions pas voir au-delà, par-dessus leur sommet », lit-on dans le journal de bord. Après être restés immobilisés pendant presque une semaine, ils décidèrent de tenter de se frayer un passage à travers les glaces par la force. Ce n'était pas chose facile. « Nous étions fort incommodés par la glace », remarque Pet, et à peine s'étaient-ils dégagés de la banquise que le *George* entra en collision avec un iceberg. Le choc fut si violent que sa coque trembla et qu'il ne resta plus de son ancre qu'une masse de ferrailles tordues. Ils ne tardèrent pas à se cogner contre d'autres icebergs et, à chaque fois, un grondement sourd montait des profondeurs des bâtiments. « Nous eûmes maints autres heurts, écrit Pet, et c'est chose émerveillable que le navire eût pu les supporter. » Les dommages causés au *William* étaient considérables et sa chaloupe était en pièces. Pis encore, les deux navires se trouvèrent bientôt prisonniers des glaces et pris dans une tempête de neige qui recouvrit les ponts d'une épaisse couche blanche. Les hommes sentaient que leur vie même était en danger et, leur volonté faiblissant, ils cessèrent d'espérer atteindre l'Extrême-Orient. Ils ne parlaient plus de cingler vers le Japon ou vers la Chine et ne demandaient dans leurs prières qu'à échapper à l'étreinte des glaces et à rentrer en Angleterre avant que leurs bateaux ne se brisent en mille morceaux ou qu'ils ne meurent eux-mêmes de faim.

Pour une fois, leurs supplications furent entendues, car la glace qui leur barrait la route s'entrouvrit. Saisissant la chance qui leur était offerte, les marins hissèrent les voiles et se glissèrent dans la faille. À neuf heures, ils avaient atteint le bord de la banquise et se trouvèrent soudain en eau libre : « Grande fut notre joie, qui n'était pas sans cause, lit-on dans le journal de bord, et nous en rendîmes grâce. » Les chances qu'ils avaient de rester en vie étaient maintenant réelles. Ils ne les laissèrent pas échapper et mirent le cap sans plus attendre sur la pointe la plus septentrionale de la Norvège. À Trondheim, les deux capitaines se dirent adieu car Jackman, dont la soif d'aventures n'était pas encore apaisée, voulut partir pour l'Islande. Pet n'avait aucune envie de l'y suivre. Il rêvait déjà des tavernes anglaises où brillait la douce lumière des bougies et où l'attendaient les putains de Southwark. Il fit voile vers Londres où il arriva le 25 décembre « qui était le jour de la nativité du Christ ». Les marins tombèrent à genoux et remercièrent Dieu de leur avoir permis de « rentrer sains et saufs ». Les hommes embarqués sur le *William* connurent un sort moins heureux. On n'entendit plus jamais parler d'eux.

L'expédition conduite par Pet avait été un échec complet. Ce capitaine s'était montré incapable de naviguer dans les eaux encombrées de glaces qui bordent les côtes du nord de la Russie, et son exemple n'était pas fait pour encourager les navigateurs qui voudraient s'aventurer dans ces régions septentrionales. Ses hommes avaient espéré revenir habillés de pourpoints de soie chinoise, les poches de leur justaucorps pleines de lingots d'argent japonais. Ce fut avec des engelures et des orteils manquants qu'ils arrivèrent à Londres. Il y avait pire : leur retour sans gloire coïncida avec celui, triomphant, de Francis Drake qui venait de faire le tour du monde. Le *Golden Hind*, le navire du célèbre navigateur, était rentré à Plymouth au mois de septembre 1580 et son capitaine avait été reçu en héros, non seulement parce qu'il était le premier Anglais à accomplir cet exploit, mais aussi parce qu'il rapportait un immense butin. Il avait pris aux Espagnols l'équivalent d'un million et demi de pesos dont cinq caisses d'or, vingt et une tonnes d'argent et une telle quantité de pièces de monnaie et de perles qu'il allait falloir de nombreuses semaines pour les compter.

La reine Elizabeth était au comble du bonheur et, lorsque Drake arriva enfin à Londres, elle lui fit l'honneur de lui accorder une audience privée qui dura six heures. Ce n'était pas seulement l'énormité du trésor qui ravissait la reine. Le voyage de Drake représentait un exploit en matière de navigation et prouvait que les mers du Sud n'appartenaient pas exclusivement aux Espagnols et aux Portugais. Estimant suicidaire de naviguer dans ces mers, les aventuriers anglais avaient à plusieurs reprises tenté de se frayer un passage à travers les glaces septentrionales. Drake avait maintenant démontré que les océans Indien et Pacifique ne leur étaient plus interdits. Il avait même prouvé que les marins anglais pouvaient aller où bon leur semblait et qu'ils étaient tout à fait capables de jouer au chat et à la souris avec leurs rivaux catholiques. La reine allait proclamer le droit qu'avaient les loups de mer à son service de parcourir le globe : « La mer et l'air sont communs à tous les hommes », déclara-t-elle.

Elle choisit d'ignorer l'échec rencontré par Pet dans l'océan Arctique, rejetant le malheureux capitaine dans l'obscurité de laquelle il avait brièvement émergé. Elle préféra souligner la victoire du navigateur qui avait triomphé dans les eaux tropicales et se prépara à la célébrer en grande pompe. Elle ordonna que le *Golden Hind* fût amarré d'une manière permanente dans le port de Deptford pour servir de témoin durable du voyage historique qu'il avait accompli et proposa qu'un banquet fût donné à son bord. La fête eut lieu le 4 avril 1581 et fut splendide. Il n'y avait pas eu de célébration aussi fastueuse depuis le règne du vieux roi Henry. Drapeaux et oriflammes ornaient le navire et des bannières aux vives couleurs décoraient la côte aux alentours de Deptford. La reine elle-même était d'une humeur radieuse, consciente peut-être que les succès remportés par Drake ouvraient des perspectives nouvelles aux marchands aventuriers anglais. En montant à bord du navire que son équipage avait briqué pour la circonstance, elle brandit son épée dorée et menaça, par plaisanterie, de couper la tête à son capitaine. Drake savait que l'intention de sa souveraine était tout autre. Lui ayant commandé de s'agenouiller, celle-ci tendit en effet son épée à son invité d'honneur, le marquis de Marchaumont, et lui ordonna de sacrer chevalier le courageux explorateur. Sir Francis lui offrit en retour de magnifiques cadeaux, tous volés aux Espagnols. Parmi eux figuraient cinq énormes émeraudes, un « panier d'argent » et un superbe globe terrestre en or, émaillé à l'endroit des océans. C'étaient ces océans que les aventuriers d'Elizabeth espéraient maintenant sillonner.

Le banquet se fit de plus en plus bruyant à mesure que la nuit descendait et le son des violes et des tambourins résonna de plus en plus fort sur le fleuve. Des spectateurs étaient venus en nombre croissant contempler le spectacle historique et le pont reliant le navire au rivage finit par être chargé d'une masse si énorme de curieux que ses poutres gémissaient sous leur poids. Un craquement retentissant se fit soudain entendre et cent personnes ou plus furent précipitées dans les eaux boueuses du fleuve. Peut-être eût-il été sage de voir dans cet accident la preuve que les moyens technologiques dont disposaient les sujets d'Elizabeth n'étaient pas toujours à la hauteur de l'enthousiasme de leurs propriétaires.

Tout le monde n'avait pas été invité à célébrer le triomphe de Drake. Un peu en amont de Deptford s'étendait un faubourg appelé Limehouse où les représentants d'une sous-classe élisabéthaine s'entassaient comme des sardines dans des logis misérables et malsains. Située à l'extérieur des murs de Londres, cette zone était couverte de huttes et de cabanes primitives bâties pour abriter une population déjà trop nombreuse. On avait beaucoup trop construit au cours des années précédentes, déplorait à l'époque le chroniqueur John Stowe selon lequel « les charpentiers de marine et [...] autres entrepreneurs maritimes avaient édifié beaucoup de maisons grandes et solides pour eux-mêmes et de plus petites pour les marins ». Londres grandissait à un rythme trop rapide et l'on se plaignait beaucoup du nombre d'habitations bâties chaque année. À l'époque du retour de Drake, la reine Elizabeth avait interdit par décret royal l'édification de nouvelles constructions dans un rayon de cinq kilomètres autour des portes de la ville. La réputation faite à Limehouse était particulièrement mauvaise. Ses habitants étaient censés être « dépravés, licencieux et insolents ». Ce n'étaient pourtant pas tous des voleurs et de petits délinquants. Beaucoup de marins et d'artisans vivaient là, des charpentiers de marine qui construisaient les navires sur lesquels les gentilshommes aventuriers s'embarquaient ainsi que les marins qui en composaient les équipages. La Tamise était « le principal entrepôt et magasin de toutes les marchandises du royaume » et un labyrinthe de quais et de jetées couvrait les berges du fleuve d'un réseau tortueux. C'était là que les gens de mer se rassemblaient pour chercher du travail et offrir leurs services aux organisateurs d'expéditions partant pour des mers lointaines.

L'un d'entre eux s'appelait William Adams. Âgé de dix-sept ans au moment où Drake fut adoubé chevalier, il était né à Gillingham, village de pêcheurs du Kent, et avait été baptisé le 24 septembre 1564, probablement un ou deux jours après sa naissance. Il venait d'une famille humble et pauvre qui n'a pas laissé grande trace de son existence. William aurait connu le même sort si, la chance aidant, il ne lui avait pas été donné de mener une vie nouvelle et spectaculaire à l'autre bout du monde.

On ne saurait rien de son enfance sans une lettre qu'il écrivit de nombreuses années plus tard, sous l'effet du mal du pays. Au vu de cet accès de mélancolie, un médecin élisabéthain aurait diagnostiqué une crise de bile noire et prescrit une bonne dose de chardon, plante qui « revigore le cerveau ». Adams préféra se réconforter en écrivant à de vieux amis. Il commença par leur rappeler qui il était : « Je suis natif du Kent, je viens d'une ville appelée Gillingham, à deux milles anglais de Rochester et à un mille de Chatham. » Il expliqua ensuite qu'à partir de douze ans il avait été « élevé à Limehouse, près de Londres ».

Sa lettre laisse deviner une éducation peu rigoureuse et une attitude insouciante envers la vie. Le style en est délicieusement pittoresque et l'orthographe populaire et phonétique. Rares étaient les règles dans ce domaine à l'époque et William Adams n'en suivait aucune, pas plus que dans celui de la syntaxe dont il faisait un usage tout à fait excentrique. Il parle de «plui brouineuse, de temps tray bo, d'aipisse (épices) et de dents d'olaifants».

On ne possède aucun portrait d'Adams, à moins qu'il ne figure, sans qu'on le sache, parmi les Européens peints par les Japonais sur leurs paravents pliants, les *byobu*. Mais ses lettres révèlent un esprit chimérique et un tempérament qui, avec son mélange de témérité et d'arrogance allié à un charme discret, était susceptible d'exercer une certaine séduction sur les habitants de pays étrangers et lointains. Ses compatriotes devaient, plus tard, être stupéfaits de le voir s'adresser à des princes et à des potentats orientaux avec une rudesse semblable à celle dont il faisait usage envers les domestiques les plus humbles. Ils étaient également choqués par sa capacité à abandonner un comportement qui lui était habituel pour adopter des mœurs étrangères.

Ce devait être un grand ours d'homme, aussi coriace que la viande de porc salée, bâti pour supporter toutes les privations. Tandis qu'autour de lui ses compagnons perdaient leurs forces et mouraient, succombant au scorbut, à des blessures infligées par des flèches empoisonnées ou au «flux sanglant», Adams conservait une santé florissante. Afin de se maintenir en vie, il dévorait la chair crue de manchots et, quand il avait sucé toute la moelle contenue dans les os de ces oiseaux, il se faisait les dents sur le cuir durci par le sel qui protège les cordages des mâts. Il était cependant un aspect plus complexe de sa personnalité qu'une telle description occulte. Il se montrait parfois distant, détaché. À d'autres moments, il était d'une franchise désarmante. Ses compatriotes prenaient la rudesse de ses manières pour de l'arrogance et l'accusaient d'être hautain. Ils ne se rendaient pas compte que c'était là le trait de caractère qui lui permettait de survivre aux situations les plus désespérées – et de prospérer.

Adams avait été l'élève du célèbre Nicholas Diggins qui lui avait appris le métier de pilote et celui de charpentier de marine. Il avait eu beaucoup de chance, car c'était de l'atelier de son maître, artisan d'une grande habileté, que sortaient un grand nombre des navires utilisés par les gentilshommes aventuriers de Londres. Il avait ainsi appris à construire les caravelles petites et rapides que les navigateurs anglais en étaient venus à affectionner, et aussi à incurver les varangues de la coque et à y fixer les barrots. Ce serait à ce savoir-faire qu'il devrait plus tard la vie.

Le jeune Adams préférait cependant la navigation à la construction des navires et il passait le plus clair de son temps sur le fleuve ou en mer. Son apprentissage sitôt fini, en 1588, il reçut le commandement du *Richard Duffield*, un bateau chargé d'approvisionner en vivres et en munitions la flotte anglaise qui se battait contre les Espagnols. Tandis que Lord Howard et Sir Francis Drake livraient bataille à l'ennemi, Adams ravitaillait les marins malades et mourants.

Quelques mois après la défaite de la Grande Armada, Adams épousa l'élue de son cœur, Mary Hyn, à Saint-Dunstan, l'église de la paroisse de Stepney située un peu à l'est de la Tour de Londres. Le mariage promettait à la jeune femme la perspective de longues périodes de solitude, car Adams avait la mer pour maîtresse. Il était entré au service de la Compagnie londonienne des marchands de Barbarie et, pendant les dix années qui suivirent, il fit la navette entre les côtes de l'Angleterre et celles, sauvages, de l'Afrique du Nord. C'était un métier dangereux qu'il exerçait là, car les ports de cette partie du monde étaient entre les mains de gouverneurs turcs sans scrupule ou de seigneurs de la guerre rapaces qui traitaient les commerçants anglais avec mépris. L'équipage de l'un de leurs navires, le *Jesus*, qui avait été capturé par les janissaires turcs n'avait eu droit à aucune miséricorde. « Ils nous ont fouillés et arraché les vêtements du dos, écrivit un des capitaines, ils ont éventré nos coffres et pris tout ce que nous possédions comme butin. » Plusieurs marins furent pendus et les autres, après avoir été « violemment rasés » et enchaînés les uns aux autres, devinrent galériens.

Au moment où Adams s'était initié au métier de pilote, l'art de la navigation connaissait une importante évolution. Les aventuriers anglais avaient longtemps refusé « la science peu sûre et la vaine géométrie », préférant se fier aux enseignements de la tradition. Ils savaient que de « grands bruits et fracas » annonçaient les tempêtes, et que les catastrophes affectaient les profondeurs sous-marines. « Les dauphins de la mer vont sautant, écrit l'un d'eux, et les mouettes quittent la mer et gagnent la terre sèche. » Nombre de documents et de manuels d'instruction nautique utilisés à l'époque s'inspiraient de notions héritées du passé et perpétuaient la sagesse des vieux loups de mer. Tout cela suffisait aux marins pratiquant le cabotage dont une connaissance détaillée des côtes, des récifs et des courants garantissait la sécurité. Mais les voyages à travers les océans nécessitaient un savoir-faire d'une tout autre nature. Drake lui-même s'en était parfaitement rendu compte et avait insisté pour que les apprentis pilotes étudient la science de la navigation. John Dee, le mathématicien qui avait aidé Sir Rowland et Sir George à préparer leur expédition, était du même avis. Il avait dit aux deux marchands que le maître pilote qu'ils choisiraient devrait être un expert en « hydrographie, astronomie, astrologie et horométrie » et il avait ajouté que « la base et le fondement de tout [...] sont l'arithmétique et la géométrie ».

William Adams avait été l'un des premiers à avoir accès à la nouvelle science de la navigation. Dans un ouvrage paru en

1577 sous le titre de *A Regiment for the Sea*, William Bourne avait abordé le sujet, nouveau à l'époque, des périls encourus lors de voyages océaniques. Il expliquait aux pilotes anglais comment calculer la latitude à l'aide d'un quadrant et d'un astrolabe et il avait même conçu un instrument compliqué qui donnait, disait-il, une indication approximative de la longitude. Parmi les autres manuels de publication récente figuraient le brillant *Spieghel der Zeevaert* du Hollandais Lucas Waghenaer – traduit en anglais sous le titre de *The Mariner's Mirror* («Le miroir du marinier») et le magnifique ouvrage de l'Espagnol Martin Cortes, traduit en anglais sous celui de *Art of Navigation* («L'art de la navigation»). Ce dernier ouvrage, qui expliquait aux pilotes comment calculer leur position pendant la traversée d'océans inconnus, se terminait par une affirmation d'une importance capitale : un navigateur ayant des connaissances en astronomie et en mathématiques est capable de diriger son navire par-delà la ligne de l'horizon, même par les nuits les plus noires, et il peut, «par la certitude de l'art [...], connaître la route qu'il doit prendre».

Ce fut pendant un des voyages qui le conduisaient jusque sur les côtes de la Barbarie qu'Adams entendit parler d'un projet élaboré en secret à Rotterdam. Il s'agissait d'envoyer une grande flotte jusqu'aux légendaires îles aux épices situées dans les Indes orientales. Les commanditaires de l'expédition avaient déjà fait l'acquisition de cinq navires et des hommes d'équipage avaient été arrachés à leur corps défendant aux tavernes et aux prisons de la ville. Tout ce qui manquait était un pilote expérimenté pour guider la flottille à travers deux océans, l'Atlantique et le Pacifique. Les risques encourus lors d'un tel voyage étaient grands, mais les éventuelles récompenses seraient énormes. Si tout se passait bien, le pilote ramènerait au port un bâtiment chargé d'épices et d'or.

Adams n'hésita pas. À trente-quatre ans, il était las de transporter les laines anglaises jusqu'en Barbarie. Il savait que sa nationalité ne serait pas un handicap car beaucoup de ses compatriotes servaient sur des bateaux hollandais. La perspective d'une longue absence le séparant de Mrs Adams et de la petite fille qu'il avait eue d'elle ne sembla pas non plus peser très lourd dans la balance. À l'instar de beaucoup d'aventuriers de l'époque, il n'aurait pour rien au monde laissé passer l'occasion du siècle, et s'engagea sans hésiter à partir pour un voyage dont il espérait rapporter un riche butin.

Au printemps 1598, Adams posa son sac de marin à bord d'un navire partant pour Rotterdam. Les méandres de la Tamise ne favorisaient pas les adieux prolongés et Limehouse disparut rapidement à sa vue. Les quais s'éloignèrent et la silhouette du clocher de Saint-Dunstan s'effaça à l'horizon. Un nouveau spectacle s'offrit bientôt aux yeux du voyageur : celui de la haute mer. Le lendemain, à la tombée de la nuit, le petit bateau sur lequel il naviguait s'approcherait des côtes basses de la Hollande.

III

LE GRAND DÉPART

William Adams n'était pas parti seul pour Rotterdam. Son frère Thomas l'accompagnait ainsi que onze autres candidats à l'aventure. L'un d'eux, Timothy Shotten, avait déjà fait le tour du monde avec Thomas Cavendish en 1586. Sa présence constituait un atout pour le petit groupe d'hommes s'apprêtant à débarquer en Hollande car il était le détenteur d'une mine de renseignements sur les régions lointaines de l'Orient.

Les organisateurs hollandais de l'expédition firent bon accueil à Adams et à ses compagnons et acceptèrent très volontiers de les prendre à leur service. Ils se montrèrent moins empressés quand il s'agit de leur expliquer le but du voyage. Selon les rumeurs courant à Rotterdam, ce n'était pas le commerce qui intéressait les commanditaires de l'expédition, et celui des épices ne faisait que fournir une couverture à d'autres projets. Ces commerçants cupides avaient, disait-on, ordonné à leurs capitaines d'aller piller les colonies que les Espagnols avaient en Amérique du Sud, comme l'avait fait Drake, et de s'emparer des réserves d'or qui s'y trouvaient.

La flotte présentait un spectacle impressionnant une fois assemblée au mouillage dans le chenal de Goereesche Gap, une profonde voie d'eau reliant Rotterdam à la mer du Nord. Elle était composée de cinq navires, le *Hoop*, le *Geloof*, le *Liefde*, le *Trouw* et le *Blijde Boodschop*, noms qu'un chroniqueur anglais de l'expédition devait traduire par la suite – plutôt approximativement – par *Hope* (Espoir), *Faith* (Foi), *Love* (Amour), *Fidelity* (Fidélité) et *Merry Messenger* (Joyeux Messager). Ces vocables étaient singulièrement inappropriés : d'espoir et de foi il y aurait très peu au cours du voyage, d'amour point du tout, et la fidélité devait se révéler fragile. Les récits que firent ceux des hommes d'équipage du *Merry Messenger* rentrés au pays provoquèrent larmes et soupirs plutôt que gaieté et fous rires.

Jacques Mahu, qui commandait la flotte, était un célibataire jeune et brillant, connu pour sa politesse. Adams lui plut et il lui demanda d'être le pilote du vaisseau amiral, le *Hoop*. Le frère d'Adams trouva place sur le *Trouw* et les autres Anglais furent répartis entre les différents navires.

Adams s'embarqua à la fin du mois de juin 1598, avec sa précieuse carte du monde, son globe de cuivre, son astrolabe et sa boussole. C'était avec ces seuls instruments, et la connaissance qu'il avait des cieux nocturnes, qu'il lui faudrait conduire le *Hoop* à l'autre bout du monde.

Les cinq navires de la flotte marchande hollandaise étaient hérissés de canons ; le pillage était, soupçonnait-on, la véritable mission qui leur était assignée.

Par chance pour le pilote, Timothy Shotten, l'un des hommes venus d'Angleterre avec lui, avait été en mesure de lui décrire les deux routes que l'on pouvait emprunter pour atteindre l'Orient. Elles étaient aussi dangereuses l'une que l'autre. Celle qui passait par l'ouest et contournait l'extrême pointe de l'Amérique traversait l'étendue déserte de l'océan Pacifique. Celle qui, prenant la direction opposée, passait au large du cap sud de l'Afrique n'était guère plus recommandable car les changements imprévisibles de temps rencontrés en chemin étaient bien connus. Lorsque l'aventurier anglais James Lancaster l'avait empruntée sept ans plus tôt, ses marins avaient eu beaucoup à souffrir des tempêtes qui avaient assailli leur navire, ainsi que de la foudre qui les avait frappés et avait « aveuglé les uns, blessé certains aux jambes et aux bras et d'autres à la poitrine, si bien qu'ils vomirent du sang pendant deux jours ».

Les commanditaires de l'expédition se décidèrent en faveur de la première solution, donnant corps ainsi aux rumeurs selon lesquelles la source de la richesse espagnole était leur véritable objectif. Mais parvenir jusqu'à ce trésor n'était pas chose facile, comme Shotten en avait fait l'expérience pendant le voyage auquel il avait pris part en 1586. Les épreuves endurées par lui et par ses hommes dans les mers du Sud avaient été terribles, les dangers les pires les ayant attendus dans le détroit de Magellan, passage reliant les océans Atlantique et Pacifique. Ils y avaient été battus par « des vents contraires et le temps le plus vil et détestable, avec des pluies et des bourrasques si véhémentes [...] que les meilleurs cordages et ancres que nous eussions étaient en péril ». Se réapprovisionner dans cette contrée aride s'était révélé impossible. Les hommes d'équipage qui avaient débarqué pour chercher des plantes comestibles s'étaient trouvés face à face avec « maints sauvages ». Il leur apparut vite que ces autochtones les regardaient avec des yeux pleins de convoitise. « C'étaient des mangeurs d'hommes, raconte le chroniqueur de l'expédition, et ils se nourrissaient entièrement de chair crue et autres aliments malpropres.»

Shotten et ses compagnons avaient été horrifiés par le caractère primitif du mode de vie des habitants de la Patagonie qui étaient groupés en tribus et pratiquaient la chasse et la cueillette. Ils se battaient avec des haches de pierre, mangeaient du poisson pourri et étaient «aussi sauvages que bêtes sauvages». Certains étaient des géants boiteux, d'autres avaient des membres et des pieds difformes. «Nous avons pris la mesure du pied de l'un, raconte un marin, et il était long de dix-huit pouces.»

À l'heure du départ, ces sujets d'étonnement n'occupaient pas l'esprit d'Adams et de ses hommes, préoccupés par les dangers dont ils savaient hérissée la route menant de Rotterdam en Patagonie. La flotte hollandaise leva l'ancre le 24 juin 1598 au matin et, mettant cap à l'ouest, s'engagea dans la Manche. «Nous mîmes à la voile avec cinq navires [...], note laconiquement Adams, et quittâmes les côtes de l'Angleterre le 5 juillet.» Ayant par chance le vent pour eux, les navires hollandais maintinrent une bonne allure tandis qu'ils entraient dans l'océan Atlantique et changeaient de direction pour prendre celle du golfe de Gascogne.

Simon de Cordes, le commandant en second de la flotte, avait attiré les hommes composant l'équipage en leur promettant qu'ils seraient «pourvus de toutes les provisions nécessaires», et il tint parole. Ses capitaines se montrèrent d'une si extraordinaire générosité que les marins pouvaient à peine croire à leur chance au vu de la dimension des rations qui leur étaient servies. Ils recevaient «de si grandes quantités de biscuits [...] qu'ils ne pouvaient pas les manger, mais qu'ils en remplissaient leurs coffres et leurs barriques». À l'approche des côtes du nord de l'Afrique, Simon de Cordes, se rendant compte qu'il avait été imprudent pendant les premières semaines du voyage, rectifia le tir en instituant une «politique du pain» qui impliquait une diminution des rations lorsque des vivres frais étaient disponibles. À la mi-août, c'est-à-dire moins de deux mois après le départ, les provisions entassées dans la cale étant devenues tout à fait insuffisantes, il ne fit plus distribuer qu'un minimum de nourriture.

Les hommes ne reçurent donc plus par jour qu'une demi-livre de pain, trois gobelets de vin, et un peu de poisson cuit lorsque le temps était assez calme pour qu'on puisse faire du feu. C'était un bien maigre régime pour des hommes affamés.

Adams, qui naviguait maintenant à bord du *Liefde*, savait qu'il faudrait s'arrêter quelque part en Afrique pour s'approvisionner en eau, en fruits et en sel si l'on voulait atteindre le détroit de Magellan. Il savait aussi que la chose serait très dangereuse car les forts édifiés par les Portugais constituaient de redoutables obstacles. Mais les besoins en eau douce et en fruits frais se faisaient de plus en plus impérieux car la chaleur équatoriale épuisait les marins affamés et déshydratés. «Beaucoup de nos hommes tombèrent malades à cause de l'air malsain», note Adams que Shotten avait mis au courant des dangers que représente l'eau sous les tropiques. Le scorbut et la dysenterie – le «flux sanglant» si redouté – représentaient des menaces mortelles lorsqu'ils frappaient des hommes déjà affaiblis par une mauvaise alimentation.

À l'époque, les navires faisant route vers le sud s'arrêtaient souvent aux îles du Cap-Vert, le dernier endroit où l'on pouvait se réapprovisionner en chemin. Bien que d'un «vert florissant», et malgré les citrons et les oranges sauvages qui y poussaient en abondance, cet archipel avait mauvaise réputation à cause de l'air stagnant et malodorant que l'on y respirait. D'après le négrier Sir Richard Hawkins, l'archipel avait «l'un des climats les plus insalubres au monde [...]. J'y suis passé deux fois, ajoutait-il, [...] et il nous a coûté une moitié de nos gens, à cause de fièvres et flux de diverses sortes; certains tremblaient, certains brûlaient, certains faisaient les deux».

Les îles étaient par ailleurs occupées par les Portugais qui ne se montreraient sans doute pas très accueillants envers des hommes qui étaient à leurs yeux des *piratas*, protestants de surcroît.

Jacques Mahu ayant signalé aux occupants des lieux que ses intentions étaient pacifiques, ceux-ci répondirent sèchement qu'ils «ne pouvaient pas croire ce que la flotte disait». Ils ne fourniraient ni eau ni vivres tant que le gouverneur, qui était absent, ne leur en aurait pas donné l'ordre.

Furieux, le capitaine van Beuningen, qui commandait le *Liefde*, proposa inconsidérément qu'on fasse l'assaut de l'île de Praya. Ses collègues approuvèrent cette suggestion téméraire et cent cinquante soldats furent débarqués avec l'ordre d'escalader les falaises et de s'emparer du château. «Ils marchèrent sur le fort [...] avec deux drapeaux déployés.» L'opération était risquée car la forteresse était perchée au sommet d'un grand éperon rocheux et l'approche en était si «abrupte que six hommes résolus auraient pu la défendre contre mille». Neuf ou dix coups de mousquet suffirent en réalité aux Hollandais pour gagner la bataille. Les soldats portugais s'enfuirent et les hommes de Beuningen firent une entrée triomphale dans le fort abandonné. Les vainqueurs fortifièrent l'endroit avec des bancs, coffres, chaises et bouts de bois. Une fois maîtres incontestés de la place et de ses alentours, ils se demandèrent quoi faire ensuite.

À la réflexion, ils se rendirent compte que prendre le fort n'avait pas été une très bonne idée. Ils se trouvaient barricadés au sommet d'un pic désolé et n'étaient pas plus près qu'avant leur victoire d'obtenir les victuailles dont ils avaient un besoin désespéré. Ils n'avaient en fin de compte réussi qu'à exacerber l'animosité des Portugais. Beuningen comprit

Les marins du *Liefde* escaladèrent le piton rocheux de Praya *(en haut, à droite)* et n'eurent à tirer que neuf ou dix coups de feu pour s'emparer du fort qui en occupait le sommet. Sans eau ni nourriture, ils s'aperçurent bientôt que leur victoire était illusoire.

que sa victoire ne lui avait rien rapporté et qu'il ne lui restait plus qu'à abandonner les hauteurs qu'il avait conquises. Penauds, extrêmement embarrassés, ses hommes se mirent en devoir de démanteler leurs barricades et de démonter leur canon. « Ils pensèrent qu'il valait mieux capituler et obtenir ce qu'ils voulaient par de justes moyens », lit-on dans le journal de l'expédition.

Le gouverneur portugais fut pris de rage lorsqu'il fut mis au courant de l'action menée par les Hollandais auxquels il reprocha de s'être comportés en ennemis. « S'ils s'étaient conduits en amis, dit-il, ils auraient facilement obtenu ce qu'ils demandaient. » Dans le feu de la colère, il leur ordonna de quitter immédiatement les îles du Cap-Vert et se prépara à les attaquer en déployant tous ses canons le long de la côte. Le cœur lourd, les Hollandais comprirent que, bien qu'à court de vivres et d'eau, il ne leur restait plus qu'à poursuivre leur voyage.

Adams était furieux de la tournure que les événements avaient prise et l'identité du responsable ne faisait aucun doute à ses yeux. « Nous nous sommes attardés vingt-quatre jours, écrivit-il plus tard, pour la raison qu'un des capitaines de la flotte fit croire à notre général que dans ces îles nous trouverions moult victuailles, chèvres et autres choses. » L'impossibilité de se réapprovisionner porta un coup sévère au moral de ces hommes malades et affamés. Un autre événement allait bientôt les ébranler encore davantage. Le 22 septembre, un drapeau monta au mât du *Hoop*, ordonnant à tous les capitaines de se rendre à bord du navire amiral. La nouvelle qu'ils y apprirent était terrible. Jacques Mahu était mort d'une fièvre dévastatrice et la flotte avait perdu son amiral. Capitaines et matelots étaient atterrés car leur chef avait joui d'une grande popularité. D'après l'un des marins « c'était un homme d'un tempérament doux et aimable, honnête, attentif, diligent et très bon envers les marins ». On lui fit des funérailles solennelles. « Le corps du défunt fut placé dans un cercueil à moitié rempli de pierres, recouvert d'un drap mortuaire, porté par les capitaines de l'arrière du navire à l'avant et jeté à la mer au triste son des tambours, des trompettes et au gémissement des cornemuses. » Son successeur, dont le nom se trouvait dans une enveloppe scellée, était Simon de Cordes, le vice-amiral.

Le triste état dans lequel la flotte se trouvait inquiétait beaucoup Adams. Rebrousser chemin était hors de question car les navires auraient eu courants et vents contre eux. Mais c'était courir au désastre que de s'élancer vers l'inconnu avec des cales et des ventres vides. Trouver de quoi manger était une priorité absolue. Tandis que le scorbut « infectait et infestait chaque navire », ils hissèrent les voiles « avec l'intention de restaurer leurs hommes et de faire de meilleures provisions d'eau et autres nécessités à l'île d'Anno-Bueno ».

Vu les circonstances, cette solution était la meilleure malgré les dangers qu'elle présentait. Située au large de la côte de la Guinée-Équatoriale, l'île montagneuse mais fertile d'Annobón représente un fragment isolé de végétation tropicale facilement repérable au panache de fumée surmontant son volcan. Pour l'atteindre sans s'exposer à de trop nombreux dangers, il fallait longer la côte de l'Afrique jusqu'au cap Lopez. De là, on n'en aurait plus que pour quelques jours. C'était la route la plus longue et la présence sur le rivage de tribus sauvages contrebalançait l'avantage qu'il y aurait à naviguer à proximité de la terre où les marins pourraient aller remplir leurs barils d'eau. On le savait, car l'une d'elles avait attaqué le navire de Cavendish à bord duquel Shotten avait voyagé. Un des marins ayant alors été « touché à la cuisse, avait arraché la flèche, l'avait cassée, et avait laissé la pointe dedans ». C'était une grave erreur : « Le poison travailla tant cette nuit-là que le blessé était merveilleusement enflé, et tout son ventre et ses parties naturelles aussi noirs que l'encre, et le matin suivant il mourut. »

Débarquer sur la côte se révéla néanmoins impossible. Chaque fois que les navires hollandais approchaient du rivage, un violent ressac et des vagues dangereuses leur barraient le chemin, et la flotte fut forcée de poursuivre sa route jusqu'au cap Lopez avant de pouvoir jeter l'ancre et « porter ses hommes malades à terre ». Les voyageurs se trouvaient au cœur de l'Afrique équatoriale et la côte était couverte d'une masse inextricable de végétation. Des lauriers et des myrtes géants, des acacias en fleur, de monstrueuses fougères tropicales plongeaient leurs tentacules d'un vert brillant dans l'eau saumâtre. Les navires étaient envahis par la puanteur des plantes pourrissantes et les hommes se plaignaient de

« maintes pénibles et suffocantes chaleurs » et de l'air « infectieux et contagieux ». Il y avait pire : la saison des pluies qui avait commencé battait son plein et enveloppait la jungle d'une vapeur étouffante. Peu nombreux étaient, parmi les marins, ceux qui avaient vu chose pareille.

Pourtant, un prudent optimisme régnait à bord des navires lorsque le cap Lopez fut en vue car des tribus accueillantes étaient censées occuper la région. L'aventurier anglais William Towerson, qui s'y était arrêté, avait été fasciné par les tribus indigènes, surtout par les femmes voluptueuses, une fête pour les yeux après de longs mois passés en mer. « Leurs seins sont excessivement longs », avait-il écrit, ajoutant même : « Certaines les posent sur le sol et se couchent à côté d'eux. » Ses compagnons avaient observé avec plaisir que ces créatures avaient « le goût de la luxure et des choses impures » et aimaient attirer les matelots dans leurs huttes de chaume. Ces histoires enchantaient les Anglais et ravissaient encore plus les Hollandais qui découvrirent qu'aux yeux de ces femmes « une copulation charnelle avec un Hollandais était une aubaine et qu'elles s'en vantaient et s'en targuaient entre elles ».

Les hommes étaient encore plus généreusement dotés par la nature que les femmes et prenaient grand plaisir à exhiber leurs attributs. « Ils ont un grand membre, écrit Pieter de Marees, un aventurier hollandais, et ils en font étalage. » Leurs beuveries habituelles les rendaient très lascifs, mais elles débouchaient sur des lendemains peu agréables. Les hommes étaient pour beaucoup les hôtes de vers qui logeaient dans leur « membre viril, qui plus est dans leurs bourses ». Quoique « sauvages » et « barbares », ces individus se montraient d'une grande discrétion quand il était question de péter. « Ils font très attention à ne pas lâcher de vent lorsque quelqu'un se trouve à leur côté, raconte de Marees, et s'étonnent que les Hollandais en fassent si couramment, car ils ne supportent pas qu'un homme pète devant eux, et pensent que c'est une grande honte et un signe de mépris qu'on leur manifeste. »

Il était avant tout urgent pour la flotte de se procurer des vivres et de l'eau. Simon de Cordes le savait et il envoya Sebald de Weert, le capitaine du *Geloof*, à terre avec l'ordre d'entrer en contact avec le chef local. Le visiteur ne fut pas très impressionné par le spectacle qui se présenta à ses yeux. Le chef était un individu de très petite taille dont le « trône » ressemblait à un tabouret de cordonnier « haut d'à peine un pied ». Une peau de mouton garnie de sa laine lui entourait les pieds et il portait « un vêtement d'une étoffe violette avec

Le chef de tribu africain rencontré par les Hollandais au cap Lopez siégeait sur un trône « haut d'à peine un pied », et portait un bizarre chapeau conique semblable à la corne qui coiffait les bouffons. Pour l'impressionner, les visiteurs jouèrent un air de trompette *(à droite)*.

de la dentelle d'or». «Accoutré comme un rameur», il était «sans chemise, chaussures ni chaussettes, et avait une étoffe de deux couleurs sur la tête et beaucoup de perles de verre autour du cou». Son chapeau, conique comme une corne de bouffon, était tout à fait excentrique et son visage était poudré et couvert d'un maquillage blanc. Ne voulant pas être en reste, ses courtisans étaient peints en rouge vif et portaient des couvre-chefs aussi bizarres que le sien, «ornés de plumes de coq».

Sebald de Weert fut encore plus déçu lorsqu'il pénétra dans la demeure de boue du chef. «Le "palais", raconte-t-il avec mépris, n'était pas comparable à une écurie.» Le capitaine hollandais décida de se livrer à une petite démonstration susceptible d'impressionner le chef. Il ordonna à ses trompettistes de donner de leur instrument et, le silence enfin retombé sur la jungle, il expliqua qu'il était venu «chercher de quoi restaurer ses hommes». Le chef fit un signe de tête et chuchota quelque chose à ses femmes qui coururent s'affairer autour de leurs marmites. Après une longue attente, elles revinrent portant des plats en terre cuite. Espérant se voir offrir de la viande fraîche et des fruits, le capitaine Sebald attendait impatiemment d'être servi. Il ne tarda pas à déchanter. L'un des plats contenait un ragoût d'hippopotame fumé qu'il ne trouva pas du tout à son goût et l'autre «quelques plantains grillés».

D'autres déconvenues allaient suivre. Le chef s'attendait à ce que les Hollandais lui rendent la politesse et demanda qu'on lui fasse don d'aliments transportés à bord du navire. Le capitaine Sebald accepta de mauvais gré, pour «calmer les aboiements du chef», et dit à ses hommes d'aller chercher quelques provisions puisées dans les réserves du navire. Parmi elles se trouvait une bouteille de vin d'Espagne dont le chef ne fit qu'une gigantesque gorgée. «Dans le vin d'Espagne, le Guinéen oublia sa tempérance et fut précipité dans le repos.»

Tandis que l'Africain sombrait dans un profond sommeil, il ne resta plus aux marins hollandais qu'à écouter gargouiller leurs ventres affamés.

Les capitaines des divers bateaux se rendaient compte qu'ils ne trouveraient pas les quantités de vivres dont ils avaient un besoin pressant au cap Lopez dont le climat insalubre les inquiétait par ailleurs de plus en plus. « Beaucoup tombèrent malades parce que l'air du pays était très malsain », écrit l'un d'eux. Seize hommes moururent et furent enterrés dans la jungle africaine, tandis que de Weert lui-même était pris « d'une fièvre violente ». Il fut décidé que la flotte repartirait pour Annobón, mais à peine les marins étaient-ils arrivés qu'ils découvrirent que l'île grouillait de soldats portugais. Pis encore, l'air « était plus mauvais que celui de Guinée si bien que les maladies augmentaient quotidiennement parmi les marins ». Des provisions – biscuits, quelques fromages, un petit nombre de bouteilles de vin – rapportées de raids exécutés la nuit ne suffisaient pas à nourrir des centaines d'hommes affamés. On comptait beaucoup de victimes de la dysenterie et la fièvre faisait elle aussi des ravages. Thomas Spring, « un jeune Anglais plein de promesses », se trouvait au nombre de ceux qui perdirent la vie.

Le 2 janvier 1599, la flotte leva de nouveau l'ancre et mit le cap sur l'Amérique du Sud tandis que les hommes priaient pour que leurs navires résistent à la traversée. Ils avaient beaucoup souffert du séjour dans les eaux tropicales de l'Afrique et, peu de temps après le départ, un fort coup de vent qui s'abattit soudain sur eux leur causa de graves dommages. Le grand mât du *Geloof* se cassa en trois et l'on vit que le bois était aussi mou qu'une éponge et piqueté de trous de vers. Le *Liefde* dut remorquer le navire mal en point pendant que les charpentiers fabriquaient un nouveau mât. C'était peine perdue car le vent mourut bientôt et la flotte se trouva encalminée. Elle était entrée dans le pot au noir, cette région du sud de l'Atlantique où un bateau pouvait « rester une demi-année sans vent ni eau » et où il n'y a « pas un souffle d'air ». La perspective de passer plusieurs semaines en mer avant d'atteindre l'Amérique du Sud força le vice-amiral Simon de Cordes à prendre une décision : celle de diminuer les rations, déjà minimes. « Notre général ordonna qu'un homme n'eût, pour quatre jours, qu'une livre de pain, note Adams, ce qui voulait dire un quart de livre par jour, avec la même proportion de vin et d'eau. » Poussé par la faim, un des marins du *Liefde* se glissa dans la cambuse et vola un peu de pain. Il fut pendu sur-le-champ et son corps fut jeté à la mer. Ce châtiment impitoyable avait valeur d'exemple.

Adams savait que diminuer les rations aurait rapidement pour effet d'augmenter le nombre des malades et celui des morts. « Le manque de victuailles causait une grande débilité, écrit-il, si bien que nos hommes tombaient dans une telle faiblesse et maladie du fait de la faim qu'ils mangeaient les peaux de veaux qui couvraient nos cordages. » Une alimentation de cuir salé n'était pas faite pour guérir des hommes malades, et le scorbut commença à faire des ravages parmi les marins.

Ce terrible fléau menaçait à l'époque tous ceux qui entreprenaient un long voyage en mer et les symptômes en étaient connus de tous. « Il apporte un grand désir de boire, écrit Sir Richard Hawkins, et cause une enflure générale de toutes les parties du corps, spécialement des jambes et des gencives, et les dents tombent souvent des mâchoires... » La peau des malades blêmissait et se couvrait de taches tandis que leur haleine devenait fétide. À mesure que leur état empirait, ils avaient du mal à respirer, se sentaient épuisés et déprimés. Des contusions et des enflures apparaissaient ensuite sur leurs corps, accompagnées de terribles douleurs. Les malades devenaient léthargiques en même temps qu'ils souffraient de problèmes rénaux et qu'une sévère diarrhée les forçait à de fréquentes visites aux latrines, chose particulièrement inconfortable sur un navire où on était obligé, pour se soulager, de se maintenir à l'avant en équilibre au-dessus des flots.

Les avis divergeaient quant à la cause de cette maladie. « Certains l'attribuent à l'indolence, d'autres à l'impéritie, écrit Hawkins. D'autres pensaient qu'elle était due à la crasse régnant sur les navires et que la meilleure façon de s'en protéger était de "garder son navire propre ; l'arroser régulièrement avec du vinaigre ou brûler du goudron". » Sans qu'Adams et ses compagnons de voyage le sachent, l'aventurier anglais James Lancaster avait découvert une façon de guérir le scorbut sept ans plus tôt. « Il avait apporté en mer avec lui certaines bouteilles de jus de citron, dont il donna à chacun trois cuillerées chaque matin aussi longtemps qu'il y en eut », raconte un témoin qui constate que l'effet avait été remarquable : « Par ce moyen, le général guérit nombre d'hommes et protégea les autres. » Malheureusement, le remède utilisé par Lancaster fut vite oublié et le scorbut continua à faire des ravages pendant encore cent soixante et un ans.

Le vent s'étant enfin levé, les navires prirent de la vitesse. La flotte avait quitté les régions tropicales et, tandis qu'elle se dirigeait vers l'Atlantique Sud où régnait un hiver glacial, un dramatique changement de temps se produisit. La chute soudaine de la température fut la cause de quelques décès spectaculaires. La mort frappa par exemple un des marins anglais embarqué sur le *Trouw* dont les membres se raidirent tout à coup alors qu'il mâchait un morceau de pain. Barent Potgeiter, le médecin de la flotte, n'en croyait pas ses yeux : « Il était assis sur un banc, raconte-t-il, quand il est tombé soudain en arrière, l'air terriblement malade, l'écume aux lèvres. Il ne dit pas un mot et mourut quelques heures plus tard. » Deux jours après, Jonghman von Utrecht, un autre homme d'équipage, subit le même sort. « Il hurla, la bave lui monta à la bouche, il se gratta, donna des coups de pied et se débattit. » Il fut transporté dans l'entrepont et mis à la diète. Il se parlait à lui-même, puis il délira et devint incontinent. Sa fin fut horrible : « Il était privé de connaissance au point de ne pas pouvoir se nettoyer ou vider ses excréments d'une manière ordinaire et, comme il faisait très froid, l'humidité qui l'entourait gelait et paralysait ses membres si bien qu'on fut forcé de lui couper les jambes. » Il mourut quelques jours après cette douloureuse opération.

À la fin du mois de mars, les voyageurs aperçurent un jour au réveil un spectacle qu'ils ne devaient jamais oublier. « Nous avons vu la terre, écrit Adams, à la latitude de cinquante degrés, ayant eu deux ou trois jours le vent contre nous. » Ils avaient atteint la côte de ce qui est aujourd'hui l'Argentine. Les hommes voulaient jeter l'ancre sans attendre mais, comme un fort vent du nord gonflait leurs voiles, les capitaines décidèrent de poursuivre leur route jusqu'au détroit de Magellan, havre où ils imaginaient être en sécurité. Les événements leur donnèrent raison car, lorsqu'ils pénétrèrent dans le détroit, il était grand temps pour eux de se mettre à l'abri. « À ce moment, écrit Adams, l'hiver arriva, et il y eut beaucoup de neige. »

Le détroit de Magellan représentait un formidable défi pour les pilotes élisabéthains. Des hauts-fonds indétectables et des récifs se cachaient sous l'eau, et en certains endroits le chenal était si étroit que les pilotes devaient manœuvrer avec une extrême prudence. Les dimensions monumentales du cadre naturel avaient fortement impressionné les marins de Drake. « Les montagnes s'élèvent dans les airs avec de tels sommets et pics d'une hauteur si rare qu'ils pourraient bien compter parmi les merveilles du monde, écrit l'un d'eux ; environnés, dirait-on, de nombreuses régions de nuages congelés et de météores glacés. » Les forces de la nature s'étaient déchaînées contre les navires de Drake qui avaient été battus par « la force violente des vents, les attaques intolérables de la mer furieuse et le spectacle sinistre des rochers escarpés ».

C'était à Adams, en tant que pilote, qu'il incombait de guider le *Liefde* dans ces eaux dangereuses. Il désirait vivement passer sans attendre à travers le détroit car l'hiver arrivait avec une vitesse alarmante et l'eau ne tarderait pas à se solidifier sous l'effet du froid. Mais les milliers de manchots – « des volatiles plus grands que des canards » – constituaient, pour les marins affamés, une tentation irrésistible. Les navires jetèrent l'ancre et les hommes se précipitèrent à terre ; en quelques minutes ils eurent assommé plus de mille quatre cents de ces malheureux oiseaux.

Adams avait eu raison de s'inquiéter du temps car, les jours suivants, il y eut « neige et glace en quantité émerveillable ».

Les vivres étaient sur le point de manquer sur le navire d'Adams lorsqu'une vigie signala la présence de manchots sur une île du détroit de Magellan. Quelques minutes plus tard, les marins avaient assommé plus de 1 400 de ces volatiles.

Un des navires perdit son ancre, arrachée par la tempête ; un peu plus tard, un brouillard épais enveloppa la flotte qui eut du mal à poursuivre son chemin. Le temps une fois redevenu clair, les vents changèrent de direction, et soufflèrent du sud, chargés de grêle et de neige. De Weert, retiré dans sa cabine, se plaint dans son journal d'être, avec ses hommes, prisonnier « d'un perpétuel hiver tempétueux [...]. La tempête leur trouvait toujours du travail, et leur labeur était misérable sans que le voyage entrepris avançât ». Il eut bientôt trop froid pour détailler ses doléances et se contenta d'en noter la liste : « Pluie, vent, neige, grêle, faim, ancre perdue, navires et appareillages endommagés, maladie, mort, sauvages, manque de provisions et provisions de manques conspirent à une plénitude de malheurs. »

Adams, toujours confiant, continuait à se croire capable de se frayer un chemin entre les blocs de glace qui encombraient la mer. « Plus d'une fois pendant l'hiver nous avons eu un vent favorable pour traverser le détroit », note-t-il. Mais, comme plusieurs ancres manquaient et que la carte des fonds sous-marins dont il disposait était d'une grande inexactitude, ses supérieurs jugèrent dangereux de poursuivre leur route jusqu'à l'océan Pacifique.

Les vivres se firent bientôt rares et le bois de chauffage aussi. Le froid très vif faisait de leur vie une torture car il « augmentait les appétits, ce qui diminuait les provisions ». Six tonnes de haricots secs que Simon de Cordes fit distribuer ne suffirent pas à apaiser la faim des marins. Certains tentèrent de tirer parti de l'état désespéré des malades en vendant leurs rations et se nourrirent eux-mêmes de moules crues. Deux marins du *Blijde Boodschop* furent condamnés à mort pour avoir volé de l'huile. Un gibet fut dressé sur le rivage et l'un des hommes y fut pendu. L'autre s'épargna ce châtiment en se déclarant plein de remords mais, ayant été de nouveau pris la main dans le sac quelques jours plus tard, il fut fouetté au

Les habitants de l'Amérique du Sud étaient gigantesques.
« Ils mesuraient dix ou onze pieds de haut, [...] étaient
d'une couleur rougeâtre et avaient de longs cheveux. »
Il ne faisait pas bon les avoir pour ennemis,
force fut aux voyageurs de le constater.

sang. Les capitaines se trouvèrent dans l'obligation de surveiller eux-mêmes la distribution de la nourriture, un bâton à la main pour discipliner les rebelles.

La première rencontre des voyageurs avec les habitants « sauvages » de la région eut lieu au début de mai lorsqu'un groupe d'indigènes s'approcha de la flotte à la rame. Les marins notèrent avec étonnement qu'ils mesuraient « dix ou onze pieds de haut, [...] étaient d'une couleur rougeâtre et avaient de longs cheveux ». Ayant lancé des morceaux de rocs dans la direction des étrangers et crié des insultes, ces « hommes sauvages » rebroussèrent chemin. Quelque trois semaines plus tard, un petit groupe de marins qui s'était aventuré à terre tomba sur « une compagnie de sauvages » qui réussirent à s'emparer de cinq Hollandais et « mirent les trois premiers en pièces», leur arrachant les membres un par un. Les deux autres marins furent sauvés par Simon de Cordes qui débarqua avec une escouade de gardes. L'aspect des habitants de l'Amérique du Sud horrifia les marins européens: «Ces sauvages étaient tous nus, sauf un qui avait la peau d'un chien de mer sur les épaules», note l'un d'entre eux. Ils étaient armés de sagaies de bois terminées par une pointe mortelle qui «s'enfonçait si avant dans la chair qu'il était presque impossible de la retirer». Au cours de l'une de leurs attaques, certaines de ces lames passèrent «à travers quatre couches de vêtements et plongèrent profondément dans la poitrine». D'autres se fichèrent si fermement dans la chair qu'il fallut «les pousser au travers».

La glace qui encombrait les eaux du détroit et les sauvages hostiles qui en occupaient le rivage empêchaient les marins de quitter leurs navires. Soucieux de préserver le moral de ses hommes, Simon de Cordes organisa un petit divertissement. Ayant créé une guilde «pour perpétuer la mémoire d'un si dangereux et extraordinaire voyage», il nomma chevaliers de ce qu'il appela «l'Ordre du Lion furieux» les capitaines qui en devinrent les membres. Après avoir prêté serment de loyauté, ceux-ci furent conduits jusque sur le rivage au son d'une fanfare de trompettes. Avec de joyeuses acclamations, les hommes promirent ensuite tous de s'efforcer «de conquérir les possessions espagnoles». Cordes fit ériger, en mémoire de l'événement, une colonne sur laquelle une plaque portant le nom des chevaliers fut apposée et donna l'ordre d'enterrer les morts à son pied.

Le monument était splendide et la cérémonie fit beaucoup pour réconforter les hommes. Mais leur joie fut de courte durée. La colonne fut mise en pièces «par les sauvages qui arrachèrent aussi les cadavres à leurs tombes, les démembrèrent et en emportèrent un». Le corps du barbier de Simon de Cordes fut retrouvé mutilé d'une façon particulièrement horrible : sa tête avait été écrasée à coups de maillet, ses organes génitaux tailladés, et son cœur gisait sur un rocher. Ses camarades remirent le cadavre en terre avec les morceaux qu'ils purent trouver.

Pendant la dernière semaine d'août, l'hiver commença à perdre de sa rigueur ; il ne tomba plus que du grésil, puis de la pluie. Au début du mois de septembre, les navires levèrent enfin l'ancre et reprirent la route menant à l'océan Pacifique. Bien que le nombre des décès survenus pendant le séjour forcé qu'ils avaient fait dans le détroit n'ait fait l'objet d'aucun décompte précis, il dut y en avoir plus d'une centaine. « Neige et glace » avaient fait beaucoup de victimes et « nombre de nos hommes moururent de faim », se remémore Adams. D'après les souvenirs de De Weert, son propre navire, le *Geloof*, avait perdu, « par maladie et autrement, tant de ses hommes que, de cent dix, il n'en restait que trente-huit ».

Quelques jours seulement après le départ, les vigies aperçurent l'océan Pacifique. C'était un moment dont tous rêvaient depuis longtemps et il aurait dû être la cause de réjouissances. La fête n'eut cependant pas lieu : « Nous entrâmes dans la mer du Sud, écrit Adams, et nous nous trouvâmes six ou sept jours dans une très grande tempête. » Les navires, séparés les uns des autres, furent entraînés dans des directions différentes. L'un d'entre eux fut poussé loin sur les flots du Pacifique, d'autres refoulés dans le détroit. Après avoir navigué de conserve pendant un an, ils se trouvaient soudain isolés.

Simon de Cordes, qui avait anticipé la chose, avait prévu un lieu de rendez-vous sur les côtes du Pérou. Mais, venant après tant d'épreuves et de souffrances, cette séparation eut raison du moral de nombreux marins et fut sur le point d'avoir raison de leurs navires. Une énorme vague qui s'abattit sur le *Blijde Boodschop* brisa son beaupré, cassa son mât de misaine et déchira ses voiles. Seul, incapable de se diriger, il dériva pendant des semaines et finit par tomber aux mains des Espagnols. L'équipage fut jeté en prison, interrogé et châtié pour avoir navigué dans des eaux revendiquées par l'Espagne. Seuls quelques hommes réussirent à rentrer chez eux.

Les marins du *Geloof* décidèrent qu'ils avaient eu leur compte de souffrances et choisirent d'abandonner l'aventure. Ils rebroussèrent chemin à travers le détroit et finirent par atteindre Rotterdam en juillet 1600. À leur arrivée il n'en restait plus que trente-six en vie.

Les hommes du *Trouw* étaient d'une autre trempe. N'écoutant que leur courage, ils mirent cap à l'ouest et cinglèrent vers les Indes orientales. Mal leur en prit car, à leur arrivée dans cet archipel, leur navire fut capturé par les Portugais. Ils furent soit mis aux fers et jetés en prison, soit exécutés. Des vingt-quatre que leur groupe comptait à leur arrivée, six finirent par s'échapper et par retrouver leurs familles aux Pays-Bas. William Lyon, le seul Écossais du groupe, était toujours prisonnier en 1606.

La tempête entraîna le *Liefde* très loin de sa route. « Nous eûmes beaucoup de dures tempêtes, écrit Adams, étant poussés vers le sud de cinquante-quatre degrés. » L'équipage mit près de trois semaines à reprendre la bonne direction pour être de nouveau refoulé vers le sud. « Huit ou dix jours après, la nuit, comme il y avait beaucoup de vent, notre misaine s'est envolée », poursuit le pilote ; puis, la tempête ayant fini par s'apaiser, « nous trouvâmes des vents et un temps raisonnables, reprend-il, avec lesquels nous continuâmes notre voyage vers la côte du Pérou ».

Les capitaines s'étaient entendus pour s'attendre mutuellement un mois sur les lieux du rendez-vous. Adams espérait utiliser ce laps de temps pour se procurer des vivres qu'il pensait troquer avec les habitants du pays contre des babioles. Après avoir fait brièvement escale dans les îles Mocha et Santa Maria, au large de la côte, le navire jeta l'ancre dans

« une belle baie de sables » et les hommes se rendirent à terre à la rame « pour parlementer avec les naturels du pays ».

Les quelques marins de Drake qui avaient tenté d'en faire autant vingt ans plus tôt avaient subi un sort particulièrement cruel. Ils avaient été capturés par des sauvages qui s'étaient attaqués « avec des couteaux à leurs corps et en avaient découpé la chair en lambeaux ». Ils avaient jeté ces morceaux sanguinolents en l'air en exécutant des danses frénétiques. Puis « comme des chiens, ils les avaient dévorés de la manière la plus monstrueuse et contre nature ».

Les indigènes ne se montrèrent pas plus heureux de l'arrivée du *Liefde* qu'ils ne l'avaient été de celle du *Golden Hind.* « Ils ne tolérèrent pas de nous voir débarquer, raconte Adams, et lancèrent maintes flèches contre nous. » Découragés par cette manifestation d'hostilité, les marins comprirent qu'il leur fallait soit se battre pour obtenir des vivres soit mourir de faim. « N'ayant aucunes victuailles à bord de notre navire, et espérant trouver de quoi nous restaurer, nous débarquâmes de force vingt-sept ou trente de nos hommes et repoussâmes les sauvages loin du rivage. » Nombre de marins furent blessés ce faisant, ce qui renforça la détermination qui les animait de ne regagner leur navire qu'en possession de nourriture. « Aussi, nous leur fîmes des signes signifiant notre désir de victuailles, leur montrant du fer, de l'argent et des étoffes que nous leur donnerions en échange. »

Lorsqu'ils aperçurent les perles et les babioles transportées par le *Liefde*, les autochtones abandonnèrent leurs arcs au profit du troc. « Ils donnèrent à nos gens du vin, avec des pommes de terre, à manger et à boire, avec d'autres fruits. » Ces victuailles ne suffisaient pas à remplir l'estomac vide des marins, mais les indigènes « prièrent nos hommes par signes et gestes de remonter à bord et de revenir le jour suivant, et qu'ils leur apporteraient force vivres ».

Pour la première fois depuis des mois, l'optimisme régnait

à bord du *Liefde*. Les marins avaient maintenant des raisons de croire que les Indiens leur fourniraient de quoi remplir les cales de leur navire et ils étaient soulagés de n'avoir pas rencontré d'Espagnols. Le capitaine van Beuningen décida de se rendre lui-même à terre le matin suivant avec ses officiers afin de se procurer des provisions aussi abondantes que possible. «Le capitaine alla lui-même dans un des bateaux, raconte Adams, avec toute la force que nous pouvions rassembler.» Beuningen espérait que les Indiens apporteraient leurs marchandises jusque sur la plage où il serait facile de les charger, mais ceux-ci semblaient ne pas comprendre les signes que leur faisait le Hollandais, et l'invitaient à débarquer. Le capitaine était méfiant. C'était un soldat aguerri et son instinct lui commandait d'être prudent. En descendant à terre, ses hommes et lui-même s'exposeraient à un danger réel, il le savait et n'avait aucune envie de tomber dans un piège. Mais il n'avait guère le choix car les Indiens refusèrent à plusieurs reprises d'avancer jusqu'au bord de l'eau. «Il se résolut à débarquer, contrairement à ce qui avait été décidé à bord du navire.»

Beuningen ne s'aventura cependant pas à la légère. Il se fit accompagner à terre par vingt-trois de ses meilleurs fantassins, dont le frère d'Adams, Thomas, et il leur ordonna de faire montre de leur force autant que faire se pouvait. À leur insu, «à environ une portée de mousquet des bateaux, les Indiens, plus de mille, avaient dressé une embuscade». Ils attendaient, leurs arcs tendus et, à un signal convenu à l'avance, ils «tombèrent immédiatement sur nos hommes avec les armes qu'ils avaient et les massacrèrent tous, pour autant que nous en sachions».

L'attaque avait été si soudaine et si féroce qu'elle ne dura que quelques secondes. Le capitaine Beuningen y trouva la mort, de même que l'élite de sa petite troupe. Seuls ceux restés à bord des embarcations eurent la vie sauve et, hésitant à croire ce dont ils avaient été témoins, ils eurent tellement peur de succomber eux-mêmes qu'ils retournèrent précipitamment à bord du *Liefde* pour raconter la terrible histoire. « Ils attendirent longtemps pour voir si aucun de nos hommes ne revenait, rapporte Adams, mais comme ils avaient tous été massacrés, nos bateaux revinrent avec la douloureuse nouvelle de leur mort. »

Adams était sous le choc. Ses meilleurs amis avaient péri dans l'embuscade, et parmi eux son frère Thomas. Les survivants avaient vécu avec les disparus pendant dix-sept mois, confinés dans l'étroit espace de leur navire. Un coup terrible ébranlait soudain leur confiance et ils ne se sentaient plus capables de poursuivre leur voyage. Le *Liefde* était maintenant sérieusement à court de bras et le moral des marins était au plus bas. « Nous nous lamentions tous, note Adams, et nos hommes étaient à peine assez nombreux pour lever l'ancre. »

Quand ils furent certains qu'il n'y avait aucun survivant, les marins hissèrent les voiles « en grand désarroi » et mirent le cap sur l'île de Santa Maria. Une bonne nouvelle les y attendait enfin. « Nous trouvâmes notre amiral [le *Hoop*], écrit Adams, et, quand nous le vîmes, nos cœurs furent quelque peu confortés. » Mais ce navire avait été lui aussi attaqué par des indigènes. « Nous les trouvâmes dans une aussi grande détresse que nous, poursuit Adams, car ils avaient perdu leur général, avec vingt-sept de leurs hommes tués sur l'île de Mocha. »

Le moment était venu de prendre une décision. Il ne fallait pas compter retrouver le reste de la flotte, tout le monde le savait. Il ne pouvait pas non plus être question d'entreprendre la traversée du Pacifique sans s'être réapprovisionné. Mais l'équipage ne comptait plus assez d'hommes en bonne santé pour oser risquer de débarquer à nouveau sur la côte.

Ce fut pendant que les membres de l'expédition réfléchissaient à la difficile situation dans laquelle ils se trouvaient que l'occasion leur fut donnée de passer à l'action. Deux Espagnols, peut-être des gardes-côtes, s'approchèrent du *Liefde* à la rame et montèrent à bord pour s'informer des intentions de son capitaine. Ils interrogèrent Adams et inspectèrent le navire avant de se déclarer prêts à reprendre le chemin de la côte. « Mais nous ne les avons pas laissés, ce dont ils furent grandement offensés », raconte Adams qui leur déclara que leur liberté avait un prix. « Nous leur montrâmes que nous avions un besoin extrême de victuailles et que, s'ils nous donnaient tant de moutons et tant de bœufs, ils pourraient retourner à terre. » Les Espagnols étaient furieux, mais ils n'avaient pas

La flotte hollandaise subit plusieurs attaques dans le détroit de Magellan *(ci-dessus)* et sur la côte ouest de l'Amérique du Sud. L'une d'entre elles, dirigée contre l'équipage du *Liefde*, fut particulièrement meurtrière : vingt-trois hommes furent massacrés en quelques secondes.

le choix et durent obtempérer. Ils firent apporter aux navires hollandais une abondance de vivres. Il y en avait en fait une si grande quantité que les matelots du *Liefde* et du *Hoop* furent « pour la plupart guéris de leurs maladies ». Les navires étaient enfin en état de poursuivre leur voyage.

La première tâche incombant à Cordes était de trouver un remplaçant pour le capitaine van Beuningen. Il choisit Jacob Quackernaek, un homme capable auquel il confia le commandement du *Liefde*, puis il tint une grande réunion – à laquelle assistaient Adams et Shotten – afin de décider « de ce qu'il fallait faire pour rendre le voyage aussi avantageux que possible pour les marchands ». Il y avait plusieurs options. On pouvait se rendre directement aux « épiceries » des Indes orientales où la noix muscade et le macis s'achetaient pour trois fois rien. Cette solution satisferait les commanditaires de l'expédition, car la vente des épices rapportait d'énormes bénéfices en Europe ; autre avantage, nombre de petites îles et d'atolls avaient jusque-là échappé à la domination espagnole ou portugaise. Se rendre aux Philippines était également envisageable, mais il fallait s'attendre dans ce cas à devoir affronter les forces espagnoles. À la fin, ce fut la nature de la cargaison transportée par le *Liefde* qui fit pencher la balance. La cale de ce navire était pleine de drap, marchandise qui n'avait *a priori* pas grande chance de se vendre facilement dans les îles aux épices situées dans une région tropicale. « Il nous sembla [...] que les Moluques et la plus grande partie des Indes orientales étaient des pays chauds, rapporte Adams, où les étoffes de laine ne seraient pas beaucoup acceptées. »

Un tel tissu serait beaucoup plus apprécié des habitants de régions plus septentrionales, au climat plus froid et aux hivers rigoureux. Plus les voyageurs réfléchissaient, plus leur destination devenait évidente : ils devaient viser le nord-est de la Chine, royaume à la richesse fabuleuse. « Enfin, il fut résolu que nous prendrions la direction du Japon », raconte

Adams qui ajoute que « les étoffes de laine étaient tenues en grande estime sur cette île ». Durement éprouvés, les hommes d'équipage qui furent consultés n'avaient aucune envie de passer de nouveau par le détroit de Magellan pour rentrer chez eux. « Nous tombâmes donc tous d'accord pour aller au Japon », conclut Adams.

Ces hommes auraient sans doute tous hésité à entreprendre un tel voyage s'ils avaient eu une quelconque idée de la distance qu'ils auraient à parcourir. Ils avaient mis plus d'un an pour traverser l'Atlantique avec l'aide puissante apportée par les alizés. Le Japon se trouvait situé à l'autre extrémité de l'océan le plus vaste de la planète, parcouru de surcroît par des courants et balayé par des vents dont on ne savait absolument rien à l'époque. Quand Fernand de Magellan l'avait traversé, ils n'avaient survécu, ses hommes et lui, qu'en se nourrissant de ragoûts de souris et de sciure de bois. Le récit fait par le chroniqueur de l'expédition se terminait par un sévère avertissement : « Je ne pense pas que quiconque entreprenne un semblable voyage à l'avenir. »

Le *Liefde* et le *Hoop* cinglèrent vers l'inconnu à la fin du mois de novembre 1599. Le temps étant clément au départ, ils avancèrent plus rapidement qu'espéré. « Nous avons passé la ligne équinoxiale avec un bon vent qui continua pendant divers mois », rapporte Adams. Les deux navires purent donc naviguer de conserve jusqu'à ce qu'ils soient en vue de « certaines îles » perdues quelque part au milieu du Pacifique dont les habitants avaient la réputation d'être des « mangeurs d'hommes ».

La vue de la terre se révéla irrésistible pour certains des hommes d'équipage du *Liefde*, fatigués de la vie en mer. Usés par les épreuves qu'ils avaient subies et terrifiés par l'étendue déserte de l'océan, ils jurèrent en secret de tenter leur chance sur ces îles lointaines plutôt que de poursuivre leur voyage sur leur rafiot pourrissant. « Comme nous approchions de ces îles […], raconte Adams, huit de nos hommes, qui étaient dans la pinasse, s'éloignèrent de nous […].» Cette désertion prit le pilote et ses hommes au dépourvu. Trop faibles pour essayer de rattraper les fuyards, ils les abandonnèrent à leur sort. Ceux-ci furent «comme nous le supposons, mangés par les hommes sauvages», rapporte Adams. Le lieu qui servit de théâtre à cet épisode resta longtemps un mystère, car ni Adams ni son capitaine n'étaient capables de calculer leur position, mais il est possible que le *Liefde* ait, sans le savoir, atteint (et découvert) Hawaii, plus de cent soixante-dix-neuf ans avant le capitaine Cook. Lorsque William Ellis, un missionnaire anglais, arriva dans cette île en 1822, on lui dit en effet qu'un groupe de marins y avait débarqué longtemps avant Cook. Ils avaient été bien reçus par les indigènes, avaient épousé de jeunes Hawaiiennes et s'étaient vu conférer le titre de chef honoraire.

Le moral du reste de l'équipage se ressentit de la disparition de huit de ses membres. Le temps se gâta peu après, et la chance qui les avait accompagnés jusque-là sembla les abandonner. «Nous avons eu une étonnante tempête de vent comme je n'en ai jamais connu, écrit Adams, avec beaucoup de pluie.» Tandis que le vent hurlait dans les cordages, et que les vagues se dressaient en formidables pics et se creusaient en profondes vallées, les hommes sentirent leur vie menacée. Les navires étaient en mauvais état et n'étaient de toute façon pas faits pour être exposés à des coups de boutoir aussi furieux que ceux que le Pacifique leur réservait. Le vent forcit encore et les bateaux donnaient dangereusement de la gîte. Un cri s'éleva tout à coup, lancé par la vigie du *Liefde*. Le *Hoop* avait chaviré et ses lumières s'étaient éteintes. Il ne fallut que quelques secondes pour que la silhouette du navire s'abîme dans les flots. La mer n'en fit qu'une gigantesque gorgée. Il disparut corps et biens avec tous les hommes à son bord.

Adams était trop inquiet pour avoir le temps de déplorer

la perte du *Hoop*. «Nous fûmes très tristes», se contenta-t-il de noter avec le stoïcisme et le sens de la litote qui lui étaient habituels. L'émotion ressentie par ses hommes fut plus forte car ils craignaient de subir bientôt le même sort que leurs compagnons de voyage. Il ne leur restait qu'un seul espoir: qu'Adams se montre capable de guider leur navire à travers la tempête.

Le *Liefde* était seul maintenant sur l'océan désert et les hommes à son bord n'avaient aucune idée de l'endroit où ils se trouvaient. Les cartes dont ils disposaient étaient tout à fait inadéquates, ce qui rendait leurs instruments de mesure inutilisables. Ils poursuivirent donc leur chemin en maintenant le cap dans une direction qu'ils supposaient être celle du nord-ouest. «Nous continuâmes de nous diriger comme avant vers le Japon, note Adams, [...] mais nous ne le trouvâmes pas, pour la raison qu'il est indiqué faussement sur toutes les cartes et mappemondes.» Les marins enduraient maintenant un supplice. Ils étaient à moitié morts de faim, souffraient du scorbut, et une sévère dysenterie s'était déclarée chez beaucoup. «Grande était la misère dans laquelle nous étions, écrit Adams, nous n'avions pas plus de neuf ou dix hommes capables de marcher ou de se traîner sur leurs genoux.» La maladie n'épargnait personne: «Notre capitaine et tous les autres semblaient à chaque heure sur le point de mourir», se remémore le pilote.

Adams cessa d'écrire et les autres voyageurs devinrent eux aussi silencieux. Ils étaient tous trop faibles, ou trop malades, pour prendre la plume. Vers la fin du mois de mars, ils arrivèrent en vue d'une île appelée Una Colonna, peut-être l'une des sinistres îles Bonin. «Beaucoup de nos hommes étaient de nouveau malades», note Adams. Ils étaient même incapables de mettre la chaloupe à l'eau et de ramer jusqu'au rivage de ce coin de terre désolé. Après avoir passé quatre mois et vingt-deux jours à traverser le Pacifique, Adams lui-même était proche du désespoir. Il était convaincu que s'ils mettaient plus de quelques jours à toucher terre, ils mourraient tous.

Le 12 avril 1600, plus de vingt mois après avoir quitté Rotterdam, le pilote anglais eut en se réveillant une vision quasi mystique. Une tache mauve flottait à l'horizon et ses contours se précisèrent au fil de la journée. Adams appela ses hommes ; il secoua les malades et les transporta sur le pont. Il avait eu d'abord peine à en croire ses yeux, mais eut ensuite la certitude croissante qu'ils approchaient du but.

Le vent qui leur avait été si longtemps contraire changea tout à coup et les poussa vers la terre. La côte se rapprocha et les hommes purent bientôt distinguer des falaises, des arbres et un grand amas de temples. « Aussi avons-nous jeté l'ancre en sécurité, à environ une lieue d'un endroit appelé Bungo », note Adams. Il était arrivé au Japon, presque six ans après Pinto, mais dans le même port que lui.

IV

FACE AUX JÉSUITES

Aucun des marins du *Liefde* n'avait la force de ramer jusqu'au rivage. Leur organisme était ravagé par le scorbut, la dysenterie et la faim tandis que la malnutrition avait affecté jusqu'à leurs os. Presque aucun des vingt-quatre hommes restés en vie n'était encore debout, et quelques-uns étaient sur le point de mourir. « Il n'y en avait pas plus de six, hormis moi, qui pouvaient tenir sur leurs jambes », rapporte Adams. Lorsqu'il vit une bande de Japonais à l'aspect menaçant s'approcher du *Liefde*, il comprit que la situation était désespérée car ni lui ni aucun de ses compagnons n'étaient en état de charger un mousquet. « Nous avons souffert qu'ils montent à bord, écrit-il, car nous étions incapables de leur résister. »

Les assaillants ne ressemblaient en rien aux « sauvages » et aux « hommes barbares » que les marins avaient rencontrés ailleurs au cours de leur voyage. Bien que petits et trapus, ces redoutables guerriers, vêtus avec élégance et impeccablement coiffés, avaient grande allure. Les circonstances ne permirent pas à Adams de noter ses premières impressions, mais la plupart des voyageurs qui arrivaient au Japon avaient le sentiment très net d'être mal habillés par rapport aux autochtones. Le crâne de ces hommes à l'aspect étrange était soigneusement épilé sur le devant, et la peau de cette tonsure luisait tandis qu'à l'arrière leurs cheveux formaient une mèche épaisse, enduite d'une huile parfumée et nouée en chignon. Ils étaient vêtus de robes de soie « semblables à des chemises de nuit » et étaient armés de sabres recourbés à l'aspect terrifiant qui restèrent au fourreau pour l'occasion. Leurs propriétaires ne s'intéressèrent en fait en aucune façon aux hommes qui gisaient, gémissants, sur le pont. « Ces gens ne nous firent aucun mal, se remémore Adams, mais volèrent toutes les choses qu'ils purent voler. » Les pillards agirent systématiquement, et avec le plus grand soin. Ils fouillèrent le *Liefde* de fond en comble et mirent de côté tout ce qui avait la moindre valeur. «Toutes les choses furent sorties, écrit Adams [...], ce qui était bon ou ce qui valait la peine d'être pris fut emporté. » Ce qui le chagrina le plus fut de voir disparaître ses cartes et ses instruments de navigation, c'est-à-dire tout ce qui lui permettait d'exercer son métier. Seul le précieux planisphère caché dans la grande cabine du navire échappa aux recherches des maraudeurs.

Adams désirait désespérément se faire comprendre des brigands pour les supplier de leur procurer de quoi manger et de l'eau potable. Il tenta de s'adresser à eux en hollandais et en portugais, langues qu'il parlait passablement, mais ils le regardèrent d'un air ahuri et aboyèrent quelque chose en japonais. La communication étant de toute évidence impossible entre eux – « les uns ne comprenant pas ce que les autres disaient » –, il abandonna tout effort. Il ne distinguait dans ce qu'ils disaient qu'un seul mot, celui de « Bungo », le nom du fief sur les côtes duquel lui et ses hommes avaient échoué au bout de leur harassant voyage.

Beaucoup de choses avaient changé dans la région depuis que Pinto y avait débarqué soixante ans plus tôt. Otomo Yoshiaki était mort depuis longtemps et sa famille avait subi une série de malheurs et de revers militaires. Le territoire du fief avait été morcelé lors de partages survenus entre des princes de moindre importance. La guerre était devenue endémique et la violence un mode de vie. Mais, une fois n'est pas coutume, la chance sourit à Adams. L'arrivée du *Liefde* intrigua le brigand qui contrôlait la partie de la côte vers laquelle le navire avait été poussé. Lorsque ce seigneur apprit le pillage dont les nouveaux arrivants avaient été victimes, il prit, un peu tard il est vrai, des mesures pour restaurer la discipline, et « envoya des soldats à bord pour s'assurer qu'aucun des biens des marchands n'avait été volé ». Une partie de la cargaison fut restituée à ses propriétaires et les coupables furent punis.

S'étant également rendu compte que le vaisseau étranger était en trop mauvais état pour tenir la mer et que sa carcasse pourrie risquait de ne pas résister aux vents et aux marées, le seigneur du lieu donna l'ordre de le mettre à l'abri. « Notre navire fut conduit dans un bon port, raconte Adams, pour y demeurer jusqu'à ce que le principal roi de toute l'île eût entendu parler de nous, et jusqu'à ce que l'on sût que faire de nous. » Trois jours après leur arrivée, Adams et ses hommes eurent la surprise d'être soudain traités avec beaucoup de bienveillance et installés dans une maisonnette située sur le rivage. « Nous débarquâmes tous nos malades, raconte-t-il, et eûmes toutes les victuailles nécessaires. » Pour certains, les fruits frais et l'eau douce arrivaient trop tard. Trois des marins les plus faibles moururent un peu plus tard et plusieurs autres, trop atteints, se montrèrent incapables de manger. « Ils furent malades longtemps sans pouvoir se lever, écrit Adams, et à la fin ils moururent aussi. » Les autres matelots, dont il restait dix-huit, se remirent avec une rapidité surprenante et furent bientôt en état de se féliciter d'avoir survécu à leur calvaire et de trouver un accueil amical à l'issue d'un voyage qui les avait conduits à l'autre bout du monde et au cours duquel ils avaient subi des épreuves indescriptibles.

Les apparences étaient cependant trompeuses. À leur insu, l'endroit où ils avaient débarqué était le domaine réservé des jésuites portugais qui s'efforçaient depuis un demi-siècle de propager leur foi dans cette partie du Japon. Les membres de cette congrégation fanatique étaient sous les ordres d'Alessandro Valignano, un aristocrate dont l'autorité incontestée s'étendait sur le moindre établissement religieux et le moindre père missionnaire, du cap de Bonne-Espérance à la baie de Nagasaki. Cet homme, charmant mais impitoyable, nourrissait une haine passionnée envers les protestants « hérétiques » et avait passé plus de vingt ans à veiller à ce que le catholicisme reste la seule religion venue de l'extérieur à s'implanter au Japon.

À son arrivée dans l'archipel nippon, en 1579, Valignano était imbu de préjugés acquis ailleurs en Orient et n'avait que mépris pour les habitants de cette partie du monde. « Les races à la peau sombre sont très stupides et vicieuses, estimait-il, et d'un esprit extrêmement vil. » Elles étaient à ses yeux « bestiales » et à peine humaines. Mais il se trouva contraint de changer d'avis en débarquant dans ces îles lointaines. Ébahi par le raffinement dont faisaient preuve les Japonais, il se trouva forcé d'admettre que les représentants de cette race étrange étaient supérieurs aux Portugais en ce qui concerne aussi bien le savoir que les manières. « Nous qui venons d'Europe, écrivit-il, nous nous trouvons comme de véritables enfants [...] et avons à apprendre à manger, à nous asseoir, à converser, nous habiller, nous comporter avec politesse [...]. » L'étiquette compliquée à laquelle les Japonais se pliaient ne l'étonnait pas moins. Il trouva dans ce pays inconnu « un nouveau monde, un autre mode de vie, d'autres coutumes et d'autres lois ». Il poussa ces extraordinaires conclusions encore plus loin en admettant que « le fait qu'il y ait des contradictions et des différences entre les coutumes japonaises

Établis à Nagasaki, les jésuites *(ci-dessus)* passèrent des années à s'initier aux us et coutumes des Japonais. En 1600 ils avaient fait de nombreuses conversions et s'étaient même ménagé des entrées à la cour.

et européennes ne signifie pas... qu'ils sont en aucune façon barbares, car barbares, en vérité, ils ne le sont pas».

Le père portugais découvrit que la mission envoyée par l'ordre des jésuites était loin d'être florissante et n'avait que très peu de conversions à son actif. Il ne tarda pas à comprendre que cet échec était en grande partie dû à l'attitude des membres de la congrégation envers les Japonais. Ces pères étaient, pour la plupart, beaucoup plus frustes que les individus qu'ils cherchaient à convaincre et étaient incapables d'expliquer leur foi et la doctrine sur laquelle elle s'appuyait. Les Japonais s'étonnaient en particulier de l'intérêt que les jésuites portaient aux pauvres et aux malades et ne comprenaient pas qu'on puisse s'occuper des couches les plus humbles de la société. Lorsque les pères fondèrent une léproserie à Bungo, la noblesse locale exprima sa révulsion. Dans la société japonaise, les lépreux étaient des *yetas*, des exclus, «des êtres inférieurs, bas et vils». La charité n'était pas une vertu pratiquée au pays du Soleil Levant et les Japonais en étaient venus à penser que les pères jésuites avaient des raisons cachées de se consacrer au bien-être de la lie de la population. «Les mendiants reçoivent un repas s'ils expriment le désir de devenir membres de leur religion», et les nobles «sont séduits par diverses bagatelles nouvelles [...] et flattés par des cadeaux de babioles et de perles», telles étaient les conclusions que les Japonais finirent par tirer.

Valignano comprit que ces malentendus faisaient un tort immense à la cause des jésuites. Il se rendit aussi compte que, si les pères voulaient convertir les habitants du pays et exercer une influence sur leurs dirigeants, ils n'avaient qu'une chose à faire, une chose qui était aussi simple qu'elle pouvait paraître choquante : ils devaient adopter les mœurs des Japonais, s'habiller comme eux, se nourrir comme eux et se plier à l'étiquette compliquée régissant leur société hiérarchisée. Bref, ils devaient apprendre à se comporter avec raffinement et distinction et adhérer aux vertus de modération, de maîtrise de soi et de propreté en honneur dans leur pays.

Le révérend père savait qu'il faudrait aux membres de la congrégation une grande force de caractère pour réussir une telle transformation, et qu'ils devraient se priver de nombre des plaisirs qui leur semblaient aller de soi. Il entreprit, pour les y aider, d'écrire, sous le titre d'*Advertimentos*, un manuel de bonnes manières dans lequel il exposait les principes devant régler leur conduite en société. Il y ajouta des conseils plus pratiques dans deux autres ouvrages intitulés respectivement *Sumario* et *Principio*. « J'ai interdit ce qui nuisait au crédit et à l'autorité des pères, écrivit-il, [...] et les choses qui seraient considérées comme portant grossièrement atteinte à leur dignité. » Il commença par proscrire l'élevage des porcs et celui des chèvres ainsi que l'abattage des vaches, car, avait-il remarqué, « les Japonais répugnaient grandement à manger toute viande ». Le fumet du porc rôti et du bœuf braisé cessa donc d'embaumer le réfectoire de la Santa Casa da Misericordia, la résidence des jésuites à Nagasaki. Les pères se contenteraient désormais de l'alimentation japonaise faite de « poisson salé ou cru, de lime, d'escargots de mer et autres choses amères et salées ». Le poisson cru dégoûtait les pères qui le déclarèrent « non moins repoussant pour nous Européens que notre nourriture [...] pour les Japonais ». Mais Valignano fit la sourde oreille et conseilla à ses subordonnés de chanter le *Te Deum* en mâchant leurs escargots de mer, leur rappelant qu'ils « ne devaient pas faiblir et succomber à une répugnance initiale pour ces aliments ».

Le père supérieur ordonna aussi que les cuisines et les réfectoires fussent régulièrement récurés. La vaisselle devait être soigneusement lavée et les nappes mises à tremper. La manière de manger des pères avait aussi besoin d'être améliorée. La façon délicate dont les Japonais se tenaient à table fascinait les Portugais depuis que Pinto avait partagé les repas du seigneur de Bungo. Les jésuites se trouvèrent donc contraints de manger avec des baguettes, ce dont les plus vieux, qui voyaient là une torture, se plaignirent amèrement. « Il vous faut d'abord prendre les baguettes avec une main et tapoter la table avec leur pointe pour les ajuster correctement, écrivit l'un d'eux d'une plume maussade. Ensuite, vous devez soulever le *goki* [grand bol] et prendre trois portions de riz, puis remettre le bol sur la table. Sur la table, dis-je, et nulle part ailleurs.» Le repas était ainsi consommé lentement, soigneusement, bouchée par bouchée jusqu'à ce qu'il ne reste plus rien à manger. Valignano fit aussi remplacer les plats d'étain utilisés jusque-là par les pères par les bols laqués, noirs ou vermillon, «faits en bois et façonnés au tour» dont se composait l'élégante vaisselle japonaise.

Les jésuites durent aussi s'habituer à s'accroupir sur leurs talons pour manger, comme le faisaient les Japonais. Cela devait être une torture pour le gigantesque Valignano qui ne se plaignait pourtant pas et faisait la sourde oreille aux murmures de protestations des pères. «Je demande et exige de tous mes très chers pères [...] qu'au Japon ils acquièrent le contrôle de leur personne en tout, jusqu'à la nourriture.» Ce n'était que lorsque les serviteurs japonais s'étaient retirés pour la nuit que les pères étaient autorisés à manger de la viande et, même alors, ils devaient veiller à ne pas laisser de «débris d'os tomber sur la table». Valignano avertit ses gens que les Japonais avaient l'odorat extrêmement fin. «La soupe faite avec du bœuf doit être mise dans des assiettes et non dans des bols laqués, afin que ces ustensiles ne sentent pas lorsque des Japonais viennent ensuite prendre un repas dans nos résidences», recommanda-t-il.

Ce n'étaient pas seulement superficiellement que Valignano demandait à ses subordonnés d'adopter les mœurs des Japonais, il voulait qu'ils s'identifient à eux dans leur manière de penser et de se comporter, qu'ils se conduisent avec dignité, qu'ils observent un décorum égal au leur et fassent preuve d'autant de stoïcisme qu'eux. «Ils doivent prendre grand soin de ne montrer ni impatience, ni colère, ni irritation, de ne donner signe d'aucune autre passion dans leurs discours ou leur contenance, car de telles choses diminuent grandement aux yeux des Japonais le crédit et le respect dans lesquels il est désirable qu'ils tiennent les pères.»

Averti de la réaction défavorable provoquée par la création d'une léproserie par les jésuites, il décréta que les hôpitaux n'accueilleraient dorénavant que l'élite de la société japonaise. Et puisqu'une hiérarchie très stricte régissait cette société, il prit l'étonnante décision de doter la congrégation d'une structure similaire, un rang étant assigné à tous les pères : chacun d'entre eux devait être conscient de sa position et de la manière dont il convenait qu'il s'adresse à ses supérieurs. Ce fut ainsi que lentement, avec difficulté et souvent contre leur gré, les jésuites apprirent à imiter les Japonais. En 1596, un séminariste arrivé depuis peu à Nagasaki remarqua avec stupeur la manière dont ses coreligionnaires avaient adopté les mœurs de leur nouvelle patrie. « Ils imitent tellement les Japonais, écrivit-il, choqué, qu'ils portent leurs vêtements, parlent leur langue et mangent comme eux sur le sol... » Il fut encore plus surpris de les voir « manger avec une petite baguette, obéissant aux mêmes cérémonies que les Japonais observent. [...] Ils ont composé, ajoute-t-il, un livre intitulé *Customs and Ceremonies of Japan* (« Coutumes et cérémonies du Japon »), pour être lu aux élèves du séminaire. »

Valignano n'œuvra pas en vain ; les jésuites firent une moisson d'âmes abondante et, au moment de l'arrivée d'Adams et de ses hommes, ils avaient plus de cent cinquante mille conversions à leur actif. Leur influence se faisait sentir jusque dans les allées du pouvoir et de fréquentes audiences leur étaient accordées à la cour. Ils entretenaient aussi de bonnes relations avec la noblesse féodale et avec les gouverneurs des villes, et les pères, disséminés dans le pays tout entier, informaient leurs supérieurs résidant à Nagasaki de tout ce qui se passait dans les provinces.

Aussi ne fallut-il pas longtemps pour que leur parvienne la nouvelle de l'arrivée sur les côtes de Kyushu d'un navire étrange et mal en point. Deux des pères qui, les premiers, l'avaient aperçu alors qu'il était encore en haute mer, avaient été étonnés de voir un si grand bâtiment se diriger vers Bungo. « Ce n'était pas la mousson pour les navires venant de Chine », fit remarquer Diogo de Couto dans le rapport qu'il rédigea à l'époque ; il conclut donc, avec son compagnon, qu'il s'agissait d'un bateau espagnol faisant voile vers les Philippines, « que quelque tempête avait détourné de sa route ».

Croyant que les marins, des catholiques comme eux sans nul doute, risquaient de périr dans la mer houleuse, les deux pères jésuites avaient demandé au seigneur du lieu d'aider leurs coreligionnaires à gagner le rivage et ils étaient même partis « avec quelques bateaux pour leur porter secours ». Ayant découvert avec horreur que les nouveaux venus étaient originaires de Hollande, pays peuplé de protestants, ils avaient immédiatement rebroussé chemin et envoyé un message urgent à l'établissement portugais de Nagasaki. On ne pouvait rien imaginer de pire que l'arrivée d'hérétiques ; il fallait absolument les réduire au silence – les tuer – sans attendre.

Les jésuites avaient de bonnes raisons de désirer que l'équipage du *Liefde* fût mis à mort, et de meilleures encore pour que l'exécution eût lieu sans délai. Ces ennemis du catholicisme étaient porteurs d'un brandon de discorde théologique qui menaçait de réduire à néant tout ce que Valignano avait accompli jusque-là. Les pères avaient en effet toujours prétendu que l'Église était unie sur le plan de la foi comme sur celui de la doctrine, et que le pape était son chef incontesté. Ils n'avaient jamais révélé aux Japonais que l'avènement du protestantisme en Europe occidentale avait scindé la chrétienté en deux.

La mauvaise nouvelle en provenance de Bungo arriva directement à la Santa Casa da Misericordia où les pères jésuites la reçurent avec consternation. Ils firent remarquer aux autorités japonaises que l'arrivée d'un navire qui n'était pas porteur d'une autorisation était un événement d'une extrême gravité et ils s'appliquèrent à mettre en œuvre tous les moyens à leur disposition pour faire disparaître bâtiment et marins. « Le navire est un des corsaires luthériens, ennemis des Portugais et de tous les chrétiens », expliquèrent-ils à un des seigneurs féodaux.

Les Japonais prirent ces avertissements très au sérieux. Ce fut particulièrement le cas du seigneur Terasawa, « le gouverneur général de ces royaumes », qui « fit hâte vers le fief de Bungo [...] et se saisit des Hollandais et de leurs marchandises ». Il constata avec stupeur que la cargaison du *Liefde* consistait en un assortiment de tissus bon marché et de brimborions qui n'avaient rien à voir avec les soieries et les objets rares que les Portugais avaient coutume d'apporter de Chine. Le navire transportait onze grands coffres remplis d'étoffes de laine grossière et une boîte contenant quatre cents branches de corail. Il y avait aussi une malle d'ambre et quelques paquets d'un tissu écarlate ainsi qu'un « grand coffre de perles de verre de diverses couleurs, quelques miroirs et lunettes, nombre de flûtes pour enfants et deux mille cruzados ». Il y avait plus surprenant encore : « De grandes quantités de clous, de fers, de marteaux, de faux et de pioches [...] donnant à croire qu'ils venaient pour conquérir et habiter. » Les armes représentaient cependant la partie la plus menaçante de la cargaison. Le navire était chargé d'armes à feu et de cuirasses dont dix-neuf gros canons de bronze, cinq cents mousquets, cinq mille boulets, trois cents boulets ramés, trois coffres pleins de cottes de mailles et trois cent cinquante-cinq flèches. On retirait d'un tel matériel l'impression que ces hommes étaient des guerriers, leur aspect hirsute confirmant par ailleurs dans l'esprit du gouverneur l'idée qu'il ne s'agissait pas d'honnêtes commerçants. « Ils ne venaient pas non plus bien vêtus et avec une pompe splendide, accompagnés de serviteurs et d'adjoints, comme c'était la coutume des autres marchands, mais seulement comme des marins et des soldats. » Les Portugais n'eurent pas de mal à convaincre le gouverneur que c'étaient des « gens de mauvais titre ».

Le seigneur Terasawa voulut en savoir plus sur leur voyage et le but de leur mission, et il demanda aux pères jésuites de lui servir d'interprète. Adams, choisi pour être le porte-parole du groupe, s'acquitta bien de cette tâche et expliqua comment ils étaient arrivés au Japon, lui et ses hommes. Un certain respect accordé à contrecœur au pilote anglais transparaît dans l'un des récits faits de l'entretien par les Portugais qui avouent voir en lui « un bon cosmographe avec quelque connaissance en astrologie ». Un autre rapport se révèle moins favorable à Adams qui « ne donna pas la moindre raison satisfaisante » du voyage, le temps passé à traverser le Pacifique étant attribué à des fautes de navigation. « Ils débarquèrent tous si affaiblis qu'ils avaient l'air d'hommes morts », y lit-on.

Adams avait l'impression que les jésuites déformaient ses propos, ce qui le préoccupait. « Ce sont nos ennemis mortels », écrit-il, et il ajoute que ce qu'ils dirent « fut cause que les gouverneurs et les gens du commun pensèrent mal de nous, de telle manière que nous nous attendions toujours à être mis sur une croix, ce qui est l'exécution réservée dans ce pays pour le vol et autres crimes. » Il s'inquiéta encore plus lorsqu'il apprit que les jésuites employaient le terme de *wako* – pirates – à leur sujet. Une telle accusation ne manquerait pas d'éveiller la fureur des autorités japonaises, car nombreux étaient les marchands de Bungo à avoir été victimes de forbans de cet acabit. La piraterie était en effet considérée comme un crime terrible au Japon où elle était punie encore plus sévèrement qu'en Angleterre. À Londres, Adams avait dû souvent voir des boucaniers pendus aux gibets alignés le long des quais de Wapping. Au Japon on les crucifiait, et leur mort était longue et douloureuse. On attachait les condamnés à une croix avant de leur transpercer lentement le corps jusqu'à ce que mort s'ensuive, et les tortionnaires les plus habiles étaient, disait-on, capables d'enfoncer jusqu'à soixante lames dans la chair de leur victime sans toucher un seul de ses organes vitaux. « Ils utilisent des sortes de menottes en fer, raconte Francesco Carletti, un aventurier florentin, qui sont fixées dans le bois de la croix et qui encerclent les poignets, le cou et les jambes [...]. » Une fois la victime solidement attachée, on redressait la croix et le bourreau recevait l'ordre de commencer sa délicate tâche. « Il transperce le corps de la victime avec une lame qu'il enfonce dans le côté droit, vers le haut [...] et fait ressortir au-dessus de l'épaule gauche, poursuit le même témoin, de sorte qu'elle traverse tout le corps [...]. » Le tortionnaire recommençait ensuite l'opération de

Au Japon une mort lente et douloureuse était réservée aux condamnés. Ils étaient attachés à une croix et transpercés avec des lances dont la lame était enfoncée avec un soin extrême de façon à ne toucher aucun de leurs organes vitaux.

l'autre côté, si bien que les fers se croisaient dans le corps du malheureux. Les lames ainsi enfoncées étaient parfois si nombreuses que le condamné finissait par ressembler à un hérisson géant.

Les manigances des jésuites finirent par sérieusement alarmer l'équipage du *Liefde*. « Ainsi, jour après jour, les Portugais attisaient de plus en plus la colère des juges et du peuple contre nous », rapporte Adams. Plongés dans le désespoir, les survivants, échoués sur les côtes d'un pays étrange et potentiellement hostile, vivaient des heures terribles. La peur commença à leur troubler l'esprit, les empêchant de dormir et ne leur laissant aucun répit. La pression qui s'exerçait sur eux eut raison des nerfs de deux d'entre eux, Gisbert de Coning et Jan Abelszoon van Oudewater, qui s'entendirent en secret pour faire alliance avec les jésuites et sauver leur propre tête en trahissant leurs compagnons. S'étant glissé sans être vu hors de la maison qu'il occupait avec ses compagnons, Coning alla trouver les pères et « se déclara le marchand de tous les biens à bord du navire ». Oudewater ne tarda pas à se joindre à lui. « Ces traîtres cherchèrent par tous les moyens à mettre la main sur les marchandises, écrit Adams, et leur [aux jésuites] firent connaître tout ce qui s'était passé pendant notre voyage. » Le geste des transfuges augmenta le danger qui menaçait leurs anciens camarades sans toutefois décider le seigneur Terasawa à donner l'ordre d'exécuter les marins du *Liefde*. Le navire était arrivé d'une manière si étrange et sa cargaison était tellement hors du commun qu'il jugea nécessaire d'en référer à une autorité supérieure. Il envoya un message à la cour, à Osaka, pour demander conseil sur la manière de réagir devant cet événement inattendu.

La réponse ne se fit pas attendre. « Neuf jours après notre arrivée, écrit Adams, le grand roi de ces États m'envoya chercher. » Cinq galères vinrent d'Osaka pour le transporter « à la cour où Sa Grandeur était ». L'identité de cette « Grandeur » était totalement inconnue d'Adams qui ne savait pas non plus combien de temps il mettrait pour atteindre la ville où siégeait ce personnage. Le voyage déciderait de son sort et de celui de ses hommes, c'était tout ce qu'il savait.

Osaka était une ville impressionnante. L'agglomération était immense – aussi vaste que Londres, si ce n'était plus – et divisée par un fleuve « aussi large que la Tamise ». Mais, contrairement à la capitale anglaise où il n'y avait qu'un seul très vieux pont utilisé par tous les habitants, la cité japonaise en comptait des douzaines « tous richement ornés de sculptures » et décorés de cuivre martelé. Un voyageur anglais qui la visita plus tard, après le terrible siège qu'elle eut à subir, remarqua : « Au cours de ma vie, je n'ai jamais rien vu de semblable aux mines de ces ponts. » Mais la ville japonaise avait un attrait plus grand encore, une magnifique forteresse qui, par ses dimensions et son élégance, surpassait de beaucoup la Tour de Londres. C'était une des merveilles du Japon, un bâtiment si immense que tous ceux qui le voyaient en étaient impressionnés. Il comportait une masse « de remparts crénelés, avec des fentes pour les balles de fusil et les flèches et diverses ouvertures pour jeter des pierres sur les assaillants ». Il était réputé imprenable car « les murs étaient épais d'au moins dix-huit à vingt pieds ». On y avait accès par un énorme pont-levis.

Les murs extérieurs monumentaux étaient construits pour résister à d'éventuels assaillants. Une fois à l'intérieur, on se trouvait dans un monde enchanté peuplé de pavillons, de jardins, de pièces d'eau ornementales, de minuscules cascades. Le père Luis Frois, membre de la compagnie de Jésus, qui y avait été invité quelques années plus tôt, avait découvert avec étonnement des paysages miniatures « où les quatre saisons de l'année étaient reproduites avec rochers bruts, arbres, buissons, végétation et bien d'autres choses de la nature ». D'immenses sommes avaient été dépensées pour créer des jardins exquis dont les sentiers sinueux et les arbres tordus étaient à l'opposé de l'agencement géométrique prisé de l'aristocratie élisabéthaine. Les Japonais « prennent grand délice et plaisir aux lieux solitaires et nostalgiques, écrit le père jésuite Joao Rodrigues, aux bois et bosquets ombreux, aux collines et places rocailleuses, aux oiseaux solitaires [...], à toutes sortes de choses solitaires ». Le palais d'Osaka comptait de petites folies, des pavillons ornementaux pour le thé et « de somptueux et délicieux *zashiki* [parloirs] décorés avec de l'or, qui s'ouvrent sur de nombreuses prairies et de plaisantes rivières coulant en contrebas ».

Cela avait été avec un étonnement plus grand encore que le père Luis Frois avait aperçu l'intérieur du palais. Une pièce

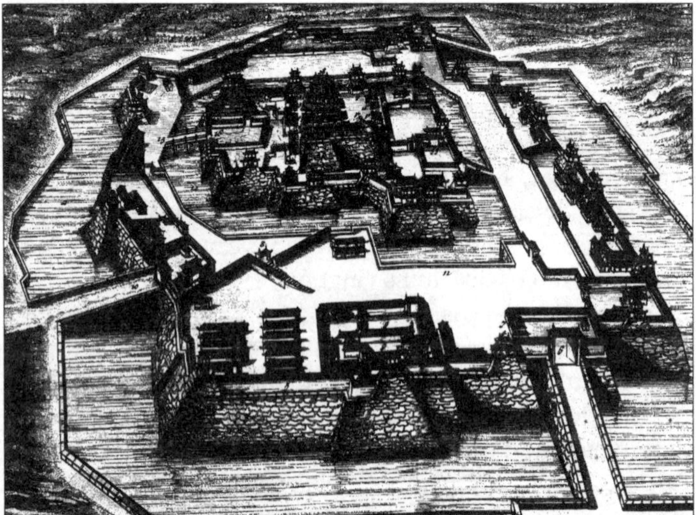

Le château d'Osaka était une des merveilles du Japon.
Ses remparts étaient bâtis selon une conception militaire,
mais à l'intérieur de cette enceinte les visiteurs se trouvaient
au milieu d'un jardin enchanté.

resplendissait d'or, une autre d'argent, et beaucoup d'autres étaient tendues de soie et de damas. « Et, bien que ce ne fût pas la coutume au Japon de dormir sur des lits ou sur des divans, raconte-t-il, nous vîmes deux lits tout garnis et décorés d'or et de tout le riche appareil que l'on trouve sur des lits luxueux en Europe. » Les aristocrates japonais consacraient des fortunes à la décoration de leurs palais où opulence et austérité spartiate se mêlaient d'une façon curieuse. Les meubles étaient rares, mais les portes et leurs chambranles étaient dorés à la feuille et les murs tendus de papiers faits à la main et décorés avec des arbres, des sources, des oiseaux et des lacs. On y voyait des paysages d'hiver enneigés, parsemés d'arbres sans feuilles, des grappes de fruits juteux y figuraient l'automne, et des fleurs aux couleurs brillantes le printemps.

Adams fut conduit au fond du palais jusqu'au seuil du hall d'audience, « une salle merveilleusement coûteuse, se rappelle-t-il, dorée avec de l'or en abondance ». Les portes coulissantes s'ouvrirent, les gardes qui l'accompagnaient s'aplatirent sur le sol en signe de respect, et William Adams de Limehouse se trouva face à face avec un homme à l'énorme corpulence, aux longs cils et à la barbe peu fournie. Il se nommait Tokugawa Ieyasu.

Ce personnage n'était pas le roi du Japon, contrairement à ce qu'Adams croyait, mais il exerçait un pouvoir considérable. Il devait l'ascension extraordinaire qui lui avait permis d'accéder à la situation élevée qu'il occupait à un mélange de brutalité et de ruse. Né dans une famille provinciale de guerriers, il avait recruté une armée modeste par la taille mais d'une efficacité redoutable et avait, grâce à elle, tellement agrandi son fief qu'il était devenu une force avec laquelle il fallait compter. Cette réussite coïncida avec un moment de l'histoire du Japon qui lui fut favorable. Les seigneurs de la guerre les plus farouches avaient été petit à petit écrasés par Toyotomi Hideyoshi, un brillant général qui était devenu

Premier ministre de l'empereur, lequel n'exerçait aucun pouvoir. L'ambition de Hideyoshi avait été de fonder une dynastie, mais le fils qu'il laissa à sa mort n'était âgé que de cinq ans. Le pouvoir central échut à un conseil de régence de cinq anciens qui jurèrent de maintenir la paix jusqu'à ce que l'enfant soit en âge de gouverner. Ieyasu en était membre. Censé jouir d'un statut égal à ses quatre collègues, il ne leur ressemblait en rien. Intrépide, vif d'esprit et possédant une grande expérience du monde, il impressionnait tous ceux qui se trouvaient en sa présence. Les portraits que l'on possède de lui montrent un personnage massif dont les formes éléphantesques étaient drapées dans des soieries aux dessins délicats. Il faisait figure de dandy lorsque les circonstances l'exigeaient et ses splendides costumes faisaient l'admiration générale. «Il était vêtu d'une robe de satin bleu brodée d'un grand nombre d'étoiles et de demi-lunes d'argent, écrit un témoin qui l'aperçut à la cour, et il portait à la taille une épée.» Il en imposait à ceux qui se trouvaient en face de lui mais son énorme bedaine provoquait les moqueries quand il avait le dos tourné. «Personne n'a une apparence aussi bizarre que le seigneur Tokugawa, écrit un contemporain. Il a la panse si grosse qu'il ne peut pas nouer sa propre ceinture.» En prenant de l'âge, Ieyasu fut forcé de se rendre à l'évidence: «Le fait est, constata-t-il tristement, que j'ai un gros ventre et que je ne peux ni monter sur mon cheval ni en descendre avec mon armure.» C'était un passionné de fauconnerie et il adorait les exercices militaires. Les mauvaises langues disaient même qu'il ne manifestait d'intérêt que pour la guerre, le tir à l'arc et les armures.

C'était un brillant stratège et, sur le champ de bataille, il dirigeait les manœuvres de ses troupes du haut de son cheval. Bien que jugé froid et sans humour par ses pairs, il était animé d'une passion brûlante sous des dehors ternes. À mesure que la fureur des combats augmentait, il frappait

Ieyasu, personnage rusé et averti, inspirait le respect à quiconque se trouvait en sa présence. Avec l'âge, il devint obèse au point d'être incapable de monter à cheval.

le pommeau de sa selle avec sa main jusqu'à ce que le sang jaillisse. Ce geste était si fréquent chez lui qu'« à la fin, les articulations médianes de ses doigts se couvrirent d'un cal et se raidirent, si bien que, dans un âge avancé, il lui devint difficile de les plier ».

Le monde extérieur au Japon fascinait Ieyasu. Une chronique officielle de son règne souligne son désir de rencontrer des individus originaires de contrées étrangères. « Il jugeait qu'on ne pouvait pas mieux gouverner le pays qu'en accordant une foi constante et profonde aux sages et aux érudits », est-il aussi rapporté dans le même document où on lit également que « quel que fût le sujet, il s'y intéressait ». Tout juste un an avant l'arrivée du *Liefde*, il avait convoqué un moine franciscain, Jeronimo de Jesus, et lui avait demandé de persuader les Espagnols qui régnaient sur les Philippines de venir au Japon : « J'ai un grand désir de leur visite, avait-il dit, afin qu'ils s'avitaillent et prennent tout ce qu'ils veulent. » L'établissement de liens d'amitié ne constituait cependant pas le motif principal de cette invitation. Il voulait en réalité obtenir que les charpentiers de marine espagnols l'aident à construire des vaisseaux sur lesquels ses compatriotes puissent se rendre en toute sécurité jusqu'au Mexique et aux Indes orientales. Les Espagnols se dérobèrent, pensant par-devers eux que contenter Ieyasu « équivaudrait à donner [aux Japonais] les armes mêmes dont ils avaient besoin pour détruire les Philippines ».

Se voir accorder une audience par Ieyasu, comme ce fut le cas pour Adams, était un honneur suprême. Seuls les fonctionnaires les plus riches et les plus puissants jouissaient d'un tel privilège, et les humbles mortels devaient présenter leurs requêtes en passant par l'intermédiaire de conseillers. Le pompeux apparat dont Ieyasu s'entourait était conçu pour inspirer la crainte à tous ceux qui étaient admis en sa présence. Les serviteurs étaient traités comme des animaux : « Ils se mettaient sur les mains et les genoux pour entrer et sortir, gardaient le silence et faisaient montre de la plus grande révérence », raconte un témoin. Les secrétaires, dont il y avait pléthore, étaient vêtus de costumes extraordinaires. « Tous, poursuit le même témoin, [...] portaient un long pantalon qui traînait de deux empans derrière eux sur le sol, si bien qu'il était tout à fait impossible de voir leurs pieds. »

Lorsque les seigneurs étaient reçus en audience, ce qui était rare, ils devaient se présenter chargés de présents. Un contemporain raconte l'accueil réservé à un daimyo qui s'était muni de cadeaux d'une valeur de vingt mille ducats : « À plus de cent pas de l'endroit où Sa Grandeur était assise [...] il se prosterna, courbant la tête si bas qu'il semblait désirer baiser le sol. » Malgré la déférence dont il fit preuve, il ne lui fut même pas possible d'adresser la parole à Ieyasu. « Il fit demi-tour et se retira avec sa nombreuse suite. »

Adams, qui ignorait tout de l'étiquette en vigueur à la cour, reçut pourtant un accueil très chaleureux de la part de Ieyasu. « Il me considéra bien, écrit-il, et sembla émerveillablement favorable. » Son hôte se montra ravi de se trouver en compagnie d'un étranger originaire d'un pays inconnu, et qui se déclarait, en outre, être l'ennemi juré des Portugais et des Espagnols. Les manières distantes et laconiques d'Adams l'impressionnèrent également et lui donnèrent à penser que ce marin naufragé était le détenteur de nombreux secrets. Mais, en l'absence d'un langage commun, la conversation était difficile. « Il me fit beaucoup de signes, raconte Adams, j'en comprenais certains et d'autres pas. » Frustré, Ieyasu fit chercher « quelqu'un qui parle le portugais », un père jésuite ou un novice japonais, et commença à interroger Adams sur son pays et le voyage qui l'avait conduit jusqu'au Japon.

« Le roi me demanda de quel pays j'étais, rapporte Adams, et ce qui nous avait poussés à venir dans cette terre qui était si lointaine. » Le pilote répondit que son pays était situé de l'autre côté du globe, ajoutant : « Notre nation a longtemps cherché les Indes orientales et désiré faire amitié avec les rois et les potentats pour raison de commerce. » Il expliqua que l'Angleterre et les Pays-Bas produisaient beaucoup de choses qui se révéleraient indispensables pour les Japonais, et que le Japon semblait en fabriquer beaucoup qui seraient très utiles en Europe.

Ieyasu, qui avait le sens de l'observation, se rendit vite compte de l'intense antagonisme existant entre Adams et les Portugais. Il en fut surpris car les jésuites avaient toujours affirmé que l'Europe était unie dans une même foi et sous un même gouvernement. Ayant compris qu'il n'en était rien, il sonda Adams, lui demandant « s'il y avait des guerres » dans son pays. Le pilote prit le temps de réfléchir avant de décider qu'il ne risquait rien en disant la vérité. « Je lui répondis que oui avec les Espagnols et les Portugais, rapporte-t-il, mais la paix avec toutes les autres nations. » Intrigué, Ieyasu voulut savoir la cause de ces guerres. Adams se mit en devoir de la lui expliquer : « Je lui donnai à comprendre toutes ces choses, et il fut satisfait de les entendre à ce qu'il me sembla », se remémore-t-il. Les profondes différences existant entre les jésuites et l'équipage du *Liefde* sur le plan de la religion intéressèrent particulièrement le seigneur japonais qui chercha à s'informer « des choses de la foi ». Les multiples questions qu'il posa étaient si précises qu'Adams cessa de les noter toutes, en jugeant « les particularités trop fastidieuses à écrire ».

La description qu'Adams fit de l'itinéraire du *Liefde* passionna également Ieyasu. Les Portugais avaient l'habitude de passer par le cap de Bonne-Espérance et le seigneur japonais fut surpris d'apprendre qu'Adams et ses hommes étaient partis dans la direction opposée et avaient fait le tour du monde. « Comme j'avais une carte du globe tout entier, je la lui ai montrée », écrit Adams. Lorsque, indiquant le détroit de Magellan, il raconta avoir piloté le *Liefde* à travers cette voie d'eau fragmentée, il vit que Ieyasu mettait la véracité de son récit en doute. « Il s'interrogea et me prit pour un menteur », constate Adams.

L'audience se prolongea jusqu'à minuit passé, moment où Ieyasu se sentit gagné par la fatigue. La dernière question qu'il posa concernait la cargaison du *Liefde*. Adams la lui décrivit et demanda si lui et ses hommes pouvaient se voir accorder les privilèges dont les Portugais jouissaient depuis longtemps. « Ce à quoi il me fit une réponse, mais ce qu'elle était je ne le compris pas », note Adams qui resta dans l'ignorance tandis que Ieyasu quittait la salle.

Les choses n'auraient pas pu mieux se passer car le vénérable seigneur de la guerre avait paru fasciné par les récits de son interlocuteur anglais, et non moins intéressé par les réponses faites à ses questions. Ce fut tout au moins ce qu'Adams pensa, mais il se trompait car il n'avait pas su interpréter l'indéchiffrable expression de son hôte japonais. L'espoir qu'il nourrissait de se voir pardonner fut en fait déçu. Les soupçons éveillés chez Ieyasu par l'arrivée du *Liefde* n'étaient pas apaisés, et les réponses d'Adams ne l'avaient pas pleinement convaincu. « Il ordonna que je fusse jeté en prison », se souvient Adams, ce qui fut fait sur-le-champ.

Rien ne pouvait lui arriver de pire, car les prisonniers japonais étaient soumis à des conditions de vie effroyables. Ils étaient enfermés dans des cellules closes, sans fenêtre ni lumière, dépouillés de tous leurs vêtements, sauf, dans certains cas, d'un *fundoshi* (une sorte de pagne), et n'étaient pas autorisés à se laver. Les individus en détention provisoire étaient traités avec autant de mépris que les autres. Un seau où faire leurs besoins était mis à la disposition de tous, mais beaucoup étaient tellement affaiblis par la dysenterie que, incapables de bouger, ils gisaient dans leurs excréments.

Adams n'a laissé aucun récit de son séjour en prison car tout ce qu'il possédait avait été confisqué et il n'avait rien pour écrire. D'autres rapports horrifiants dus à la plume de survivants sont parvenus jusqu'à nous, en particulier celui d'un moine franciscain qui avait eu le malheur d'être incarcéré : « La puanteur était insupportable, raconte-t-il. Dans la grande chaleur et feu venant de la multitude des prisonniers vivants, un cadavre pouvait se corrompre en sept heures et devenir si gonflé et hideux que sa vue même faisait horreur. » Adams se trouvait dans une situation d'autant plus pénible qu'il était incapable de déjouer les intrigues des jésuites, lesquels faisaient de leur mieux pour persuader Ieyasu qu'il fallait le condamner à mort, ainsi que ses compagnons. « Dans ce long temps d'emprisonnement, écrivit Adams plus tard, les jésuites et les Portugais donnèrent beaucoup de preuves contre moi et contre les autres [...] disant que, parmi toutes les nations, nous étions des voleurs et des pillards. » Si Adams et les siens étaient autorisés à rester en vie, ce serait « contre l'avantage de Sa Grandeur et de son pays », répétaient-ils au seigneur japonais.

Adams vécut dans la terreur, pensant à tout moment être appelé par le bourreau. « Je m'attendais chaque jour à mourir, écrivit-il plus tard, à être mis sur la croix comme c'est la coutume de la justice au Japon. » Mais Ieyasu résista à la pression exercée sur lui par les jésuites. Sa rencontre avec Adams l'avait fasciné et il était très tenté de laisser la vie sauve aux naufragés. Les nouveaux venus n'avaient fait « ni mal ni dommage » à son pays, finit-il par dire aux jésuites – ce fut tout au moins ce qu'Adams apprit par la suite –, et les mettre à mort était donc « contre raison et justice ».

Ieyasu remit encore plus fermement les pères à leur place en faisant un autre geste : il se fit amener de nouveau le pilote étranger et lui posa des questions encore plus nombreuses. « Il m'interrogea sur la qualité et les conditions de notre pays, raconte Adams, sur les guerres et la paix, sur les animaux et les bestiaux de toutes sortes, sur les cieux. » Les réponses de son interlocuteur l'ayant enchanté, il ordonna qu'on le libère et qu'on l'installe sous bonne garde dans un logement à Osaka.

Au cours des semaines écoulées depuis sa première rencontre avec Adams, le tout-puissant seigneur japonais avait pris deux décisions importantes : il laisserait l'équipage du *Liefde* en vie, mais il interdirait aux nouveaux venus de quitter le Japon. Il n'avait pas renoncé à l'idée de développer les chantiers maritimes japonais et d'améliorer le savoir-faire des pilotes nippons et estimait que les intrépides aventuriers échoués sur les côtes de son pays pouvaient lui être d'une grande utilité pour réaliser ce rêve. Il désirait aussi parfaire les techniques employées au Japon pour exploiter les mines d'argent, et les marins du *Liefde* semblaient aptes à mener à bien cette tâche.

Adams fut maintenu en résidence surveillée pendant encore six semaines avant d'être à nouveau convoqué par Ieyasu. Ce fut cette fois une bonne nouvelle qu'il s'entendit annoncer : « Il me demanda si je désirais aller à bord de mon navire et voir mes compatriotes, raconte-t-il. Je lui répondis "très volontiers", ce sur quoi il me pria de le faire. » Et ce fut avec soulagement qu'il constata : « J'étais libéré de mon emprisonnement. »

Le pilote n'avait reçu aucune nouvelle de ses compagnons pendant sa détention, mais il ne tarda pas à apprendre qu'ils étaient vivants, et tout à fait remis des épreuves subies pendant le voyage. Sur les ordres de Ieyasu, ils avaient conduit le *Liefde* jusqu'au port d'Osaka et ce fut là que les retrouvailles eurent lieu. « Je trouvai le capitaine et le reste guéris de leurs maladies », note Adams avec joie. « Il y eut des larmes dans les yeux des deux côtés [...], se souvient-il, car on leur avait donné à croire que j'avais été exécuté il y avait longtemps. » Les jésuites avaient dit aux marins qu'Adams avait été mis à mort sur l'ordre de Ieyasu et que leur propre fin était également proche.

Bien que de nouveau réunis, les hommes ne savaient pas ce qu'il allait advenir d'eux. Sans appuis et complètement démunis, ils n'avaient même pas assez d'argent pour s'acheter de quoi manger. Poussés par le désespoir, ils firent appel à Ieyasu dont la réponse, qui ne se fit pas attendre, se révéla généreuse. Il ordonna la restitution immédiate de tout ce qui avait été volé sur le *Liefde* et, en guise de compensation, donna cinquante mille réaux à l'équipage, somme suffisante pour lui permettre de se réapprovisionner en vivres frais. Au bout d'un autre mois passé à bord de leur navire, les marins reçurent un nouveau message émanant de Ieyasu. «L'empereur commanda que notre navire fût conduit jusqu'à la partie la plus orientale du pays», rapporte Adams, c'est-à-dire jusqu'à Edo, ville où Ieyasu avait sa résidence permanente.

Le voyage fut très éprouvant, «par la raison de vents contraires», explique Adams, et ils mirent plusieurs semaines à arriver à destination. Adams désirait surtout obtenir la permission de vendre ce qui restait de leur cargaison, dans l'intention d'utiliser l'argent qu'il tirerait de ces transactions pour réapprovisionner leur bateau. Une fois les cales pleines, les navigateurs espéraient pouvoir quitter le Japon et ils entreprirent sur-le-champ les démarches qui leur permettraient, pensaient-ils, d'obtenir l'autorisation dont ils avaient besoin pour partir. «Je cherchai par tous les moyens [...] à dégager notre navire», écrit Adams, mais les dignitaires auxquels il s'adressa firent la sourde oreille. Il essaya ensuite de leur graisser la patte et offrit de grosses sommes d'argent aux membres de l'entourage de Ieyasu. Ses efforts furent vains et les maigres ressources dont le groupe disposait s'en trouvèrent amoindries. Au bout de quelques semaines il en fut réduit à une triste conclusion: «Nous avons dépensé beaucoup de l'argent qui nous avait été donné», dut-il constater.

D'autres sujets de préoccupation empêchaient en réalité Ieyasu de s'occuper du *Liefde*. Il avait à faire face à l'hostilité du conseil de régence, car ses quatre collègues s'étaient tout à coup ligués contre lui. Sous la conduite d'Ishida Mitsunari, ils se préparaient à une confrontation armée et espéraient écraser une fois pour toutes les forces de Ieyasu. Celui-ci surveillait la situation sans s'émouvoir. La loyauté de vastes troupes lui était acquise, et sa confiance ne fit qu'augmenter quand il apprit la présence à bord du *Liefde* d'une grande quantité de bouches à feu. Celles-ci furent confisquées «en accord avec les lois du pays». Si la guerre éclatait, ce qui semblait probable, les dix-huit canons du navire étranger seraient d'une immense utilité.

Au Japon, les batailles prenaient des dimensions épiques et des milliers d'hommes y participaient. Les troupes d'élite étaient composées de samouraïs qui maniaient leurs grands sabres courbes avec une terrible efficacité. Ces corps, très bien entraînés et extrêmement disciplinés, faisaient des ravages sur les champs de bataille. Leur cruauté devait abasourdir Adams lorsqu'il lui fut donné plus tard de les voir en action. D'après lui, ces hommes, tous «vaillants à la guerre», ne faisaient que rarement des prisonniers. «La justice est sévèrement exécutée sur les transgresseurs de la loi», remarque-t-il.

Les samouraïs avaient pour habitude de s'ouvrir un chemin au sabre dans les rangs de l'ennemi. Ils taillaient en pièces tous ceux qui osaient leur résister, ce qui avait pour effet de semer le désarroi et la confusion chez leur adversaire, en même temps que de mettre ses forces à l'épreuve. Malgré l'efficacité quasi chirurgicale de ces corps d'élite, les batailles pouvaient durer plusieurs heures, et parfois même plusieurs jours. Les actes de traîtrise n'étaient pas rares, et il arrivait souvent que des régiments entiers changent de camp pendant un engagement. Formés à se battre jusqu'à la mort, les soldats se rendaient rarement, les vaincus préférant le suicide rituel en masse à la capture.

Ieyasu, que ses informateurs tenaient au courant des mouvements de ses ennemis, savait qu'ils avaient l'intention de le provoquer et de le forcer à se battre. Impatient d'en découdre, il avait quitté Osaka quelques jours après son troisième entretien avec Adams pour se rendre à Edo et s'y livrer à des préparatifs militaires. Ses adversaires disposaient de quatre-vingt mille hommes et lui d'environ soixante-dix mille. Dans les deux camps, les soldats étaient prêts à prendre les armes, et pourtant un face-à-face malaisé occupa les six semaines suivantes tandis que les deux armées évaluaient mutuellement leurs forces et surveillaient leurs mouvements réciproques.

Ce fut Ishida qui prit l'initiative. À la mi-octobre, ses troupes commencèrent à converger sur le petit village de Sekigahara situé à quelque quatre-vingts kilomètres d'Osaka. Les hommes de Ieyasu ne tardèrent pas à les suivre, et à se masser sur les collines entourant le village. Il faisait un temps détestable, ce qui garantissait que désordre et confusion régneraient sur le champ de bataille. Le premier engagement eut lieu le 21 octobre, à la pointe du jour. Les forces d'Ishida, surprises par une attaque lancée contre elles, se défendirent férocement, déclenchant un affrontement sur une échelle beaucoup plus vaste que celle prévue par le commandement de l'un comme de l'autre camp. Au moment où les bannières dorées de la guerre se déployaient et où les samouraïs dégainaient leurs sabres, une pluie, fine d'abord, se mit à tomber en trombes spectaculaires. Le vent d'ouest qui soufflait en hurlant dans le défilé de Sekigahara augmenta la pagaille. Un épais brouillard enveloppa ensuite le champ de bataille et les deux armées se trouvèrent engagées dans un corps à corps sanglant. Sans obéir à aucun signal, et certainement sans suivre aucun plan préalablement établi, les soldats commencèrent à se battre sur toute la ligne du front, s'enfonçant jusqu'aux genoux dans la boue.

Il est difficile d'évaluer les dommages que les grands canons du *Liefde* infligèrent. À en croire un informateur espagnol, leurs boulets ne cessèrent d'atterrir sur les rangs ennemis. Si telle est la vérité, ils durent faire de nombreuses victimes parmi les fantassins armés de sabres. Ce que l'on sait avec plus de certitude c'est qu'Ishida avait décidé de prendre l'initiative en attaquant Ieyasu par surprise sur ses arrières. Après cette première attaque, il lancerait les terrifiants soldats de ses alliés à l'assaut des flancs gauche et droit de l'ennemi. Mais les forces en question refusèrent d'avancer

Les soldats japonais étaient d'une brutale efficacité. Celui qui est représenté ci-contre commandait un groupe d'arquebusiers ; le bambou évidé qu'il tient à la main contient une baguette de rechange pour cette arme à feu. Les cavaliers *(ci-dessous)* faisaient cuire leurs aliments dans leur casque dont ils se servaient aussi pour donner à boire à leurs chevaux.

et, lorsqu'elles se mirent en marche, ce fut pour se retourner contre celles d'Ishida et les tailler en pièces. Deux régiments de dix mille hommes chacun furent ainsi mis en déroute et la victoire sembla sur le point de changer de camp. Conscients de l'opportunité qui leur était offerte, les hommes de Ieyasu reprirent l'offensive et redoublèrent de vigueur lorsqu'ils s'aperçurent que l'armée ennemie, prise de panique, était en fuite avec, à sa tête, l'infâme individu qui la commandait. Ishida fut ensuite capturé et décapité, et Ieyasu, triomphant, devint le maître incontesté du Japon.

Sa victoire marqua un tournant dans l'histoire de ce pays. Bien que Hideyori, encore enfant, fût toujours en vie, et toujours considéré comme devant hériter de la fonction de son père, il ne se trouva plus personne pour contester l'autorité de Ieyasu. Pendant la période qui suivit la célèbre bataille, ce dernier redistribua les fiefs et confisqua les terres de nombre de seigneurs qui s'étaient opposés à lui. Il renforça l'emprise qu'il avait sur le pouvoir et devait prendre, trois ans plus tard, l'antique titre de shōgun qui lui assurerait la légitimité tant désirée.

On ne sait pas si l'équipage du *Liefde* fut au courant de la victoire de Ieyasu car aucun document ne l'indique clairement. Toujours à bord de leur navire au mouillage dans la baie d'Edo, les marins étrangers traversaient eux-mêmes une mauvaise passe. « Quatre ou cinq de nos hommes se rebellèrent contre le capitaine et moi-même, rapporte Adams, et firent une mutinerie parmi le reste de nos hommes, aussi eûmes-nous beaucoup d'ennuis avec eux. » Certains d'entre eux voulaient tenter leur chance à terre tandis que le reste désirait rester à bord du *Liefde*. Mais eux aussi finirent par se lasser d'attendre et se joignirent aux insurgés. « Chacun ferait ce qu'il pensait pour le mieux », écrit Adams qui accepta, à la suggestion de l'équipage, que le reste de l'argent donné par Ieyasu fût réparti entre tous les membres du groupe. « L'argent fut distribué selon la place de chacun, raconte-t-il [...], chacun prit le chemin qu'il pensait le meilleur.»

Lorsqu'il apprit ce qui était arrivé, Ieyasu dut être *in petto* très satisfait. Certain, dorénavant, que les marins étrangers avaient abandonné tout espoir de quitter le Japon, il décida de les récompenser par une généreuse dotation. Chaque homme se vit allouer deux livres de riz par jour, ce qui était plus que suffisant pour assurer leur subsistance. Mais il y avait un prix à payer pour mériter les largesses de Ieyasu, car celui-ci avait l'intention de faire travailler ses protégés et il avait une tâche particulièrement importante à confier à William Adams.

V

LE SAMOURAÏ WILLIAM

Le *Liefde* était le seul lien que les marins échoués au Japon avaient encore avec le monde. Tant que leur navire serait à flot, ces hommes se croyaient en mesure de fuir le pays du Soleil Levant et de tenter le long voyage au bout duquel ils retrouveraient leur famille et leurs amis. Mais ils ne connaissaient que trop l'état pitoyable dans lequel ce bâtiment se trouvait. Le bois dont il était fait était pourri et les fenêtres à meneaux encastrées dans sa poupe se désintégraient. Les tempêtes, les pluies tropicales et le rigoureux hiver qu'il avait subi l'avaient sérieusement endommagé et, au bout de deux années au cours desquelles aucune réparation n'avait été entreprise, il était à peine capable de tenir la mer.

Les marins savaient que les chances qu'ils avaient de fuir sur le *Liefde* étaient minces. Même s'ils obtenaient l'autorisation de quitter le Japon, ce qui était peu probable, ils n'étaient pas sûrs de survivre à la traversée de la mer de Chine orientale à bord d'un bateau dans un état aussi lamentable. Un jour, s'étant hissé à bord, l'un des hommes d'équipage scia la statue d'Érasme qui se dressait à sa proue. Ce devait être le seul souvenir qu'ils garderaient de leur voyage, lui et ses compagnons, car, peu de temps après, le *Liefde* se brisa en morceaux et s'abîma dans les flots. Cette disparition porta un coup terrible au moral des marins qui se surent dorénavant irrémédiablement condamnés à faire un long séjour au Japon. À moins que – ou jusqu'à ce que – un navire anglais ou hollandais ne vienne à leur secours, ils resteraient prisonniers de l'un des endroits les plus reculés du monde.

Le naufrage du *Liefde* fut également durement ressenti par Ieyasu qu'avait émerveillé le voyage que ce bâtiment avait accompli à travers le détroit de Magellan et l'océan Pacifique. Sachant qu'Adams et ses hommes n'étaient pas seulement d'habiles navigateurs, mais qu'ils étaient capables de maintenir un vaisseau à flot sur une mer déchaînée, il décida de les charger de construire une réplique du navire avec lequel ils avaient accompli leur long et périlleux voyage.

Les experts en construction navale manquaient dans les ports et les chantiers éparpillés sur les côtes du Japon. Les habitants de ce pays étaient pourtant d'audacieux marins qui s'aventuraient sur des mers lointaines et se rendaient régulièrement jusque dans les Indes orientales, mais ils ne disposaient que de bâtiments mal construits qui ne tenaient pas bien la mer par gros temps. L'expert chinois Mao Yuan ne montre que mépris à leur égard dans le livre paru sous son nom en 1600 et intitulé *We Pei Chih* (« De la préparation de la guerre »). « Ils sont misérablement petits [...] et faciles à couler », écrit-il. Il tourne en ridicule l'habitude qu'avaient les Japonais d'utiliser une paille appelée *tanbokuso* pour calfater les coques de leurs bâtiments, pratique qu'il juge « coûteuse jusqu'à l'extravagance en travail et en matériel ». Ieyasu était du même avis et décida de tirer parti des talents d'Adams pour remédier à cette situation.

« L'empereur m'appela, rapporte Adams, comme il l'avait fait à divers moments auparavant. » Mais cette fois ce n'était pas pour parler de géographie ou de mathématiques mais pour demander à son hôte anglais de construire « un petit navire », un bâtiment de commerce capable d'aller aux Philippines et en Nouvelle-Espagne (Mexique).

Cette requête préoccupa beaucoup Adams. Il connaissait les principes de base de la construction navale que son ancien maître, Nicholas Diggins, lui avait enseignés, mais il n'avait jamais eu l'occasion de les mettre en pratique. Il n'avait pas non plus appris à couper les membrures de la coque ni à les mettre en forme. C'était une opération complexe, extrêmement difficile à réussir. Si la coque du bateau appelé à naviguer sur les mers houleuses environnant le Japon n'avait pas une forme correcte et n'était pas bien équilibrée, le bâtiment risquait de chavirer. Adams fit part de ses appréhensions à Ieyasu et s'excusa, confus, de ne pouvoir se charger d'une telle tâche. « Je lui répondis que je n'étais pas charpentier, se souvient-il, et que je n'avais aucune connaissance du métier. » Ieyasu fronça les sourcils et ordonna à son interlocuteur de se mettre au travail quoi qu'il en fût. « Fais de ton mieux, ajouta-t-il. Si ce n'est pas bon, peu importe. »

Adams comprit qu'il tenait là l'occasion de montrer de quelle utilité il pouvait être pour Ieyasu. Il devait la saisir car elle ne se reproduirait peut-être pas, aussi se mit-il sans plus tarder à se procurer du bois et à donner des ordres à ses hommes. Une aide considérable lui fut très probablement apportée par Pieter Janszoon, le menuisier du *Liefde*, qui possédait les outils nécessaires et une grande partie du savoir-faire indispensable. Les charpentiers de marine improvisés prirent le navire disparu comme modèle et donnèrent à la coque du nouveau bâtiment une forme très semblable à la sienne. Pendant des mois, ils scièrent le bois utilisé pour les diverses pièces qu'ils assemblèrent ensuite lentement. Lorsque, le navire une fois terminé, les hommes prirent du recul pour contempler leur œuvre, ils se déclarèrent satisfaits du résultat. Ils avaient sous les yeux une réplique miniaturisée

Les Japonais construisaient de magnifiques bateaux d'agrément *(ci-dessus)*, mais ils n'avaient aucune expérience en ce qui concernait les vaisseaux capables de naviguer en haute mer. Ieyasu décida de remédier à cette lacune en utilisant le savoir-faire d'Adams.

du *Liefde* qui jaugeait quatre-vingts tonneaux, et qu'Adams déclara « faite sous tous les rapports à notre manière ».

Une fois le dernier cordage mis en place et les fanions déployés, Ieyasu fut invité à examiner le nouveau navire. « Il vint à bord, se souvient Adams, et ce qu'il vit lui donna un grand contentement. » Il ne se trompait pas. Ravi, Ieyasu déclara à Adams qu'il serait dorénavant toujours bien accueilli à la cour et qu'il devait « toujours venir en sa présence ».

Ieyasu fut encore plus impressionné lorsqu'il lui fut donné de contempler le majestueux vaisseau toutes voiles dehors.

« Il me commanda d'en faire un autre », rapporte Adams. Ce devait être cette fois un bâtiment capable de naviguer sur l'océan. Il devait être beaucoup plus grand que le premier – il jaugerait cent vingt tonneaux – et sa construction demanda de nombreux mois. Quand il fut enfin terminé, Adams eut toutes les raisons d'être extrêmement fier de son œuvre. « J'ai voyagé à son bord de Kyoto à Edo, rapporte-t-il, la distance étant aussi grande que celle entre Londres et le cap Lizard ou Land's End. » L'occasion de prouver qu'il était capable de tenir la mer devait être un jour donnée au vaisseau construit par Adams et son équipe : Ieyasu le prêta en effet au gouverneur espagnol des Philippines dont le navire avait fait naufrage au large du Japon, et il fit sans accident la dangereuse traversée sur les flots du Pacifique.

Ieyasu se rendit compte qu'il avait agi sagement en ne faisant pas exécuter Adams, et il prit l'habitude de le convoquer régulièrement pour s'entretenir avec lui. « Il me donnait de temps en temps des présents, et, à la fin, des appointements annuels avec lesquels vivre », écrit Adams. Le pilote disposait donc d'une somme d'argent considérable – quelque soixante-dix ducats d'argent – et plus de deux livres de riz par jour.

L'ascension de ce loup de mer hérétique horrifia les jésuites. Déjà furieux de n'avoir pas réussi à le faire crucifier, ils devaient accepter de voir cet intrus menacer par sa présence leurs propres relations avec le shōgun. « Quand il eut appris à parler la langue, écrit le père Valentim Carvalho, il eut accès à Ieyasu et entra au palais à tout moment. Fidèle à son caractère d'hérétique, il s'efforçait constamment de discréditer notre Église ainsi que ses ministres. » Comprenant qu'assassiner Adams serait dangereux, les jésuites essayèrent une autre tactique : ils le convertiraient ainsi que ses hommes, ce qui, s'ils y réussissaient, serait un coup de maître.

Ce ne serait pas chose facile, ils le savaient et ils firent la liste des solutions de remplacement en cas d'échec. Ils eurent, entre autres idées, celle, audacieuse, «de leur offrir, à lui et à ses compagnons, un sauf-conduit leur permettant de quitter le Japon». Leur inquiétude de voir Adams et ses hommes «contaminer, avec leur conversation et leurs doctrines perverses, l'âme des chrétiens encore si fraîche et tendre dans la foi catholique» était telle qu'ils étaient prêts à affronter la fureur de Ieyasu en aidant ces intrus à partir en secret.

En 1605, l'un des jésuites – très probablement le père Joao Rodrigues –, ayant rencontré le pilote anglais à la cour, commença par appliquer, non sans maladresse, la première des deux méthodes. «Il se saisit de l'occasion pour lui démontrer la fausseté de sa secte et la vérité de la religion catholique, par des arguments et raisons évidentes tirés de la Sainte Bible.» Adams répondit par un sarcasme et se lança dans une défense hardie du protestantisme. «Son intelligence est très vive, lit-on dans le récit de l'entretien que l'on doit au jésuite, et, bien que n'ayant pas étudié, il tenta de justifier ses erreurs en citant l'autorité des mêmes Écritures.»

Voyant qu'il n'avait aucune chance de réussir, le père se déclara prêt à aider les marins du *Liefde* à monter à bord du prochain navire prêt à mettre à la voile dans le port de Nagasaki. Tout en désirant ardemment quitter le Japon, Adams se méfiait trop de gens en qui il voyait ses ennemis les plus acharnés pour mettre sa vie entre leurs mains. Il refusa l'offre qui lui était faite et offensa davantage encore son interlocuteur en faisant une allusion moqueuse au déclin que l'influence des jésuites connaissait à la cour.

Les quelques franciscains présents au Japon, qui essayèrent eux aussi de convertir Adams et ses hommes, eurent recours à une approche beaucoup plus originale. Ayant compris qu'il était inutile de discuter avec des hérétiques aussi obstinés, Juan de Madrid, un moine fanatique et sans doute un peu fou, entreprit de les convaincre en faisant un miracle. Il invita les marins du *Liefde* à venir le rejoindre dans la baie d'Uraga, non loin d'Edo, et là leur donna le choix entre deux prodiges. Désignant du doigt deux montagnes qui encadraient la baie, il proposa soit « de déplacer un grand arbre au-dessus de l'eau, du sommet d'une montagne à l'autre », soit de « déplacer la montagne elle-même tout entière ».

Les hommes rirent dans leur barbe et dirent en se gaussant que le propriétaire de l'endroit serait très mécontent si sa montagne disparaissait. Le moine, désemparé, proposa deux autres miracles : « Il ferait que le soleil arrête sa course au firmament, comme cela était arrivé au temps de Josué [...], ou marcherait sur les eaux, comme saint Pierre l'avait fait. » Les Anglais repoussèrent la première proposition par crainte, alléguèrent-ils, des brûlures qu'un tel phénomène infligerait à leur peau délicate, mais ils se dirent enchantés de la seconde. Rien ne leur plairait plus que de voir le frère Juan marcher sur les eaux, déclarèrent-ils d'un commun accord.

Adams n'était pas moins sceptique que ses compagnons et ne le cacha pas. « Tous les miracles ont cessé depuis longtemps, et ceux accomplis dans des temps moins anciens n'étaient que des fictions et rien que l'on dût respecter », affirma-t-il. Une telle attitude ne fit qu'accroître la détermination du moine. Bien décidé à démontrer la ferveur de sa foi, celui-ci se sentait même si sûr de réussir qu'il parcourut les rues de la ville d'Uraga en annonçant qu'il allait accomplir un miracle. Attirées par cette campagne publicitaire, « des milliers de personnes vinrent pour voir et observer l'événement ».

Les marins du *Liefde* attendaient impatiemment que le spectacle commence. Aucun d'eux ne croyait le moine capable d'un miracle et ils étaient tous ravis à la pensée de le voir se ridiculiser en présence de la multitude qui s'était assemblée. Mais, tandis que le franciscain se préparait, ils furent pris d'une inquiétude soudaine : le moine, qui avait la réputation d'être un excellent nageur, n'allait-il pas exécuter un tour de passe-passe ? « Le frère, raconte l'un des spectateurs, était muni d'une grande pièce de bois en forme de croix partant d'au-dessus de sa ceinture et allant jusqu'à ses pieds.» Ce dispositif, dont les Anglais ne comprenaient pas bien comment il fonctionnait, n'en semblait pas moins conçu pour «maintenir au-dessus de l'eau tout nageur aussi raisonnable que le frère était réputé l'être».

Il n'était toutefois plus temps de prévenir les curieux que le frère Juan était un charlatan. Le moine était déjà au bord de l'eau, gesticulant pour impressionner la foule. Il pria, se signa avec ferveur et posa prudemment un pied sur la surface de l'eau. Le pied s'enfonça jusqu'au fond. Il en fut de même du second. Le moine se mit à avancer à petits pas, mais son corps refusait de flotter et sa «grande pièce de bois» semblait rester sans effet. Le franciscain continua à cheminer laborieusement dans l'eau dont la profondeur augmentait rapidement et qui lui monta bientôt jusqu'au cou. Loin de le soutenir, la croix le tirait vers le fond, si bien que sa tête allait bientôt disparaître sous les vagues. Un sentiment de pitié envahit soudain les hommes du *Liefde*. L'un d'eux, Melchior van Santvoort, se précipita vers une petite embarcation échouée sur la plage et rama à toute force vers le malheureux. «Toute sa ruse et sa sainteté ne l'empêchaient pas de se noyer», et ce fut trempé jusqu'aux os et humilié qu'il fut sorti de l'eau. Son ambitieux projet avait échoué, «au grand dam de tous les papistes et autres chrétiens».

Le lendemain matin, Adams rendit visite au rescapé dans l'intention de l'interroger sur ses pouvoirs. Il trouva le pauvre homme «malade, alité», bien que toujours aussi plein de confiance en ses dons. «Si vous aviez cru que je pouvais le faire, je l'aurais assurément accompli», affirma-t-il. Adams ne put s'empêcher de le taquiner davantage: «Je vous avais dit à l'avance que je ne croyais pas que vous en étiez capable, et maintenant j'ai de meilleures raisons encore de continuer dans cette opinion.» Brisé et humilié, le franciscain comprit qu'il était vaincu et «leva le camp hors de ce pays». Il partit pour Manille où sa réputation l'avait précédé. L'exploit qu'il avait tenté lui valut d'être fêté et surnommé *O Milagreiro*, «le Faiseur de miracles», par une foule d'admirateurs. Moins charitable, l'évêque de la ville jugea sa tentative imprudente et le fit jeter en prison. Imprudente, elle l'avait effectivement été. La nouvelle de sa marche ratée sur les eaux se répandit comme une traînée de poudre au Japon et, bien des années plus tard, les gens «ne pouvaient, à ce qu'on en disait, pas oublier un si remarquable faiseur de miracles».

Une fois que les jésuites et les franciscains eurent admis qu'il leur était impossible de convertir les marins du *Liefde*, ils s'appliquèrent à les épier et à contrôler leurs mouvements avec une attention redoublée. Il y avait des pères jésuites dans un bon nombre de villes japonaises et un réseau de communication efficace permettait aux nouvelles de circuler rapidement entre eux et Nagasaki. Il n'était cependant pas facile de surveiller les dix-huit survivants car, une fois les subsides octroyés par Ieyasu distribués, ils se séparèrent, chacun allant où bon lui semblait. Certains ne s'éloignèrent pas de la cour dans l'espoir de bénéficier des faveurs que Ieyasu pourrait éventuellement leur accorder; d'autres, désespérant de voir leur sort changer, s'adonnèrent à la boisson. Quelques années après leur arrivée au Japon, cinq d'entre eux avaient trouvé la mort, et il n'en restait que treize en vie.

La fortune sourit à quelques-uns d'entre eux. Jan Joosten van Lodensteijn s'attira les faveurs de Ieyasu qui lui accorda des appointements, comme à Adams. Melchior van Santvoort, le cambusier, eut encore plus de chance. Ayant fondé une modeste entreprise, cet homme entreprenant pratiqua le commerce entre le Japon et l'Indochine avec des jonques louées au Japon. Mais aucun des marins du *Liefde* ne se montra aussi habile qu'Adams à se rendre indispensable au shōgun. Il devint le protégé de Ieyasu et, à la grande horreur des jésuites, fit bientôt figure d'oracle à la cour. « Ce que je disais, raconte le pilote anglais, il ne le contredisait pas. » Il enseignait à Ieyasu la géométrie et les mathématiques, lui servait d'interprète et le renseignait sur le monde extérieur. Pendant de longues années ce rôle avait été tenu par le père Joao Rodrigues, mais Adams le remplaça de plus en plus souvent, et les jésuites se trouvèrent dans la désagréable obligation de devoir demander à un Anglais d'être leur intermédiaire auprès du shōgun. « Mes anciens ennemis s'étonnèrent, rapporte Adams, et le moment arriva où ils durent me prier de leur faire une amitié. » Il commença par hésiter à transmettre leurs messages : n'avaient-ils pas, après tout, voulu le faire crucifier ? Il finit cependant par décider de rendre « le bien pour le mal », ajoutant pieusement : « Dieu a béni mes labeurs. »

Adams espérait pouvoir tirer parti de la position qu'il s'était faite à la cour pour obtenir ce qu'il désirait par-dessus tout : être autorisé à quitter le Japon. Il était sans nouvelles de sa femme et de sa fille depuis qu'il avait été jeté sur les côtes de ce pays presque comme un naufragé, et il souhaitait de plus en plus ardemment retourner en Angleterre. « Je suppliai le roi de me laisser partir, écrit-il, désireux que j'étais de voir mes pauvres femme et enfant, comme le veulent la conscience et la nature. » Mais Ieyasu accueillit sa pétition avec un froncement de sourcils. « Il n'était pas bien content de cela, constate Adams, et il ne voulut pas me laisser partir pour mon pays. »

Les requêtes répétées d'Adams inquiétaient le shōgun qui savait son serviteur anglais en possession de connaissances nombreuses et très utiles. Pour l'encourager à s'établir définitivement au Japon, il décida de le récompenser en le couvrant d'honneurs, de terres et de biens. Adams, qui avait déjà fait l'acquisition d'une maison de ville à Edo, se trouva tout à coup à la tête d'une propriété de beaucoup plus vastes dimensions. « Pour le service que j'ai fait et fais quotidiennement, étant employé au service de l'empereur, l'empereur m'a donné une terre », annonce-t-il fièrement.

Il s'agissait en réalité d'un domaine campagnard composé de divers lopins de terre et situé non loin d'Edo, à Hemi, sur la péninsule de Miura. Le manoir qui s'y élevait était, comme toutes les demeures japonaises de ce type, une construction en bois de cèdre isolée du sol par des pilotis en bois. Des portes coulissantes en bambou s'ouvraient sur une véranda d'où la vue s'étendait au loin, par-dessus bois et bosquets, jusqu'au sommet enneigé du mont Fuji. Pour Adams, qui avait passé la plus grande partie de sa vie à Limehouse environné par une pauvreté sordide, ce manoir et les champs qui l'entouraient signifiaient respect et autorité. En tant que seigneur du lieu, il avait des devoirs et des responsabilités, mais exerçait aussi un pouvoir très réel sur les gens habitant sur ses terres. Le domaine comptait plusieurs villages dans lesquels vivaient « quatre-vingts ou quatre-vingt-dix métayers », des serfs, « qui étaient mes esclaves et mes serviteurs », rapporte-t-il. Chaque fois qu'Adams venait d'Edo pour visiter son domaine, ces « métayers » s'alignaient le long de la route pour l'accueillir, lui et ses hôtes.

Le pouvoir qu'il avait sur ces êtres humains aurait étonné ses homologues anglais. En Angleterre, à l'époque, les hobereaux possédaient de vastes terres, ainsi que des cerfs, des éperviers, des épagneuls et des chiens terriers, mais l'influence qu'ils exerçaient sur la vie de leurs tenanciers était limitée par une cour de justice locale et par des officiers paroissiaux. Rien de semblable n'entravait la volonté d'Adams. « Chaque homme jouit d'un pouvoir absolu sur sa famille et ses serviteurs, écrit Valignano dans son *Historia del Principio*. Il peut les châtier ou les tuer, justement ou autrement, comme il lui plaît, sans avoir à rendre de comptes à quiconque. » C'était la peur du châtiment qui engendrait l'immense respect avec

William Adams pratiquait la culture du riz sur les terres qu'il avait à Hemi. Cette céréale était plantée *(ci-dessus)* et moissonnée par des serfs qui étaient, disait-il, ses « esclaves et ses serviteurs ».

lequel Adams était traité par ses vassaux et ses serfs. À son arrivée à Hemi, ceux-ci couraient à côté de son cheval et se répandaient en extravagantes manifestations d'obéissance. Le stoïcisme avec lequel les paysans japonais acceptaient leur sort faisait toujours la surprise des Européens. « Ils vivent peu de temps et avec contentement dans leur misère et leur pauvreté », écrit Valignano qui ajoute : « Les changements de situation sont communs et fréquents au Japon, car en aucun autre pays du monde la roue de la fortune ne tourne aussi souvent qu'ici. »

Peu après l'octroi du domaine de Hemi, le shōgun se montra encore plus généreux envers William Adams. Pour le remercier des services rendus à la cour, et en guise de marque de respect, il prit la surprenante décision de l'élever au rang de «seigneur», honneur qui «n'avait jamais été accordé à un étranger». Il s'agissait effectivement là d'un grand privilège dont il n'existait aucun précédent dans l'histoire du Japon. Adams reçut le titre prestigieux de *hatamoto*, ou porte-étendard, et devint de ce fait un vassal direct du shōgun. Il se trouvait ainsi lié à la grande classe de guerriers qui dominait l'histoire du Japon depuis des siècles, car les hatamoto étaient les égaux des samouraïs, tous hommes de guerre endurcis par les combats, dont le rôle était semblable à celui des membres d'un corps d'officiers d'élite ou d'une bureaucratie militaire. Ils étaient choisis pour leur indéfectible loyauté et leurs prouesses sur le champ de bataille, et consacraient le plus clair de leur temps à la pratique des arts martiaux. Qu'Adams devienne leur pair allait au rebours de la tradition. Il n'avait pas combattu sous les ordres de Ieyasu et ne prétendait à aucune connaissance des arts martiaux. Sa contribution avait été moins glorieuse bien que non moins utile : en tant que conseiller et que traducteur, il avait ouvert les yeux de Ieyasu sur un monde duquel celui-ci avait été tenu jusque-là dans une ignorance complète.

Peu après avoir été ainsi distingué, à une date qui n'est pas précisée, Adams semble avoir abandonné ses vêtements anglais pour s'habiller à la mode japonaise. Il fait souvent allusion par la suite avec fierté aux deux grands sabres qu'il portait comme tous les samouraïs et mentionne fréquemment les tissus de soie et de satin dont il faisait l'acquisition. Ces étoffes étaient celles dans lesquelles étaient de préférence taillés les kimonos de cour, vêtements aux longues manches tombantes qu'ornaient d'exquises décorations. Les étrangers trouvaient très difficile de se draper dans ces gigantesques

Bien porter le kimono demandait aux étrangers beaucoup de pratique. Le tissu de ces vêtements était maintenu en place à l'aide d'une large ceinture, et souvent décoré de motifs raffinés.

morceaux d'étoffe et bien les ajuster demandait beaucoup de pratique. « Ils replient le côté droit sur le corps, écrit un néophyte espagnol, puis recouvrent ce pan avec le côté gauche. » Le tissu était maintenu en place par une élégante ceinture de soie enroulée autour du ventre et nouée à la hauteur des hanches. Si cette bande n'était pas assez serrée, le kimono tout entier risquait de tomber sur le sol.

Adams ne tarda pas, semble-t-il, à maîtriser cet art difficile, de même qu'il parvint à parler couramment la langue d'une grande complexité utilisée au Japon. Il prenait plaisir à se faire appeler par son nom japonais – *Anjin Sama*, ou monsieur le Pilote –, et se sentit vite tellement à l'aise dans son pays d'adoption qu'il en vint à dater le journal qu'il tenait à la façon japonaise : « Le huitième jour de la lune appelé Shemo », y lit-on par exemple.

Adams avait supplié pendant des années qu'on l'autorise à quitter le Japon. Une fois devenu « seigneur » et pourvu de terres, il se convainquit que son avenir était mieux assuré dans ce pays lointain qu'en Angleterre. Il était propriétaire d'un domaine à la campagne ainsi que d'une maison à Edo et il jouissait à la cour d'un rang auquel il n'aurait jamais pu rêver accéder dans son pays natal. Il continuait à penser à Mary et à leur fille auxquelles il écrivait des lettres dans lesquelles il se demandait ce qu'il était advenu d'elles. « J'espère, disait-il, que, par un moyen ou un autre, le temps venu, j'aurai des nouvelles d'un bon ami ou d'une autre de mes connaissances, femme et enfant, ce pour quoi avec patience j'attends le plaisir du Dieu Tout-Puissant. » Il savait que ces lettres, confiées aux soins de navires hollandais abordant au Japon, risquaient de ne pas parvenir à leurs destinataires avant de longues années, de même qu'il avait la certitude, plus profonde encore, de ne jamais revoir sa famille.

Il avait été longtemps attiré par la fille d'un fonctionnaire répondant au nom de Magome Kageyu, qui était à la tête d'un relais de poste sur l'une des grandes routes impériales rayonnant à partir d'Edo. Bien que la situation qu'il occupait fût importante, cet homme n'appartenait pas à la noblesse et n'avait qu'un rang modeste dans la société. Ce ne fut donc probablement pas pour des raisons financières qu'Adams choisit de faire les yeux doux à sa fille, Oyuki, et encore moins pour élargir le cercle de ses relations. Il tomba peut-être véritablement amoureux de la jeune fille et, après s'être plié à la tradition japonaise et lui avoir fait la cour, il l'épousa. Il y eut dorénavant deux Mrs Adams vivant chacune à une extrémité du monde et ignorant l'existence de l'autre.

Au comble de la félicité, Adams se rendait compte que les choses n'auraient pas pu mieux tourner pour lui. « Dieu pourvoit à mes besoins après ma grande misère », constate-t-il. Il eut des raisons d'être plus satisfait encore quand il apprit de manière inattendue en 1609 que les jésuites, ses ennemis implacables, se trouvaient soudain dans une situation critique qui allait donner lieu à un affrontement dans la baie tranquille et abritée de Nagasaki.

La petite ville de Nagasaki était invisible de la mer. Environné de sommets vertigineux et noyé dans l'ombre des cèdres, le labyrinthe de ses rues restait caché à la vue des marins jusqu'à ce que leur navire fût entré dans le beau port naturel. L'agglomération avait prospéré depuis qu'en 1580 les jésuites avaient pris possession des fermes et des cabanes en bois qui la composaient à l'époque. C'était devenu un port florissant qu'enrichissait le commerce de la soie avec la Chine, et ses rues étaient bordées d'une pittoresque série d'églises, de collèges religieux et d'habitations. Les visiteurs qui s'attendaient à se trouver dans une ville coloniale portugaise découvraient cependant avec étonnement une agglomération en tous points semblable à celles éparpillées sur les côtes de Kyushu. Les maisons des marchands étaient couvertes d'élégants toits aux arêtes concaves à la mode japonaise, et les demeures les plus humbles s'ouvraient par des portes coulissantes en bambou dont les panneaux étaient faits de papier translucide. Parmi les divers bâtiments, c'était l'église jésuite qui présentait l'aspect le plus curieux. Construite sur un plan hexagonal et surmontée de toits superposés rappelant ceux des pagodes, elle ressemblait plus à un temple bouddhique qu'à un lieu de prière chrétien.

Des foules se pressaient souvent dans ses rues ombreuses, surtout au moment où, chaque année, le bateau portugais en provenance de Macao était à l'ancre dans le port. Les marins partaient à la recherche de filles de joie et d'estaminets où étancher leur soif tandis que les nobles portugais, les fidalgos aux énormes moustaches, aux pantalons bouffants, aux chaussures à boucles et aux chapeaux à large bord, paradaient en prenant des airs avantageux. Les plus riches des marchands se faisaient accompagner d'une escorte d'esclaves et de serviteurs et se faisaient transporter dans des palanquins de soie. Beaucoup d'entre eux appartenaient à l'ordre de la Miséricorde, une confrérie qui réunissait des moines et des laïques partageant les mêmes idéaux et la même foi catholique.

L'arrivée du bateau portugais qui venait une fois par an de Macao était l'occasion de grandes réjouissances. En 1609, les fêtes accueillant le *Nossa Senhora de Graça* (Notre-Dame de Grâce) eurent un éclat particulier car ce bâtiment transportait une cargaison d'une valeur telle qu'on n'en avait pas connu depuis longtemps : il était chargé de deux cents tonnes de soieries – une quantité astronomique d'une valeur de six cent mille cruzados – et d'une masse énorme de lingots d'argent. Les pères jésuites étaient enchantés car, en tant qu'intermédiaires, ils tireraient d'énormes bénéfices de la vente de ces marchandises.

L'arrivée d'un navire chargé d'une cargaison d'une telle valeur éveillait de toute évidence jalousies et convoitises. Le gouverneur japonais de Nagasaki envoya des gardes armés inspecter le vaisseau – ainsi qu'il en avait le droit –, mais le capitaine portugais leur refusa avec arrogance l'autorisation de monter à bord. Furieux, le gouverneur annonça qu'il viendrait veiller en personne à l'exécution des ordres, mais il se vit lui aussi interdire l'accès du navire. L'indignation qu'il ressentit se mua en colère lorsqu'il apprit l'identité du capitaine. Il s'agissait d'André Pessoa, ancien gouverneur de Macao qui jouissait d'une très mauvaise réputation à la suite d'un incident survenu quelques mois plus tôt dans la colonie portugaise. Une bande de marins japonais s'étant livrée à des actes de violence, il avait ordonné une descente dans leur logement, intervention au cours de laquelle beaucoup de Nippons avaient été tués. Les survivants avaient été faits prisonniers et forcés de signer une déclaration sur l'honneur dans laquelle ils s'avouaient responsables de l'échauffourée. De retour au Japon, ils ne s'étaient pas fait faute de raconter leurs malheurs.

Mis très vite au courant de la conduite de Pessoa à Macao, Ieyasu avait d'abord eu l'intention d'imposer une amende aux Portugais. Quand il apprit que l'homme avait aussi insulté le gouverneur de Nagasaki, il opta pour une mesure plus radicale et décida de « tuer le capitaine avec tous les Portugais, et de se saisir du navire et de toute sa cargaison ». Pessoa fut convoqué à la cour de Ieyasu après avoir reçu l'assurance que le rôle qu'il avait joué dans la mort des marins japonais lui serait pardonné. Méfiant, il refusa sagement de se rendre à terre et préféra rester en sécurité sur son navire hérissé d'armes. Cet acte de désobéissance rendit Ieyasu si furieux qu'il donna au seigneur de la région, Arima Harunobu, l'ordre de se saisir du rebelle et de son vaisseau.

Arima s'apprêta avec enthousiasme à s'acquitter de la mission qui lui était confiée. Certains de ses hommes avaient été impliqués dans l'incident de Macao et il brûlait de les venger. Pendant la première semaine du mois de janvier 1610, il rassembla une troupe de mille deux cents samouraïs et organisa une attaque nocturne. Les assaillants traversèrent la baie de Nagasaki à la rame avec trente embarcations et, sûrs de la victoire, ils hurlèrent des insultes à l'endroit de Pessoa et déchargèrent leurs mousquets en l'air. Le capitaine portugais attendit qu'ils soient à portée de ses canons et fit alors tirer deux bordées successives qui causèrent des ravages dans la flottille japonaise. Il fit, comble d'humiliation, accompagner « chaque coup d'un concert de trompettes ».

Les forces d'Arima furent obligées de se retirer pour se regrouper mais, bien que reparties à l'attaque à plusieurs reprises, elles ne purent pas approcher du *Nossa Senhora de Graça* dont les canons repoussèrent leurs assauts trois nuits de suite. Le 6 janvier, le capitaine portugais réussit à se glisser hors du port pour tenter d'atteindre la haute mer où il serait en sécurité. Dans un effort désespéré pour s'assurer la victoire, Arima fit construire une tour de bois « transportée par deux gros bateaux ». Cette machine de guerre avait la même hauteur que les mâts du bâtiment portugais et on l'avait couverte de peaux de bêtes trempées dans l'eau pour l'empêcher de prendre feu. Pour mettre toutes les chances de son côté, Arima avait engagé mille huit cents mercenaires supplémentaires, tous samouraïs. Il donna l'ordre d'attaquer vers neuf heures du soir et remporta un plus grand succès que lors des assauts précédents. Quelques-uns des guerriers japonais réussirent même à monter à bord de la caraque portugaise, mais ils furent taillés en pièces avant même d'avoir eu le temps de dégainer leurs grands sabres recourbés. Pessoa en tua lui-même deux de ses propres mains. Les défenseurs du navire jubilaient et s'apprêtaient même à crier victoire quand les événements prirent un tour inattendu. Un coup de mousquet tiré par un des samouraïs percuta par hasard une grenade qu'un des défenseurs était sur le point de lancer contre un assaillant. Ce projectile brûlant mit feu à la poudre qui se trouvait sur le pont, la brigantine devint immédiatement la proie des flammes et les hauts du navire s'embrasèrent en quelques secondes. Se rendant immédiatement compte de l'étendue du désastre, Pessoa comprit que son navire était perdu. Dans un état d'extrême excitation, rendu presque fou par la chaleur, il fit en sorte que sa fin fût spectaculaire. « D'un cœur intrépide, il déposa son épée et son bouclier dans sa cabine sans dire un mot et, prenant un crucifix dans une main et un brandon dans l'autre, il descendit dans la cale et mit le feu au magasin à poudre. » Une terrible explosion se produisit immédiatement. Le *Nossa Senhora de Graça* se souleva légèrement sur les flots, se fendit en deux au milieu d'un mur de flammes, et coula par trente-deux brasses de fond. De Pessoa, il ne resta rien.

En apprenant ce qui s'était passé, Ieyasu laissa éclater sa colère. Il menaça de tuer tous les commerçants portugais de Nagasaki et d'expulser tous les jésuites résidant au Japon. Cédant par la suite aux conseils de sagesse qui lui étaient prodigués, il modifia les ordres qu'il avait donnés, mais maintint cependant l'interdit frappant le père Joao Rodrigues. Ce jésuite qui avait été son interprète officiel fut sommé de faire ses malles et de quitter le Japon sur-le-champ. Ieyasu n'avait plus besoin de ses services car il pouvait compter sur ceux de William Adams, un truchement d'une compagnie plus agréable.

La disparition du *Nossa Senhora de Graça* porta un coup sévère au prestige des jésuites. Ils perdirent trente mille cruzados et se retrouvèrent « dans la plus misérable des conditions imaginables ». Les marchands portugais furent eux aussi affectés par la catastrophe car les bénéfices qu'ils comptaient tirer des transactions commerciales menées pendant une année entière s'étaient évaporés d'un seul coup. Une nouvelle qui leur parvint au même moment mit un comble à leurs difficultés : deux vaisseaux hollandais avaient abordé peu de temps auparavant dans la petite île de Hirado, proche de Nagasaki. À bord de l'un d'eux se trouvait un marchand du nom de Jacques Specx qui était au service de la Compagnie hollandaise des Indes orientales et avait reçu la délicate mission de fonder une « factorerie » – un comptoir commercial – au Japon.

Il y avait longtemps qu'à Rotterdam, on pensait envoyer des marchands au Japon. Les bourgeois de cette ville étaient au courant depuis huit ans de l'extraordinaire périple du *Liefde*, le récit en ayant été rapporté par Olivier van Noon. Un « grand navire hollandais, secoué par les tempêtes [...], avait abordé au Japon », avaient raconté à cet aventurier hollandais des marchands japonais rencontrés aux Indes orientales. Cette histoire avait intrigué les Rotterdamois, trop occupés cependant à l'époque à tenter de s'établir eux-mêmes ailleurs en Orient pour réagir. Le comptoir commercial hollandais le plus proche du Japon se trouvait sur la péninsule Malaise, à Pattani. Victor Sprinckel, l'individu léthargique qui le dirigeait, ne s'était pas montré très pressé de traverser la mer de Chine orientale, et se révéla encore moins prêt à se porter au secours de compatriotes. Lorsqu'en 1605, deux des marins du *Liefde* étaient venus le trouver pour lui proposer d'établir une liaison commerciale avec le Japon, il avait fait la sourde oreille et les avait au contraire réprimandés pour avoir laissé William Adams, le seul membre anglais de l'équipage du *Liefde* à avoir survécu, devenir l'homme de confiance de Ieyasu.

Quoique plus dynamique que Sprinckel, Jacques Specx se rendit vite compte des difficultés qu'il allait rencontrer. Il n'avait pour le seconder que trois adjoints dont aucun ne parlait le japonais et qui ignoraient presque tout du pays sur le sol duquel ils venaient de poser le pied. Cependant, lorsqu'il présenta à Ieyasu une supplique demandant que des privilèges commerciaux lui fussent accordés, il découvrit que les efforts faits jusque-là par Adams n'avaient pas été vains. Le shōgun se déclara immédiatement extrêmement désireux d'accéder à la demande des nouveaux venus et écrivit au prince Maurice une lettre enthousiaste dans laquelle il se disait enchanté à l'idée que son pays recevrait la visite des sujets du « seigneur de Hollande ». Et il ajoutait d'une plume méditative : « Si des pays sont pareillement animés, quelle objection y a-t-il à des visites annuelles, bien que des milliers, non, des dizaines de milliers de lieues de mer et de terre les séparent ? »

L'enthousiasme de Ieyasu ne rencontra pas d'écho en Hollande. Les marchands refusèrent d'envoyer un seul vaisseau supplémentaire au Japon, et Specx passa de longues heures à scruter tristement l'horizon dans l'espoir d'y voir apparaître la voile d'un bateau ami. Poussé par la crainte que Ieyasu n'annule le droit de commercer qu'il lui avait octroyé, il se mit en rapport avec Adams et le pria de l'aider à obtenir que le shōgun lui accorde une seconde audience.

« Parce que ce Mr Adams était si bien introduit auprès du monarque, il n'y avait ni seigneur ni prince dans ce pays qui fût dans une meilleure position », lit-on dans le journal tenu par un contemporain hollandais.

Les deux hommes se rendirent à la cour en février 1611 et furent reçus à leur arrivée par le président du Conseil de Ieyasu et par des douzaines d'autres dignitaires. Adams expliqua au Hollandais quel comportement adopter et, quoique éberlué, celui-ci suivit ces conseils à la lettre. « Nous essayâmes de répondre à la manière japonaise, raconte-t-il, ce qui voulait dire échanger maints compliments. » Vers midi, l'heure de l'audience avec Ieyasu approcha. Un courtisan revêtu d'un costume très élaboré ouvrit la porte et Specx fut prié d'entrer dans la salle d'audience et de laisser les présents dont il s'était muni – des tapis et des défenses d'animaux – sur une petite table prévue à cet effet. Il put ensuite approcher de Ieyasu et lui présenter ses respects. « Quand nous eûmes salué l'empereur, continue Specx, il nous demanda combien de soldats nous avions aux Moluques ; si nous trafiquions à Bornéo ; s'il était vrai que c'était là qu'on trouvait le meilleur camphre. » Il interrogea ensuite le Hollandais sur les produits que l'on trouvait en Europe du Nord et demanda « quel bois de senteur nous avions dans notre pays et lequel était le plus apprécié ». Adams traduisait les réponses faites par le Hollandais et Ieyasu en fut enchanté, ce dont Specx eut plus tard la confirmation car il entendit dire que le shōgun n'était pas habitué « à converser si familièrement avec personne, pas même avec les grands seigneurs du pays ».

L'entretien à peine terminé, Adams fut rappelé dans la salle des audiences privées. Ieyasu avait fait étaler tous les cadeaux du Hollandais devant lui et regardait les tissus, les babioles, les velours et les armes à feu les uns après les autres. « Quand les bateaux hollandais viendront, apporteront-ils maintes curiosités et belles marchandises ? » demanda-t-il. Adams promit à Sa Majesté que les navires venant de Hollande seraient chargés de beaux objets en grand nombre et le shōgun répondit : « Oui, oui, je peux voir que les Hollandais sont passés maîtres dans l'art de la manufacture aussi bien que dans celui de la guerre. »

Adams réussit à faire renouveler les avantages commerciaux accordés à son protégé. « Les Hollandais sont maintenant établis, rapporte-t-il, et je leur ai obtenu des privilèges comme les Espagnols et les Portugais n'ont pas pu avoir en cinquante ou soixante ans au Japon. » Il était en train de faire part de ce succès à Specx lorsqu'une nouvelle déconcertante et totalement inattendue lui parvint : une importante ambassade espagnole était arrivée à la cour pour demander l'expulsion immédiate des Hollandais. Cette délégation était conduite par Sebastian Vizciano, l'ambassadeur de la Nouvelle-Espagne.

Il était entouré de la plus grande pompe possible et avait revêtu ses plus beaux vêtements, « pourpoint, habit, chausses, fraise, cape et chapeau à plumes galonné d'or ». Il avait aux pieds des souliers blancs fermés par de délicats boutons et, pour faire plus grande impression, portait au côté une épée et une dague dorées. Il était accompagné d'une escorte de vingt-quatre mousquetaires qui faisaient partir leurs armes avec tant d'enthousiasme « qu'ils vidèrent un baril de poudre en une heure ».

Vizciano n'était pas seulement chargé de faire expulser les Hollandais, mais venait présenter plusieurs autres requêtes. Il commença par la plus importante, qui était d'obtenir la permission d'établir la carte des côtes du Japon. Ieyasu lui en donna l'autorisation avec sa bonne grâce habituelle, mais se sentit bientôt insulté par l'outrecuidance sans borne dont Vizciano faisait preuve. L'envoyé espagnol avait refusé de se prosterner devant lui sous prétexte que le roi d'Espagne était le plus grand monarque du monde. Lorsqu'il revendiqua le libre accès du Japon pour les moines espagnols, Ieyasu, perdant le calme dont il ne s'était pas departi jusque-là, laissa éclater sa colère : « La doctrine suivie dans votre pays diffère entièrement des nôtres, dit-il [...], il vaut donc mieux qu'un terme soit mis à la prédication de votre doctrine sur notre sol. »

Ce fut alors que Vizciano, outragé, demanda l'expulsion des Hollandais, ainsi que celle d'Adams. Il avait dépassé les bornes. Choqué par l'arrogance de l'envoyé espagnol, Ieyasu lui déclara que les « démons de l'enfer » eux-mêmes seraient traités comme « des anges du ciel » tant qu'ils obéiraient aux lois japonaises. « Les terres de Sa Majesté étant ouvertes à tous les étrangers, aucun ne devrait en être exclu », ajouta-t-il.

Specx et Adams furent enchantés lorsqu'ils apprirent comment le capitaine Vizciano s'était comporté. « Trafiquer avec le Japon » n'intéressait pas le roi d'Espagne, avait-il annoncé avec superbe, et il avait déclaré à un des seigneurs japonais que le monarque espagnol n'aspirait qu'à épargner aux païens japonais les feux éternels de l'enfer. « Le pieux désir de Sa Majesté chrétienne est de voir la Sainte Foi catholique enseignée à toutes les nations afin qu'elles soient sauvées », avait-il ajouté. Trouvant l'arrogance de Vizciano insupportable, Ieyasu lui rendit ses cadeaux « comme il avait coutume de faire avec les étrangers lorsqu'il ne voulait pas accéder à leurs requêtes ». La manifestation d'orgueil à laquelle le seigneur japonais assistait – la plus éclatante de toutes celles dont il avait jamais été témoin – éveilla sa méfiance au sujet de l'intérêt exprimé par les Espagnols pour la topographie des côtes sinueuses du Japon.

Adams, à qui le shōgun demanda son avis, prit soin de faire, dans sa réponse, autant de tort que possible à la cause espagnole. Il dit que l'intention du roi d'Espagne était de conquérir le monde entier et qu'il avait conçu une stratégie habile pour arriver à ses fins : il envoyait dans les pays qu'il convoitait des moines et des pères jésuites chargés de faire autant de conversions que possible ; lorsque ses troupes arrivaient ensuite, il leur était facile d'établir des têtes de pont à partir desquelles mener leurs attaques. Le roi d'Angleterre n'aurait jamais accepté que les Espagnols établissent une carte de son royaume, ajouta Adams, car il était clair que leur seul but était de trouver un lieu où faire débarquer leurs forces.

Peu de temps après la visite de Sebastian Vizciano, les pensées d'Adams se tournèrent de nouveau vers l'Angleterre. On ignorait sans doute à Londres qu'il avait survécu à son terrible voyage. Ni sa famille ni ses amis n'avaient reçu, craignait-il, « aucune nouvelle certaine » et personne n'était en mesure de dire s'il était « mort ou vivant ». Il désirait ardemment leur faire savoir qu'il était encore de ce monde : « Je prie et requiers, au nom de Jésus-Christ, de faire en sorte que ma présence ici au Japon soit connue de ma pauvre femme », confie-t-il à son journal. Mais il n'avait aucun moyen de s'assurer que les lettres qu'il écrivait parviendraient à destination. Les quelques navires hollandais qui faisaient escale au Japon mettaient plusieurs années à rentrer chez eux, et il n'était pas certain que les marins à qui il confiait ses missives les envoyassent en Angleterre.

À son insu, les Hollandais retenaient en fait délibérément sa correspondance. Rien n'arrêtait en effet ces marchands cupides qui, aussi égoïstes et sans pitié que menteurs, étaient capables de tout pour empêcher le moindre renseignement concernant le Japon de parvenir jusqu'en Angleterre. Ils avaient même réussi à empêcher Adams d'apprendre que des navires anglais se rendaient depuis près de dix ans aux Indes orientales et que, dès 1603, un petit groupe d'aventuriers avait établi une base permanente à Java. Pendant toute la durée du long séjour qu'il fit au Japon, le pilote anglais ne fut en fait séparé de ses compatriotes que par un voyage de moins de deux mois.

Quand il finit par apprendre la vérité et par se rendre compte de la duplicité des Hollandais, l'exilé fut pris de colère. «Aurais-je appris que nos navires anglais faisaient trafic avec les Indes, écrivit-il plus tard à un ami, je vous aurais depuis longtemps importuné de mes lettres, mais les Hollandais me l'ont caché jusqu'à l'année 1611, où j'en eus la première nouvelle [...].»

Dès qu'il sut qu'un petit groupe d'Anglais était établi à Java, dans le port de Bantam, Adams se saisit de sa plume pour leur faire le récit de ce qui lui était advenu pendant les onze années qu'il avait passées au Japon. Comme il n'avait aucune idée de l'identité de ses correspondants, il adressa, d'une façon plutôt pitoyable, sa lettre à ses «amis et compatriotes inconnus».

«J'ai la hardiesse d'écrire ces quelques lignes, écrivit-il, avec le désir que l'honorable compagnie [...] pardonne mon outrecuidance. » Comme il savait que ces marchands ignoreraient qui était leur correspondant, il leur dit qu'il s'appelait William Adams. « Je ne suis pas inconnu à Radcliffe et Limehouse », ajouta-t-il non sans fierté. Il supplia ses compatriotes de faire tout ce qui était en leur pouvoir pour faire parvenir sa lettre en Angleterre et il leur fournit une liste de ses amis. « Je sais que votre compassion et votre merci sont telles que la nouvelle que je suis encore vivant dans cette vallée de mon douloureux pèlerinage arrivera à mes amis et parents », ajouta-t-il.

Il pressa aussi ses correspondants de venir au Japon qui était, selon lui, le meilleur pays du monde avec lequel faire du commerce. « Les gens du pays sont bons de nature, courtois plus que mesure et vaillants à la guerre », écrivit-il, ajoutant que les crimes et les tricheries causaient peu de problèmes et qu'il n'y avait « pas de pays mieux gouverné au monde par administration civile ». Sachant la jalousie que les Anglais nourrissaient à l'égard des Hollandais propre à aiguillonner ses compatriotes, il ajouta : « Les Hollandais ont ici une Inde d'argent. »

Une chose était certaine aux yeux d'Adams : les Portugais et les Espagnols étant tombés en disgrâce et le comptoir hollandais manquant sérieusement de personnel, le moment était idéal pour les Anglais de Bantam de tenter leur chance au Japon.

VI

VOYAGE VERS L'INCONNU

La nuit tombait d'un seul coup à Bantam. Dès que le terrifiant soleil équatorial avait glissé dans la mer de Java, le ciel prenait une teinte d'encre. Pendant les huit heures suivantes, les quelques Anglais vivant dans ce port fourmillant de dangers craignaient à tout instant d'être attaqués par des chasseurs de têtes et des bandits indigènes. Au crépuscule, le responsable de la factorerie, Augustine Spalding, avait l'habitude de verrouiller le portail de l'enceinte fortifiée en priant pour qu'aucune flèche à la pointe enflammée ne fût lancée par-dessus la palissade pendant la nuit.

Ce port trépidant de la côte nord de Java était le point d'attache principal des Anglais aux Indes. De grandes flottilles de jonques, de boutres et de *perahu* indigènes le fréquentaient, venus de pays aussi lointains que l'Inde, la Chine et le Japon. C'était l'un des plus grands entrepôts des Indes orientales, et des marchandises les plus diverses s'y échangeaient, calicot indien, porcelaine chinoise et, en de rares occasions, laques japonaises.

Une petite factorerie anglaise existait à Bantam depuis 1603, date à laquelle le capitaine James Lancaster, navigateur chevronné qui commandait la première expédition envoyée par la Compagnie anglaise des Indes orientales, y avait laissé onze hommes en leur recommandant d'y amasser un stock d'épices. À leur grand étonnement, les nouveaux arrivants s'étaient trouvés au milieu d'une population cosmopolite. Les souks et les marchés aux épices de Bantam, qui grouillaient de négociants de toutes origines, offraient un spectacle pittoresque. Les autochtones javanais étaient vêtus de pagnes faits de tissus peints à la main et de vestes de velours et, avec leurs couvre-chefs de taffetas et leurs larges ceintures de calicot, les commerçants les plus riches avaient l'air habillés pour une réception à la cour. Les marchands chinois arboraient une tenue encore plus remarquable faite de longs vêtements flottants et de robes ainsi que, souvent, de grandes coiffes de soie qui ne cachaient qu'en partie leur natte immensément longue et tordue en un nœud graisseux. Avec leur manteau à capuchon, les gouverneurs de la ville avaient un air menaçant et les prêtres avaient l'étrange habitude de baiser le sol. Plus effrayants encore étaient les devins à l'esprit dérangé qui, selon Edmund Scott, l'un des marchands anglais, «parcouraient les rues comme des fous, en brandissant une épée, en s'arrachant les cheveux et en se jetant sur le sol». Pour ajouter au pittoresque du spectacle, le souverain, encore enfant, qui régnait sur la ville aimait à se faire tirer de par les rues dans un char attelé de buffles d'un blanc éclatant.

Endroit idéal où se procurer des épices, Bantam était fatal aux voyageurs qui y débarquaient souffrant de dysenterie, après avoir passé douze mois sur un bateau en mauvais état où régnait une hygiène déplorable. À peine installés dans les habitations qu'ils s'étaient fait construire, les premiers agents anglais commencèrent à mourir. Leur chef et son adjoint succombèrent quelques mois après leur arrivée, tandis que de terribles maladies et des fièvres dévorantes frappaient les autres. Les survivants découvrirent bientôt que Bantam, où les maladies étaient endémiques et la pourriture omniprésente, était l'endroit le plus insalubre de tout l'Orient. Outre la typhoïde et le choléra, qui sévissaient continuellement, le

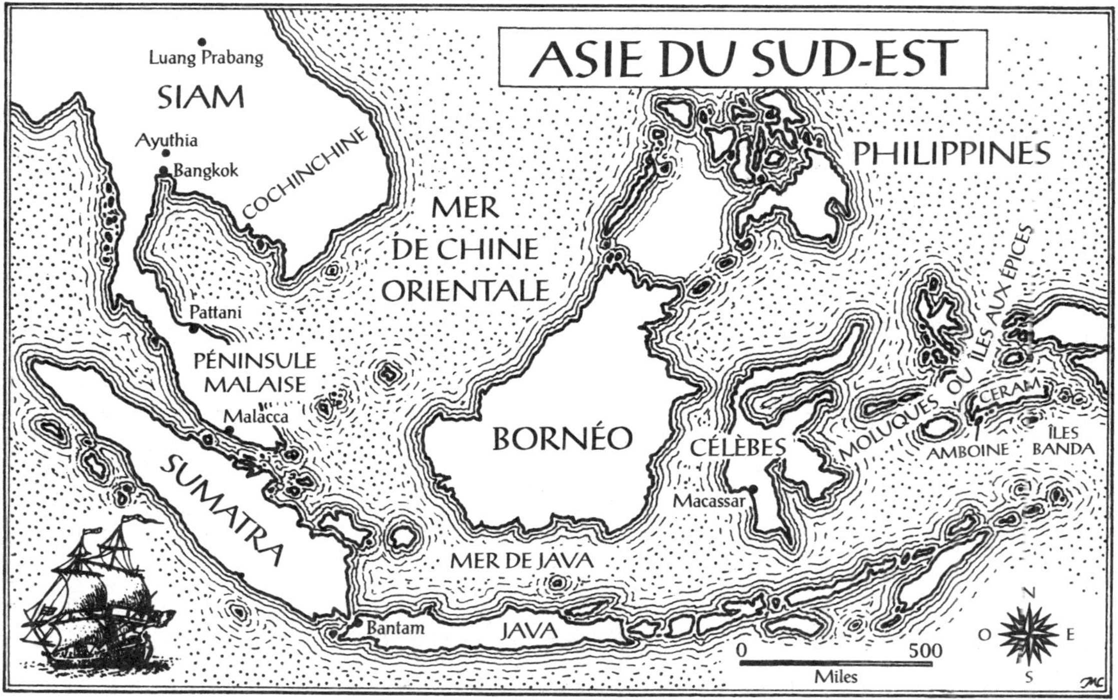
ASIE DU SUD-EST
Luang Prabang
SIAM
Ayuthia
Bangkok
COCHINCHINE
MER
DE CHINE
ORIENTALE
PHILIPPINES
Pattani
PÉNINSULE
MALAISE
Malacca
SUMATRA
BORNÉO
CÉLÈBES
Macassar
MOLUQUES OU ÎLES AUX ÉPICES
CERAM
AMBOINE
ÎLES
BANDA
MER DE JAVA
Bantam
JAVA
0
500
Miles
N
O
E
S

paludisme constituait une menace constante car les moustiques pullulaient dans les terres basses et marécageuses des alentours. Un capitaine de passage avait surnommé le port «lupanar puant» tandis qu'un autre avait remarqué d'un ton sarcastique : «Ce n'est pas un endroit propre à guérir les hommes malades mais à tuer les hommes en pleine santé.»

La bâtisse de bois et de bambou à deux étages qui abritait la factorerie anglaise avait des murs extrêmement minces et «sa partie haute était à claire-voie à cause de la chaleur». Les pluies de la mousson l'inondaient fréquemment, se déversant à travers le chaume mal ajusté du toit et coulant jusqu'au rez-de-chaussée. La chaleur y était harassante pendant la journée lorsque le soleil brillait sans répit, et le soir d'épais nuages de moustiques l'envahissaient. La nuit était la période la plus pénible : les marchands anglais suspendaient des torches allumées à la palissade formant l'enceinte, «autrement, note l'un d'entre eux, par les nuits obscures, les Javanais, étant si noirs, pourraient entrer soudain et être sur nous avant que nous puissions les voir».

La terreur que leur inspiraient les gangs de criminels javanais empêchait les Anglais de dormir. «Ils commencèrent à s'exercer à mettre le feu à notre maison principale au milieu de la nuit avec des dards et des flèches», raconte Scott. En plusieurs occasions, les flammes léchèrent le toit de chaume avant d'être éteintes, juste à temps, avec des seaux d'eau. Les hommes vivaient dans la terreur d'être brûlés vifs dans leur demeure. «Oh ! ce mot de feu, écrit Scott, s'il avait été prononcé près de moi, en anglais, malais, javanais ou chinois, même si j'avais été profondément endormi, j'aurais sauté à bas de mon lit.» La peur des trahisons et des complots ourdis pour les «assassiner dans la nuit» les tourmentait, ainsi que celle d'être torturés et tués par les chasseurs de têtes indigènes. Les marchands anglais auraient pu déménager et installer leurs

Bantam était une ville cosmopolite. Les marchands autochtones *(en haut)* portaient à la ceinture un poignard recourbé ou *keris*. Les négociants étrangers *(en bas)* avaient une allure encore plus exotique dans leurs amples vêtements aux vives couleurs. Les trois personnages qui figurent ci-dessus, spécialisés peut-être dans le commerce des épices, étaient respectivement originaires de Pegu (en Birmanie, l'actuel Myanmar), de Perse et d'Arabie.

entrepôts ailleurs. Ils avaient toutes les raisons de le faire, mais le courage leur manqua et, au bout de plus de neuf ans, le petit comptoir, devenu la base des opérations commerciales anglaises en Orient, faisait, à Bantam, partie du paysage.

Ce fut avec joie que, le 26 avril 1612, son chef, Augustine Spalding, vit un navire anglais entrer dans la baie. « Il n'y a pas eu de vaisseau anglais ici », note-t-il. Il rêvait de ce moment depuis un an et, craignant qu'il ne s'agisse d'une illusion, il courut jusqu'au rivage pour vérifier qu'il ne s'était pas trompé. Le bâtiment qui arrivait à Bantam était le *Globe*, navire au nom approprié qui entamait la quatrième phase d'une extraordinaire odyssée comportant des escales dans tous les ports de l'Asie du Sud-Est.

Ce voyage avait été conçu par deux audacieux entrepreneurs, Peter Floris et Lucas Antheunis, personnages plutôt mystérieux qui s'étaient installés à Londres deux ans plus tôt et avaient immédiatement été trouver Sir Thomas Smythe dans sa maison de la rue Philpot. Le gouverneur de la Compagnie des Indes orientales s'était au premier abord méfié d'eux. Ils se disaient hollandais, mais leur passé était obscur et ils cachaient, semblait-il, leur véritable identité derrière des pseudonymes. Ils paraissaient pourtant avoir une grande expérience du commerce avec l'Orient, et Floris, qui était beau parleur, se montrait extrêmement éloquent lorsqu'il décrivait la meilleure façon d'exploiter les richesses de ces contrées lointaines. Il semblait, d'après les révélations faites plus tard par un de ses compatriotes, connaître « tous les secrets et desseins qui pourraient être très importants pour les Anglais ».

Floris avait du commerce avec l'Orient une conception extrêmement audacieuse. La surabondance des épices qui envahissaient les marchés de Londres et d'Amsterdam le préoccupait, mais il savait qu'il y avait encore à faire dans cette région lointaine du monde d'énormes bénéfices auxquels personne n'avait pensé. Il fallait, d'après lui, abandonner le commerce traditionnel des épices et se tourner, à la place, vers celui qui existait entre les pays du Sud-Est asiatique et portait sur des échanges très lucratifs de produits de luxe entre Java, l'Indochine et le Japon. Floris savait que c'étaient les marchandises les plus rares qui rapportaient le plus ; pour mettre son projet à exécution, il avait besoin d'un petit groupe d'aventuriers prêts à explorer des régions où aucun Anglais n'avait jamais pénétré : les forêts pluviales de l'Indochine, l'intérieur du Siam dont on ne possédait aucune carte, et l'archipel encore inconnu du Japon. Floris et Antheunis avaient l'intention de construire de petits entrepôts un peu partout dans la région s'étendant de Java au Japon, et d'en confier la gestion à des hommes prêts à s'établir sur les lieux.

Le projet de Floris intéressa Thomas Smythe que les aventures passionnaient pourvu qu'elles rapportent de l'argent. La présence d'épices en quantités excessives qui provoquait la chute des prix l'inquiétait lui aussi depuis longtemps, et il avait suggéré que les négociants s'intéressent à d'autres marchandises, la soie par exemple « dont les marchés de cette partie de la chrétienté n'étaient pas encombrés ». Son enthousiasme ne fit que croître lorsque Floris et Antheunis se déclarèrent disposés à investir mille cinq cents livres de leurs propres deniers dans l'entreprise, et il leur donna sans barguigner l'autorisation de naviguer sous les auspices de la Compagnie anglaise des Indes orientales. Le roi Jacques Ier, comprenant que des revenus douaniers supplémentaires viendraient remplir ses coffres vides, leur accorda lui aussi son patronage et leur confia diverses lettres d'introduction destinées aux petits princes et potentats orientaux qu'ils rencontreraient sur leur route, l'une étant adressée au « grand roi du Japon ». Le ton de cette dernière missive était flatteur et obséquieux.

Le souverain anglais y disait combien il avait été impressionné d'entendre parler des « dispositions princières et favorables » de son correspondant. C'était, expliquait-il, le désir de solliciter « l'amitié et bonne intelligence » de ce monarque qui le poussait, mais il s'abstenait avec tact de toute allusion à l'intention qu'avaient les Anglais d'exploiter les supposées richesses dont son pays regorgeait. Il expliquait cependant au « roi » qu'il espérait voir à l'avenir se produire « un échange de telles marchandises propres à être les plus utiles aux pays des uns et des autres ». La nature de ces « marchandises » n'était pas précisée, mais ce n'était un secret pour personne en Angleterre qu'il s'agissait du drap de laine produit dans le pays, dont la vente rapporterait, le monarque l'espérait, des lingots d'argent en grande quantité.

Le roi d'Angleterre exprimait en outre le désir qu'un comptoir commercial permanent fût créé au Japon et demandait au souverain de ce pays d'accorder sa « royale protection à l'établissement de son commerce ». Il disait à son correspondant avoir ordonné à Floris et à ses hommes « de se comporter avec respect, courtoisie et amitié » envers les Japonais, et l'assurait qu'ils ne se rendraient coupables d'aucun écart de conduite durant leur séjour dans leur pays. Il promettait en outre qu'il serait pourvu à tous les « besoins et nécessités » des Japonais visitant l'Angleterre, et concluait : « Que le Dieu Tout-Puissant Vous assure préservation et prospérité [...] et Vous donne la victoire contre Vos ennemis. »

Bien que nourrissant de grands espoirs quant au succès du voyage qui se préparait, le roi et Thomas Smythe se demandaient tous deux s'il était sage de confier à deux Hollandais une mission de nature en partie diplomatique. Ce fut donc avec un soin particulier que le gouverneur de la Compagnie des Indes orientales choisit le capitaine qui prendrait la tête de l'expédition. Anthony Hippon, dont il retint les services, était un homme « d'intégrité et de sagesse » auquel ses impressionnantes qualités de meneur d'hommes avaient valu le surnom de « Bon Berger ». Robert Browne, le marchand qu'il chargea de l'accompagner, était connu de lui et il n'y aurait rien eu à redire à ce choix si l'homme n'avait pas été enclin à souffrir affreusement du mal de mer : de terribles vomissements le prenaient chaque fois qu'il avait déjeuné avec appétit de porc salé et de bière éventée et, pis encore, il avait de telles nausées lorsqu'il se rendait à terre dans la pinasse qu'au cours du voyage il finirait par souvent « s'attarder à bord ».

Les autres membres de l'expédition jouissaient d'une bonne santé, mais il apparut qu'ils étaient pour la plupart des bons à rien, qu'ils fussent marchands ou hommes de mer. Thomas Essington, le second, était querelleur et manquait d'expérience. John Johnson, le maître d'équipage, était d'habitude « tellement soûl qu'il ne tenait pas bien debout » ; John Skinner, le second maître, avait la passion du jeu. Deux des matelots, Job Palmer et Richard Bishop, se vouèrent une telle haine qu'au cours du voyage, ils devaient finir par se battre en duel tandis que les autres marins se mutineraient à un moment ou à un autre.

Le *Globe* quitta les côtes sud de l'Angleterre au cours des premières semaines de février 1611 et fit bonne route vers le cap de Bonne-Espérance où l'équipage jeta l'ancre. Les hommes se rendirent à terre à la rame et, malgré les lamentations de Floris qui se plaignit de ne pas pouvoir se procurer « beaucoup de vivres à cette époque de l'année », ils réussirent à charger quatre-vingts moutons et vingt têtes de bétail sur leur bateau. C'était plus qu'il ne leur en fallait pour poursuivre leur voyage et atteindre l'Inde où ils espéraient acheter les cotonnades si prisées à Java et au Siam.

Floris et Antheunis avaient déjà visité le sous-continent indien et ils savaient que trois grands entrepôts existaient sur sa côte est, à Pulicat, Petapoli et Masulipatnam. La tentative qu'ils firent pour visiter le premier de ces ports, le plus méridional des trois, faillit tourner à la catastrophe : une tempête s'abattit sur l'embarcation dans laquelle ils se dirigeaient vers la côte. « Nous étions en grande détresse, raconte Floris, surtout Mr Browne pour cause de sa maladie. » Tandis que le malheureux marchand vomissait dans les eaux tièdes de la baie du Bengale, ses compagnons réussirent à atteindre le rivage à force de rame, mais ce fut pour découvrir que les chances d'y faire du commerce étaient minces. Une bande d'aventuriers hollandais les avait précédés et le gouverneur du lieu – une aristocrate irascible – refusa de leur donner audience. Tandis que la chaleur augmentait et que le ton montait, l'état de Robert Browne s'aggrava. Ses vomissements devinrent si incoercibles qu'il fallut aller chercher le capitaine Hippon, resté à bord, pour s'occuper de lui. Il devint bientôt évident qu'une vilaine maladie tropicale était venue s'ajouter à son mal de mer. De plus en plus exaspéré par la façon dont il était traité, Floris décida de repartir. Après avoir insolemment traité la représentante de l'autorité de « vieille putain », il réintégra le *Globe* à la tête de ses hommes et mit cap au nord, en direction de Petapoli.

Ce port s'étant révélé encore moins propre au commerce que le précédent, Floris ordonna qu'on mette le cap sur Masulipatnam. Robert Browne se sentait si mal qu'il demanda à être débarqué car il voulait poursuivre son chemin par voie de terre. Son extrême faiblesse lui interdisant de grimper dans la pinasse, il fut cependant obligé de continuer à endurer les secousses que la houle imprimait au navire. Au bout de plusieurs semaines durant lesquelles il fut terriblement malade, la pâleur de son teint et son expression lugubre indiquèrent que sa fin était proche. « Vers neuf heures, la nuit, mourut Mr Robert Browne, lit-on dans le journal de bord [...]. Le matin suivant il fut enseveli à terre et, pour rappeler sa mémoire à quiconque viendrait plus tard, nous avons édifié une tombe pour lui.»

Masulipatnam étant la dernière escale où il était possible de commercer sur cette côte, Floris était décidé cette fois à ne pas se laisser détourner de son but. En dépit de la personnalité du gouverneur, un «vilain» et un «fripon», il réussit à se procurer des cotonnades, des châles et des étoffes peintes à très bas prix. D'avoir pu faire l'acquisition d'une si grande quantité de marchandises «sans faire un sou de mauvaise de dettes» l'enchantait. «Notre situation est à présent dans une très bonne condition», note-t-il avec satisfaction. Le moment lui sembla venu de mettre le cap sur Bantam où il était sûr de faire l'acquisition d'une plus grande quantité encore de marchandises susceptibles de se vendre très facilement à Pattani, port de la péninsule malaise.

L'arrivée du *Globe* à Bantam fut accueillie avec joie par les Anglais qui, ayant eu la malchance d'être envoyés en poste dans ce port, voyaient leur nombre diminuer. Leur chef, Augustine Spalding, se plaignit que les navires anglais se fissent si rares et confia à Floris que gagner de l'argent était difficile. Il manquait de bons auxiliaires, c'était là son problème majeur, expliqua-t-il: les hommes qui s'étaient montrés les plus empressés à découvrir de nouveaux marchés s'étaient révélés incapables de réaliser des bénéfices. Il avait récemment envoyé des agents à Sukadana, un port situé dans la région marécageuse bordant la côte ouest de Bornéo. Les diamants n'y valaient presque rien, mais leur établissement, pourvu cependant de moyens financiers considérables, s'était bientôt trouvé au bord de la faillite. «Nos malins ne sont pas capables de concevoir à qui le profit est allé», note d'une plume sarcastique Floris, qui savait très bien que c'étaient les marchands eux-mêmes qui avaient volé l'argent.

Le chef de l'expédition mit à profit le temps qu'il passa à Bantam pour vendre une partie de ses cotonnades et pour organiser l'étape suivante de son voyage. Augustine Spalding l'encouragea à se rendre au Japon et le mit au courant de la lettre écrite un an plus tôt par William Adams à ses « amis et compatriotes inconnus » et apportée peu de temps auparavant par un navire hollandais.

« Ayant une si bonne occasion en entendant que certains marchands anglais habitent assurément à Java, je m'enhardis à écrire ces quelques lignes », tels étaient les mots par lesquels commençait cette missive qui confirmait la rumeur selon laquelle un Anglais vivait au Japon. Ce bruit était parvenu aux oreilles de Floris qui ignorait cependant le statut dont Adams jouissait. La lettre reçue par Spalding lui apprit que ce marin anglais était devenu un membre influent de l'entourage du shōgun, parlait couramment le japonais et était le seigneur d'un domaine situé non loin de la cour de Ieyasu. Elle contenait d'autres renseignements susceptibles d'attiser la convoitise du chef de l'expédition : le Japon était riche en ressources naturelles et ses habitants avides de produits importés. Impatient de partir pour le pays du Soleil Levant, Floris se déclara prêt à transmettre à Adams la réponse de Spalding. Il ne lui était cependant pas possible de se rendre directement au Japon, car il lui fallait auparavant vendre les cotonnades achetées en Inde, ce qui l'obligeait à se rendre d'abord à Pattani.

Le *Globe* quitta Bantam en mai 1612. Son voyage avait déjà duré six mois et la maladie n'avait jusque-là emporté que sept hommes. Sitôt en route, la malédiction de Bantam frappa cependant l'équipage, et le nombre des décès augmenta d'une façon alarmante tandis que les voyageurs traversaient la mer de Java et longeaient la côte est de Sumatra. « C'est la corruption de Bantam qui éclate maintenant chaque jour », écrit Floris qui voyait ses marins s'affaiblir sous ses yeux et mourir. « Ce jour nous perdîmes deux hommes du flux », c'est-à-dire de la dysenterie amibienne, et deux jours plus tard : « Arthur

Smith mourut du flux.» Les autres, dont beaucoup étaient trop faibles pour hisser les voiles et tirer sur les cordages, succombaient encore en grand nombre à la maladie quand, arrivé dans le golfe du Siam, le bateau jeta l'ancre à Pattani, dans la suffocante moiteur de la péninsule malaise.

Ce port servait toujours de base à une poignée de marchands hollandais qui, sous la conduite de Victor Sprinckel, s'y étaient installés en 1605. C'était, à l'instar de Bantam, une agglomération cosmopolite et vibrante d'activité. Des marchands siamois aux costumes exotiques y possédaient des entrepôts et des établissements de commerce, et des navires assuraient une liaison irrégulière avec le Japon. Le sapan du Siam, bois de teinture qui valait très cher au Japon, s'entassait souvent sur les quais où l'on trouvait une autre marchandise très prisée, le bézoard, concrétion censée être un excellent contrepoison.

La vie à Pattani n'était pas sans charme pour les Hollandais. «Des femmes sont communément offertes aux étrangers pour s'acquitter de tâches ménagères le jour et rendre d'autres services la nuit», raconte l'un d'eux. Ce pouvait être une agréable manière de passer les étouffantes nuits tropicales à condition que la dame ne soit pas mariée. «L'adultère est puni de mort, infligée par les parents de la manière qu'ils choisissent», remarque en effet le même témoin.

Floris et Antheunis étaient en droit de s'attendre à être bien reçus par leurs compatriotes, mais qu'ils soient associés aux Anglais déplut aux Hollandais qui ne leur témoignèrent que «dégoût et répugnance». La vieille «reine» de Pattani se montra quant à elle beaucoup plus accueillante. Cette femme grande, de belle mine, aussi souple qu'une jeune demoiselle fit une profonde impression sur Floris qui la présente comme «une vieille femme avenante, âgée de trois fois vingt ans». Elle s'adonnait de préférence à la «chasse au buffle blanc», passe-temps qui demandait énormément d'énergie, et elle aimait aussi beaucoup danser. Elle prenait un plaisir particulier aux bouffonneries de ses courtisans et, ayant remarqué que les danses populaires plaisaient à Floris et à ses hommes, elle les força à exécuter eux aussi une petite gigue, « ce dont la vieille reine s'amusa beaucoup ». Elle était de naturel très sociable, mais lorsqu'elle jugeait qu'une conversation avait assez duré, elle tirait un rideau entre elle et ses interlocuteurs. « Dans toutes les Indes, je n'en ai vu que peu comme elle », déclare Floris.

Le voyageur hollandais était porteur d'une lettre du roi Jacques Ier adressée à cette accueillante souveraine, et il la lui remit lors d'une cérémonie qu'il entoura de toute la pompe qu'il était en mesure de déployer. La missive fut « déposée dans une bassine d'or [...] transportée par un éléphant, avec des ménestrels, beaucoup de lances et de petits drapeaux ». La reine, ravie, autorisa Floris à construire une factorerie et à se livrer au commerce. Très satisfait du tour que prenaient les événements, Floris devait cependant d'abord guérir ses hommes. Les mangues fraîches et les ananas n'étaient pas des aliments susceptibles d'améliorer l'état de gens souffrant de dysenterie. Ceux-ci étaient tellement nombreux « qu'il semblait que la peste eût visité le navire ». La maladie avait d'abord frappé les plus humbles des matelots mais, à l'arrivée à Pattani, elle avait commencé à faire aussi des ravages parmi les officiers. Le capitaine Hippon en avait été la première victime : il s'était continuellement affaibli jusqu'à ce qu'il fût enfin évident qu'il ne guérirait pas. Sa mort fut une grande perte, du point de vue « du gouvernement du bateau et en ce qui concernait les choses de la mer ». Vint ensuite le tour de Thomas Smith, « un excellent astronome et marin » qui avait veillé à la sécurité du *Globe* à travers tempêtes et hauts-fonds. Les décès se succédèrent jusqu'à ce que le nombre des morts eût atteint dix-neuf.

La nouvelle de cette calamité se répandit dans la ville de

La reine de Pattani *(à l'extrême droite, montée sur un éléphant)* était un personnage pittoresque dont la chasse au buffle sauvage était le passe-temps favori. « Dans toutes les Indes, je n'en ai vu que peu comme elle », écrivit d'elle Peter Floris.

Pattani et les membres de la pègre locale, ayant décidé qu'il fallait profiter de l'occasion pour frapper les Anglais, s'introduisirent dans leur entrepôt et se saisirent des précieuses cotonnades indiennes. « Nous eûmes des voleurs dans la maison, raconte Floris, et ce fut le plus étrange larcin. » Il n'y avait pas moins de quinze hommes endormis dans l'entrepôt. « Mr Lucas et moi étions dans un lit à part, poursuit Floris, étendus l'un près de l'autre, avec un grand chien noir couché sous ma cabine. » L'or et les cotonnades les plus précieuses avaient été enfermés dans un gros coffre, et, toujours d'après Floris, « l'espace entre le lit et le coffre n'était pas plus grand qu'il ne fallait pour que le couvercle puisse être fermé et ouvert». Et pourtant, aussi agiles que des feux follets, les voleurs avaient réussi à entrer dans la pièce sans réveiller le chien, à briser le cadenas du coffre et à s'emparer de l'argent, des pièces d'étoffe et de la rapière de Floris. «Que ni moi ni personne d'autre dans la maison n'eût rien vu ni entendu a de quoi étonner», remarque-t-il, d'autant que, se rappelle-t-il, «une lampe allumée pendait dans la maison et un gardien veillait dans la cour».

Malgré ce contretemps, les voyageurs s'efforcèrent de disposer des cotonnades qui leur restaient et de se procurer des marchandises à vendre au Japon. Les Hollandais établis à Pattani continuèrent à faire grise mine à Floris, mais celui-ci réussit à se lier d'amitié avec un aventurier du nom de Peter Johnsoon qui déclara être sur le point de partir pour le Japon. S'étant assuré qu'il était digne de confiance, Floris lui demanda s'il accepterait de se charger de la lettre destinée à Adams. Il répondit qu'il le ferait «de grand cœur», ajoutant que ce serait pour lui l'occasion «de faire une amabilité à Mr Adams» envers lequel il était «redevable».

Les guerres dont les régions environnantes étaient le théâtre affectant le commerce, des marchands autrefois prospères hésitaient à risquer leur argent en achetant les produits de luxe apportés des Indes par Floris. Les hommes du *Globe* ne tardèrent pas à le découvrir et comprirent qu'il leur faudrait partir à la recherche d'endroits plus propices au négoce avant de se lancer dans la traversée de la mer de Chine orientale. Cette prise de conscience provoqua chez eux des réactions diverses : les uns, las d'affronter maladies et mort, se montrèrent désireux de rentrer chez eux, d'autres, qui supportaient allègrement les épreuves, se dirent prêts à en subir de nouvelles. Un petit groupe d'hommes, à la tête duquel se trouvait Lucas Antheunis, offrit de partir pour l'intérieur du Siam, région couverte de forêts où l'on se procurait facilement les bois de senteur et les peaux d'animaux exotiques tant appréciés au Japon. Floris approuva cette idée et aida les aventuriers à construire un bateau qui les transporterait jusqu'aux côtes siamoises. Il leur promit de les suivre avec le *Globe* dès qu'il aurait fini d'explorer les perspectives commerciales offertes à Pattani.

Partis au cours de la troisième semaine de juillet, les membres de la petite expédition conduite par Antheunis ne mirent qu'un peu plus d'une semaine à atteindre les côtes du Siam. Ils furent accueillis par le gouverneur de l'endroit qui leur conseilla de se rendre à Ayuthia afin d'y annoncer l'arrivée du reste du groupe. Cette ville, la plus importante du pays, était située au milieu d'une contrée baignée dans la moiteur. Pour l'atteindre, il faudrait aux voyageurs traverser une région inconnue. Il n'existait aucune carte de l'intérieur du Siam et l'on ne connaissait quasiment rien en Europe des populations qu'ils seraient appelés à rencontrer en chemin. Le pays n'avait été visité que par un seul Anglais, un aventurier élisabéthain du nom de Ralph Fitch qui, venu de l'Inde une trentaine d'années plus tôt, y était arrivé par voie de terre. Le souvenir le plus frappant que cet homme avait gardé de sa visite ne touchait pas aux perspectives offertes par la région en termes de commerce mais aux bizarres coutumes des hommes siamois en matière de sexe. « Ils portent des houppes ou de petites boules rondes dans leur membre viril, se rappelait-il. Ils coupent la peau et les mettent dessous, une d'un côté et l'autre de l'autre côté. » D'après les explications données à Fitch, cette douloureuse pratique avait été conçue pour les empêcher « d'abuser du sexe masculin », mais « les femmes la désirent » avait ajouté l'interprète avec un clin d'œil.

La remontée du cours du puissant Chao Phraya ne laissa pas à Antheunis et à ses hommes le temps de s'intéresser à cette étrange coutume. Avec l'aide d'une équipe de « noirs » armés de mousquets, ils luttèrent contre le courant de ce fleuve clapotant et boueux, s'arrêtant en chemin dans un petit port ensommeillé appelé Bangkok. Ils y furent accueillis par le gouverneur qui, accompagné d'un sous-fifre, les reçut «avec grande bienveillance», et continuèrent leur route vers le nord, en direction d'Ayuthia. Les difficultés qu'ils rencontraient allèrent croissant car l'instabilité régnait dans la région et débarquer sur la rive était dangereux. Le bateau lourdement chargé devint aussi de plus en plus difficile à propulser à contre-courant. Sur les bords du fleuve, des temples couverts de moisissure et des villages noyés dans la moiteur défilaient, et les voyageurs maudissaient l'humidité tropicale. Il faisait très mauvais car c'était «le temps de la pluie» et les hommes étaient constamment trempés jusqu'aux os. Le courant devint plus rapide et les flots du puissant cours d'eau débordèrent bientôt, se déversant sur les terres basses alentour, et noyant l'épaisse végétation sous des flots boueux. «Le pays étant couvert d'eau, la marée dévala très furieusement vers le bas», raconte un témoin. Il fallut à l'expédition plus de quatre semaines pour atteindre Ayuthia, une antique cité royale qui servait de résidence principale au roi Intharaja et à sa cour.

Ce souverain se montra enchanté de l'arrivée imprévue de ces hôtes, bien qu'un peu surpris. «Il demanda depuis combien de temps nous étions loin de chez nous, raconte un des voyageurs, et, après cela, nous souhaita la bienvenue et nous promit la liberté de trafiquer.» Il prêta une oreille attentive aux explications que les nouveaux venus lui donnèrent concernant leur intention de se procurer des marchandises à vendre au Japon, s'émerveilla de leur audace et offrit à chacun «une petite coupe dorée et une petite pièce d'habillement». Il se montra encore plus généreux un peu plus tard et leur fournit une «belle maison» de briques «propre à servir beaucoup d'années». Le confort qu'offrait cette demeure ne retint pourtant pas certains des aventuriers d'Antheunis qui conçurent l'idée extravagante de partir vers le nord explorer les régions tropicales de l'intérieur du Siam. Ils nourrissaient le téméraire espoir d'atteindre la ville légendaire de Luang Prabang, située au milieu de la région montagneuse qui constitue aujourd'hui la province la plus septentrionale du Laos. On n'atteignait ce lieu reculé qu'en remontant à la rame pendant des semaines le cours rapide de fleuves aux berges dégoulinantes de l'eau de pluie déversée par la mousson. Le manteau dense de forêt vierge qui en enveloppait les rives cachait de multiples dangers et fourmillait d'animaux bizarres, langours, écureuils volants, gibbons et autres singes. Les habitants « y vivent comme des sauvages, mangent la chair des hommes et marquent tous leurs corps au fer rouge, ce qu'ils estiment être une liberté », avait écrit l'explorateur hollandais John Huyghen van Lindschoten qui avait passé de longues années à Goa à se documenter sur l'Orient.

Sans se laisser effrayer par la perspective d'être dévorés par les autochtones, quelques-uns des compagnons d'Antheunis se mirent en route au début de l'année 1613, dans l'espoir de « découvrir le commerce de ce pays ». Ils se munirent d'une grande quantité de guingan, de coton filé et de tissu peint et commencèrent à la rame la remontée du Chao Phraya dont le cours était bordé d'énormes tecks et d'impénétrables forêts de bambous. Tout commerce s'étant vite révélé impossible car la guerre avait dispersé les marchands, les explorateurs ne tardèrent pas à rentrer à Ayuthia avec une petite quantité « d'or mal ouvré ».

Antheunis n'était pas demeuré oisif entre-temps. Les marchands siamois lui avaient appris que les Japonais avaient un appétit insatiable pour le bois de sapan, et il avait vu avec étonnement de ses propres yeux deux jonques japonaises à l'ancre dans le port d'Ayuthia remplir leurs cales d'une immense cargaison d'une grande valeur. Il avait été encore plus surpris de découvrir qu'un Hollandais faisait partie de l'équipage d'un de ces bateaux. Cet homme, l'un des survivants du *Liefde* qui répondait au nom de Jan Joosten van Lodensteijn, lui raconta qu'il venait de se lancer dans le commerce avec l'Indochine et qu'il en attendait de « bons bénéfices ». Peu après, Antheunis fit la connaissance d'un autre survivant du *Liefde*, Melchior von Santvoort, à qui ce négoce avait déjà rapporté une fortune. Antheunis le questionna à propos de William Adams et, lui ayant demandé s'il accepterait de remettre la lettre du roi Jacques Ier au shōgun, le Hollandais accepta de bonne grâce. Il préparerait ainsi l'arrivée du *Globe* au Japon.

Tandis qu'Antheunis et ses hommes s'activaient à Ayuthia, Floris avait fait avec son navire la route menant de Pattani aux côtes du Siam. Alors qu'il jetait l'ancre à l'embouchure du Chao Phraya, un amoncellement de nuages noirs annonça l'imminence d'une terrible tempête tropicale. Elle frappa d'abord l'intérieur des terres et sa première victime fut Ayuthia que des vents violents dévastèrent le 24 octobre 1612. « Il se leva une soudaine tempête et un courant dans l'air, raconte un des Anglais, comme les vieilles gens n'en avaient jamais vu dans ce pays ; les arbres furent arrachés du sol. »

Le *Globe* ne fut pas épargné. Deux des chaînes de son ancre ayant été brisées, le bateau se trouva poussé vers « des roches très pointues » qui faillirent le mettre en pièces. Heureusement, les marins qui se trouvaient à bord se montrèrent capables de conduire le vaisseau dans des eaux plus profondes. Les quelques hommes d'équipage qui eurent la malchance de se trouver dans la pinasse au moment où la tempête se déchaînait connurent un sort moins heureux. « Avant de pouvoir monter à bord, ils virent le navire s'en aller », entraîné au loin par l'ouragan. Ils ramèrent de toutes leurs forces pour le rattraper, mais de monstrueuses vagues venues de la haute mer engloutirent leur fragile embarcation. « Leur bateau fut écrasé sur le sol, écrivit plus tard Floris, et quatre hommes se noyèrent.» George Ponder, le maître d'équipage, perdit la vie dans des conditions particulièrement pénibles. À l'instar de Jonas, il fut «dévoré par une baleine» qui l'avala tout entier et traça des cercles autour du navire tout en digérant lentement son repas.

L'accident marqua profondément les survivants. Seuls sous les tropiques au milieu de la mer, la peur au ventre, ils se querellèrent et adressèrent «des paroles injurieuses au capitaine». La boisson devint pour eux le meilleur remède à leurs malheurs. L'ivresse de John Johnson, le second, finit par devenir si turbulente qu'il s'attaqua à son supérieur «très dédaigneusement et furieusement», l'appelant «pendard, gredin, chien et autres noms pareillement vils». Il cria, hurla et «se levant enfin, le frappa». Floris se défendit et les deux hommes «luttèrent jusqu'à ce qu'un quidam les sépare». On enferma Johnson dans une cabine pour qu'il se calme mais, comme il réussit à en sortir, Floris fit clouer la porte. Cette précaution se révéla insuffisante: Johnson se libéra et réapparut sur le pont en titubant, «un poignard nu dans sa braguette». À nouveau maîtrisé, il fut séquestré dans une cabine plus solidement verrouillée dont il lui était impossible de s'échapper.

L'esprit d'aventure qui avait animé Floris jusque-là commençait à faiblir devant l'abominable conduite de ses hommes. Il n'avait cependant pas encore abandonné l'idée de faire route vers le Japon lorsque les marchands de Pattani le prévinrent de l'hostilité existant entre «ceux du Japon et cette place», disant qu'ils l'avaient «brûlée deux fois au cours des cinq ou six dernières années». Il lui fallait aussi compter avec l'indiscipline croissante de ses matelots, qui ne se sentaient pas d'humeur à s'exposer à de nouvelles aventures. Le climat suffocant de Pattani sapait leur courage et les maladies tropicales affaiblissaient leur corps. Ils étaient nombreux à «être enclins à boire jusqu'à l'ivresse», et se passer de leur alcool bien-aimé leur semblait hors de question. « Il est dur pour un léopard de changer ses taches », remarque Floris avec lassitude. Il poursuivit un temps les efforts qu'il faisait pour vendre ses cotonnades mais son enthousiasme finit par céder devant l'incendie qui détruisit en grande partie Pattani. Il leva l'ancre en octobre 1613 et fit voile vers l'Inde, laissant une poignée d'hommes dans les décombres fumants du petit port malais. D'autres décidèrent en petit nombre de demeurer dans l'isolement de leur lointain avant-poste siamois. Coupés du monde extérieur, ces obstinés continuèrent à nourrir l'espoir de voir des bateaux anglais faire escale au Siam, et l'opiniâtre Lucas Antheunis, qui était toujours à leur tête, commença à amasser le bois de sapan dont la vente était réputée être si lucrative au Japon.

Tandis que Floris et ses marins souffraient à Pattani, Bantam recevait la visite d'une nouvelle bande d'aventuriers anglais. Ils avaient fait la traversée sous la conduite de John Saris, un individu têtu qui avait déjà fait escale dans ce port quelque trois ans plus tôt. Arrivé en vue des côtes javanaises, leur navire, le *Clove*, fit son entrée dans le port au mois d'octobre 1612. L'idée de s'y arrêter une seconde fois ne plaisait pas à John Saris. Le climat y était étouffant et, au crépuscule, les moustiques qui s'abattaient en nuages rendaient les soirées insupportables. « L'endroit est très insalubre », se plaint-il dans son journal, ajoutant que ses hommes « se dissipent dangereusement à terre avec la boisson et les putains ». Il était assurément dangereux de courir les prostituées à Bantam car elles avaient toutes la syphilis. John Scott, le second maître d'équipage, fut le premier à mourir, « les entrailles rongées par la vérole ». Et Saris commente : « Que Dieu vienne en aide aux autres ; beaucoup d'entre eux sont infectés, à ce que dit le médecin. »

Saris rêvait depuis longtemps de se rendre au Japon. Lors du premier séjour qu'il avait fait à Bantam, il s'était informé des perspectives qu'offrait le commerce avec ce lointain royaume, et il avait conclu de ses recherches que la vente de produits de luxe avait des chances de rapporter des bénéfices spectaculaires. Pensant s'enrichir grâce au négoce de la soie, du satin, du « sucre candi » et du bois de santal, il avait

Les renseignements que le capitaine Saris avait réunis sur les perspectives commerciales offertes par l'Orient lui avaient appris qu'elles étaient excellentes au Japon, ce que confirme cette vue d'une rue de Kyoto. Il espérait que la vente de tissus de soie, de satin et celle de bois de santal lui rapporteraient une fortune.

entendu dire à Bantam que les Japonais avaient la passion des « peintures lascives de guerres maritimes et terrestres ». De retour à Londres, il fit un rapport détaillé de ce qu'il avait appris à Sir Thomas Smythe, lequel se montra disposé à lui donner l'occasion de réaliser son rêve. Tout en lui rappelant que l'Inde était « le principal et plus important but du voyage » qu'il entreprenait au nom de la Compagnie, il le laissa libre de poursuivre sa route vers l'est. « Nous désirons, capitaine John Saris, que vous fassiez route avec le *Clove*, lui recommanda-t-il, et qu'avec toute la vitesse possible, vous vous efforciez de continuer votre course vers le Japon. »

Le choix fait de John Saris pour accomplir une mission aussi délicate était bizarre. C'était un homme à la fois sévère et excentrique dont l'amour de la discipline s'accompagnait d'un trait de caractère inusité : il était animé d'une passion pour la pornographie et l'érotisme, et avait pour habitude de décorer sa cabine de toute une série de nus bien en chair. Une grande toile où figurait une Vénus à la poitrine abondante, « dépeinte très lascivement », constituait le clou de sa collection. Il avait rassemblé beaucoup d'autres images qu'il appelait avec tact ses « livres et tableaux », et qu'il montrait dans l'intimité de sa cabine aux personnes qu'il voulait honorer.

Les directeurs de la Compagnie des Indes orientales ignoraient son penchant pour la pornographie lorsqu'ils l'embauchèrent au printemps 1611 et ils jugèrent le jeune homme au parler franc qui se présenta à eux tout à fait apte à jouer le rôle de commandant. Comme beaucoup d'autres employés de la Compagnie, Saris était un cadet de famille qui avait choisi de partir en mer quand il avait compris qu'aucune parcelle du patrimoine hérité de ses ancêtres ne lui reviendrait. Son brio plut à Smythe qui le jugea capable de jouer avec une certaine habileté le rôle d'ambassadeur d'Angleterre, et pensa pouvoir lui confier de nouvelles lettres écrites par Jacques Ier. Les qualités dont il faisait preuve ne l'empêchaient pas de se conduire, à l'occasion, en loup de mer bourru et mal embouché. Ses hommes devaient se plaindre plus tard de son « vil comportement » et de sa « manière tyrannique », non sans admettre, probablement, que réprimandes et coups de fouet étaient nécessaires au maintien de la discipline.

Commandé avec compétence par Saris, le *Clove* fit bonne route, franchissant le cap de Bonne-Espérance et faisant escale aux Comores où le capitaine eut pour la première fois l'occasion de déployer ses talents de diplomate auprès du monarque qui régnait sur ces lieux, le roi Booboocaree. Après avoir honoré l'exotique souverain d'une fanfare de trompettes, il donna un banquet en son honneur. Nonobstant le jeûne que le roi observait car le ramadan battait son plein, la fête fut très réussie. Saris s'acquitta encore mieux de ses fonctions lorsqu'il atteignit les côtes poussiéreuses de l'Arabie où ses plaisanteries et ses propos frivoles charmèrent tant le gouverneur de Mocha que, sans qu'il s'y attendît, il se trouva conduit dans une pièce retirée où son hôte gardait « ses petits bougres ». Horrifié, Saris s'excusa promptement et quitta les lieux, non sans que le gouverneur eût eu le temps de lui offrir une veste dorée, une ceinture et un magnifique turban rayé, costume d'une grande élégance qu'il l'aida à endosser.

Arrivé à Bantam à la fin du mois d'octobre 1612, Saris se consacra aussitôt à la préparation du voyage qui devait le conduire au Japon. Sachant qu'une fois arrivé, il dépendrait entièrement de l'aide de William Adams pour nouer des relations avec la cour japonaise, il espérait entrer sans délai en rapport avec ce personnage. Il se rendait également compte que l'ignorance dans laquelle il se trouvait de la langue japonaise serait le premier obstacle qu'il rencontrerait, en particulier au moment du débarquement. Aussi s'assura-t-il les services d'un interprète surnommé John Japan qui parlait couramment le japonais et le malais. Il lui restait à trouver un individu parlant le malais et l'anglais, ce qui fut étonnamment aisé : un Espagnol répondant au nom de Harnando Ximenes, qui lui fut recommandé et parlait « le malais à la perfection », accepta les termes qui lui étaient proposés et monta à bord du *Clove*. Le moment des derniers préparatifs était venu. Au cours de la première semaine de janvier 1613, Saris se procura des vivres et quelques épices, ainsi qu'une viole, un tambourin et une flûte qu'il déroba pour amuser ses hommes. Le 14 du même mois, il ordonna à ses matelots rongés de vérole de réintégrer le navire et fit tirer une bordée tonitruante par ses canonniers. Quittant ensuite la baie toute vibrante des échos de cette salve, il cingla vers des mers inconnues.

Le voyage commença sous de très mauvais auspices. À peine le vaisseau avait-il quitté Bantam qu'une voie d'eau se déclara, mettant tous ceux qui se trouvaient à bord dans l'obligation de pomper. Peu après, la malédiction de Bantam se manifesta à nouveau. Deux hommes d'équipage tombèrent raides morts, frappés par une maladie tropicale. L'un d'eux, David Usher, était le trompettiste favori de Saris qui se lamenta de la perte de « cet homme très excellent dans sa profession », capable de jouer tous les airs qu'on lui demandait.

Le capitaine anglais avait eu l'intention de prendre une route qui le mènerait au cœur même des « épiceries », et il désirait faire escale à Tidore et à Ternate, îles riches en clous de girofle. Les marchands hollandais qui y étaient établis virent néanmoins d'un très mauvais œil l'arrivée d'un navire anglais dans des eaux dont ils se prétendaient les maîtres. Ils demandèrent qui était le pilote, ce que Saris refusa de leur dire. « Ils menacèrent de le couper en morceaux devant nous », se rappelle-t-il. Les chefs indigènes se révélèrent encore plus dangereux. Horrifiés, les marins du *Clove* virent le roi de Tidore revenir de guerre en exhibant cent têtes qu'il venait de couper, et apprirent en tremblant qu'il avait envie d'ajouter quelques trophées anglais à sa collection. «J'ai fait doubler la garde, écrit Saris, mèches allumées et toutes choses prêtes car je soupçonnais la félonie.» Ces préparatifs découragèrent les chefs indigènes et les voyageurs gardèrent leur tête sur leurs épaules. Alors qu'ils poursuivaient leur route, il apparut bientôt que la nature n'était pas moins à craindre que les humains. John Meredith s'étant trouvé dans la trajectoire d'un arbre en train de tomber «eut le crâne fracassé», tandis que James Miles, un de ses camarades, était «dangereusement blessé» dans des circonstances similaires. Il y eut cependant aussi des moments moins sombres. Ce fut par exemple le cas lorsque, dans une île où ils firent escale, le chef indigène échangea deux cents noix de coco contre quelques pagnes et lorsque, dans une autre, celle de Butung située au large de la pointe sud de Célèbes, ils découvrirent, à leur grand étonnement, que l'ambassadeur du chef d'une tribu de chasseurs de têtes était anglais. Cet homme, un Mr Welden, était tombé amoureux d'une jeune fille du pays et il déclina l'offre que lui fit Saris de le prendre à bord du *Clove*, se disant heureux de son sort et déclarant qu'aller au Japon «ferait son malheur».

Près de six mois après avoir quitté Bantam, Saris vit apparaître une terre à l'horizon. Elle était «plus plaisante et fertile qu'aucune que nous ayons vue depuis que nous avions quitté l'Angleterre», se souvient-il. Il s'agissait de Miyako-jima, la plus éloignée des îles Ryukyu, située à quelque huit cents kilomètres au sud du Japon. Ils tentèrent d'y aborder, mais en furent empêchés par un vent violent qui les poussa vers le nord, à travers la mer de Chine orientale. Après s'être débattus pendant cinq jours avec cordages et voilure, ils aperçurent une autre terre. Ils étaient cette fois en vue de Kyushu.

Alors qu'ils approchaient de la baie de Nagasaki, ils rencontrèrent quatre embarcations japonaises. Elles appartenaient à des pêcheurs dont deux acceptèrent de conduire le *Clove* jusqu'à l'île de Hirado où, Saris le savait, un groupe de marchands hollandais était établi. Le navire anglais se glissa dans un étroit chenal proche de la côte. Les deux bords rocheux du rivage se rapprochèrent puis, sur la gauche, à l'endroit où ils semblaient se toucher, un pertuis déboucha sur une baie profonde. Au milieu de l'étendue d'eau miroitante s'élevait un îlot escarpé aux pentes couvertes de pins. Un temple shinto au portique peint d'un rouge éclatant se détachait sur le fond vert de la forêt environnante.

Le 10 juin 1613 à trois heures de l'après-midi, le *Clove* jeta l'ancre dans la baie de Hirado. Après avoir passé plus de deux ans en mer, le capitaine Saris était enfin arrivé au Japon.

VII

À LA RENCONTRE DE MISTER ADAMS

L'arrivée du *Clove* causa un grand émoi à Hirado dont les habitants étaient peu habitués aux visites inattendues. L'événement ne tarda pas à être rapporté au seigneur de l'endroit qui se rendit immédiatement au port et fit préparer ses bateaux : il avait décidé d'aller en personne accueillir les nouveaux venus.

Le spectacle présenté par la flottille japonaise voguant sur les eaux de la baie ravit le capitaine Saris qui la regardait approcher avec intérêt et admira les magnifiques costumes de Sa Seigneurie et du jeune garçon qui l'accompagnait. « Ils étaient tous deux en robe de soie ceinturée à leur corps, avec une jupe et des chausses », nota-t-il plus tard. À leur côté pendaient deux énormes sabres à la lame terrifiante. La manière dont, une fois à bord, ils saluèrent Saris lui sembla extraordinaire. Sous ses yeux étonnés, ils enlevèrent leurs chaussures et se confondirent en courbettes. « Ils portaient leurs mains à leurs genoux tout en frappant la gauche avec la droite et, agitant et bougeant ainsi leurs mains, ils s'écriaient "augh, augh". » Tandis qu'ils continuaient à s'incliner, le capitaine les conduisit dans sa cabine où il avait préparé « un banquet avec un bon concert de musique ».

Saris était très désireux de recevoir ses hôtes avec le cérémonial approprié. Par chance, il avait emporté un exemplaire des *Principal Navigations* de Richard Hakluyt, ouvrage contenant les recommandations faites par l'auteur plus de trente ans auparavant aux capitaines Pet et Jackman. Ces conseils venaient à point et il les suivit à la lettre : « J'ai traité Sa Majesté d'un banquet de plusieurs conserves présentées toutes dans le verre, qui lui donnèrent grand contentement [...] » raconte-t-il. Tandis que les nobles visiteurs goûtaient pour la première fois au porc salé et aux pois cassés, Saris faisait poliment la conversation, tâchant, avec l'aide de ses interprètes, d'en apprendre plus sur ses visiteurs. Ils appartenaient tous les deux à la famille Matsura dont les représentants étaient seigneurs de Hirado depuis le XIIIe siècle. Le fief avait été gouverné par le plus âgé des deux, Shigenobu, jusqu'en 1589, date à laquelle le vieil homme avait ostensiblement pris sa retraite. Son petit-fils, encore jeune, lui avait officiellement succédé, mais le grand-père continuait à tenir les rênes du pouvoir d'une main ferme et il était évident que c'était lui le maître. Saris trouva le nom de ses hôtes presque impossible à prononcer et leurs titres encore plus difficiles à retenir. Au mépris de l'étiquette japonaise, il appela le personnage le plus âgé roi Foyne, et le plus jeune roi Figen.

Le fief de Hirado était minuscule – l'île qui le constituait mesurait tout juste trente kilomètres de long sur huit de large –, mais il occupait une position stratégique sur la côte nord-ouest de Kyushu. Les Portugais, qui y avaient débarqué en 1550 à une époque où il était en guerre avec un voisin, avaient réussi à y faire un certain nombre de conversions. Tout en se déclarant « véhément abhorreur de la religion chrétienne », le seigneur s'était montré prêt à tolérer les jésuites dans l'espoir que leur présence dans son fief y encouragerait le développement du commerce. Le roi Foyne avait poursuivi cette politique d'ouverture et il était enchanté que le capitaine anglais eût choisi Hirado pour y jeter l'ancre.

Une fois le repas terminé, Saris tira de son pourpoint une lettre du roi Jacques Ier. Son hôte la reçut « avec grande joie », mais ajouta qu'il ne l'ouvrirait qu'en présence de « Ange » qui pourrait l'interpréter. Saris, intrigué, demanda qui était ce personnage et s'entendit répondre que le mot Ange – ou plutôt *An-jin* car telle était la prononciation japonaise – voulait dire pilote et désignait Mr Adams, « appelé par ce nom ici », lui fut-il expliqué.

Le capitaine du *Clove*, qui avait été sur le point de s'informer du sort du marin anglais, fut enchanté d'apprendre qu'il était vivant et que sa réputation s'était répandue dans le Japon tout entier. Il se rendit compte que Sir Thomas Smythe avait eu entièrement raison de dire que cet homme était « très en faveur auprès du roi », et de recommander qu'il fût consulté sur toutes les questions concernant le commerce et l'étiquette. « Nous désirons que son opinion soit suivie sur la conduite à tenir [...] pour la présentation de la lettre de Sa Majesté présentement envoyée », avait-il dit. L'avis d'Adams devait aussi être pris au sujet des présents destinés au shōgun et de la manière de les lui offrir. « Si, lors de votre départ du Japon, ledit William Adams vous presse de le transporter dans son pays natal [...], nous vous prions de lui bailler une cabine aussi convenable qu'il vous est possible », avait ajouté le gouverneur de la Compagnie des Indes orientales qui avait recommandé qu'il soit traité avec dignité et respect, et qu'on lui donne « toutes les nécessités que le navire peut lui fournir ».

Saris ayant dit au roi Foyne qu'il était impatient de rencontrer Ange – intermédiaire indispensable avec la cour –, Sa Seigneurie offrit de mettre à sa disposition bateaux et messagers. Ceux-ci partirent immédiatement pour Edo avec pour mission d'aller trouver Adams qui y séjournait alors, et de le prier de venir avec toute la hâte possible à Hirado.

Lorsque le petit banquet donné par Saris prit fin, il faisait presque nuit, et le roi Foyne exprima le désir de retourner à terre. En faisant ses adieux, il remercia le capitaine de son hospitalité et promit de nombreux « divertissements amicaux et libres ». La preuve de son bon vouloir fut administrée plus vite que prévu. À peine le bateau transportant le « roi » et son petit-fils s'était-il éloigné que l'équipage du *Clove* vit approcher un nouveau groupe de visiteurs composé d'un grand nombre de nobles et de douzaines de soldats qui montèrent à bord tout souriants, chargés de venaison, de gibier à plume et de quartiers de sangliers ainsi que de paniers débordant de poissons et de fruits. D'abord méfiant, Saris se rendit vite compte que les nouveaux venus ne nourrissaient pas de mauvaises intentions à l'égard des étrangers. En effet, ils saluèrent l'équipage, déposèrent leurs offrandes et repartirent.

Le jour suivant, le roi Foyne rendit une seconde visite au *Clove*, suivi d'un grand nombre de nobles qu'accompagnaient leurs épouses et leurs filles, attirées par la curiosité. Saris, qui brûlait de montrer ses images érotiques aux plus jeunes des femmes, réussit à les séparer des autres membres du groupe et à les faire entrer dans sa cabine où sa Vénus lascive était exposée. « Elles tombèrent sur le sol, la prenant pour Notre-Dame, et l'adorèrent avec de grandes manifestations de dévotion », raconte-t-il, médusé. Ces femmes s'étaient, apprit-il par la suite, secrètement converties au christianisme et ignoraient que le tableau devant lequel elles se prosternaient était la pièce maîtresse de la collection d'images pornographiques de leur hôte.

Bien qu'embarrassé, Saris ne se laissa pas décourager. Il trouvait les Japonaises très à son goût et leurs jolis minois lui plaisaient beaucoup. « Elles sont belles de figure, de mains et de pieds, écrit-il, claires de peau et blanches, mais manquant de couleur, ce qu'elles amendent par artifice. » Elles s'habillaient de kimonos exquis et portaient à leurs petits pieds délicats « des demi-cothurnes attachés avec des rubans de soie ». Leurs jambes étaient nues, ce qui ravit Saris, qui aimait aussi beaucoup leurs cheveux « troussés en un nœud... d'une manière avenante ». Les nouveaux venus au Japon n'étaient pas tous du même avis que lui. Un jésuite se déclara horrifié par l'habitude qu'elles avaient de se teindre les dents en noir. « Leur bouche en prend l'apparence extraordinaire d'une obscurité caverneuse », remarque-t-il.

Le vieux roi Foyne ne fut pas long à remarquer l'intérêt que Saris portait aux dames et, soucieux d'éviter tout incident embarrassant, il ordonna « que personne ne séjourne dans la cabine ». Saris obtempéra, quoique à contrecœur, mais constata avec plaisir que les limites imposées par le roi n'empêchaient pas l'atmosphère de devenir de plus en plus conviviale. L'invité d'honneur commença en fait à prendre lui-même du plaisir et, semblant se contredire, alla jusqu'à encourager son entourage féminin à s'amuser. « Les femmes du roi semblaient un peu timides, mais il voulut qu'elles s'agaillardissent », raconte Saris. Et agaillardées elles le devinrent. Elles régalèrent les loups de mer anglais de leurs chants et d'un récital de *shamisen*, un instrument qui, selon Saris, ressemblait beaucoup au luth européen, « étant ventru comme lui, mais plus long de cou ». Quand les réjouissances eurent assez duré, Saris invita tout le monde à prendre part à un grand festin.

Quelques jours plus tard, le roi Foyne reparut, accompagné cette fois aussi de plusieurs femmes. Elles semblaient moins timides que les premières et « s'agaillardirent » même tant que Saris se demanda s'il s'agissait de prostituées. « C'étaient des actrices de comédie, écrit-il, et les esclaves d'un seul homme. » Leur propriétaire ou proxénète les traitait comme des marchandises. « Il fixe un prix pour ce que chaque homme paiera pour faire avec chacune d'elles », précise Saris. Elles étaient très dociles et les Japonais n'estimaient pas immoral de louer leurs services. «Les plus grands de leur noblesse, quand ils voyagent, ne considèrent pas comme une disgrâce d'appeler un de ces maquereaux à leur auberge», raconte un témoin. Les filles qu'ils proposaient à leurs clients étaient des actrices accomplies, chantaient à merveille et n'ignoraient rien des règles à suivre pour verser à boire car elles étaient souvent très cultivées. Les hommes qui payaient pour s'assurer leurs services leur montraient beaucoup de respect, même s'ils avaient l'intention «de faire usage de leur corps» mais, une fois mortes, elles étaient traitées comme des animaux. «On les juge indignes de reposer parmi les pires et on leur passe

Saris trouvait les dames japonaises très à son goût.
«Elles sont belles de figure, de mains et de pieds», écrivit-il.
Elles étaient aussi extrêmement «agaillardées» et se montraient
très habiles à divertir le capitaine anglais et ses hommes.

une bride faite de paille, raconte un témoin, on les traîne par les rues jusque dans les champs, et là on les jette sur un tas de fumier pour que les chiens et les oiseaux les dévorent. »

Bientôt jaloux des plaisirs auxquels se livrait leur capitaine, les plus indisciplinés des hommes d'équipage du *Clove* ne voulurent pas être en reste. Thomas Jones, le boulanger du bord, profita de l'obscurité pour tenter de gagner le rivage à la nage, mais il fut rattrapé et forcé de réintégrer le navire. Christopher Evans, connu depuis longtemps pour son extravagance et, par chance, meilleur nageur que Jones, réussit à se rendre à terre à plusieurs reprises. « Il passa son temps de la manière la plus lascive dans des endroits paillards de bas étage, refusant de retourner à bord », raconte un de ses camarades. Il finit par être pris et, à sa grande fureur, Saris le mit aux fers, pour décourager les autres. « Il jura très véhémentement d'être la destruction de Jack Saris, se rappelle le capitaine, car c'était ainsi qu'il lui plaisait de m'appeler. »

Les châtiments en usage au Japon auraient sans doute eu plus d'effet que ceux pratiqués dans la marine anglaise. Ils étaient aussi brutaux qu'impitoyables. Une rixe ayant éclaté dans la rue entre trois de ses sujets, le roi Foyne avait ordonné que les fauteurs de désordre soient sommairement exécutés. Quand ils furent morts, tous les hommes valides de la ville « vinrent essayer la lame de leurs *katanas* [sabres] sur les corps, de sorte que, lorsqu'ils s'en allèrent, les cadavres étaient tous les trois coupés en morceaux aussi petits qu'une main d'homme ».

La violence pratiquée avec désinvolture par les Japonais étonnait toujours les visiteurs étrangers. Les samouraïs avaient l'habitude de tester leurs épées sur la dépouille des criminels sur laquelle ils s'escrimaient jusqu'à en faire « de la chair à pâté ». Ils avaient aussi coutume de recoudre les corps afin de pouvoir recommencer l'exercice, comme le remarque le père Joao Rodrigues : « Le délice et plaisir qu'ils ressentent en coupant les corps est étonnant », note ce jésuite.

Au Japon, Saris avait pour mission essentielle de veiller à la création d'une factorerie anglaise. Pour ce faire il avait besoin de l'aide de William Adams car les Anglais ne pouvaient pas commercer sans l'autorisation du shōgun régnant. Le capitaine du *Clove* ne tarda pas à s'apercevoir que le nom d'Adams suffisait à lui seul à ouvrir beaucoup de portes. Lorsqu'il demanda par exemple au roi Foyne s'il pouvait avoir « une maison convenable à terre », le vieux seigneur accéda volontiers à sa requête et suggéra qu'un petit groupe de ses hommes vienne en visiter quelques-unes.

Petite et trépidante, la ville de Hirado avait un port de faibles dimensions et un long bord de mer. Quelques escaliers de pierre y donnaient accès et un vieux pont enjambait un étroit cours d'eau. Les plus belles demeures étaient faites de bois de camphre odoriférant et abritées des assauts des tempêtes les plus violentes par les montagnes qui entouraient l'agglomération. La ville n'était pas très prospère en elle-même, mais elle était bâtie sur des fondations très anciennes et les quelques monastères qui y avaient été édifiés avaient amassé des fortunes considérables au cours des siècles. Le grand monastère zen de Yasumadake existait depuis déjà quatre cents ans au moment de l'arrivée du *Clove*. Une végétation luxuriante l'entourait et cent moines habitaient ses beaux bâtiments de bois.

Les vassaux du roi Foyne menaient une existence particulièrement confortable et les rues de la ville grouillaient souvent de courtisans aux costumes somptueux, de marchands et de soldats. « Ce Hirado s'étend près de l'eau, écrit un Anglais qui y séjourna quelques années plus tard. Les gens du commun portent l'armure, mais les nobles vont à l'aise, richement habillés de manteaux courts, abrités dans des palanquins, avec une pique de huit à dix pieds portée devant eux. »

Il ne fallut pas longtemps aux hommes de Saris pour trouver une propriété qui leur convienne. Elle appartenait au chef de la communauté chinoise de l'endroit, Li Tan, et comportait un beau bâtiment pouvant servir de logement et un autre, spacieux, dans lequel entreposer des marchandises. Li accepta de se charger des réparations et d'équiper « les pièces appropriées avec des nattes selon la coutume du pays ». Les Anglais s'engagèrent en retour à payer l'équivalent de six mois de loyer à l'avance.

Aux termes d'un autre arrangement passé entre Saris et le Chinois, ce dernier devait fournir la nourriture et la boisson à ses locataires. Les marins envoyés vivre temporairement à terre ne se satisfirent pas de cette solution. La nourriture déplut tellement à Jasper, le charpentier du bord, qu'il injuria « très grossièrement » le propriétaire et déclara que « son vin n'était pas bon et jeta les plats à travers la maison ». Li, pour qui une telle pétulance était chose inconnue, fut très choqué. Le capitaine Saris ne le fut pas moins et donna au second maître d'équipage l'ordre de fouetter l'insolent. Mais l'homme était trop soûl pour obéir et Saris se chargea lui-même du châtiment, qu'il infligea aussi, pour bonne mesure, à l'ivrogne. Quelques heures plus tard, regrettant peut-être sa sévérité, il envoya à terre deux barriques de vin et une de cidre.

Il y joignit des cadeaux à remettre aux Japonais. Le nombre de ceux destinés au roi Foyne dépassait soixante-dix-sept. Ils furent ouverts cérémonieusement sur le rivage en vue du *Clove* et, à chaque fois, Saris fit tirer le canon : « Telle était la coutume du pays », avait-il appris. Les autres membres de la maison royale reçurent leur lot de présents, tandis que des tissus et des cotonnades étaient distribués à divers notables. Le jeune roi Figen ayant confié à Saris que son parasol à franges dorées lui plaisait énormément, le capitaine comprit ce que le jeune homme attendait de lui et le lui offrit à contrecœur. Le roi Figen fut de toute évidence ravi : « Il accepta très gracieusement, me récompensant d'un million de compliments », se rappelle Saris.

Le chef de l'expédition anglaise n'avait pas pris contact avec le petit groupe de Hollandais vivant à Hirado. Jacques Specx était temporairement absent et le capitaine Hendrick Brouwer, un individu retors qui le remplaçait, avait vu le *Clove* arriver avec beaucoup d'inquiétude. Après avoir désespérément cherché ce qu'il pourrait lui offrir, Saris opta pour un « pot de beurre anglais », rance sans nul doute après deux ans passés en mer. La proximité des factoreries hollandaises et anglaises risquait de provoquer des rivalités, les deux hommes en étaient conscients et Saris tenta de prévenir les éventuelles frictions en obtenant de son voisin qu'il signe un accord commercial interdisant à l'une et l'autre partie de pratiquer des prix inférieurs à ceux de son concurrent. Douze heures à peine après avoir accepté cette convention, le capitaine hollandais l'enfreignit, au prétexte qu'il n'avait pas « l'autorisation de ses maîtres ».

Lorsque les deux hommes se rencontrèrent de nouveau, Brouwer se montra encore moins accommodant. Il dit à Saris qu'une jonque chargée d'une riche cargaison de bois que s'était procurée Lucas Antheunis venait d'arriver du Siam. Le capitaine anglais fut d'abord ravi car la vente du bois rapporterait probablement gros, ce qui serait providentiel pour la toute nouvelle factorerie. Son humeur s'assombrit et les soupçons l'envahirent lorsque le Hollandais déclara avoir déjà acheté la marchandise en question et avoir l'intention d'encaisser le produit de sa vente. Brouwer montra à Saris un chiffon de papier censé prouver que le marché avait bel et bien été conclu, mais ce document ne convainquit pas le capitaine anglais qui déclara ne pas accepter qu'on « se gausse de lui ». Il ajouta que, si Brouwer ne lui fournissait pas une pièce justificative plus convaincante, il aurait recours « à une action qui ne serait pas de son goût». Les relations anglo-hollandaises au Japon commençaient sous de mauvais augures.

Plusieurs jours s'écoulèrent avant que la nouvelle de l'arrivée du *Clove* ne parvienne à William Adams à qui il fallut plusieurs semaines pour être en mesure de se mettre en route afin de couvrir les quelque mille kilomètres séparant Edo de Hirado. À la fin du mois de juillet 1613 cependant, après avoir traversé le bras de mer séparant Kyushu de l'île au large de laquelle le navire anglais avait jeté l'ancre, il aperçut ce bâtiment au mouillage au milieu de la baie. Enfin, au bout de treize années passées au Japon, il allait rencontrer des compatriotes.

La nouvelle de l'arrivée d'Adams mit Saris dans un état d'extrême excitation. Il avait beaucoup entendu parler du pilote anglais sans lequel, il le comprenait, tout commerce avec le Japon était impossible. Il savait devoir traiter son compatriote avec le plus grand respect car les instructions écrites qui lui avaient été données avant son départ le spécifiaient. Pour leur obéir, il ordonna à ses canonniers de se tenir prêts à tirer une salve en l'honneur du conseiller anglais du shōgun. «Je le reçus de la meilleure manière que je pus», note-t-il. Mais à l'approche d'Adams, le sourire qu'il esquissait s'effaça, remplacé par un froncement de sourcils. Il s'attendait à voir arriver un brave loup de mer anglais, très semblable aux hommes d'équipage du *Clove*. Ce fut, au contraire, une extraordinaire apparition qui se présenta à son regard. L'homme était anglais, il ne pouvait y avoir aucun doute à ce sujet, mais il était vêtu et il se comportait comme s'il était né au Japon et y avait été élevé. «Il fit un éloge si admirable et affectionné du pays qu'on crut parmi nous qu'il était un natif du Japon», se souvient Saris. William Adams de Limehouse était devenu un naturel du pays du Soleil Levant.

Le capitaine comprit que ce n'était pas le moment d'émettre des critiques. Adams était intelligent, il parlait l'incompréhensible langue du pays et il était exceptionnellement bien renseigné. Quoiqu'il en eût, Saris savait qu'il lui fallait être aux petits soins pour son excentrique visiteur. « Je le priai de choisir l'une quelconque des chambres de la maison, raconte-t-il, et de faire savoir au cuisinier la nourriture qui lui plaisait le mieux, et j'ordonnai qu'elle lui fût fournie. » Désireux de veiller de son mieux au confort de son hôte, il lui dit que ses collègues étaient tous prêts à se promener avec lui s'il avait besoin de respirer un peu d'air frais : « Mr Cocks et un autre marchand vous accompagneront dans la ville quand il vous plaira », l'assura-t-il.

Lui coupant la parole, Adams le remercia de son aimable offre, mais dit qu'il avait un ami japonais en ville, un marchand du nom de Yasuemon chez qui il logeait d'habitude. Il ne désirait, ajouta-t-il, que personne, « marchand ou autre », ne l'accompagne car il connaissait le chemin de la maison de son ami. « Tout était très étrange », note Saris qui s'était attendu à ce qu'Adams se montre très heureux de retrouver des compatriotes. « Faites comme vous l'entendez », répondit-il sèchement, offensé par l'attitude du bizarre Anglais. Il ne put cependant pas s'empêcher de lui faire comprendre qu'il trouvait son comportement discourtois à l'extrême, et ajouta que le voyage avait été très éprouvant et qu'il aurait, quant à lui, été heureux de jouir d'une compagnie « on ne pouvait plus acceptable ».

Adams écouta son interlocuteur avec bienveillance mais refusa de changer d'avis. « Il me dit qu'il serait avec moi quand il me plairait de l'envoyer quérir [...] soit chez lui soit chez les Hollandais », raconte Saris dont ces derniers mots attisèrent la colère. Qu'Adams veuille loger chez ses amis japonais, il pouvait l'accepter, qu'il entretienne de bonnes relations avec les Hollandais l'offensait. Le capitaine Brouwer ne venait-il pas de refuser de lui livrer la cargaison de bois de sapan qui, il l'estimait, appartenait aux Anglais ?

Plusieurs des marins du *Clove*, désireux de bavarder avec Adams, demandèrent s'ils pouvaient l'accompagner jusqu'à son logis, mais il les «pria du contraire». Blessés, ces hommes déclarèrent à Saris, qui rapporte leurs propos dans son journal, qu'ils étaient «mal contents de penser qu'il ne les crût pas assez bons pour marcher avec lui». Saris, que les manières affectées d'Adams stupéfiaient, réagit en lui manifestant un mépris à peine dissimulé. Prenant les façons distantes du pilote pour de l'arrogance, il ne comprit pas l'inquiétude très réelle que la présence du *Clove*, avec son équipage hirsute et insubordonné, causait à celui-ci. Arrivé depuis peu, il ne se rendait pas compte que le Japon ne ressemblait à aucun des pays dans lesquels il s'était arrêté avec ses hommes au cours de leur long voyage. Le respect du protocole et la politesse jouaient un rôle prééminent au pays du Soleil Levant, or ces qualités n'étaient guère à l'honneur à bord du *Clove*.

Quoique habituellement prompt à la critique, Saris tint sa langue en cette occasion. Dans d'autres circonstances, il n'aurait pas hésité à dire ce qu'il avait sur le cœur, mais la situation ne s'y prêtait pas. Il essaya même de comprendre pourquoi Adams se comportait d'une façon si étrange. Il se demanda si, converti aux usages japonais, il s'attendait à recevoir des présents, et il lui fit porter un lot d'étoffes et de babioles «par lesquelles il ressente quelque sentiment pour ses frères». Son geste étant resté sans réponse, il fit un second envoi composé d'un tapis turc, de jarretières en argent, de pantoufles de cuir d'Espagne, d'un superbe chapeau blanc et de manchettes détachables. Ces cadeaux semblèrent enfin plaire à Adams qui envoya en retour quelques heures plus tard une boîte à onguents de Macao finement ouvragée. Saris l'accepta «de bonne grâce», mais nota dans son journal que les présents qu'il avait faits lui avaient coûté une petite fortune tandis que celui d'Adams ne valait que quelques sous.

La réponse que le pilote donna lorsque Saris lui demanda

de faire une estimation de la valeur que la cargaison du *Clove* pouvait avoir sur le marché japonais augmenta l'exaspération du capitaine anglais. Après avoir soigneusement examiné le contenu de la cale, Adams s'était aperçu, à sa consternation, qu'aucune des marchandises qui y étaient entassées ne trouverait facilement d'acheteurs. Pensant que Saris voulait s'entendre dire la vérité – et non ce qui pouvait lui faire plaisir –, Adams déclara sans ambages qu'aucun de ces articles n'était « très vendable ». D'après lui, les cotonnades étaient « très bon marché » et les objets en étain ne valaient rien. Quant aux clous de girofle que Saris avait pris soin de se procurer aux Moluques, on ne s'en servait pas dans la cuisine japonaise. Prié d'indiquer quelles étaient les chances de succès de l'opération commerciale projetée par les Anglais, Adams ne voulut pas s'avancer. « Il dit que ce n'était pas toujours la même chose, quelquefois mieux, quelquefois pire, rapporte Saris, mais qu'il ne doutait pas que nous fassions aussi bien que d'autres. » Une telle honnêteté n'eut pas l'heur de plaire au capitaine anglais qui, peu habitué aux critiques, soupçonna Adams de vouloir saboter sa mission.

Saris, qui était à Hirado depuis environ sept semaines, était impatient de se rendre à la cour du shōgun. La chose avait été impossible avant l'arrivée d'Adams, mais, maintenant qu'il était là, le capitaine proposa qu'ils partent immédiatement. Le pilote se déclara d'accord et, ayant obtenu l'aide du roi Foyne qui mit une galère à leur disposition et leur prêta un peu d'argent, les deux hommes se préparèrent à partir. Avant d'entreprendre le voyage, Saris délégua son autorité à Richard Cocks, le maître marchand de l'expédition, lui recommandant de maintenir la discipline la plus stricte sur le bateau pendant son absence. Ce serait, comme on le verra, plus facile à dire qu'à faire.

Le départ eut lieu au cours de la première semaine d'août 1613. Dix Anglais dont un médecin et un cuisinier se trouvaient parmi les voyageurs qu'accompagnaient en outre sept gardes japonais engagés pour assurer leur protection tandis qu'ils traverseraient les endroits reculés du pays par lesquels ils devaient passer. Il leur faudrait quatre semaines pour couvrir en une seule traite les quelque huit cents kilomètres qui séparaient Hirado de la ville de Shizuoka, résidence principale de Ieyasu. La route la plus courte et la moins périlleuse suivait les côtes découpées du nord de Kyushu. Il fallait ensuite emprunter le dangereux chenal de Kanmon qui débouchait dans la mer Intérieure que l'on traverserait sur le même bateau jusqu'à Osaka. Il resterait alors à rejoindre par voie de terre la grande route connue sous le nom de Tokaido qui conduisait à Shizuoka et par-delà.

Les Anglais découvrirent qu'ils n'étaient pas toujours traités avec la même courtoisie qu'à Hirado. Ayant débarqué à Hakata, sur la côte nord de Kyushu, ils se trouvèrent environnés par une foule en colère. « Le tapage et les hurlements étaient tels que nous pouvions à peine nous entendre parler les uns les autres », se rappelle l'un des voyageurs. Les plus jeunes des citadins leur jetaient des pierres parce que, d'après Adams, ils les prenaient pour des Coréens. Saris trouva à beaucoup de femmes l'air de démons incarnés car, remarque-t-il, « à cause de plongées continuelles au fond des mers, leurs yeux deviennent aussi rouges que le sang ».

Ayant longé le chenal de Kanmon, les voyageurs, mettant le cap au sud-est, pénétrèrent dans la mer Intérieure qu'ils traversèrent sans encombre pour arriver à Osaka. Les vastes dimensions de la ville produisirent une forte impression sur Saris, comme elles l'avaient fait sur Adams avant lui. Elle était « aussi grande que Londres à l'intérieur des murs », constata-t-il, et son château monumental était une merveille technologique. Le capitaine anglais admira en particulier son enceinte et ses remparts crénelés, épais de plus de six mètres et demi. « Les pierres sont grandes, raconte-t-il, [...]

et taillées si exactement pour occuper la place où elles sont posées qu'aucun mortier n'est utilisé.» Ce prodige d'architecture servait de résidence au jeune Hideyori dont Ieyasu avait été nommé le régent quand il était enfant. Âgé de vingt ans à l'époque du passage de la petite troupe anglaise à Osaka, il venait d'épouser la petite-fille de son tuteur.

À Osaka, les voyageurs échangèrent leur galère pour une barque qui les transporta jusqu'à Fushimi. Arrivé là, Saris eut pour la première fois l'occasion de voir de ses propres yeux la puissante armée sur laquelle Ieyasu pouvait compter en cas de besoin. Il observa le changement de garde effectué par la garnison de l'endroit et remarqua que les soldats se comportaient «de la manière la plus martiale, marchant cinq de front, avec un officier tous les dix rangs». Contrairement à ce qui se passait en Angleterre, aucune cérémonie n'accompagnait la relève de la garde et «aucun tambour ou autre instrument de musique» ne se faisait entendre. On n'observait ni conduite désordonnée ni tenue débraillée comme c'était le cas chez les soldats anglais quand ils étaient en campagne. Les fantassins, droits et raides comme des piquets, portaient leurs armes avec fierté, et les unités qui exécutaient des manœuvres dans la campagne avaient une allure menaçante. Seul le général s'autorisait un certain luxe: son cheval était richement caparaçonné de feutre et de fourrures et «il marchait en grande pompe», précédé d'un palanquin de velours écarlate porté par six officiers.

Le spectacle de ces soldats en marche et de la discipline qui leur était imposée devait rester à jamais gravé dans la mémoire de Saris. «Le passage de ces trois mille soldats était si bien ordonné et leurs besoins si bien pourvus qu'aucun homme, soit voyageant soit habitant là où ils logeaient, n'avait en aucune façon à souffrir d'eux», remarque-t-il. Les aubergistes des alentours étaient même ravis d'accueillir de tels clients et «les servaient joyeusement, comme d'autres hôtes, parce qu'ils payaient ce qu'ils prenaient».

Sous la conduite d'Adams, les voyageurs poursuivirent leur chemin en empruntant le Tokaido, nom donné à la célèbre route impériale reliant Edo à Kyoto. Ils y côtoyèrent une foule pittoresque de marchands, de colporteurs et de paysans en costumes traditionnels, et portant d'étranges chapeaux. « Partout et à tous moments vous rencontrez des fermes et des maisons campagnardes, avec des villages [...], des bacs traversant de fraîches rivières, et beaucoup de *futtakeasse* [...] qui sont leurs temples », raconte Saris, étonné par l'excellent état de la route dont il trouva la surface de sable et de gravier « émerveillablement unie ». « Là où elle rencontre la montagne, un passage est taillé », remarque-t-il. Elle était jalonnée, pour indiquer les distances, de beaux pins taillés de façon décorative dont la fonction était d'éviter que « les loueurs de chevaux ne fassent payer plus que leur dû ».

Les routes anglaises étaient loin de pouvoir soutenir la comparaison. Lorsque Saris quittait Londres pour se rendre dans

Pour se rendre à la cour, William Adams et le capitaine Saris firent la première partie du voyage à bord d'une galère. À Osaka, ils échangèrent ce bateau contre une petite barque qui les transporta jusqu'à Fushimi.

le Yorkshire où sa famille vivait, il subissait un calvaire. Les logis qu'il trouvait en chemin étaient misérables, et il devait emprunter des routes défoncées et boueuses, fréquemment impraticables pendant les mois les plus humides de l'année. « Elles sont souvent très profondes et désagréables en hiver », note William Harrison dans sa *Description of England* parue en 1587 où on lit aussi que, dans les agglomérations, les habitants refusaient souvent de nettoyer les caniveaux. « Les ornières creusent plus qu'auparavant les rues, lesquelles sont très bruyantes pour ceux qui y voyagent », constate l'auteur.

Adams avait écrit à la cour pour annoncer son arrivée et celle du petit groupe de visiteurs anglais. Au reçu de ce message, Ieyasu envoya un palanquin et des chevaux pour rendre le voyage plus agréable encore à ses hôtes. Saris fut particulièrement satisfait de se voir attribuer un esclave qui avait pour unique tâche de courir devant lui, une pique à la main. Les voyageurs s'arrêtaient chaque soir dans une auberge située au bord de la route où on leur servait du riz et du poisson avec « des herbes conservées au vinaigre, des haricots, des radis et autres racines ». Saris remarqua qu'il y avait « une abondance de fromage », sans se rendre compte que ce qu'il consommait était en réalité du *tofu*, nom donné à la pâte de soja.

Les routes étaient pratiquement exemptes de dangers et, par sa présence, Adams évitait la plupart du temps invectives et insultes à ses compagnons. Il expliqua à Saris qu'un système très strict de gouvernement local existait au Japon et qu'une discipline sévère était ainsi imposée à la population. « Il n'y a pas de pays au monde mieux gouverné par administration civile », déclara-t-il. Chaque ville avait un gouverneur et un portail fermait chaque rue. Les maisons étaient groupées en sections à la tête desquelles se trouvait un chef chargé du maintien de l'ordre, et les voisins se surveillaient mutuellement, surtout la nuit, période pendant laquelle un

Appelée Tokaido, la route impériale *(ci-dessus)* grouillait de voyageurs, en particulier de marchands. Elle reliait la vaste cité d'Edo à Kyoto et à Osaka ; la réglementation très stricte à laquelle obéissait la circulation était d'une grande efficacité.

couvre-feu était imposé. « Chaque rue est fermée au crépuscule, écrit l'Espagnol Rodrigo de Vivero y Velasco, et les soldats sont toujours de garde [...]. Si un crime est commis, l'alarme est donnée et les portes sont fermées incontinent afin que le délinquant puisse être pris. » Le plaisir des voyageurs n'était gâché que par un spectacle qui se présentait à leurs yeux à l'approche des villes : celui des restes crucifiés des voleurs et des meurtriers qui jonchaient la route à ces endroits. Aux abords de Shizuoka, le nombre de ces macabres vestiges alarma Saris. La petite troupe aperçut d'abord un échafaud orné de plusieurs têtes humaines. Elle passa ensuite devant rangée après rangée de crucifix « avec les corps morts de ceux qui avaient été exécutés encore pendus dessus ». Pis encore, des lambeaux de chair étaient éparpillés sur le sol, « morceaux d'autres criminels qui, après leur exécution, avaient été taillés encore et encore par d'autres qui essayaient leurs *cattans* [sabres] ». De devoir marcher sur cette route jonchée de restes humains sembla « extrêmement répugnant » aux voyageurs.

Arrivée à Shizuoka à l'aube du 6 septembre, tout juste un mois après avoir quitté Hirado, la petite troupe s'installa dans le logis qu'Adams avait trouvé. Laissant ses compagnons de voyage se reposer, le pilote se rendit à la cour pour prévenir le secrétaire de son arrivée. Il revint bientôt avec une bonne nouvelle : Ieyasu était enchanté de savoir les visiteurs anglais là et avait promis de les recevoir en audience quelques jours plus tard. Saris mit ce laps de temps à profit pour choisir des présents dignes de leur destinataire : une bassine et une aiguière en or, un édredon de satin, un tapis en soie et trois serviettes de table hollandaises.

Le grand jour arriva enfin. Adams et le capitaine Saris prirent place dans un splendide palanquin qui les attendait devant la porte de leur logis. Entourée de gardes, cette litière fut portée jusqu'aux portes du château de Shizuoka où se tenaient deux hommes « graves et amènes ». L'un était le secrétaire de Ieyasu, Honda Masakumi. Décoré du titre de *Kodzuke-no-suke*, c'était le personnage le plus important. Adams avait pris grand soin d'expliquer en détail à Saris à quel point il était important de se conformer au protocole japonais. À la cour, à chaque rang correspondait un titre, et chaque courtisan devait être salué avec la plus grande déférence. Saris avait écouté ces conseils en silence, mais, ne voulant pas s'abaisser devant des dignitaires japonais, il s'abstint dédaigneusement de s'y conformer. Il se montra au contraire extrêmement malgracieux lorsqu'il fut présenté aux courtisans et déclara abruptement au secrétaire de Ieyasu – qu'il surnomma Peau d'Anguille – qu'il avait l'intention de remettre lui-même la lettre de Jacques Ier au shōgun. Honda fut horrifié. Une telle exigence allait à l'encontre de l'étiquette observée à la cour, car les lettres adressées à Ieyasu ne pouvaient lui être présentées que par son secrétaire. Saris s'obstina. D'après Adams, à qui l'on doit le récit de l'incident, il dit que, s'il n'avait pas gain de cause, il retournerait à son logis. Un tel comportement indigna tant Honda qu'il réprimanda Adams, lui reprochant d'avoir amené à la cour un Anglais d'une telle grossièreté : « Il m'a dit que je ne lui avais pas appris les manières et les coutumes de tous les étrangers », raconte le pilote. Décidé à gagner la guerre verbale qui s'était déclarée, Saris jura que personne d'autre que lui ne remettrait la lettre adressée à Ieyasu.

Ce fut dans une atmosphère extrêmement tendue que les deux Anglais furent conduits dans une salle où se trouvait le siège de Ieyasu. « Ils voulaient que je m'incline devant », raconte Saris dans la version de l'épisode qu'il donna de son côté. Après une longue attente, ils pénétrèrent dans une autre salle où le shōgun était assis. Au lieu de s'aplatir sur le sol en signe de respect comme le voulait le protocole, le capitaine anglais marcha droit vers Ieyasu. « Je remis la lettre du roi à Sa Majesté, qui la prit dans sa main et l'approcha de son front », rapporte-t-il.

Telle fut, d'après lui du moins, la façon dont les choses se passèrent. Adams garda pour sa part de l'épisode un souvenir très différent : il raconte en effet qu'au moment où le capitaine tendait la lettre à Ieyasu, Honda la lui avait arrachée des mains et l'avait placée lui-même entre celles de son maître. Quoi qu'il en fût, la conduite inconvenante de son hôte ne sembla pas troubler Ieyasu outre mesure. Il jeta un coup d'œil au document et souhaita la bienvenue à Saris par l'intermédiaire d'Adams, lui recommandant de se reposer un jour ou deux après un «voyage si fâcheux». Pendant ce temps il composerait une réponse appropriée à la requête du roi Jacques. Les voyageurs devaient, quant à eux, prendre du plaisir et profiter de l'occasion pour visiter la ville.

Ieyasu suggéra aussi à Saris de se rendre à Edo, où son fils Hidetada résidait. Le capitaine anglais fut ravi et demanda à Adams de l'accompagner jusqu'à cette ville, éloignée d'une centaine de kilomètres. On pouvait, en chemin, visiter Kamakura où il y avait des temples et des sanctuaires extraordinaires à admirer. Cette ville, à vingt-cinq kilomètres au nord de laquelle les terres d'Adams étaient situées, avait été «la plus grande cité du Japon» et, jadis, la capitale impériale. On la disait quatre fois plus vaste qu'Edo, elle-même aussi étendue que Londres, mais elle était en grande partie en ruine à l'époque où Saris s'y rendit. C'était cependant encore un important lieu de pèlerinage et les rues étaient bordées de douzaines de «somptueux» temples bouddhiques et de magnifiques sanctuaires, d'impressionnantes pagodes et de monastères aux bâtiments multiples. Tous ces édifices étaient entourés de ravissants jardins où poussaient pivoines, magnolias, abricotiers en fleur et hortensias aux couleurs vives. «Il y a beaucoup de belles pagodes et temples païens s'élevant encore aujourd'hui dans des bois de pins, écrivit Richard Cocks lors d'un séjour qu'il fit plus tard, et de plaisantes promenades bien entretenues.»

Ni les Anglais ni les jésuites ne comprenaient les rites étranges pratiqués par les moines qui vivaient là. Quelques-uns frappaient sur des tambours tout en priant devant leurs idoles, d'autres se livraient à leurs dévotions, coiffés de grands bicornes. Les plus austères d'entre eux se pliaient à une règle conçue, semblait-il, pour infliger des souffrances physiques. «Au cœur de l'hiver, ils se baignent dans de l'eau conservée dehors pour qu'elle devienne glacée, écrit l'un des pères jésuites, [...] et pendant la saison chaude, ils se baignent dans de l'eau presque bouillante.»

De tous ces établissements religieux, celui qui étonnait le plus était un monastère «de nonnes rasées, le crâne dépouillé de tous leurs cheveux comme les nonnes papistes». Il s'agissait du célèbre temple Tokeyi fondé plus de trois cents ans plus tôt pour servir de refuge aux épouses battues. Les femmes qui y séjournaient plus de deux ans étaient considérées comme étant séparées légalement de leurs maris. «Aucun homme ne pouvait contraindre une femme à en sortir par la force», disait-on, et pourtant des personnages masculins, et même des amants, étaient libres d'y entrer et d'en sortir à leur guise car, remarque un témoin, «les nonnes ne tiennent la luxure ni comme un péché ni comme une honte, mais vivent selon leur plaisir».

Saris fut particulièrement impressionné par la célèbre statue de bronze monumentale du *Daibutsu* ou Grand Bouddha. Terminée en 1252, haute de plus de douze mètres et faite de plaques de bronze fixées sur une coque vide, elle s'élevait seule dans un champ d'herbes folles et de fleurs sauvages. Elle représentait «un homme à genoux sur le sol, ses fesses reposant sur ses talons, ses bras merveilleusement grands et son corps tout entier à proportion», écrit Saris. Elle ne ressemblait en rien aux statues et aux gargouilles qu'il avait l'habitude de voir en Angleterre. Le bouddha avait les oreilles allongées, les cheveux bouclés et une moustache qui lui donnait l'air d'avoir deux limaces accrochées au milieu du visage. Il était assis en tailleur et avait les bras croisés dans une attitude contemplative. Les visiteurs furent enchantés de découvrir qu'ils pouvaient grimper dans l'espace intérieur. «Certains de nos gens entrèrent dans le corps, écrit Saris, et braillèrent et hurlèrent, ce qui faisait un excessivement grand bruit.» En bons Anglais qu'ils étaient, avant de partir ils vandalisèrent le bouddha en gravant leurs noms dans le métal mou.

Deux jours plus tard, les voyageurs arrivèrent à Edo, ville d'une beauté exquise dont les toits de tuiles dorées et les portes laquées avaient « une apparence glorieuse à nos yeux », dit l'un d'eux. Ils n'eurent malheureusement que peu de temps pour la visiter, car sitôt arrivés, ils apprirent que Hidetada était impatient de les voir. Saris lui ayant présenté les cadeaux qu'il avait apportés, le jeune seigneur japonais lui offrit en retour deux armures vernies destinées au roi Jacques Ier (elles sont aujourd'hui à la Tour de Londres) et un *tachi*, long sabre « que personne ne porte là-bas, sauf les soldats des rangs les plus élevés ».

Il y avait plusieurs Grands Bouddhas au Japon, dont celui ci-dessus qu'abritait le temple Sanjusangendo, situé près de Kyoto. Ayant grimpé à l'intérieur de celui de Kamakura, les hommes du capitaine Saris « poussèrent des cris et des hurlements, ce qui fit un bruit extrêmement grand ».

Adams suggéra à Saris de ne pas retourner directement voir Ieyasu, mais de faire un détour par le port d'Uraga qui était, pensait-il, un bien meilleur emplacement que celui de Hirado pour la factorerie anglaise. Situé à l'entrée de la baie d'Edo, il était proche de la cour des shōguns où les riches aristocrates se rendaient régulièrement, et loin des établissements portugais, espagnols et hollandais.

Uraga fit une impression très favorable sur Saris. « C'est un très bon port où les navires peuvent être à l'ancre aussi en sécurité que dans la Tamise devant Londres », remarque-t-il, et il ajoute : « Il vaudra beaucoup mieux pour nos navires venir là qu'à Hirado. » Parmi les bateaux au mouillage dans la baie se trouvait un vaisseau espagnol qu'Adams avait été chargé de vendre au plus offrant avec sa cargaison. Il proposa le tout à Saris pour cent trente livres – « ce qui était très cher dans notre jugement », remarque le capitaine anglais – et maintint ce prix sans vouloir en discuter. Saris refusa l'affaire, mais profita de l'occasion pour faire l'acquisition d'une partie des marchandises, parmi lesquelles quatre tables à écrire et huit paravents pliants.

Les Anglais reprirent alors le chemin de Shizuoka où ils devaient recevoir la réponse de Ieyasu au roi Jacques Ier. Elle était écrite en japonais, mais Adams en fit faire une traduction dans le langage fleuri en usage dans la diplomatie internationale. Ieyasu disait qu'il n'était « pas un peu heureux » d'entendre parler de « la sagesse et du pouvoir » du roi d'Angleterre et qu'il désirait « la poursuite de l'amitié » qui le liait à lui. La demande que de nouveaux bateaux fussent envoyés au Japon figurait aussi dans la missive, ainsi que des louanges concernant Adams et Saris. Leur « mérite dans l'admirable connaissance de la navigation » y était mentionné, ainsi que l'admiration qu'inspirait le courage qu'ils avaient montré en ne se laissant pas dissuader « de poursuivre une honorable entreprise de découverte ni par la distance d'un golfe si immense, ni par la grandeur d'une telle infinité de nuages et de tempêtes». Ieyasu remit aussi au capitaine Saris un document confirmant les privilèges commerciaux accordés à la Compagnie anglaise des Indes orientales qui avait dorénavant «libre licence de fréquenter, acheter, vendre et troquer» au Japon. Le shōgun promit aussi aux Anglais son entier soutien et sa protection. Ravi de voir sa mission se terminer d'une manière si triomphale, Saris remercia Ieyasu et, le 9 octobre 1613, il fit ses adieux et se prépara à reprendre la route de Hirado.

Quelques jours auparavant, Adams avait eu en privé avec Ieyasu un autre entretien au cours duquel il avait une fois encore demandé l'autorisation de repartir pour l'Angleterre. «Trouvant l'empereur de bonne humeur, je m'enhardis quelque peu», raconte-t-il. Avant de se rendre à la cour, il avait glissé dans les plis de son kimono le document revêtu de la signature du shōgun attestant le don qui lui avait été fait du domaine de Hemi. «Je le pris sur ma poitrine, rapporte-t-il [...], et le posai devant lui, faisant à Sa Majesté les plus humbles remerciements pour la grande faveur qu'il m'avait accordée.» Il se conformait ainsi à la coutume japonaise. Ieyasu réfléchit un moment en silence. «Il me regarda gravement, poursuit Adams, et me demanda si j'étais désireux d'aller dans mon pays.» Adams expliqua alors qu'il avait le mal du pays et qu'après avoir passé quinze ans loin de sa famille et de ses amis, il souhaitait désespérément les revoir. Ieyasu accepta gracieusement sa requête, persuadé qu'il était que des bateaux anglais viendraient de nouveau jeter l'ancre dans les ports japonais. «Il répondit que s'il me retenait, il me ferait du tort, d'autant que je m'étais bien conduit à son service», rapporte Adams.

L'exilé pouvait à peine en croire ses oreilles. Pendant des années, il avait supplié Ieyasu de l'autoriser à quitter le Japon et voilà que soudain, sans qu'il s'y attende, il s'entendait dire

L'empereur du Japon vivait au sein d'un splendide isolement dans son magnifique palais de Kyoto *(ci-dessus)*. Bien que traité avec le plus grand respect, il n'avait ni le pouvoir ni l'autorité dont jouissait le shōgun, et son rôle se réduisait presque à celui d'une marionnette.

qu'il était libre de partir à bord du *Clove*. «Je remerciai Dieu d'avoir obtenu ma liberté de mon grand et fâcheux service», se rappelle-t-il. En prenant la route de Hirado il n'était «pas un peu joyeux».

À son arrivée, au début de novembre, le petit groupe fut accueilli par une énorme rafale de coups de canons. Saris, qui n'avait reçu aucune nouvelle du *Clove* pendant son séjour à la cour, craignait que les marins n'aient profité de son absence pour faire preuve d'indiscipline. Ils avaient en effet commencé à mal se conduire quelques jours seulement après son départ, et avaient saisi l'occasion de la fête japonaise du Bon pour «voler, dérober, visiter les tavernes et les bordels».

Christopher Evans avait été le premier à se rendre à terre à la nage et à essayer les lupanars du port. Rattrapé, il répondit insolemment à Richard Cocks qui le réprimandait qu'il était «homme et aurait une femme s'il pouvait s'en procurer une». Pire était à venir: la boisson ayant fait perdre la tête à Francis Williams, ce matelot avait frappé «un des hommes du roi avec un gourdin». Il avait eu de la chance de ne pas être coupé en morceaux par les bourreaux du roi Foyne.

L'indulgence que Richard Cocks avait manifestée n'avait fait qu'encourager les marins. Tout juste deux jours après l'incident dans lequel Williams avait été impliqué, Simon Colphax et John Lambart s'étaient rendus à terre sans être vus et, après avoir bu plus que de raison, s'étaient battus avec une telle férocité que l'un d'eux avait été sérieusement blessé. Pendant ce temps, Evans et John Boules se disputaient une jolie petite prostituée. Cocks, qui envoyait sans cesse ses hommes de confiance à terre pour chercher dans les maisons de passe les membres de l'équipage qu'ils ramenaient à bord, s'était attiré la colère d'un proxénète qui dirigeait l'un de ces établissements. «Il fit savoir que si je venais encore dans leur maison à la recherche de nos hommes, il me tuerait, moi et ceux avec moi», se rappelle-t-il. Force lui fut de constater qu'aucune discipline n'existait plus à bord lorsque, au début du mois d'octobre, il apprit que sept des hommes d'équipage avaient disparu sous la conduite du truculent Christopher Evans. Le roi Foyne promit de l'aider à les retrouver, disant qu'il les ramènerait « vivants ou morts ». Il lui répugnerait cependant de les tuer, ajouta-t-il avec la générosité qui le caractérisait. « Nous pourrions vouloir que nos marins ramènent notre navire en Angleterre », commente Cocks auquel le seigneur japonais avait expliqué que telle serait la raison de sa clémence. Evans et ses compagnons étaient plus habiles fugitifs que bons marins. Ils le prouvèrent car, malgré des tentatives répétées, il fut impossible de mettre la main sur eux, et on les pensa partis pour Macao sur un vaisseau portugais.

Les caprices du climat ne firent qu'ajouter aux difficultés rencontrées par Cocks. Un typhon frappa Hirado avec une force terrible. « Je n'en ai jamais vu de semblable de toute ma vie », note le malheureux marchand. En un instant, plus de cent maisons furent aplaties tandis que les lames déferlant sur le port détruisaient la jetée principale et coulaient cinquante bateaux. Le *Clove* ne dut qu'à ses ancres, au nombre de cinq, de ne pas être poussé jusque dans l'intérieur des terres. Les bâtisses où les Anglais venaient d'installer leur factorerie n'eurent pas, quant à elles, la chance d'être épargnées par la monstrueuse muraille d'eau qui s'abattit sur la ville : « À la maison anglaise, le mur de la cuisine, tout juste construit, fut détruit et l'eau coula dans notre four et le démolit », raconte un témoin. « La maison était secouée comme s'il y avait un tremblement de terre », poursuit-il, notant aussi que le vent était si violent qu'il emportait les tuiles du toit. Dans la panique qui s'ensuivit, une foule de citadins terrifiés se mit à courir dans les rues, des brandons allumés à la main pour éclairer leur chemin. Des étincelles volèrent jusque dans les maisons qui, le vent attisant les flammes, furent pour beaucoup entièrement « emportées ». Cocks, horrifié, assistait au spectacle. « Le vent faisait tournoyer le feu qui était dedans, et le soulevait dans l'air en grandes flammèches très effrayantes à voir », raconte-t-il. La ville, entièrement construite en bois, n'échappa à la destruction totale que grâce à la pluie torrentielle qui se mit à tomber.

Déçu d'apprendre comment l'équipage s'était comporté en son absence, Saris le fut plus encore d'apprendre que Cocks n'avait réussi à conclure aucune transaction commerciale. Les marchands de Hirado ne voulaient pas faire affaire avec les Anglais tant qu'un ordre de Ieyasu ne les y autorisait pas officiellement, expliqua-t-il, ajoutant qu'il s'était heurté à un autre obstacle. Les Anglais avaient espéré que le Japon constituerait un bon marché pour leur drap, mais les habitants du pays refusaient de l'acheter : « Vous nous recommandez votre drap, disaient-ils, mais vous êtes les derniers à en porter. » C'était vrai : à bord du *Clove* personne n'était habillé de vêtements faits de cette étoffe. Saris et ses lieutenants se pavanaient dans des vêtements de soie et de satin et les simples matelots se contentaient de futaine. Saris reconnut que les raisons avancées par les Japonais étaient imparables et il fit retomber sur ses hommes – mais pas sur lui-même – la responsabilité de l'échec commercial subi par les Anglais : « Je voudrais que notre nation se montre plus prête à faire usage et dépense de ce produit naturel, note-t-il, ainsi encouragerons-nous et attirerons-nous mieux les autres. »

Le long voyage fait en compagnie d'Adams n'avait pas contribué à modifier l'opinion que Saris avait de son compatriote auquel il reprochait toujours d'être hautain et méprisant. Malgré l'émoi causé dans la population par la conduite des matelots du *Clove*, il ne comprenait toujours pas l'inquiétude engendrée chez celui-ci par l'arrivée d'un si grand nombre d'Anglais, et se sentait offensé par son attitude distante. Las des conseils que lui prodiguait Adams et décidé à réaffirmer son autorité, il se lança dans une violente campagne de dénigrement contre Yasuemon, le partenaire commercial du pilote, resté à Hirado pendant que les Anglais étaient à la cour. Il affirma que ce marchand les avait grugés lorsqu'il les accompagnait au marché, et reprocha à Adams «les actions malhonnêtes et scélérates» de son agent qui avait «si déraisonnablement trahi la confiance qui lui avait été faite». Sidéré, Adams vit dans cette critique un affront personnel. «Il est très malicieux que notre serviteur soit jugé ainsi», rétorqua-t-il. L'opinion de son interlocuteur importait peu à Saris qui était prêt à hausser encore le ton lorsque Richard Cocks intervint pour calmer le jeu.

Mais Saris en avait déjà trop dit. Offensé par les critiques dont il était l'objet, Adams commença à se demander sérieusement s'il serait capable de faire le voyage du retour avec le capitaine, ce qui l'obligerait à passer plusieurs années en sa compagnie. Une autre pensée l'inquiétait: ce serait avec très peu d'argent qu'il rentrerait en Angleterre car sa fortune consistait en terres et en biens immobiliers qu'il devrait abandonner en quittant le Japon. Il n'eut pas beaucoup de temps pour prendre sa décision, car Saris était impatient de mettre à la voile. Lorsque le capitaine lui demanda s'il avait l'intention de prendre passage sur le *Clove*, il lui fit une réponse négative. «Je lui ai dit que j'avais passé dans ce pays beaucoup d'années durant lesquelles j'avais été pauvre, se rappelle-t-il, et que j'étais désireux d'avoir quelque chose avant mon retour.» Il ne cacha par ailleurs pas le dégoût que lui avaient causé les accusations implicites dans les propos tenus par Saris. «La raison pour laquelle je ne voulais pas partir avec lui était diverses injures faites à mon encontre, expliqua-t-il, qui étaient pour moi des choses très étranges et inattendues.» Saris ne se donna pas la peine de s'excuser. Il prit acte du refus d'Adams et lui offrit un poste de marchand au service de la Compagnie des Indes orientales.

Satisfait de ce compromis, Adams entendit imposer ses conditions. Il savait que la compagnie avait beaucoup plus besoin de lui que lui d'elle, et il fit tout ce qu'il put pour se faire accorder une rémunération aussi généreuse que possible. Saris lui avait à l'origine offert quatre-vingts livres, disant qu'à Londres, Mrs Adams avait déjà reçu vingt livres pour subvenir à ses besoins essentiels. Adams exprima sa gratitude – « Je remercie très humblement l'honorable Compagnie pour son acte de charité chrétienne », déclara-t-il – mais il tourna le maigre salaire qui lui était offert en dérision, et demanda cent quarante-quatre livres, disant que les Hollandais lui versaient jusqu'à cent quatre-vingts livres par an pour les services qu'il leur rendait. Après maintes discussions, les deux interlocuteurs se mirent d'accord sur la somme de cent livres, qui dépassait de beaucoup celle de quarante livres que les autres facteurs touchaient au Japon, mais qui ne représentait pas grand-chose eu égard à l'influence exercée à la cour par celui qui en serait le bénéficiaire. Du reste, plusieurs années allaient passer avant que l'argent envoyé par Londres ne parvînt à Adams, auquel les Hollandais firent une offre plus généreuse pour tenter de l'attirer. « Ils firent ce qu'ils purent pour nous le prendre », note Cocks, mais, mû par un sentiment de loyauté envers ses compatriotes, Adams accepta le salaire proposé par Saris et, le 24 novembre 1613, apposa sa signature sur un contrat valable pour deux ans. Il était dorénavant un employé à plein-temps de la Compagnie anglaise des Indes orientales.

Il restait à Saris une question à résoudre avant de hisser les voiles : il lui fallait décider de l'emplacement du comptoir commercial anglais. Adams aurait voulu qu'il fût installé à Uraga car c'était, arguait-il, un endroit proche du siège du pouvoir, où résidaient de surcroît de riches seigneurs et des marchands fortunés. Mais Saris avait cessé de prêter l'oreille aux conseils donnés par Adams. Ses préférences allaient à

Hirado non pas en raison des avantages que ce port présentait d'un point de vue commercial, mais à cause de pressions exercées par le seigneur du lieu. Espérant que le commerce avec l'étranger lui rapporterait de vastes bénéfices, l'astucieux roi Foyne fit tout ce qui était en son pouvoir pour s'assurer les bonnes grâces du capitaine anglais. « Le vieux roi m'envoya dire qu'il viendrait me rendre visite, écrit Saris, et qu'il m'amènerait les ourses dansantes [les prostituées]. » Le vieux renard tint parole. « Peu de temps après, il me les amena, trois putains du pays », note encore le capitaine qui, ravi de l'hospitalité du seigneur, annonça à ses hommes réunis en conseil à la fin du mois de novembre qu'il avait décidé que la factorerie anglaise serait implantée à Hirado.

Neuf jours plus tard, il désigna les sept hommes destinés à demeurer au Japon pour y servir la Compagnie aux côtés d'Adams. Le même jour, l'équipage, rappelé à bord du *Clove*, entama les préparatifs du départ. Les adieux furent écourtés et les facteurs n'eurent pas le temps de se laisser envahir par le regret. Un fort vent soufflant du nord s'étant levé, Saris fit lever l'ancre et hisser les voiles. À Hirado, sur le quai, un petit groupe d'Anglais regarda le *Clove* disparaître à l'horizon.

VIII

SOUS LA HOULETTE DE RICHARD COCKS

Les hommes restés à Hirado avaient le cœur lourd en voyant partir le *Clove*. Bien qu'excités à l'idée de la nouvelle vie d'aventures qui les attendait au Japon, ils craignaient que de longues années ne s'écoulent avant qu'un navire anglais ne vienne de nouveau jeter l'ancre sur ces rivages lointains. Les marchands résidant en Orient souffraient de solitude et les rivalités survenues entre collègues finissaient souvent par gâter les liens de camaraderie existant au début entre eux. Il faudrait aux facteurs en poste à Hirado beaucoup de force de caractère pour lutter contre cette tendance.

Le capitaine Saris avait laissé un long règlement – son mémento – où la manière de gérer la factorerie au quotidien était minutieusement détaillée. Les tâches assignées à chaque individu y étaient indiquées, et un ordre hiérarchique fixant les relations entre eux établi. Il aurait été naturel que le rôle de chef revienne à William Adams. Il vivait au Japon depuis plus de treize ans et avait ses entrées à la cour. Il entretenait de surcroît de bonnes relations avec nombre de marchands parmi les plus riches du pays, et connaissait les produits susceptibles de se vendre cher au Japon. Mais le mépris que Saris avait pour les origines modestes de son compatriote et la jalousie que lui inspirait la connaissance que celui-ci avait du Japon l'empêchèrent de conférer un rang aussi élevé à l'individu qui était le plus apte à l'occuper. Ce fut à Richard Cocks qu'il confia le poste.

Ce marchand était un personnage à l'humeur joyeuse et insouciante auquel son charme décontracté permettait de se faire des amis partout où il allait. Surnommé «l'honnête Mr Cocks» par ses hommes, il adorait faire pousser fruits et légumes et attendait déjà avec impatience de pouvoir se consacrer à la culture de plantes exotiques inconnues de lui. Bien que se disant «illettré», il restait plongé pendant des heures dans la lecture de son livre favori, une *Histoire de la Turquie*, et passait ses soirées à noter ses impressions dans le journal qu'il tenait, document décousu et pittoresque. Il aimait par-dessus tout semer des graines, prendre soin de ses pigeons voyageurs et s'occuper des poissons rouges de prix qu'il collectionnait.

C'était, comme le capitaine Saris, un cadet de famille auquel tout espoir d'héritage était interdit, ce qui l'avait obligé à porter ses regards vers des horizons plus lointains que celui du Staffordshire où il était né. Parti jeune pour Londres, il était entré en apprentissage chez un riche fabricant de textiles. Il était ensuite allé dans le sud de la France où, en 1605, son protecteur, Sir Thomas Wilson, l'avait chargé d'une mission d'espionnage à Bayonne : il devait surveiller les mouvements des catholiques anglais qui passaient par cette ville en se rendant en Espagne.

Bien que censé compter parmi les «gens de meilleure qualité», il avait un défaut qui aurait interdit à des personnes plus clairvoyantes que Saris de le nommer chef d'établissement. Il croyait – charmant trait de caractère – en la bonté innée des êtres humains et, bien qu'il se fût vanté de savoir reconnaître les «tours» et les supercheries, son honnêteté avait failli le perdre pendant son séjour à Bayonne. Trompé par un escroc portugais, il avait perdu tellement d'argent qu'il s'était trouvé dans l'incapacité de rembourser ses créanciers anglais. De retour dans son pays, il s'était aperçu que sa réputation avait été si noircie que ses amis l'évitaient et qu'il n'avait trouvé aucune femme prête à l'épouser. « J'ai été empêché de faire un ou deux bons mariages », se lamente-t-il dans une lettre. Plein d'amertume, et se rendant compte qu'à quarante-cinq ans, ses plus belles années étaient presque derrière lui, il avait décidé de quitter l'Angleterre pour entamer une nouvelle vie au Japon.

Cocks comprit très vite qu'il devrait montrer beaucoup de fermeté envers les six hommes dont il était responsable s'il voulait tirer parti de leurs compétences. Richard Wickham était le plus expérimenté car il avait mené une vie d'aventures hors du commun. Il était originaire du Wiltshire et le premier voyage qu'il avait fait en Orient en 1608 avait mal tourné car, capturé par les Portugais, il s'était retrouvé en prison. Il avait été conduit à Goa où il s'était comporté envers ses geôliers avec une arrogance qui avait stupéfié ses codétenus. Envoyé finalement par bateau à Lisbonne, il avait fait la traversée en compagnie d'un ambassadeur persan avec lequel il s'était lié d'amitié et qui, pour preuve de sa « grande affection », avait offert de le loger chez lui à l'arrivée. Ayant vite réussi à s'enfuir, il était monté sur un bateau allant en Angleterre où il était arrivé juste à temps pour partir pour le Japon.

L'audace et l'intrépidité extrêmes dont Wickham faisait preuve auraient dû beaucoup plaire à Cocks, mais l'aventurier avait un gros défaut qui devait vite contribuer à envenimer les relations entre les deux hommes. Cupide et sans scrupule, il avait, en allant au Japon, pour seul but de se remplir les poches. Le capitaine Saris, qui le trouvait « capricieux », avait été horrifié de la manière dont il s'était conduit lors de la mort d'un des marins du *Clove* : faisant état d'un document douteux censé être le testament du défunt, il avait déclaré être son unique héritier.

Une augmentation de salaire demandée par Wickham peu avant le départ avait déjà provoqué la colère du chef de l'expédition qui la lui avait refusée, mais qui, de guerre lasse, avait fini par céder. « Pour être libre des ennuis excessifs et intolérables qu'il me cause journellement, je lui ai offert le double de ses précédents émoluments », note-t-il. Wickham, qu'une telle générosité n'avait pas satisfait, avait juré de compléter ses revenus grâce à des transactions commerciales privées. Ce genre de conduite était scandaleuse, mais l'escroc détenait une carte maîtresse : il était l'ami de Sir Thomas Smythe et le capitaine, qui le savait, aurait hésité à le punir.

Contrairement à Wickham, qui se faisait facilement des ennemis, William Eaton, son subalterne, n'avait pas de mal à se faire des amis. C'était un individu zélé et chaleureux et, d'après Cocks lui-même, « un homme vraiment honnête et un ami pour ses amis ». Chargé au départ d'expédier les affaires courantes de la factorerie anglaise, il se montra si diligent qu'il fut rapidement promu « facteur », c'est-à-dire « marchand ». Les fonctions qu'il abandonnait furent confiées à William Nealson, un individu querelleur que son tempérament rendait inapte à la vie à l'étranger. Perpétuellement tourmenté par le mal du pays, il chercha vite à se consoler avec la dive bouteille et prit l'habitude de boire des quantités considérables de *sake* et d'un tord-boyaux de fabrication maison. Cette habitude eut des conséquences désastreuses car l'alcool avait un mauvais effet sur lui et le plongeait dans une de ses redoutables « fumées ampliatives ». Saris, qui l'avait classé parmi les fauteurs de trouble, avait une très mauvaise opinion de lui. « Il devra surveiller l'office, dit-il à Cocks, tenir les livres et rendre les services dont vous le jugerez capable. » Nealson ne se montra même pas à la hauteur de ces humbles tâches. Il s'absentait fréquemment pour se rendre dans l'île voisine d'Iki où il y avait une source d'eau chaude, où l'alcool coulait à flots et où les prostituées étaient attrayantes.

Les trois autres membres de la communauté anglaise devaient être directement mêlés aux transactions commerciales. Le plus compétent d'entre eux était un individu qui portait le nom remarquable de Tempest Peacock (paon tempétueux) et qui était « bien rompu au commerce ». Doté d'une forme d'esprit rapide et mathématique, il se rendit rapidement compte qu'il leur faudrait, à ses collègues et à lui, être mieux payés pour pouvoir joindre les deux bouts dans ce pays où la vie était très chère. « Vivre dans cet endroit est très coûteux, écrivit-il aux marchands de Londres, et ne pas recevoir plus [...] nous fera rentrer chez nous les mains vides. » À sa grande déception, ses employeurs firent la sourde oreille.

Walter Carwarden, qui servait d'adjoint à Peacock, avait probablement eu une formation d'orfèvre ou d'argentier, et le jeune Edmund Sayers, peut-être apparenté à Saris, en était au stade de l'apprentissage.

Les hommes que la Compagnie des Indes orientales avait désignés pour demeurer au Japon n'avaient pas fait une impression très favorable au capitaine Saris qui était particulièrement sévère envers Nealson et Wickham. Mais il avait surtout le mépris le plus total pour William Adams, le huitième membre de la factorerie anglaise – et le plus important de tous. La jalousie que son compatriote lui inspirait n'avait fait que croître pendant son séjour au Japon et, au moment d'écrire son « mémento », ce sentiment s'était mué en une haine farouche. Il refusa qu'Adams prenne part à la gestion du comptoir commercial. « Il n'est propre qu'à être le maître des cordages et à servir de truchement à la cour quand on n'a pas d'emploi pour lui en mer », dit-il à Cocks. Il prétendait qu'Adams était paresseux et égoïste, présentant ainsi de la vérité une version grotesque. « Il est nécessaire de le remuer [...] autrement vous n'obtiendrez que très peu de service de lui », recommanda-t-il au futur maître facteur auquel il conseilla aussi de se méfier de la duplicité de son subordonné qui risquait de passer une grande partie de son temps à fraterniser avec les Hollandais : « Il leur est plus affectionné qu'à ceux de sa propre nation », le prévint-il.

Compte tenu de la virulence de ces critiques, il est surprenant que Saris eût offert un poste à Adams, mais le capitaine était suffisamment lucide pour savoir que la réussite de l'entreprise commerciale anglaise dépendait essentiellement de la compétence de l'homme qu'il haïssait. Ce fut pour cette raison qu'il insista pour que Cocks traite son collègue avec respect. « Autrement, il vous quittera et ira trouver les Espagnols ou les Hollandais », l'avertit-il. En pareil cas, les Anglais se trouveraient dans de très mauvais draps.

Dès que le *Clove* eut quitté Hirado, Adams présenta Cocks aux marchands de la ville et l'aida à mettre l'entrepôt en état d'abriter des marchandises, et à aménager les locaux destinés à servir de logement aux hommes. Sur une estampe contemporaine où les bâtiments figurent, on voit une petite construction au toit en pente, au sommet de laquelle flotte une immense bannière de saint Georges. La réalité devait être quelque peu différente car Cocks consacra beaucoup de temps et d'argent à l'agrandissement de la factorerie. Il avait pris la propriété en location pour six mois pour lesquels il paya la somme princière de dix-neuf livres. Sachant qu'une année au moins s'écoulerait avant l'arrivée d'un nouveau navire, il décida ensuite d'en faire l'acquisition et de la transformer afin qu'elle devienne la « bonne et forte maison » demandée par les commanditaires de la Compagnie des Indes orientales. Après avoir examiné les murs et les plafonds, il se rendit compte que les bâtiments étaient en très mauvais état et il fut obligé de dépenser plus de dix fois leur prix d'achat pour les rendre habitables. Il se procura poutres et planches pour les agrandir et fit plâtrer les pièces d'habitation pour que le vent n'y souffle pas l'hiver. Il s'efforça de réduire les risques d'incendie, menace constante qu'il savait peser sur

Le pittoresque petit port de Hirado s'adossait
à un arrière-plan de montagnes. Richard Cocks consacra
beaucoup de temps et d'argent à l'agrandissement des bâtiments
habités par les Anglais, mais la factorerie hollandaise *(ci-dessus)*
était beaucoup plus imposante que son propre établissement.

les Anglais établis à Bantam. Il fit couvrir de tuiles le toit de la bâtisse principale et construire un mur d'un mètre d'épaisseur tout autour du terrain qui l'entourait.

Cocks rêvait de diriger au Japon une factorerie vaste et prospère. Il espérait aussi cultiver de grandes quantités de fruits et de légumes pour éviter d'avoir à dépenser trop d'argent pour nourrir son équipe. Les comptes parvenus jusqu'à nous abondent en mentions de l'acquisition de maisons avoisinantes destinées à être abattues et transformées en potagers ou en dépendances. En janvier 1614, l'achat de cinq vieilles maisons et de leur cour arrière y est par exemple consigné. « Elles nous font quotidiennement craindre le feu », allègue Cocks qui fit de ce site un verger tandis qu'un autre devenait un potager. En février, ce fut le tour de la demeure de son voisin le plus proche qu'il convertit en « cour pour prévenir le feu». Il poursuivit cette politique d'achats jusqu'à ce qu'un terrain d'une dimension appréciable appartienne aux Anglais, et il s'appliqua alors à faire des huttes et des maisons qui s'y élevaient un usage conforme à ses besoins. Plusieurs d'entre elles devinrent des magasins appelés en Orient *godowns*, une autre servit de salon d'exposition pour les marchandises, et une autre encore d'entrepôt pour les vivres destinés à l'approvisionnement des bateaux. Des améliorations furent aussi apportées aux bâtiments dans lesquels sept hommes devaient dormir, manger et passer de longues heures à tenter d'échapper à l'ennui. Dans les diverses pièces, des nattes japonaises ou *tatami* couvraient le sol et quelques meubles y furent disposés pour tempérer l'atmosphère spartiate qui y régnait. Cocks avait espéré que ses hommes dormiraient par terre, à la façon japonaise, mais ils refusèrent d'adopter cette coutume, la trouvant trop inconfortable. Après avoir passé lui-même de longues nuits sans sommeil sur une natte de roseau, le chef de poste commanda des lits. Quand ils furent prêts, ses subordonnés purent enfin trouver quelque repos.

La routine quotidienne qui s'installa à la factorerie anglaise quelques mois après le départ du capitaine Saris était beaucoup moins sévère et beaucoup plus agréable que celle qui avait réglé la vie à bord du *Clove*. Pendant le voyage, les hommes récalcitrants avaient été réunis sur le pont chaque matin et chaque soir sur l'ordre du capitaine, afin que tous puissent ensemble «avec révérence et humilité, prier le Dieu Tout-Puissant». Ils avaient dû écouter les passages des Écritures qui leur étaient lus et s'étaient aussi entendu rappeler que les châtiments les plus sévères leur seraient infligés pour des fautes parmi lesquelles figuraient «blasphèmes de Dieu, jurons, vols, ivresse, et autres désordres». Ils avaient aussi souffert de l'atroce alimentation qui était le lot de tous ceux qui, à l'époque, entreprenaient de longs voyages en mer. Elle consistait principalement en « biscuit » et en « gruau d'avoine », tous deux grouillant de vers, auxquels s'ajoutait du bœuf salé accompagné de boulettes de pâte, le tout sentant tellement mauvais qu'il fallait se boucher le nez pour l'avaler. Les quantités étaient toujours insuffisantes. Saris croyait distribuer généreusement les vivres qu'il avait emportés et il prenait soin de noter chaque jour les aliments servis à l'équipage. Il n'en était pas moins accusé d'être « chiche » et fut, de fait, de tous les capitaines, le seul à rentrer en Angleterre avec « une bonne provision de victuailles ».

Cocks abandonna immédiatement le régime frugal imposé par Saris. La nourriture était abondante à Hirado et des victuailles offertes par les membres de la cour du roi Foyne parvenaient presque chaque jour à la factorerie. Le journal tenu par Cocks fourmille d'allusions aux plateaux chargés de viande, de fruits et de poissons tout juste sortis de l'eau reçus par les Anglais. « Noisettes et grenades, poires, raisins et noix, marmelades et confiseries » figuraient aussi parmi les cadeaux. Le gibier à plume était particulièrement délicieux – les expatriés se régalaient de « canard rôti », de « pigeons ramiers » et de « volaille » – et il y avait dans le port une abondance de « morues » au goût délicat. Les Anglais tentèrent même de mâchonner les « algues » apportées par les habitants de la ville.

Cocks mit bientôt son point d'honneur à préparer de somptueux festins, surtout lorsque des notables étaient invités à la factorerie. Adams lui avait expliqué combien il était important de gagner les bonnes grâces des seigneurs féodaux. Le maître facteur prit ce conseil au pied de la lettre et fit de grands efforts pour fournir la preuve de ses talents culinaires au roi Foyne, connaisseur lui-même en la matière. Ayant appris que le souverain avait l'intention d'aller pêcher dans la baie de Hirado, il rassembla son équipe dans l'arrière-cuisine et prépara « deux porcs, deux canards, deux poulardes et un filet de porc» qu'il fit rôtir sur un feu allumé dehors. Un «banquet de sucreries» accompagnait ces viandes. Le roi et ses courtisans prenaient cependant tant de plaisir à la pêche qu'ils n'avaient aucune envie de venir à terre. Cocks ne se laissa pas décourager: «Il transporta tout à bord du bateau du roi, où ils mangèrent ce qui leur plaisait.» Sa générosité fit une forte impression sur ses invités qui apprécièrent aussi le tact dont il avait fait preuve. La connaissance qu'avait Adams des mœurs japonaises permit ainsi à Cocks de se faire beaucoup d'amis à Hirado.

Il y avait beaucoup de pêcheurs parmi les habitants de Hirado. Richard Cocks et ses hommes se régalaient souvent de «morue» attrapée dans le port. Ils furent ravis de découvrir que la nourriture abondait au Japon et engagèrent des cuisiniers pour préparer les festins qu'ils organisaient.

Les Anglais s'accoutumèrent au confort de leur nouvelle demeure avec une facilité qui les surprit eux-mêmes. Après avoir commencé par se montrer ravis de l'alimentation riche et variée qui leur était servie, ils devinrent bientôt très difficiles et réclamèrent sans cesse de nouvelles saveurs et des épices différentes. Cocks avait engagé un cuisinier peu après le départ de Saris mais, à la suite de plaintes exprimées par ses compagnons, il l'avait mis à la porte sans autre forme de procès. «Nous avons renvoyé Yoske, le cuisinier, écrit-il, car nous avons des individus paresseux à revendre dans la maison, et il était de ceux capables de faire très peu ou rien.» Ce n'était pas le cas des autres serviteurs dont il y avait un grand nombre. Outre les services de Tome et de Miguel, les deux interprètes, Cocks s'était en effet assuré ceux d'une petite armée de Japonais qui contribuait à la bonne tenue de la maison. Un majordome appelé Eurque versait le sake à ses patrons et un marmiton surnommé «l'homme de coupée» servait de gardien. Il y avait aussi un cuisinier et plusieurs hommes à tout faire, ainsi qu'un certain nombre d'hommes de peine chichement payés. Les Anglais n'avaient aucun scrupule à traiter ces serviteurs avec dureté, surtout quand ils s'étaient montrés désobéissants, maladroits ou malhonnêtes. La domesticité tout entière participa à la punition infligée à l'un d'entre eux: «Ils donnèrent chacun dix coups avec une corde double sur son corps nu et ses fesses», raconte Cocks. Fouetté jusqu'à ce que «sa peau fût arrachée», il fut ensuite «lavé avec de l'eau salée». Et Cocks de conclure: «Je souhaite que ce soit un avertissement pour le sot, car c'est ce qu'il est, je le pense.»

Un jeune garçon chargé de diverses tâches domestiques était mis à la disposition de chacun des Anglais. Les parents de ces pauvres enfants louaient les services de leur progéniture pour presque rien et renonçaient à tous leurs droits parentaux pendant la durée du contrat. Leurs maîtres traitaient ces malheureux très durement, surtout Nealson lorsqu'il était dans une de ses «fumées». Larrance, son petit domestique, se sauva peu après avoir été engagé: «Il me bat trop», se plaignit-il en retournant en larmes chez ses parents. Mais ceux-ci, qu'on aurait pu s'attendre à voir prendre le parti de leur fils, le renvoyèrent immédiatement chez son patron. C'était pourtant, d'après Cocks «le meilleur garçon de la maison», maigre consolation pour le pauvre enfant couvert de bleus et de meurtrissures.

La facilité avec laquelle ils mettaient les habitantes de Hirado dans leur lit enchantait par-dessus tout les Anglais. À leur arrivée au Japon, il y avait plus de deux ans qu'ils observaient une abstinence imposée bien malgré eux par les circonstances. Ceux qui, en petit nombre, s'étaient risqués à fréquenter les lieux de plaisir de Bantam avaient été dégoûtés par les putains sales et vérolées qu'ils y avaient rencontrées. Les catins de Hirado offraient un moyen beaucoup plus agréable de satisfaire leurs besoins sexuels et ils s'acoquinèrent vite avec les femmes galantes de l'île, chose qu'ils auraient dû éviter à tout prix s'ils avaient suivi les conseils des marchands londoniens. Thomas Smythe avait été horrifié par les histoires sordides parvenant des Indes orientales jusqu'à ses oreilles puritaines, et il avait pressé ses capitaines d'interdire la visite des bordels à leurs matelots. Il entretenait le vain espoir que les hommes envoyés au Japon mèneraient une vie «frugale et parcimonieuse», qu'ils feraient «de leur mieux» pour observer une conduite chaste et impeccable. C'était trop demander à des hommes terriblement privés de compagnie féminine. Cocks convoquait souvent des prostituées ou «ourses dansantes» pour égayer les soirées passées à boire, et ses hommes dépensaient leur maigre salaire pour payer des putains pour une nuit ou des concubines prêtes à partager un peu plus longtemps leur existence. Leurs lettres et leurs journaux contiennent des allusions à ce genre de pratique, suffisamment claires malgré le code souvent utilisé pour dissimuler le récit de leurs prouesses sexuelles.

La facilité avec laquelle on s'assurait les services de prostituées au Japon avait déjà été critiquée par les jésuites, par les franciscains, et même par certains marchands. « Il arrive souvent que le père, la mère ou les frères d'une jeune fille [...] la vendent sans hésitation comme prostituée avant son mariage, pour quelques liards, sous la pression de la pauvreté », écrit Francesco Carletti, un aventurier florentin arrivé au Japon tout juste trois ans avant Adams. À Nagasaki où il avait débarqué, il avait été choqué de voir le nombre des prostituées. On pouvait se procurer des filles pour un temps plus ou moins long et un prix extrêmement bas. « Il arrive souvent qu'un marchand étranger s'approprie une jolie jouvencelle de quatorze ou quinze ans pour trois ou quatre *scudi* [...] sans s'engager à autre chose qu'à la renvoyer chez ses parents quand il en a fini avec elle. » Et Carletti, scandalisé, de conclure : « Le Japon offre les moyens de se livrer à la passion des plaisirs sexuels, tout comme il abonde en toutes sortes d'autres vices. »

Si Adams visitait lui-même les lieux de plaisir de Hirado, il n'en parle pas. Le mépris qu'il manifestait envers les marins du *Clove* était en fait presque certainement dû à leur conduite licencieuse et désordonnée. Moins délicats que lui en matière de plaisirs physiques, Cocks et ses hommes étaient enchantés de pouvoir courir le jupon. Ils firent rapidement affaire avec les « courtiers » de la ville et, par leur entremise, passèrent avec leurs exotiques concubines des nuits passionnées, attendues avec impatience.

Cocks, dont les Anglaises avaient dédaigné les avances, s'amouracha d'une certaine Matinga et la prit pour maîtresse. La jeune femme n'avait rien d'une Cendrillon soumise, il ne tarda pas à s'en rendre compte. Elle venait d'une bonne famille et s'attendait à se voir offrir sans cesse vêtements et colifichets. Cocks, consterné, s'aperçut que Matinga, qui demandait à être pourvue d'une maison, de domestiques et d'esclaves, lui coûtait une grande partie de son salaire. Il consacra de grosses sommes d'argent à l'achat de cinq bagues en or, de kimonos en soie, de ceintures superbement brodées et de coûteuses boîtes à bijoux, mais ces présents eurent rarement l'heur de plaire à la belle, à qui les prouesses de Cocks au lit semblaient plus piètres encore. Il lui fallait des hommes plus virils et elle ne tarda pas à rechercher des mâles qui lui procureraient des plaisirs plus stimulants. Des rumeurs qui se répandirent au sujet de son infidélité donnèrent lieu à « des vers rendus publics et chantés par toute la ville ». Ces rengaines licencieuses affectèrent beaucoup Cocks. « Qu'on mette la main sur quiconque est entendu dorénavant les chantant, et qu'une punition soit infligée aux offenseurs », ordonna-t-il. Ce ne fut que plus tard qu'il se rendit à l'évidence : sa maîtresse lui faisait bel et bien porter des cornes, et c'était non loin de chez lui que la perfide se livrait à ses déportements.

L'exemple de Cocks avait vite été suivi. Wickham devint fou d'une jeune fille appelée Femage, et Eaton s'entícha d'une autre dont le nom d'O-man fut transformé en Woman (femme). Les deux amoureux couvrirent l'objet de leur flamme de cadeaux sous la forme de soieries et de satins mais, chez Eaton du moins, la passion ne fut qu'un feu de paille. S'étant fatigué d'O-man, il la céda à Wickham, transaction qui provoqua la colère de la mère de la jeune femme. « Il a vendu ma fille à quelqu'un qui l'emmènera loin du pays du Japon », se plaignit-elle.

Adams, qui avait aidé ses compatriotes à s'établir à Hirado, n'avait pas le temps de partager leurs plaisirs, car un projet enthousiasmant que Ieyasu l'avait chargé de mettre lui-même à exécution l'occupait entièrement. Fasciné depuis longtemps par la connaissance que le pilote anglais avait de la géographie et de l'astronomie, le shōgun avait été surpris de découvrir que sa science de la navigation impressionnait les jésuites eux-mêmes. « C'est un grand ingénieur et mathématicien », avait été jusqu'à remarquer le père Diego Carvalho. Ieyasu avait décidé de tirer parti des talents d'Adams et il l'avait nommé cartographe officiel de la cour. Pour répondre à l'attente du shōgun, Adams avait fabriqué une mappemonde à l'aide de laquelle il pourrait lui montrer où se trouvaient les divers royaumes et leur position les uns par rapport aux autres. Il voulait aussi lui faire partager la croyance qu'il avait en l'existence d'un passage maritime au nord de la Russie, celui-là même qu'avaient recherché sans succès Pet et Jackman trente ans plus tôt. Toutes les tentatives qui avaient suivi celle des deux capitaines avaient échoué, et aucun navire n'avait jamais réussi à se frayer un chemin dans l'étendue glacée de la mer de Kara.

L'idée d'Adams était d'entreprendre le voyage dans le sens inverse, en partant de l'est. Enthousiasmé, le shōgun l'interrogea longuement sur la fameuse route. « Il me demanda si mes compatriotes ne pouvaient pas trouver le passage du Nord-Ouest », rapporte Adams. « Nous ne doutons pas qu'il y ait une voie, avait-il répondu. Le shōgun fit apporter une carte du monde entier [...] et vit que c'était très proche », continue-t-il.

Fasciné, Ieyasu chargea Adams de mettre sur pied un voyage de découverte et de le diriger lui-même. « Il me dit que, si je voulais bien partir, il me donnerait une lettre d'amitié pour le pays de Yedzoo [Hokkaido], où ses sujets avaient des sympathies », rapporte Adams qui fit remarquer au souverain que, pour qu'elle réussisse, une telle expédition exigeait beaucoup d'expertise. Il écrivit par ailleurs aux directeurs de la Compagnie des Indes orientales pour les mettre au courant du projet et leur demander d'envoyer « de bons mariniers avec qui naviguer ». Il insista pour que seuls soient retenus les services d'explorateurs expérimentés. «Les gens de ce pays sont de très vaillants hommes de mer», remarqua-t-il pour les convaincre. Il dit aussi avoir un besoin impérieux de toutes sortes d'instruments – «une boussole, un sablier, une paire de globes» – ainsi que de «quelques cartes et portulans, l'une montrant le monde tout entier». Il serait ainsi mieux à même d'expliquer à Ieyasu les risques que comportait le voyage et les détails de son organisation, ainsi que la route qu'il avait l'intention d'emprunter.

Adams était assez réaliste pour se rendre compte qu'une telle expédition prendrait plusieurs années à mettre sur pied. La découverte d'un passage serait «l'une des plus fameuses à avoir jamais été faite», il le savait aussi, et son zèle s'en trouvait accru. Il passait beaucoup de temps à dresser des plans chez son ami le marchand Yasuemon pendant que ses compatriotes consacraient le leur à des fêtes bruyantes et à des beuveries.

Cocks et ses hommes savaient toutefois qu'il leur faudrait bientôt abandonner leurs plaisirs et se consacrer au commerce, mais ils alléguaient qu'ils ne pouvaient pas faire grand-chose tant que les réparations apportées à la factorerie n'étaient pas terminées, que ses entrepôts n'étaient pas en bon état et que ses toits fuyaient encore. Adams ne tenait pas à intervenir. C'était Cocks après tout qui était responsable du comptoir commercial et c'était donc lui qui aurait à répondre de tout éventuel échec. Pourtant, les responsabilités ne semblaient pas peser lourd sur les épaules du chef de poste qui continuait à s'adonner à sa passion pour le jardinage et à s'occuper de son potager et du verger qu'il venait d'aménager. Les Japonais, qu'un tel passe-temps fascinait, cherchaient à lui faire plaisir en lui offrant des arbres. Un aimable prêtre bouddhiste se présenta par exemple un jour à la factorerie avec quinze orangers, citronniers et châtaigniers. La livraison inattendue de trois autres arbres intervint quatre jours plus tard, puis Cocks lui-même se rendit à Nagasaki pour y faire une nouvelle emplette : « deux figuiers, un oranger et un pêcher ». À son retour, il découvrit qu'un bienfaiteur anonyme lui avait fait don d'un cognassier et d'un poirier. Le verger de la factorerie ne tarda pas à être en fleurs, et Cocks fut en droit de s'attendre à une abondante récolte de figues, de raisins, d'oranges et de citrons.

Les déboires n'étaient néanmoins pas épargnés à l'horticulteur amateur. « La partie en pente du verger s'est tassée avec l'extrême pluie, observa-t-il par un humide après-midi de juin, et trois pans du mur sont tombés et ont gâté divers arbres fruitiers. » Il se précipita pour tenter de sauver ce qui pouvait l'être. « Le sol cédant, tout le reste du mur était très ébranlé et en danger de s'écrouler », constata-t-il.

Cocks se prit aussi d'une passion pour les poissons rouges qu'il collectionna avec une avidité qui surprit jusqu'aux Japonais. Un cadeau avait été à l'origine de son enthousiasme, un « petit bassin à poissons (ou bocal) avec des poissons vivants dedans », offert par le frère de Li Tan. Le directeur de la factorerie anglaise se mit à acheter des poissons de prix en si grand nombre qu'on ne parla bientôt plus que de cela à Hirado. Les membres de l'aristocratie de l'île, piqués par la jalousie, essayèrent par tous les moyens de le convaincre de leur offrir les plus beaux de ses spécimens. C'était sans prendre de gants qu'ils faisaient connaître leurs envies. Le frère du roi Foyne, ayant, par exemple, appris que Cocks possédait un poisson d'une extrême beauté, « lui fit part du désir de l'avoir ». Ce fut à contrecœur que son propriétaire se sépara de cette pièce de sa collection, mais il savait que s'il la refusait, il offenserait gravement le personnage qui la convoitait. « Donc, je le lui donnai », note-t-il avec regret. Le frère du roi Foyne, ravi, manifesta sa reconnaissance en lui faisant en retour don d'un « grand chien noir ».

Vite lassé de l'incessant pillage de son aquarium, Cocks

s'efforça d'ignorer les requêtes des seigneurs gagnés par l'obsession des poissons rouges. Il y avait cependant des cas où il ne pouvait pas refuser d'accéder à leurs désirs : « Le roi de Hirado m'a fait supplier de lui donner mes deux poissons rouges, raconte-t-il un jour, je les lui ai envoyés contre mon gré. »

Les Anglais ne tardèrent pas à adopter une coutume japonaise qui comptait parmi les plus dignes d'éloge. Pendant les longs mois passés à bord du *Clove* les voyageurs n'avaient lavé ni leur corps ni leurs vêtements et, à leur arrivée, ils répandaient une odeur forte et nauséabonde. Ce mépris de la propreté consternait les Japonais qui trouvaient incompréhensible une telle attitude. Elle semblait commune à tous les étrangers, car ils l'avaient déjà constatée chez les Portugais, lesquels refusaient de se plier au rituel du bain de vapeur en honneur au Japon et mangeaient avec leurs mains sans les laver au préalable. Le père Joao Rodrigues avait noté leur mépris dans son *Historia da Igreja do Japao*, ouvrage dans lequel il parle avec passion de la propreté des Japonais et de leurs habitudes en ce qui concernait le bain. « Ils sont très étonnés de voir manger avec les mains », ajoute-t-il, et souligne que la vue de vêtements d'une saleté repoussante et de linge de table couvert de taches leur cause « nausée et dégoût ». Même dans un endroit aussi reculé que l'île de Hirado, les nobles étaient d'une propreté scrupuleuse et se montraient fiers de leur peau vigoureusement frottée et parfumée. « Il y a des salles de bains pour les invités dans toutes les maisons de la grande et petite noblesse, écrit le père jésuite. Ces endroits sont très propres et l'eau chaude et froide y coule, parce que c'est la coutume générale au Japon de se laver le corps au moins une ou deux fois par jour. » Les Japonais ne s'embarrassaient pas de pudeur et se mettaient entièrement nus dans leurs bains publics. « Peu leur chaut que l'on voie leurs parties naturelles », raconte un témoin. Ils commençaient par se laver à l'eau courante, puis se plongeaient dans un énorme bassin et se délassaient dans l'eau chauffée naturellement.

Une fois qu'ils l'eurent essayée, cette étrange coutume plut beaucoup aux Anglais. Ils y prirent même tellement de plaisir qu'ils voulurent avoir leur propre maison de bains, ou *o-furo*, chez eux afin de pouvoir y prendre du bon temps et en offrir à leurs invités japonais. La salle principale était consacrée au bain de vapeur. Le bois de senteur dont elle était faite absorbait l'humidité ambiante et la restituait en gouttelettes parfumées. Avant d'y pénétrer, les hommes échangeaient leurs vêtements contre d'amples pagnes. Une fois à l'intérieur, ils s'exposaient nonchalamment à l'action de la vapeur « qui amollit doucement le corps [...], amène à la surface et décolle la saleté et la sueur qui adhèrent à la peau ». Un tel traitement était aussi très efficace pour la gueule de bois. Lorsque les baigneurs étaient devenus roses de la tête aux pieds et que leurs articulations avaient cessé de leur faire mal, ils allaient se rafraîchir dans une salle plus froide où ils s'aspergeaient les uns les autres avec de l'eau glacée.

Les travaux entrepris par Cocks pour améliorer la factorerie étaient énormes et le terrain que les bâtiments occupaient quand ils furent terminés avait des dimensions considérables. La description de ces constructions se trouve dans les comptes de l'établissement, mais celle d'une annexe destinée à un usage particulier manque : la cabane située à l'écart, au bout d'une allée pavée, et servant de cabinet d'aisances aux Japonais n'y est pas mentionnée. Contrairement à ce qui se passait en Angleterre où les caniveaux brillaient par leur absence et où les rues étaient envahies par les excréments, au Japon les égouts et les latrines étaient d'une propreté qui faisait la fierté des habitants. « L'intérieur est tenu avec une extrême propreté, écrit le père Rodrigues, avec une cuvette parfumée et du papier coupé de frais, prêt à l'usage [...]. L'endroit ne sent pas mauvais, poursuit-il, car lorsque quelqu'un le quitte, il est nettoyé si nécessaire par l'homme chargé de cette tâche.» Chaque matin, des éboueurs faisaient le tour de toutes les latrines et les débarrassaient des excréments qu'ils achetaient pour un bon prix et qu'ils utilisaient comme engrais dans leurs champs et leurs potagers. Les Anglais furent très probablement ébahis en découvrant une telle coutume. L'adoptèrent-ils ? Rien ne permet de le deviner.

La factorerie ressembla bientôt à une maison japonaise. Construite dans le style du pays, elle était entretenue avec un soin méticuleux par une armée de domestiques. La nourriture servie aux Anglais n'était pas toujours à leur goût, mais la pièce où les mets étaient accommodés était d'une propreté immaculée. Les cuisiniers, s'ils présentaient certaines lacunes sur le plan de la gastronomie, avaient un sens inné de l'hygiène. Dans les plus humbles demeures japonaises, les ustensiles étaient soigneusement récurés avant usage, et les aliments crus qui entraient en contact avec la main de l'individu chargé de les préparer étaient lavés et stérilisés. «Les Japonais ont des personnes spéciales pour couper le poisson et la chair des oiseaux et du gibier, raconte Rodrigues [...]. Tous les aliments sont apprêtés sur d'épaisses tables parfaitement propres, avec des fourchettes, des couteaux et des hachoirs en métal, et rien n'est touché avec la main.»

Grâce à ce souci de la propreté, et aussi au régime alimentaire sain en honneur au Japon, les Anglais jouissaient d'une excellente santé. Le contraste était frappant avec ce qui s'était passé à Bantam où les marins du *Clove* avaient été nombreux à succomber à de mystérieuses fièvres tropicales. Surpris de voir ses hommes si vigoureux alors qu'ils étaient dans un état de faiblesse extrême à leur arrivée, Cocks éprouva le besoin de décrire à un collègue en poste à Java la chance qui leur souriait depuis leur installation à Hirado. «Tous les Anglais qui sont arrivés à bord du *Clove*, sauf moi, ont été très malades, écrivit-il, si bien que je m'attendais à ce qu'aucun ne reste en vie. Pourtant ils sont guéris et bien portants.»

Bien que rares, les accidents de santé n'étaient pas absolument inconnus chez les expatriés, surtout au début de leur séjour, avant que leur estomac ne se fût accoutumé à l'étrange alimentation japonaise. La peur d'avoir contracté quelque étrange maladie et le désir de la guérir les poussaient alors à demander conseil à Adams. «J'ai été grandement tourmenté par une fièvre, écrit par exemple Cocks. Elle s'est transformée en une extrême douleur dans mes os et dans toutes les parties de mon corps, au point que je pensais devoir perdre

Les Japonais étaient très soucieux d'hygiène et de propreté. «Ils ont des personnes spéciales qui coupent le poisson, et la chair des oiseaux et du gibier», écrivit le père jésuite Joao Rodrigues vers 1620. Cette pratique était déjà à l'honneur au Moyen Âge, comme le prouve cette estampe qui date de la fin du XIVe siècle.

l'usage de mes membres et devenir infirme.» Un régime de fruits frais et de crustacés l'aida vite à retrouver ses forces et les bienfaits apportés par quelques jours passés à se baigner dans l'eau des sources chaudes le remirent tout à fait d'aplomb.

Richard Wickham eut la malchance de tomber malade alors qu'il était en route pour Kyoto. «Je suis tracassé par une fièvre brûlante, écrivit-il à ses amis restés à Hirado. Elle me tourmente tant que je ne peux trouver de repos ni la nuit ni le jour et le manque de sommeil me nuit cruellement.» Comme il devenait de plus en plus faible, il pressa Cocks de lui envoyer de l'alcool qui, pensait-il, lui ferait beaucoup de bien. Il prit aussi la grave décision d'avoir recours à une opération. «Je vais jouer au chirurgien sur moi-même car j'ai une très bonne lancette», déclara-t-il en informant ses amis de son intention. Pris d'inquiétude au reçu de cette lettre, Cocks lui répondit immédiatement en le priant de n'en rien faire. «Mon conseil est que vous ne fassiez pas trop le fisicien sur vous-même, sauf dans de grandes extrémités», lui conseilla-t-il.

Les Japonais auraient abondé dans ce sens car ils étaient horrifiés par les pratiques médicales des Européens, en particulier par l'obsession des saignées qui les habitait. «Les Japonais préféreraient mourir plutôt que d'avoir recours à nos douloureux remèdes chirurgicaux», écrit le jésuite Luis Frois. Ils leur préféraient les décoctions de racines et d'herbes et d'autres remèdes naturels comme les escargots de mer et les algues, et ils absorbaient des pilules enrobées de sucre qui purifiaient le corps, du moins le pensaient-ils. L'acuponcture, également très répandue, était une source d'étonnement pour les observateurs étrangers. «Dans presque toutes leurs maladies, ils sont accoutumés à avoir leur ventre, bras, dos, etc., percés avec des aiguilles d'argent, écrit un père jésuite incrédule, et en même temps ils font des cautérisations avec des herbes.» Plantées dans les parties les plus sensibles du corps, les aiguilles soulageaient la douleur avec une efficacité remarquable.

La profession de médecin faisait courir de graves risques à ceux qui la pratiquaient car les diagnostics inexacts étaient punis de mort. « Durant sa maladie, raconte Wickham, l'empereur fit couper son fisicien principal en morceaux pour lui avoir dit [...] que, comme il était un vieil homme, la médecine qu'il prenait ne pouvait pas être très efficace. »

Ce genre de brutalité gratuite faisait partie des mœurs japonaises et les Anglais ne cessèrent de s'étonner devant la façon terrifiante dont la loi était appliquée au pays du Soleil Levant. En écrivant à Bantam, Adams avait longuement expliqué à ses compatriotes qu'au Japon toute conduite désordonnée était punie avec une extrême dureté. « En fait de justice, ils sont très sévères, avait-il écrit, car ils n'ont pas de respect pour les personnes. » Les voleurs n'étaient que rarement mis en prison mais « incontinent exécutés », avait-il expliqué, ajoutant que les villes et les bourgs étaient administrés de la manière la plus stricte. Les matelots fraîchement débarqués seraient sans doute, il l'avait prévu, des ivrognes dont la conduite désordonnée donnerait souvent lieu à la violence. « Aucun meurtrier n'échappe coutumièrement », avait-il dit à ses collègues pour les mettre en garde contre d'éventuels troubles. La justice japonaise dépendait en effet d'informateurs et d'un système de récompenses : la tête de tout criminel évadé était mise à prix, et des sommes allant jusqu'à trois cents livres étaient promises à quiconque pouvait fournir des renseignements à son sujet.

Adams, qui avait grandi au milieu de la violence des quartiers pauvres de Limehouse, s'était rapidement fait l'avocat de la justice japonaise et de sa sévérité. « Dans leur ville on peut aller partout la nuit sans aucun trouble ni péril », faisait-il remarquer, et il attribuait ce fait au principe appliqué par le shōgun : « un œil pour un œil, une dent pour une dent ».

Le roi Foyne n'était pas moins intransigeant que les autres seigneurs japonais. Il gouvernait son fief avec un sabre tranchant comme un rasoir, ne tolérait aucune désobéissance et se refusait à toute miséricorde. Le spectacle de décapitations et de démembrements publics n'était pas nouveau pour les hommes de Cocks – il était commun à Londres – et pourtant, ils furent surpris de découvrir qu'Adams n'avait pas exagéré en parlant de la sévérité de la justice japonaise. Ils constatèrent en effet que même les délits mineurs étaient punis de mort et que, pis encore, les condamnations étaient irrévocables, car le roi Foyne refusait de les « annuler ou atténuer ». Une fois le jugement passé, l'exécution était immédiate. La victime recevait l'ordre de s'agenouiller et le bourreau la décapitait. Sa tête et son corps étaient alors coupés en minuscules morceaux.

Une telle violence horrifiait les Anglais qui assistaient, consternés, à l'exécution de jeunes enfants coupables seulement de délits mineurs. Pendant les mois qui avaient suivi leur arrivée à Hirado, ils avaient été trop nerveux pour intervenir. Mais, une fois familiarisés avec les mœurs du pays, ils osèrent porter plainte auprès du roi Foyne. « Un jeune garçon de seize ans devait être coupé en morceaux pour avoir volé une barque et l'avoir emmenée dans une autre île », raconte Cocks qui apprit la nouvelle un après-midi de décembre 1615. Trouvant la punition trop sévère, il fit appel au roi, le suppliant d'épargner le jeune coupable, et envoya en même temps un message au bourreau pour lui demander de surseoir à l'exécution en attendant la réaction de son seigneur. Furieux de l'intervention de l'Anglais, cet homme le fut plus encore lorsqu'il apprit que le roi Foyne avait l'intention de gracier le condamné. « Il le mit à mort avant que le pardon officiel n'arrive et le mit en charpie », rapporte Cocks, horrifié par la soudaineté de cet acte.

On n'accordait pas grand prix à la vie à Hirado, et tuer

était si banal que la vue de cadavres gisant dans les caniveaux et les champs laissait les gens indifférents. Cocks était plus prompt qu'eux à s'émouvoir, et certains des spectacles horribles qu'il lui fut donné de voir restèrent gravés à jamais dans sa mémoire. Il en décrit un dans son journal, qui se présenta à ses yeux alors qu'il faisait une agréable promenade aux abords de la ville : « J'ai trouvé une petite fille de onze ou douze ans, morte sur le dos, sous un mur, raconte-t-il avec dégoût, [...] des chiens s'en nourrissaient, ayant mangé ses deux jambes et sa partie inférieure [...]. » Il ne put découvrir ni l'identité de la malheureuse ni la cause de sa mort : « Certains pensent que quelque vilain l'a violée et ensuite tuée, suppute-t-il, ou bien que c'était une esclave et que son maître l'a tuée pour quelque déplaisir qu'elle lui aura causé, et qu'il l'a jetée dehors pour que les chiens la mangent, ce qui est une chose commune dans ce pays. » Il ajoute que la vie d'un esclave appartient à son maître : « Il le tue quand il le veut, sans contrôle de la justice », note-t-il. Il était même impossible aux marins du *Clove* morts à Hirado de reposer en paix, Cocks eut l'occasion de le constater un jour où il passait près du petit cimetière où l'un d'eux avait été enterré : « Quelques vilaines gens avaient sorti le cercueil de la terre, volé le linceul et sa chemise et laissé la carcasse nue sur le sol », raconte-t-il.

Les critiques émises par Cocks étonnaient le roi Foyne sans toutefois l'ébranler. Les Anglais avaient pris l'habitude de se rendre souvent au palais. Lorsqu'ils grimpaient les longs escaliers de pierre qui y conduisaient, ils étaient accompagnés de leurs « garçons » car, selon la coutume du pays, « toute personne de qualité appartenant aux rangs les plus élevés comme aux plus bas, devait être accompagnée d'un jeune garçon qui prenait ses sandales à la porte ».

Le palais lui-même, un beau bâtiment de bois, était perché au sommet du Tomigake, un pic rocheux qui dominait la ville. Il apparaît sur une carte décorative de Hirado dessinée sept ans après l'arrivée du *Clove* : on y voit un vaste groupe de bâtiments précédé d'une grande cour intérieure entourée d'un mur d'enceinte que ferme un portail coiffé d'un toit. Comme dans toutes les demeures aristocratiques, les salles laquées étaient très peu meublées. Des portes coulissantes s'ouvraient sur des vérandas au plancher de bois de cèdre d'où l'on avait une vue panoramique sur les eaux profondes de la baie encerclée de montagnes couvertes de forêts de pins.

À chacune de leurs visites, les Anglais devaient se présenter chargés de cadeaux coûteux, choisis avec soin. Lors de la première entrevue qu'il avait eue avec le roi Foyne, Saris s'était muni de riches vêtements et de colifichets. Les présents offerts par Cocks étaient plus inhabituels. Ils avaient découvert que le seigneur japonais avait pris goût à la cuisine anglaise traditionnelle et qu'il avait, en particulier, une prédilection pour les robustes ragoûts mitonnés dans une sauce épaisse. Celui qu'il préférait était préparé avec de la viande salée – « un morceau de bœuf anglais, un autre de porc, bouillis avec des oignons et des navets ». Un bizarre échange eut donc lieu par la suite : Foyne offrait à Cocks des poissons de la baie appartenant aux familles des thons et des sébastes, ainsi que des coquillages et du crabe, et Cocks lui présentait en retour des morceaux de viande salée vieux de deux ans dont certains avaient été apportés d'Angleterre.

Le roi Foyne pratiquait avec ferveur la cérémonie du thé, rituel bizarre et d'une extrême complexité auquel les expatriés anglais ne comprenaient goutte. Il était inspiré par les ermites adeptes de la philosophie du bouddhisme zen qui voyaient en lui un moyen de contempler les mystères de l'âme. C'était, aux yeux du père Joao Rodrigues, « une sorte de religion solitaire » qui demandait une importante préparation physique et mentale. Le roi Foyne et ses invités revêtaient des vêtements immaculés et se rasaient la tête avant de boire à petites gorgées un épais thé vert. Ce breuvage, qui était censé avoir de grandes vertus médicinales, était préparé avec des feuilles pulvérisées dont on plaçait quelques cuillerées dans un récipient en porcelaine. On versait ensuite de l'eau chaude dessus et l'on dispersait les éventuels grumeaux à l'aide d'un fouet en bambou. Le liquide obtenu était servi dans des bols spéciaux et, avant de le boire, les participants devaient se rincer la bouche et les mains. Cocks et ses hommes essayèrent ce breuvage inhabituel et quelques-uns d'entre eux le trouvèrent

Comme tous les seigneurs japonais, le roi Foyne entretenait une troupe d'hommes de guerre prêts à répondre à son appel en cas de crise. Ils étaient tous bien armés *(ci-dessus)* et prenaient plaisir à essayer le tranchant de leurs sabres sur le cadavre des criminels qui venaient d'être exécutés.

à leur goût. William Eaton s'en enticha même, et Richard Wickham envoya en plusieurs occasions des «pots de tay» à Hirado. Les Anglais préféraient cependant les boissons plus fortes et passaient souvent la soirée à écluser vin, eau-de-vie et sake, l'alcool local.

Les relations que les expatriés anglais entretenaient avec leurs homologues hollandais se firent de plus en plus étroites et, pour se remonter le moral, ils passaient de longues soirées à boire avec eux. Le capitaine Specx, revenu à Hirado peu après le départ du *Clove*, se lia avec Richard Cocks d'une amitié qui se révéla profonde et durable. Les Anglais découvrirent, comme l'avait fait Adams avant eux, qu'ils avaient avantage à rester en bons termes avec les autres Européens. Malgré la vive concurrence qui opposait leurs pays, les rivaux s'invitaient fréquemment les uns les autres. Au cours des soirées passées ensemble, ils se portaient mutuellement des toasts innombrables et remplissaient l'air nocturne de leurs bruyantes chansons. Avant de se séparer ils tiraient en général le canon, et les énormes salves dont les collines environnantes répercutaient les échos réveillaient les citadins nerveux. «Beaucoup de coups ont été tirés, dans la maison et à bord des navires», note Cocks après une de ces beuveries. Le lendemain, les deux compères, les yeux chassieux et la tête douloureuse, échangeaient des lettres de remerciement. Probablement écrites alors qu'ils étaient encore sous l'influence de l'alcool, ces missives se firent de plus en plus démonstratives. Un jour où il se sentait d'humeur particulièrement exubérante, Specx se serait, d'après Cocks, déclaré prêt à rendre «n'importe quel service ou plaisir» à lui-même ou à un des autres Anglais. Le capitaine hollandais s'était pris d'une amitié véritable pour son homologue. Il ne pourrait oublier «de toute sa vie» les preuves «d'affectueuse bonté» qu'il avait reçues de lui, aurait-il déclaré un jour, car il savait qu'elles venaient «d'un bon cœur».

Bien que passant une grande partie de son temps chez Yasuemon, Adams assistait avec ses compatriotes aux fêtes données par les marchands de Hirado. Certaines étaient très pittoresques. C'était le cas par exemple de la fête annuelle des morts, appelée Bon en japonais, à l'occasion de laquelle la ville était décorée d'une multitude de bannières et de bougies. « Des lanternes étaient suspendues dans toutes les rues, raconte Cocks, et les païens se rendaient dans leurs *hotoke* [temples] et dans les cimetières avec des lanternes et des lampes, et ils invitaient leurs amis morts à venir manger avec eux. » Des foules parcouraient les rues, dans l'espoir de rencontrer les âmes de leurs chers défunts. Le spectacle était extraordinaire : les gens bavardaient avec des spectres imaginaires et disposaient des offrandes de nourriture sur les tombes afin que l'année qui commençait ne soit pas trop difficile pour eux. « Chacun retournait alors dans sa maison, après avoir laissé du riz, du vin et d'autres aliments sur les tombes pour que les morts puissent banqueter en leur absence », raconte Cocks. Certains, une fois arrivés chez eux, lançaient des pierres sur le toit de leur maison, pour chasser, disaient-ils, les esprits qui pouvaient s'y être attardés.

Les quantités de mets et de vin consommées en ces occasions étaient énormes. Les habitants mangeaient et buvaient « avec force allégresse et gausseries » jusqu'à ce que tous, ou presque, fussent soûls. Les Anglais avaient d'ailleurs découvert que l'ivrognerie était chose commune chez les Japonais. Certains ingurgitaient de l'alcool jusqu'à perdre conscience sans que cela choque personne, et les beuveries duraient tant que les participants n'avaient pas tous roulé sous la table. C'était là une des rares coutumes japonaises que les Anglais eussent adoptées avec enthousiasme, et l'une des seules à la pratique de laquelle ils excellaient.

Après avoir passé quelques mois à Hirado, Cocks et ses hommes avaient toutes les raisons d'être satisfaits de leur sort. Ils avaient reçu d'excellents conseils à propos du pays dans lequel ils venaient d'arriver de la part d'Adams qui les avait présentés à de nombreux négociants japonais et les avait aidés à se procurer le beau bâtiment qui leur servait de logement et à acheter le bois et les tuiles dont ils avaient besoin pour le réparer. Ils avaient trouvé des maîtresses et avaient engagé des domestiques et menaient une vie beaucoup plus luxueuse que celle à laquelle ils auraient pu prétendre en Angleterre. Le moment était venu pour eux de se consacrer à la mission commerciale dont ils étaient chargés. Cette évidence les conduisit à penser à Saris et à se demander s'il avait atteint le terme du long voyage qui le ramenait en Angleterre. Qu'il soit arrivé sain et sauf était d'une importance capitale pour eux car de lui dépendait l'arrivée au Japon du premier navire transportant des marchandises anglaises.

IX

LES SAMOURAÏS S'AFFRONTENT

Pendant qu'au Japon, Richard Cocks et ses hommes s'habituaient à leur nouvelle vie et en découvraient les agréments, le *Clove* faisait bonne route en direction de l'Angleterre. Après avoir quitté Hirado en décembre 1613, il était arrivé à Bantam tout juste quatre semaines plus tard. Le capitaine Saris n'avait pas l'intention de mettre la vie de ses hommes en danger en s'attardant à Java. Poivre et épices une fois chargés sur le navire, il fit hisser les voiles sans délai. Il mit le cap sur la pointe de l'Afrique du Sud où il savait pouvoir trouver facilement des vivres et de l'eau dans la baie de la Table. Profitant de vents favorables, le *Clove* prit ensuite la direction du nord et, cinglant à travers l'Atlantique, arriva à Plymouth à la fin du mois de septembre 1614.

Les navires rentrant en Angleterre après un long voyage avaient pour habitude de faire une brève escale dans l'un des ports de la côte sud. Ils s'y réapprovisionnaient en eau douce avant de poursuivre leur route jusqu'à Londres où leur cargaison était déchargée. Les marchands de la capitale apprirent bientôt que le *Clove* était arrivé sain et sauf à Plymouth et pensèrent qu'il jetterait l'ancre à Londres quelques jours plus tard. Ils l'attendirent en vain. Le navire resta près de neuf semaines à Plymouth, retardé, d'après Saris, par de terribles ouragans «plus tempétueux et mettant leurs vies plus gravement en danger que pendant le voyage tout entier». Soupçonneux, les directeurs de la Compagnie des Indes pensèrent que le capitaine ne s'était arrêté que pour décharger des marchandises qu'il avait l'intention de vendre pour son propre compte. Deux lettres qu'ils interceptèrent confirmèrent cette hypothèse : Saris y demandait à un frère et à un cousin d'envoyer « deux mariniers de confiance ». Ces hommes prendraient, on pouvait du moins le supposer, livraison de la cargaison illicite et la vendraient au marché noir.

Ces missives convainquirent les directeurs de la compagnie de la culpabilité de Saris. « Il a fait un grand trafic privé pour lui-même et a l'intention de retirer ses marchandises du navire », accuse l'un d'eux. Furieux, et voulant à tout prix éviter la disparition d'une partie de la cargaison, ils envoyèrent à Plymouth deux agents qu'ils chargèrent de monter à bord du *Clove* et d'empêcher toute transaction illicite. Ils dépêchèrent un troisième homme à la maison de la poste avec ordre d'intercepter le courrier de Saris. Un quatrième larron alla s'installer à l'auberge *Starre*, située dans Bread Street, où les marins allaient souvent boire ; il tendrait l'oreille aux rumeurs.

De telles dispositions ne reçurent pas l'approbation de tous les marchands de Londres. Saris ne comptait pas seulement des ennemis à la Compagnie des Indes, il y avait aussi des amis qui firent observer qu'il serait plus juste de le considérer comme innocent jusqu'à ce que de plus amples preuves du contraire eussent pu être rassemblées. Ils parvinrent à faire annuler l'ordre qui avait été donné de convoquer sur-le-champ le capitaine à Londres, ce qui aurait équivalu à une disgrâce. « Il convient de le traiter avec bienveillance jusqu'à ce qu'une mauvaise conduite de sa part soit certaine », firent-ils remarquer, et ils réussirent à faire prévaloir cette opinion.

Mais les quatre sbires envoyés à Plymouth par la compagnie ne furent pas rappelés et ils eurent bientôt des choses intéressantes à apprendre à leurs employeurs. Ce n'était toutefois pas de Saris qu'il était question, mais de ce qui se passait au Japon. Parmi les lettres déposées à la maison de la poste il y en avait en effet une écrite par Adams. On y lisait que sept hommes s'étaient établis à Hirado et que « l'empereur » Ieyasu avait offert de généreux privilèges commerciaux à l'Angleterre. Il y était aussi confirmé que les vieilles légendes concernant la richesse du Japon ne mentaient pas, et que l'endroit était en outre idéal pour réparer les dommages causés aux navires par les longs voyages en mer. « Ici rien ne manque, écrivait Adams, ni charpentiers, ni poutres, ni planches ni métal [...] d'aussi bonne qualité et aussi bon marché qu'en Angleterre. »

Le capitaine Saris n'arriva à Londres qu'à la mi-novembre, après avoir fait la route par voie de terre. Il reçut un accueil mitigé car les soupçons concernant les six semaines qu'il avait passées à Plymouth n'étaient pas entièrement levés. Ses détracteurs changèrent cependant vite de ton quand ils eurent écouté le rapport qu'il fit de son voyage au Japon. S'adressant aux marchands de Londres réunis en assemblée générale, il en fit un récit détaillé et conduisit ensuite une discussion animée concernant les produits les plus appréciés dans ce pays. Il se montra très optimiste quant aux perspectives commerciales qu'offrait cette contrée lointaine et abreuva son auditoire de renseignements confortant leurs espoirs. Le drap était très demandé – surtout celui de couleur vive –, leur dit-il, ajoutant que les Japonais étaient prêts à payer le basin, le lin et les tissus indiens au prix fort.

Ce n'était pas vrai. Il avait été presque impossible à Cocks de vendre sa cargaison de drap de couleurs vives, et il avait appris à ses dépens que, pour habiller les hommes à leur service, les nobles japonais préféraient les teintes « tristes » – le noir ou le brun. Saris faisait aussi preuve d'un optimisme sans aucun fondement en estimant à plus de six livres le prix pour lequel le tissu épais se vendrait, et la liste qu'il dressa des produits les plus appréciés – sucre candi, savon, images lascives – était aussi excentrique que fausse.

Le capitaine avait de bonnes raisons de présenter aux marchands de Londres un tableau idyllique des perspectives offertes par le commerce avec le Japon. Il se savait menacé de disgrâce et espérait que les bonnes nouvelles qu'il rapportait contribueraient à blanchir rapidement sa réputation. Elles justifiaient aussi la décision qu'il avait prise de fonder un comptoir commercial au Japon. Sentant qu'il avait désarmé ses détracteurs et gagné la partie, il conclut : « Construisez sur ce mince conseil [...] car il est vrai. »

C'était exactement ce que ses auditeurs avaient l'intention de faire. Ils étaient ravis de s'entendre dire que le marché japonais était extrêmement prometteur et apprirent avec intérêt que les Hollandais avaient récemment consacré mille cinq cents livres à la réparation de leur factorerie de Hirado. Vu la prudence qu'on leur connaissait, s'ils investissaient des sommes importantes au Japon, c'était sans aucun doute qu'il y avait des affaires fructueuses à faire dans ce pays.

Les débats dont le rapport de Saris fut l'objet eurent lieu à la mi-novembre 1614 et l'enthousiasme augmenta à mesure qu'ils se déroulaient et touchaient à leur fin. « Là-dessus, ayant pesé toutes les raisons [...], ils furent absolument de l'opinion que l'endroit était plein d'espoir [...] », raconte un des participants. Les directeurs de la Compagnie firent donc l'acquisition de deux navires, l'*Advice* et l'*Attendant*, et entreprirent la collecte des marchandises à entasser dans leurs cales.

Saris était enchanté de la tournure prise par les événements : alors qu'une semaine plus tôt, les soupçons avaient pesé sur lui et qu'il avait risqué d'être censuré, il se voyait soudain traité en héros. Il avait fait faire aux commanditaires du voyage un bénéfice de deux cents pour cent, presque entièrement dû à la vente des épices qu'il avait rapportées, et la décision qu'il avait prise de fonder un comptoir commercial au Japon, une idée d'avenir pensait on, était unanimement acclamée. Les critiques que sa conduite avait pu susciter étaient oubliées et les directeurs de la Compagnie ne prêtèrent aucune attention aux lettres écrites par les hommes restés sur place. Elles contenaient pourtant d'excellents conseils donnés par Cocks, Peacock et Wickham, dont la plupart contredisaient ceux offerts par Saris. La missive de Cocks aurait dû retenir leur attention : « Les Japonais sont si attachés aux soieries qu'ils ne considèrent pas l'avantage qu'il y a à porter de la laine », disait-il, et il ajoutait une remarque qui aurait dû inquiéter les marchands anglais : « Ils changeront peut-être d'avis avec le temps [...], en attendant nous devons chercher d'autres choses », concluait-il en effet.

La lune de miel entre Saris et la Compagnie des Indes orientales ne dura pas longtemps. Sir Thomas Smythe avait mis chez lui à la disposition du capitaine une pièce où entreposer ses affaires. Un peu avant Noël, il apprit qu'il y avait beaucoup de livres et d'images pornographiques parmi les objets rapportés de ses voyages par son hôte. Mis au courant de sa découverte, ses collègues furent aussi horrifiés que lui : « Les livres et images lascives [...] sont considérés comme un grand scandale pour la Compagnie, et impropres par leur gravité à être permises », décrétèrent-ils.

Tout en assurant les marchands de « son déplaisir », d'autant plus grand que la honte rejaillissait sur sa propre demeure, Smythe était cependant enclin à passer l'affaire sous silence. Mais lorsqu'il apprit qu'elle était la source de plaisanteries et donnait lieu à toutes sortes de commérages et à des « propos hostiles » à la bourse de Londres, il se décida à agir. Affligé et furieux, il jura de brûler la scandaleuse collection lors d'une cérémonie publique à laquelle Saris serait contraint d'assister. « De tels spectacles vicieux ne sont pas encouragés par cette Compagnie », tel était le message qu'il voulait envoyer aux Londoniens. Le 10 janvier 1615, sa décision fut mise à exécution : « Et là-dessus, en présence de tous, Smythe jeta les images lascives dans le feu, où elles restèrent jusqu'à ce qu'elles fussent brûlées et devenues fumée », raconte un témoin.

Pendant que Saris faisait route vers Londres, William Adams supportait la vie qu'il menait à Hirado avec une impatience grandissante. Il jouissait de tout le confort possible chez ses amis japonais et trouvait leur compagnie agréable, mais il désirait vivement retourner à Hemi et retrouver l'épouse et les enfants qui l'y attendaient. Il avait déjà laissé une femme et une fille en Angleterre et, en demeurant à Hirado, il courait le risque de perdre une autre famille. Il avait aussi besoin de s'occuper de ses terres. Il y avait la moisson du riz à surveiller et d'inévitables petites disputes de voisinage à régler. Il était quasiment impossible pour un propriétaire terrien d'administrer un domaine situé à cent kilomètres de l'endroit où il résidait. Adams avait une autre raison de désirer retourner à Hemi. Pendant plus de treize ans, il avait attendu avec une grande impatience que des compatriotes viennent le rejoindre. Maintenant qu'ils étaient enfin là, il découvrait, à sa grande déception, qu'il avait très peu de choses en commun avec eux. Sur un point au moins, le capitaine Saris avait eu tout à fait raison : Adams se sentait plus à l'aise avec ses amis japonais qu'avec les Anglais.

Dès que les travaux de construction furent terminés à la factorerie, Adams suggéra à ses collègues que le moment était venu pour eux de se consacrer à la mission commerciale qui leur avait été assignée. Une grande partie de l'argent dont ils disposaient avait été dépensée en réparations, et les cadeaux offerts avaient encore amenuisé leurs précieuses ressources financières. Adams se rendait compte que si les Anglais ne se mettaient pas immédiatement au travail, la faillite guetterait la factorerie.

Mais Cocks constata que vendre les marchandises dont il disposait n'était pas aussi facile qu'il l'avait espéré. Chaque fois qu'il pénétrait dans le magasin où elles étaient entreposées, il était obligé d'admettre qu'elles n'étaient « pas très vendables ». Il y avait là cinquante pièces de drap, quelque six mille coupons de cotonnades indiennes, cent vingt-quatre défenses d'éléphant, du poivre, de l'étain et du plomb en grande quantité, ainsi que quarante-six barils de poudre et six canons. Le maître marchand avait pensé trouver sans difficulté un marché pour ces articles, mais il avait découvert que l'ivoire abondait au Japon, qu'il n'y avait aucune demande pour le drap, que l'étain était aussi bon marché qu'en Angleterre et que, pis encore, les cotonnades étant fabriquées sur place, celles importées d'Inde n'intéressaient personne.

Cocks espérait que cet état de choses ne concernait que Hirado et que ses marchandises trouveraient acheteur ailleurs dans l'archipel. Le capitaine Saris lui avait recommandé d'étendre ses tentacules un peu partout et de créer des filiales et de petits entrepôts dans le Japon tout entier. N'ayant que sept hommes sous ses ordres, il lui semblait difficile de suivre de telles instructions, mais Adams lui suggéra une manière efficace de tirer parti des ressources humaines limitées dont il disposait : William Eaton partirait pour Osaka, Richard Wickham pour Edo et le jeune Edmund Sayers pour l'île montagneuse de Tsushima, située dans le détroit de Corée. Peacock et Carwarden se déclarèrent prêts à explorer une contrée plus lointaine – la Cochinchine (ou Viêtnam du Sud) – et Adams lui-même offrit d'entreprendre le long voyage conduisant au Siam. Nealson resterait au siège pour seconder Cocks.

Wickham et Eaton, qui furent les premiers à quitter Hirado, firent leurs adieux à leurs amis en janvier 1614. Adams les accompagna car ils avaient tous deux besoin de son aide pour trouver une maison où s'installer. Cocks, que l'idée des vastes sommes qu'il avait dépensées en danseuses, en domestiques et en bâtiments pour la factorerie tourmentait de plus en plus, leur recommanda de vendre leurs marchandises aussi rapidement que possible. «Transformez tout en espèces sonnantes et trébuchantes avant qu'une autre cargaison n'arrive d'Angleterre, afin qu'il ne puisse pas être dit que nous sommes oisifs et ne faisons que manger et boire», insista-t-il sur un ton angoissé.

Les voyageurs firent un bref arrêt à Osaka afin de trouver un logement pour Eaton, puis poursuivirent leur chemin jusqu'à Edo, une ville si grandiose que tous ceux qui la visitaient étaient impressionnés. La magnificence des nobles demeures qu'on y voyait avait étonné Saris : « Leur apparence nous semble glorieuse, écrivit-il, avec leurs tuiles faîtières et leurs cornières richement dorées, les chambranles dorés et vernis de leurs portes. » Il avait aussi admiré les larges boulevards impeccablement balayés « aussi larges que n'importe quelle rue en Angleterre », et beaucoup plus propres. « Elles sont si bien nettoyées qu'on pourrait penser que personne n'y marche », remarqua un visiteur espagnol non sans une pointe d'ironie.

La ville était divisée en quartiers dont chacun était occupé par des artisans pratiquant un métier différent : il y avait celui des cordonniers, celui des chaudronniers, celui des forgerons et celui des tailleurs. Les marchands de gibier à plume – perdrix, oies, canards sauvages, cigognes et poules d'eau – étaient groupés dans un autre, tandis que les lapins, les lièvres et la viande de sanglier étaient vendus dans un endroit à part. Le marché aux poissons était si pittoresque qu'on y organisait des visites pour les étrangers. « Ils vendent toutes les sortes de poissons d'eau de mer et d'eau douce que vous pouvez désirer, écrit l'Espagnol Rodrigo de Vivero y Velasco. Beaucoup de poissons vivants sont conservés dans des bassins pleins d'eau, de sorte que vous pouvez acheter exactement ce que vous voulez.» Le marché aux fruits valait lui aussi le coup d'œil: «Il est tout aussi intéressant [...] parce que, outre l'abondance et la variété des fruits, la propreté avec laquelle les marchandises sont disposées aiguise l'appétit des clients», poursuit le même visiteur.

Edo était une ville riche et des foules de courtisans et d'aristocrates vêtus de beaux kimonos de soie se pressaient dans ses rues. Les seigneurs féodaux les plus enclins à faire étalage de leur fortune portaient des vêtements éclatants, décorés de délicats motifs de fleurs et de feuilles. «Ils mêlent de l'or aux fleurs, écrit le père Joao Rodrigues, et ils sont particulièrement habiles dans l'usage des cramoisis et encore plus des violets.» En été, les hommes se ceignaient les reins de chanvre ou de lin. «Toutes les dames nobles et aristocrates [...] portent des gants de soie qui couvrent le dos de leurs mains», remarque encore le jésuite. Mais c'était ce que les Japonais mettaient à leurs pieds qui étonnait le plus les étrangers: ils chaussaient en général des savates de cuir de chèvre maintenues par un lien de paille et les troquaient, quand il pleuvait, contre de massives galoches de bois retenues par une lanière passant autour de leur gros orteil.

Cocks avait dit à Wickham de ne pas lésiner sur le loyer en cherchant à se loger. «Installez-vous dans la maison du meilleur marchand de la ville, avait-il recommandé, car vivre sous le toit d'un naturel du Japon vaut mieux que dans la maison de n'importe quel étranger.» Par chance, Adams avait de la famille à Edo et il présenta Wickham à son beau-père, Magome Kageyu, qui était toujours maître de poste. Nommé mandataire de Wickham, ce dernier fut chargé de veiller à la sécurité des marchandises anglaises et de présenter le facteur anglais aux hommes d'affaires de sa connaissance. Il apparut vite que c'était un «bonhomme rusé» si habile à chiper de l'argent que les Anglais le surnommèrent Nicolas Machiavel.

Les *jurabassos* ou interprètes de Wickham n'étaient pas plus honnêtes. Engagés pour la connaissance qu'ils avaient du portugais, langue utilisée alors au Japon pour le commerce, ils passaient une grande partie de leur temps à dévaliser le petit entrepôt anglais. Seul Adams était capable de leur en imposer. Après son départ, ils n'eurent pas de peine à se jouer de Wickham. « Ce sont des vilains et des trompeurs, on ne peut pas leur faire confiance », se lamente ce dernier dans une lettre adressée à Eaton.

Malgré les formidables difficultés qu'il avait à affronter, Wickham avait l'espoir de réussir à faire d'Edo une base commerciale prospère. Le moment était propice, car la ville était pleine de centaines de riches aristocrates japonais venus célébrer la fin des travaux de restauration du château. Beaucoup d'entre eux rendaient visite à son petit entrepôt pour s'y faire montrer des échantillons de draps anglais.

Par malheur, ils devaient repartir sans en avoir vu. Les marchandises anglaises n'étaient pas encore arrivées de Hirado et Wickham, frustré, vit affluer les acheteurs potentiels sans avoir rien à leur vendre. La situation le contraria au point de lui donner la fièvre. « Je suis si inquiet [...] que je n'ai pas le temps de rassembler des choses à vous écrire », dit-il dans une lettre adressée à William Nealson. Lorsqu'il l'apprit, ce contretemps mit Cocks en colère plutôt qu'il ne l'affligea. « Si nous restons sept ans de plus au Japon, nous n'aurons jamais une occasion pareille de vendre notre drap à cette assemblée de nobles », explosa-t-il.

Vite parvenue à Hirado, la nouvelle du fiasco fut bientôt connue des Hollandais qui réagirent promptement et envoyèrent leurs propres textiles à Edo. Le moment était bien choisi et leurs émissaires revinrent de la capitale chargés de pièces d'argent. C'en fut trop pour Wickham, toujours enclin, quand les choses ne tournaient pas à son avantage, à chercher un bouc émissaire. En l'occurrence, il n'avait pas loin à aller pour le trouver. «Je ne sais pas que penser ou que dire du capitaine Adams, écrivit-il dans un message adressé à Cocks, mais je le soupçonne fort d'avoir un pied dans chaque camp.»

C'était l'insistance avec laquelle Adams avait conseillé d'effectuer le transport des marchandises par bateau qui avait alerté Wickham. Les Hollandais empruntaient d'habitude la voie de terre et l'idée vint au chef du poste d'Edo que son collègue essayait de saboter les efforts des Anglais. Il s'abstint de l'accuser ouvertement – «Je ne savais pas quel remède porter», se justifia-t-il – mais confia ses doutes à Cocks: «Ils serviront d'avertissement pour la prochaine occasion», remarqua-t-il.

Profondément choqué par les allégations de Wickham, Cocks fit une enquête approfondie à leur sujet. Il ne tarda pas à découvrir que c'était le transporteur des marchandises qui était responsable du retard, et que rien ne pouvait être reproché à Adams. Le doute germant cependant dans son esprit, il prit une mesure bizarre: en guise de précaution, il recruta Gisbert de Coning, l'un des survivants hollandais du *Liefde* duquel Adams s'était tenu à l'écart depuis qu'ils étaient arrivés ensemble au Japon. L'homme se montra vite aussi peu efficace qu'il était impopulaire et contribua à amoindrir les maigres ressources financières dont Cocks disposait.

Bien qu'habitant, du fait de ses nouvelles fonctions, à huit cents kilomètres de Hirado, Wickham recevait de fréquentes lettres de ses collègues. Dans l'une d'elles, Cocks lui faisait, par exemple, part de ragots concernant les difficultés conjugales que connaissait l'ancien propriétaire des bâtiments occupés par la factorerie. Il avait de terribles querelles avec son épouse et lui avait une fois tendu son sabre en lui disant de se couper le petit doigt. Elle lui aurait obéi docilement si Maria, sa servante, ne l'en avait empêchée. Ce fut contre cette dernière que la fureur de Li Tan se tourna : « Elle a payé cher, car elle a eu le pouce gauche presque coupé », raconte Cocks.

Quelques jours plus tard, Wickham reçut de William Nealson un message sibyllin annonçant une nouvelle extrêmement excitante. Pour que son contenu, d'une nature très délicate, ne puisse pas être facilement compris, la lettre consistait en une série de rébus, de jeux de mots et de codes. « Pour l'exposition de cette devinette, écrivait Nealson, déchiffre ceci : peut être cocu qui ne porte pas de cornes. » Suivait presque une demi-page dans la même veine, parsemée d'allusions voilées au sens de la missive : « Lis ceci à l'envers, *ad dextro ad sinistro* : OIGNITAM », y était-il par exemple recommandé. Après quoi, présumant que son correspondant avait résolu l'énigme, Nealson continuait : « Eh bien quoi, mon compère ! Qu'est-ce qu'il y a ? Tu te signes je crois, car n'en doute pas, la chose est vraie. » La nouvelle était assurément passionnante : Nealson avait couché avec Matinga, la maîtresse de Cocks. Il était ravi, le ton de la lettre le prouvait, mais il savait aussi que son supérieur serait très affligé s'il apprenait l'infidélité de sa concubine : « Ne t'avise pas de jaser, recommande Nealson, tout ce que je t'écris dorénavant, condamne-le aux flots ou au feu. » Par bonheur, Wickham ne suivit pas les conseils de son ami et l'on peut lire aujourd'hui la confidence de Nealson à la British Library.

Cocks n'était pas, de son côté, resté inactif. Déçu par la supposée frigidité de Matinga, il s'était efforcé de trouver une partenaire plus dynamique à mettre dans son lit. « J'ai acheté une fille hier, écrivit-il à Wickham. Elle n'a que douze ans et elle est encore trop petite pour le déduit, mais qu'est-ce que tu crois, j'en ai une autre plus copulable en vue. » Et, faisant inconsciemment écho aux recommandations de Nealson, il ajoute : « Garde ta langue. » Il était cependant sûr que son

Cocks et ses hommes se plaisaient dans la compagnie des prostituées *(ci-dessus : noter le kimono largement décolleté)*. Ils avaient aussi des liaisons durables et les échanges de partenaires n'étaient pas rares entre eux.

secret serait ébruité, ce qui n'était sans doute pas pour le mécontenter. Wickham, assurément impressionné de l'intérêt que cet homme vieillissant prenait au sexe, lui conseilla de veiller à ne pas engrosser la fillette. « Vous autres, vieilles branches, faites un très dangereux combustible près de telles poudrières », avait-il averti.

Les Anglais auraient tous eu avantage à suivre le conseil donné à Cocks. Il leur arrivait en effet souvent de découvrir que leurs concubines étaient enceintes. Celle d'Eaton lui donna coup sur coup deux enfants – William et Helena – et Sayers eut une fille de la sienne. Nealson en eut également une, tandis qu'Adams voyait lui aussi sa famille s'accroître : il avait déjà deux enfants de son épouse japonaise – Joseph et Suzanna – qui vivaient avec leur mère à Hemi, et apprit qu'un troisième allait bientôt lui naître, fruit des longs mois de solitude passés à Hirado. Contrairement à ses compatriotes, il en était plutôt embarrassé et n'y fait jamais allusion dans ses lettres.

L'optimisme de Cocks en ce qui concernait le commerce crût tandis que le printemps faisait place à l'été. Wickham avait réussi à vendre son lot de plomb et, à Osaka, la situation de la factorerie d'Eaton semblait prometteuse. Tempest Peacock et Walter Carwarden étaient partis pour la Cochinchine pleins d'espoir, tandis que le jeune Edmund Sayers faisait ses premières armes à Tsushima. Cocks nourrissait le rêve grandiose d'étendre son empire commercial à toute la Corée, nonobstant le caractère peu encourageant des premiers rapports qu'il avait reçus de ce pays. « Des marécages immenses entourent les plus grandes villes, aucun homme ne peut les traverser à cheval », avait-il appris. On devait avoir recours à des « chariots ou charrettes » amphibies, propulsés par des voiles.

William Adams avait passé le printemps 1614 à aider ses compatriotes à compléter leurs divers préparatifs. Une fois qu'ils eurent quitté Hirado, il se déclara impatient d'entreprendre le voyage au Siam qu'il avait projeté. Lorsque Wickham apprit la chose, il supplia qu'on le laisse se joindre à l'expédition. Ce n'était pas l'envie de se trouver en compagnie d'Adams qui le poussait, mais l'idée que ce voyage serait pour lui une excellente occasion de faire des affaires pour son propre compte. L'« honnête » Cocks n'y vit que du feu et donna volontiers son consentement. La factorerie d'Edo fut temporairement fermée et Wickham rentra à Hirado.

Adams mit plusieurs semaines à réparer son bateau, le *Sea Adventure*, et plusieurs mois pour recruter les cent vingt hommes qui en composeraient l'équipage. Il prit également à son service deux négociants européens – un Italien et un Castillan – qui avaient servi d'agents commerciaux aux Anglais à Nagasaki. Le mois de novembre 1614 était arrivé quand tout fut enfin prêt et le temps était en train de changer. À peine le *Sea Adventure* s'était-il éloigné des côtes du Japon qu'une terrible tempête accompagnée d'éclairs s'abattit sur le navire. Les vagues déchaînées qui frappaient les bordages tout juste réparés les disjoignaient, et l'eau envahit la cale. Pendant un jour et une nuit, les marins japonais travaillèrent sans relâche à actionner les pompes. En vain. Horrifiés, ils se rendirent compte que le bateau se remplissait plus vite qu'ils ne le vidaient.

Le comportement téméraire de leur capitaine ne faisait qu'augmenter leur terreur. Semblant prendre plaisir au danger qui les menaçait, il les pressait de ne pas abandonner la partie. « Les marchands et autres passagers oisifs furent saisis d'une telle peur qu'ils commencèrent à murmurer et à se mutiner », raconte un témoin. Au milieu des hurlements du vent et du déferlement des vagues, les matelots se rebellèrent et dirent à Adams qu'ils cesseraient de pomper s'il refusait de mettre immédiatement le cap sur l'archipel des Ryukyu, situé dans la mer de Chine orientale. Contraint d'accepter, le capitaine prit, le cœur lourd, le chemin de la grande île tropicale, connue aujourd'hui sous le nom d'Okinawa, qui se trouve à quelque huit cents kilomètres au sud de Hirado.

Cette terre frangée de palmiers était l'un des rares endroits où des contacts directs étaient possibles entre les marchands chinois et japonais. Jusqu'en 1609, le royaume de Ryukyu avait été indépendant et ses souverains prospères avaient connu une existence glorieuse dans la splendeur des murs laqués de leur château de Shuri. Après cette date, leurs terres héréditaires étaient passées sous le contrôle du seigneur japonais de Satsuma, lequel espérait voir cette partie reculée de son fief devenir un entrepôt pour les marchandises étrangères.

Adams et ses hommes, épuisés par la tempête qui avait rendu leur voyage harassant, y trouvèrent « une merveilleuse et grande amitié ». Ils se virent offrir du riz, du jambon et des navets, et autorisés à mettre leurs marchandises à l'abri à terre pendant qu'ils procédaient aux réparations dont leur bateau endommagé avait besoin. Les marins auraient pu se montrer reconnaissants et s'estimer heureux de se trouver dans un paradis luxuriant, aux plages vierges et au climat chaud tout au long de l'année. Ces hommes indisciplinés se plaignirent au contraire de l'humidité suffocante et des moustiques assoiffés de sang qui les tourmentaient. Ils exigèrent que la moitié de leurs gages leur soit versée, burent tout cet argent et assouvirent leur frustration en se battant entre eux. « Ce jour, tous nos officiers, mariniers et passagers prirent les armes pour s'attaquer les uns les autres », écrit Adams, consterné. Il essaya d'arrêter le « carnage » mais le chef des tribus habitant l'île, mis au courant de la situation, se montra impitoyable. Arrivé sur les lieux, il dégaina son sabre et, ayant repéré le meneur, il le coupa en morceaux.

Considérant qu'ils s'étaient montrés suffisamment tolérants envers les turbulents étrangers, les représentants de l'autorité locale ordonnèrent à Adams de quitter les lieux sur-le-champ, sans même le laisser se procurer « ces nécessités dont la jonque avait besoin », ni se livrer à aucune transaction commerciale. Il ne restait plus à Adams qu'à dresser le bilan de l'expédition. Il était désastreux : le voyage avait coûté plus de cent quarante livres, dépense propre à davantage grever les finances déjà peu florissantes de la factorerie ; une très mauvaise impression avait en outre été créée à Ryukyu. La catastrophe n'avait profité qu'à un seul des voyageurs. Richard Wickham avait découvert que le succin ou ambre jaune – une résine parfumée – coûtait beaucoup moins cher à Ryukyu qu'ailleurs en Orient. Sachant ce produit rare et très apprécié au Japon où il était utilisé à des fins culinaires, il ne laissa pas passer cette occasion de s'enrichir et en acheta une quantité modeste – deux livres – pour la factorerie et une considérable – deux cent soixante livres – pour lui-même. Il revendit par la suite un peu de sa part personnelle à la factorerie en en majorant le prix de cinquante pour cent, et fit ainsi un énorme bénéfice. Il écoula un autre lot en secret à Nagasaki et en expédia un troisième à Bantam. Cocks n'apprit les manigances de Wickham que deux ans plus tard, date à laquelle il était trop tard pour agir.

L'échec presque complet du voyage du *Sea Adventure* devait avoir des conséquences durables. Les deux agents de la factorerie anglaise de Nagasaki qui avaient accompagné Adams se trouvèrent en effet dans une situation critique. Jugés traîtres par les autorités portugaises de la ville parce qu'ils avaient servi les Anglais et parce qu'ils avaient manqué de fidélité à leur foi catholique, ils furent jetés en prison en attendant d'être exécutés.

Cocks écrivit au gouverneur de Nagasaki pour lui demander instamment de les relâcher, mais ce dernier fit la sourde oreille. « Il a utilisé tous les moyens possibles pour obtenir leur libération, et il ne l'a pas pu », rapporte William Eaton à propos de la démarche de Cocks. Vexé, ce dernier supplia Adams de porter l'affaire devant le shōgun. Heureux de pouvoir rendre ce service, le pilote raconta à Ieyasu ce qui s'était passé. « L'empereur ordonna sur-le-champ que les deux hommes fussent mis en liberté et que toutes leurs marchandises leur fussent rendues », note Cocks reconnaissant. Les Portugais étaient furieux mais impuissants. Une fois encore, Adams avait réussi à les humilier, et avait en même temps démontré l'influence dont il continuait à jouir auprès de Ieyasu.

Adams marqua un point de plus en intervenant auprès du shōgun en faveur de Specx et de ses hommes. Les Hollandais s'étaient emparés d'un navire portugais, le *San Antonio*, chargé d'une riche cargaison de bois d'ébène, d'or et d'aliments en conserve. Ce vaisseau se dirigeait vers Nagasaki mais, comme il n'était en possession d'aucun document l'autorisant à commercer avec le Japon, Specx considérait que son action était légitime.

Indécis, Ieyasu autorisa les deux partis à venir plaider leur cause à la cour. Lorsqu'il découvrit que c'était Adams qui représentait les Hollandais, il trancha en leur faveur et les autorisa à garder le bâtiment, sa cargaison et son équipage. «William Adams a été une cause principale qui a poussé l'empereur à cela», note Cocks radieux. Il avait été enchanté d'apprendre qu'Adams avait profité de l'occasion pour rappeler à Ieyasu que les rois d'Espagne et du Portugal désiraient dominer la partie orientale de la planète.

Le maître facteur avait par ailleurs reçu avec plaisir les tubercules de patate douce qu'Adams lui avait rapportés de Ryukyu. Ces spécimens devaient être les premières pommes de terre jamais cultivées au Japon. Mises en terre et surveillées par Cocks, ces plantes donnèrent une abondante récolte. L'heureux jardinier avait indubitablement le pouce vert et il put bientôt parler dans son journal du plat de «batates» qu'il avait apporté au roi Foyne, homme sans nul doute à les apprécier.

Ces légumes représentèrent le seul bénéfice que la factorerie tira du voyage à Ryukyu. Alors que le commerce illicite auquel il s'était livré avait rapporté une fortune à Wickham, Cocks lui-même se retrouva sans un sou en poche. Mais les événements ne lui donnèrent pas le temps de faire ses comptes ni d'évaluer l'étendue de ses pertes. Un danger plus grave que la banqueroute menaçait les Anglais: une guerre civile se préparait et Ieyasu mobilisait ses troupes.

C'était contre les chrétiens vivant dans son royaume que la colère de Ieyasu était dirigée. Il avait jusque-là fait preuve d'une remarquable tolérance à l'égard des jésuites et des franciscains qu'il avait autorisés à construire des églises et à prêcher en public dans le pays tout entier. Ces religieux avaient fondé des collèges destinés à l'instruction de novices japonais ainsi qu'une imprimerie servant à la publication de catéchismes distribués aux convertis de fraîche date. L'indulgence du shōgun avait surtout profité aux jésuites : ils avaient bien mieux réussi au Japon que dans aucun autre pays oriental – ils y avaient probablement fait près de trois cent mille conversions – et leurs cent seize missionnaires desservaient de nombreuses églises éparpillées dans le pays tout entier. Ieyasu avait accepté sans rien dire le baptême de plusieurs seigneurs féodaux et il avait confié un certain nombre de postes importants à la cour à des Japonais chrétiens. Mais une série d'incidents malheureux le conduisit à changer d'attitude.

La visite de Sebastian Vizciano avait d'abord contribué à vicier l'atmosphère. La hautaine arrogance de l'Espagnol avait provoqué l'ire de Ieyasu dont la fureur n'avait fait que croître lorsqu'il avait appris que ce désagréable personnage entretenait des relations étroites avec les franciscains. Il avait puni ces moines en ordonnant la fermeture de quelques-unes de leurs églises.

Un peu plus tard, ce fut la conduite d'un daimyo qui envenima davantage la situation. Le seigneur d'Arima, qui était chrétien, soudoya un de ses coreligionnaires occupant un poste à la cour pour obtenir de lui qu'il forge un document grâce auquel il pourrait agrandir ses terres. Ieyasu fut horrifié à l'idée qu'un courtisan puisse faire passer la loyauté envers sa religion avant celle due à sa propre personne. En guise d'avertissement lancé aux collègues chrétiens du dignitaire coupable, il ordonna que celui-ci fût rôti vivant. Arima ne fut pas épargné : dépouillé de son fief, il fut exilé.

Un autre incident, beaucoup plus grave celui-là, convainquit Ieyasu, à qui il fut rapporté que la religion chrétienne avait une influence pernicieuse sur la société japonaise et créait des divisions en son sein. Un criminel de bas étage, un nommé Jirobioye accusé d'être un faux-monnayeur, fut arrêté et, en tant que chrétien, condamné à être crucifié. Ses coreligionnaires vinrent assister à son supplice par centaines et restèrent à ses côtés jusqu'à ce qu'il expire. « La foule tomba à genoux pour recommander son âme à Dieu », raconte un témoin. S'adressant à l'assemblée, les prêtres parlèrent de l'amour qu'ils avaient pour tous les chrétiens, même pour des pécheurs comme Jirobioye.

Ieyasu trouva de tels discours infâmes et fut encore plus choqué d'apprendre que les religieux conseillaient ouvertement à leurs ouailles de leur obéir à eux plutôt qu'aux seigneurs féodaux dont ils dépendaient. Voyant dans de telles recommandations une menace pour les principes d'ordre sur lesquels la société japonaise était fondée, le shōgun décida qu'il fallait mettre un terme à la propagation de la doctrine prêchée par les chrétiens. En 1614, il promulgua un édit contre eux. Ils y étaient accusés d'être venus de l'étranger « pour disséminer une loi maléfique » et de vouloir « renverser la vraie doctrine dans le dessein de changer le gouvernement du pays ». La conclusion de ce texte resté célèbre était sans ambiguïté : « C'est le germe d'un grand désastre, et il doit être écrasé. » Tous les chrétiens étrangers étaient sommés de quitter immédiatement le Japon sous peine d'être marqués au fer, d'avoir le nez fendu, les pieds coupés, d'être châtrés ou mis à mort. Les chrétiens japonais n'étaient pas épargnés. Ils étaient autorisés à demeurer dans le pays, mais à une condition : ils devaient s'affilier à une des principales sectes bouddhistes, les chefs de famille étant rendus responsables de l'apostasie de leurs enfants.

Ce revirement soudain dans leur fortune consterna les jésuites. Après avoir passé plus d'un demi-siècle au Japon, ils se voyaient sommairement expulsés par l'homme même qui avait fait preuve jusque-là d'une extrême tolérance à leur égard. Hormis certains pères qui espéraient pouvoir rester au Japon « cachés et déguisés », tout en sachant la chose quasiment impossible car ils connaissaient « l'extrême difficulté de trouver les moyens de garder leur présence secrète », les jésuites prirent à contrecœur le chemin de Nagasaki. Ils n'en continuaient pas moins à conserver l'espoir que Ieyasu abrogerait son décret, et à prier pour que leur vœu soit exaucé.

L'édit de Ieyasu visait avant tout les catholiques. Adams avait déployé de grands efforts pour expliquer au shōgun les différences existant entre le catholicisme et le protestantisme, et pour lui faire comprendre la fissure théologique qui avait séparé les deux religions, et avait semé le désordre et la guerre en Europe pendant des décennies. Sa patience et la clarté de ses explications avaient porté leurs fruits. Les Anglais n'eurent pas à souffrir de la colère de Ieyasu qui n'eut comme seule conséquence pour eux que de les obliger à retirer la bannière de saint Georges flottant sur le toit de la factorerie à cause du caractère offensant de la croix qui y figurait. Ils accueillirent le changement d'attitude de Ieyasu avec une joie non dissimulée, sans toutefois en être indûment surpris. Adams jugeait depuis longtemps le catholicisme condamné à plus ou moins long terme au Japon. « Votre Honneur verra que dans trois ans il n'y aura pas un seul père au Japon », avait-il dit en se vantant à un Espagnol. Wickham alla jusqu'à prétendre que l'édit de Ieyasu était en partie dû aux arguments présentés par les Anglais. « À l'occasion, nous avons offert peu de crédit aux jésuites », fanfaronna-t-il. C'était certainement là l'opinion du père supérieur, Valentim Carvalho, qui écrivit au pape dans ce sens : « Par fausse accusation [...] ils [Adams et ses compatriotes] ont fait de nos prédicateurs de tels objets de soupçons qu'il [Ieyasu] croit que ce sont plutôt des espions que des semeurs de la Sainte Foi dans son royaume », confia-t-il au souverain pontife.

L'édit de Ieyasu eut un effet aussi spectaculaire qu'immédiat. «Toutes les maisons et les églises appartenant aux frères et aux jésuites sont démolies et brûlées [...]. Et ainsi, il n'y a plus de Japonais chrétiens dans cette région», écrivit d'Osaka William Eaton, qui raconte qu'ils avaient tous abjuré leur foi. Ce n'était que partiellement vrai. Les églises avaient bien été démolies dans cette ville, mais l'identité de beaucoup de ceux qui les fréquentaient n'était pas connue et les prêtres étrangers n'étaient pas tous partis pour Nagasaki. Un grand nombre de moines, de pères jésuites et de samouraïs chrétiens avaient commencé, dans le plus grand secret, à chercher refuge derrière les murs de l'imprenable château d'Osaka. Un conflit se préparait. Ieyasu était sur le point de faire face au défi le plus grave jamais porté à son autorité et allait se trouver dans une situation quasi désespérée.

Il y avait longtemps que des nuages s'amoncelaient. La victoire triomphale remportée par Ieyasu à Sekigahara en 1600 avait fait de lui le maître incontesté du Japon. Ses ennemis avaient été complètement écrasés et toute critique dont il aurait pu être l'objet réduite au silence. Mais le shōgun ne jouissait que d'un répit. Le jeune Hideyori, auprès duquel il avait été chargé à l'origine de jouer le rôle de régent, occupait toujours le château d'Osaka, et nombreux étaient ceux qui voyaient en lui l'héritier légitime du souverain du Japon. À mesure qu'il approchait de l'âge adulte, des nobles mécontents et des seigneurs dépossédés de leurs terres s'étaient groupés en grand nombre autour de lui.

En promulguant un édit contre les chrétiens, Ieyasu avait renforcé la position de Hideyori car il avait poussé les samouraïs convertis et les prêtres soldats à se joindre aux partisans du jeune prince. Au début de l'hiver 1614, il était devenu évident aux yeux de Ieyasu qu'une crise était imminente et qu'il lui fallait prendre les devants. Il avait depuis longtemps l'intention de faire de son fils son successeur et n'avait pas l'intention de laisser les alliés de plus en plus belliqueux de Hideyori l'en empêcher. Mais le danger présenté par ces mécontents était beaucoup plus grave que celui auquel Ieyasu avait eu à faire face en 1600. Le shōgun pouvait, il est vrai, compter sur la loyauté d'un nombre considérable d'hommes de guerre – en particulier sur celle des vétérans endurcis qui avaient pris part à la bataille de Sekigahara –, mais ses ennemis avaient un avantage important : ils étaient maîtres du château d'Osaka qui, situé au cœur même du Japon, occupait une position stratégique.

Cette forteresse était immense. Ses dimensions étaient tellement monumentales que les étrangers qui la voyaient pour la première fois en étaient ébahis. Son mur d'enceinte avait plus de quinze kilomètres de long et il était censé être imprenable, tandis que le donjon central était protégé par deux douves profondes dont chacune était entourée de murs d'une quarantaine de mètres de haut. « Des tranchées très profondes [...] et beaucoup de ponts-levis, de poternes bardées de fer » le protégeaient en outre. Chacune de ses portes était défendue par une artillerie imposante et des catapultes étaient prêtes à lancer des projectiles enflammés du haut des remparts. « Les murs sont épais d'au moins dix-huit à vingt pieds », avait constaté Saris avec étonnement lorsqu'il avait examiné le château.

Ieyasu et Hideyori savaient tous deux qu'une épreuve de force était inévitable. Ils n'ignoraient ni l'un ni l'autre que l'avenir du Japon dépendrait de son issue. Les enjeux étaient si importants que, dans l'espoir d'améliorer leur sort en choisissant le bon camp, des volontaires impatients de se battre venaient par milliers gonfler les rangs déjà innombrables des deux armées. Ieyasu disposait de cent quatre-vingt mille hommes, tous massés sous les murs d'Osaka. Leurs tentes et leurs pavillons de toile alignés sur des kilomètres présentaient un spectacle impressionnant. Ces soldats aguerris faisaient face à un ennemi caché dont le nombre s'élevait, croyait-on, à quatre-vingt-dix mille hommes parmi lesquels se trouvaient certains des samouraïs les plus féroces que comptait le Japon ainsi que des chrétiens fanatiques qui se battaient pour défendre leur foi. Ieyasu devrait d'abord déloger cette force formidable avant de l'écraser au cours d'un corps à corps meurtrier. Il s'agissait là d'une stratégie dangereuse qui comportait de nombreux aléas.

Ieyasu disposait d'un grand nombre de bouches à feu et de beaucoup de poudre fournies par Adams et par Eaton, et il décida de les utiliser pour annoncer le début des hostilités. À la fin du mois de décembre 1614, il donna l'ordre à ses

Les soldats de Ieyasu étaient endurcis et bien équipés.
Ils découvrirent cependant que les arquebuses *(ci-dessus)* et les canons n'étaient pas d'une grande utilité contre les murailles massives du château d'Osaka.

artilleurs les plus expérimentés de diriger le tir des boulets, pesant treize livres, de ses canons – les couleuvrines du *Clove* – contre une des tours du château dans l'espoir d'en ébranler les murs. Le bombardement dura trois jours durant lesquels les coups s'abattirent continuellement sur les pierres sans grand effet visible. Une telle méthode n'aurait pas raison des défenses du château, la chose était évidente, et Ieyasu n'arriverait à ses fins qu'en prenant la forteresse d'assaut, en en faisant le siège ou en ayant recours à la ruse.

Connu pour être extrêmement retors, il se montra à hauteur de sa réputation en cette occasion d'une importance capitale pour lui. Il sema la confusion dans le château en envoyant des messages contradictoires aux assiégés. Un jour, il prétendait vouloir éviter le conflit, le lendemain il ordonnait la reprise de l'offensive. Il dépêcha des négociateurs auprès de la mère de Hideyori que l'on savait en faveur de la paix, pour aussitôt bombarder la forteresse. En même temps, il soudoyait certaines factions chez l'ennemi et minait les douves. Puis, soudain, il fit savoir à ses adversaires ébahis qu'il renonçait au combat. Il envoya à Hideyori un document dans lequel il admettait que c'était une folie de sa part d'avoir espéré se rendre maître du château d'Osaka. Il se déclarait contrit et, déployant toute la grâce dont il était capable, offrait son pardon aux mécontents retranchés dans la forteresse et promettait de laisser le jeune prétendant au trône vivre là où il le désirerait. «Votre personne est inviolable», déclarait-il à Hideyori, et il scella son message avec un *kappan*, un cachet trempé dans le sang tiré de son propre doigt, ce qui le rendait sacré et impossible à enfreindre.

Hideyori et les hommes qu'il commandait étaient perplexes, mais le vieux shōgun semblait sincère. Il leva d'ailleurs le camp avec son immense armée et prit la direction de Kyoto. Il se retirait, la chose était indéniable.

À l'intérieur de la forteresse, de grandes réjouissances

célébrèrent une immense victoire acquise, croyait-on, sans avoir eu à se battre. Ce ne fut qu'un peu plus tard que les défenseurs s'aperçurent qu'il n'était pas encore temps pour eux de triompher. La prétendue retraite de Ieyasu n'était qu'une ruse qui faisait partie d'une brillante stratégie. Il avait laissé sous les murs du château un petit groupe de soldats chargés d'affaiblir les moyens de défense de la forteresse en en démolissant l'enceinte et en jetant les décombres dans les douves. Les hommes de Hideyori ne surent d'abord que penser en voyant les soldats de Ieyasu se mettre au travail car le traité de paix ne contenait aucune clause envisageant ce genre d'activité. Le zèle avec lequel ces troupiers démolissaient les fortifications finit par les alarmer. Une brèche béante avait été ouverte dans le mur d'enceinte et le château se trouvait tout à coup exposé à un danger très grave.

Les lieutenants de Hideyori protestèrent, mais ce fut en vain. Compte tenu du traité qui avait été signé, les fortifications n'avaient plus lieu de rester intactes, s'entendirent-ils répondre. Pris d'inquiétude et comprenant enfin qu'ils étaient tombés dans un piège, ils donnèrent l'ordre à leurs hommes de réparer les murs et de creuser à nouveau les douves. C'était exactement ce que Ieyasu avait espéré. Abattant sa carte maîtresse, il déclara que Hideyori avait enfreint un traité inviolable. La guerre était donc inévitable.

Faisant volte-face à la tête de ses cent quatre-vingt mille hommes, Ieyasu marcha sur le château d'Osaka, beaucoup plus vulnérable qu'auparavant. Craignant que les murs déjà ébranlés ne s'écroulent sous les coups des canons, Hideyori se vit contraint de se battre en terrain découvert. Il décida que la stratégie la plus efficace consistait à lancer une petite troupe de soldats d'élite contre les meilleurs régiments de Ieyasu tandis que le reste de ses forces attaquait en bien plus grand nombre l'ennemi sur ses arrières et tentait de l'écraser. Quand la confusion ainsi créée serait à son comble, il entrerait lui-même en action avec ses troupes les plus loyales, et les plus impitoyables.

Les chrétiens qui se battaient à ses côtés savaient pour la plupart que c'était pour eux une question de vie ou de mort. S'ils étaient vaincus, ils ne devraient attendre ni pardon ni merci. Certains de la victoire et abandonnant toute prudence, ils déployèrent des drapeaux et des bannières sur lesquelles leur foi était ouvertement proclamée. « Six grandes bannières portaient comme signes, en même temps que la Sainte Croix, les images du Sauveur et de saint Jacques – le saint patron de l'Espagne – tandis que sur certaines la légende : "Le grand Protecteur de l'Espagne" était même inscrite », raconte un témoin. Avec leurs couleurs vives se détachant sur la masse grise des remparts du château, ces étendards constituaient un spectacle dont le caractère provocateur ne pouvait pas échapper à Ieyasu. Ils flottèrent bientôt au vent en nombre si grand que les rangs des défenseurs disparurent sous les symboles chrétiens. « Il y avait tant de croix, de *Jésus* et de *Santiago* sur les drapeaux, les tentes et autres insignes martiaux [...] que Ieyasu devait avoir le cœur soulevé », remarque un témoin.

Les deux puissantes armées se déployèrent face à face dans la plaine, sous les murs de la forteresse. La bataille commença le 3 juin 1615. Hideyori commença par avoir le dessus : ses canonniers réussirent vite à disperser le flanc droit de Ieyasu, tandis que les régiments chargés d'attaquer le centre de l'ennemi arrivaient à quelques pas des gardes du corps du shōgun. À midi, il avait, semblait-il, des chances réelles de remporter la victoire. Mais ses troupes ne résistèrent pas à la guerre d'usure qui suivit ces premiers succès. Au début de l'après-midi, les troupes les mieux entraînées de Ieyasu lancèrent une virulente contre-attaque et repoussèrent l'armée rebelle jusque dans l'intérieur du château. Comprenant qu'il avait perdu, Hideyori adressa à ses plus fidèles lieutenants des paroles émouvantes : « La mort est ce que je suis prêt depuis longtemps à rencontrer », dit-il, exprimant le désir de tomber les armes à la main. Mais ses partisans le pressèrent de continuer à défendre la forteresse et leur ardeur guerrière ranima sa confiance. Une féroce bataille à l'arme blanche s'ensuivit, au cours de laquelle des milliers de samouraïs se pourfendirent aux alentours du château et à l'intérieur de ses murs. Tandis que les troupes de Ieyasu s'approchaient pied à pied de la citadelle qui en constituait le cœur, un traître qui s'était glissé parmi les hommes de Hideyori mit le feu aux cuisines. Attisées par un vent violent, les flammes s'étendirent en quelques minutes à une grande partie des bâtiments. Continuant à se battre au milieu de l'incendie qui faisait rage, les fantassins de Ieyasu s'emparèrent des murailles et des poternes et se frayèrent un chemin jusqu'à la dernière enceinte. Hideyori et ses officiers comprirent alors que tout était perdu. Tirant chacun de son fourreau sa *wakizashi* – une dague aussi tranchante qu'un rasoir –, ils la plongèrent dans leurs entrailles, s'éventrant dans un geste rituel. La forteresse d'Osaka était tombée et Ieyasu avait triomphé.

Cette victoire était la plus extraordinaire de toutes celles que le shōgun avait remportées jusque-là. Les forces de Hideyori étaient annihilées et aucune opposition ne faisait plus obstacle à son pouvoir. Plus de cent mille cadavres jonchaient le champ de bataille et l'on pouvait traverser la rivière à pied sec tant était immense la masse des corps qui y avaient été jetés. Le triomphe de Ieyasu devait changer le cours de l'histoire du Japon. Il était devenu le maître incontesté du pays et ses descendants seraient shōguns après lui jusqu'en 1868.

La chute d'Osaka porta un coup particulièrement grave aux jésuites, si étroitement alliés aux vaincus. Ils avaient apporté, ainsi que les Japonais qu'ils avaient convertis, un soutien indéfectible aux rebelles et s'étaient battus, bannières déployées, jusqu'à l'issue sanglante du conflit. Ce faisant, ils avaient

Les troupes d'élite de Ieyasu se frayèrent un chemin jusqu'au cœur du château d'Osaka. Tandis que la bataille faisait rage, un traître mit le feu aux cuisines *(ci-dessus)*. Se sachant vaincus, les défenseurs s'ouvrirent le ventre. Par ce suicide rituel, ils évitaient d'être faits prisonniers.

provoqué la rage de leurs ennemis et s'étaient attiré la colère de Ieyasu, sentiment dont ses successeurs hériteraient.

Cocks avait appris la victoire de Ieyasu par la rumeur le lendemain de la bataille, mais personne à Hirado n'avait été en mesure de lui en relater les détails. Il demanda aux voyageurs arrivés depuis peu dans la ville ce qu'ils savaient, espérant démêler «au milieu de beaucoup de mensonges, quelque chose procédant de la vérité». Il n'eut pas longtemps à attendre pour savoir exactement ce qu'il en était. Le 7 juin 1615, un peu après le souper, le frère Appolonario, un franciscain, arriva à la factorerie anglaise échevelé et épuisé, et supplia qu'on ait pitié de lui. « Il disait qu'il était dans la forteresse d'Osaka quand elle avait été prise et avait eu la chance d'échapper », raconte Cocks. Il avait perdu tout ce qu'il possédait et n'avait plus « que les vêtements sur son dos ». Il fit un récit poignant de la défaite de Hideyori. « L'action a été si soudaine, raconta-t-il aux Anglais, que c'était chose émerveillable qu'une force de plus de cent vingt mille hommes fût aussi vite écrasée. » Il supplia Cocks de lui donner à manger, disant avoir enduré « grande misère » les semaines précédentes ; malgré l'aversion qu'il avait pour les catholiques, le maître facteur, pris de pitié, lui fit don d'un peu de métal argenté qui pourrait l'aider à atteindre Nagasaki.

La victoire de Ieyasu était complète, mais les bruits qui couraient sur l'existence de troubles inquiétaient Cocks. Commercer avait été assez difficile en temps de paix, une guerre civile rendrait la chose impossible. Le maître facteur avait une autre raison d'être préoccupé : les relations qu'il entretenait avec Adams s'étaient altérées à la suite d'insultes proférées contre Yasuemon, l'ami de ce dernier, par un des interprètes de la factorerie, un individu querelleur du nom de John Gorezano. La querelle qui s'était ensuivie avait pris les proportions d'une crise. Fou de rage, le Japonais avait ordonné à celui qui l'avait injurié de quitter Hirado. « Il me dit que si je ne le renvoyais pas [...] il le tuerait s'il le rencontrait dans la rue », rapporte Cocks.

Extrêmement irrité, le chef de comptoir avait sèchement fait remarquer que les employés de la factorerie étaient tous sous la protection du shōgun. « Personne n'a le droit de se mêler de mes affaires, ni de celles des serviteurs de ma maison », avait-il répondu à Yasuemon. Il pensait l'incident clos quand il apprit, à sa grande surprise, qu'Adams avait pris la défense de son ami. Après avoir déclaré qu'il lui donnait entièrement raison, il avait ajouté qu'en demeurant au service des Anglais, Gorezano faisait un tort immense à la réputation de ses employeurs.

Cette réaction provoqua la colère de Cocks qui y vit une tentative délibérée de saper son autorité. « Adams estime Yasuemon plus que tous ceux de la nation anglaise [...] et donnerait sa vie et son âme en gage contre son honnêteté », note-t-il dans son journal. Lorsqu'il apprit que les Hollandais avaient pris le parti d'Adams, il accusa par-devers lui ce dernier de traîtrise. « Je ne peux pas faire autrement que de remarquer que moi-même et tous les autres de notre nation voient bien qu'il (je veux dire Mr William Adams) est beaucoup plus ami des Hollandais que des Anglais, qui sont ses propres compatriotes », note-t-il.

Quatorze mois devaient s'écouler avant que Cocks finisse par admettre qu'il avait eu tort de soupçonner Adams, et que Gorezano portait assurément préjudice à la factorerie anglaise. « C'est la sotte conduite de cet individu qui lui a valu beaucoup d'ennemis, et m'a contraint à me donner beaucoup de mal pour lui sauver la vie », avoua-t-il alors.

Il n'était pas encore remis de l'affaire lorsqu'une nouvelle vint le réconforter : un navire, le *Hosiander*, avait jeté l'ancre au large de Hirado. Près de vingt et un mois après le départ de Saris, un vaisseau anglais était arrivé au Japon. La factorerie allait enfin recevoir les marchandises dont elle avait un besoin désespéré.

Les Anglais de Hirado célébrèrent l'arrivée du *Hosiander* en faisant tonner leurs canons. Pensant que son capitaine, Ralph Coppindale, arrivait tout droit d'Angleterre et apportait des nouvelles de leurs familles, ils lui firent un accueil triomphal. Ils durent vite déchanter. Le navire venait en réalité de Bantam et sa cale était remplie d'un assortiment de marchandises sans valeur – cire, poivre et ciseaux entre autres. Ce fut le cœur lourd que Cocks assista au débarquement de cette cargaison qui fut transportée dans l'entrepôt de la factorerie. Les cotonnades étaient tachées et élimées, « si mauvaises que personne ne les regarderait ». Après un coup d'œil jeté à ces marchandises, Wickham conseilla de les réexpédier à Bantam, accompagnées d'une remarque cinglante à l'adresse de ceux qui les avaient envoyées. «Vous vous êtes trompés en envoyant du fricot[1] au lieu de fromage », conseilla-t-il de leur dire.

Les Anglais de Hirado eurent bientôt d'autres raisons de se plaindre. Après avoir attendu avec impatience l'arrivée de nouveaux compagnons, ils découvrirent vite que les marins du *Hosiander* n'étaient que d'insupportables fauteurs de troubles. « Car en vérité, note Cocks, je n'ai jamais vu compagnie plus effrontée et bassement paillarde. » Le meneur, Henry Dorrington, « un ivrogne, indiscipliné et rebelle », n'acceptait d'ordres de personne et disait fièrement qu'il irait boire et courir les putains quand il le voudrait. « Ce Dorrington, raconte Cocks exaspéré, a dit en compagnie [...] que ni capitaine, ni maître, ni aucun autre n'avait l'autorité d'infliger aux hommes la peine de la cale ou du fouet. » Une telle déclaration équivalait à une mutinerie et elle était punissable de mort. Cocks, que Ieyasu lui-même avait autorisé à exécuter tout Anglais reconnu coupable au Japon, hésitait à se servir de ce pouvoir de peur de provoquer une véritable émeute. Le capitaine Coppindale, « un homme paisible, tranquille et honnête », était encore moins capable que lui de maintenir la discipline parmi ses hommes. Profondément découragé par leur conduite désordonnée, il s'enferma dans la factorerie anglaise.

L'exemple de Dorrington se révéla contagieux et les rues de Hirado furent envahies par des matelots qui se battaient entre eux. L'un d'eux, John Shepherd, s'attaqua au cuisinier

1. Viande de médiocre qualité. *(N. d. T.)*

de la factorerie, tandis que John Japan, l'interprète, profitait du désordre pour « voler et piller ». La tension empira lorsque William Nealson et Morris Jones, le chirurgien du bord, se prirent de querelle. « Mr Nealson tira son épée contre le chirurgien », rapporte un témoin. Ayant blessé son adversaire à la main, il chercha à l'atteindre au cœur, mais en fut empêché juste à temps.

L'humeur du capitaine Coppindale s'assombrit encore lorsqu'il découvrit que le carénage dont son bateau avait besoin prendrait beaucoup plus de temps que prévu. Deux des charpentiers du *Hosiander* étaient morts et des marées particulièrement fortes compliquaient la tâche des hommes chargés de la réparation. Le temps se mit aussi de la partie. Un vent glacial venu du nord gela cordages et voiles. Les hommes ne sentaient plus leurs mains et grelottaient dans leur pourpoint tandis qu'ils s'efforçaient d'exécuter la tâche délicate qui leur était confiée. « Ce matin le temps était très froid, note Cocks le 3 janvier 1616, car il y a eu une grande neige, la plus grande que j'aie vue depuis notre arrivée au Japon. » La neige, qui tomba sans relâche pendant quatre jours, ensevelit les rues de Hirado sous d'énormes congères et s'infiltra entre les planches mal jointes de l'entrepont du *Hosiander*. La chute de la température tourmentait aussi Rowland Thomas, le commissaire du bord qui tremblait de froid malgré la chaleur d'un feu rougeoyant à laquelle venaient s'ajouter « un gilet et pourpoint sous un manteau de laine » et qui, en regardant les flocons tomber sans répit, rêvait d'avoir aux pieds deux paires de chaussettes « l'une en laine et l'autre en laine peignée ».

Une brève période de dégel permit de terminer le carénage et de changer les bordages afin que le navire soit prêt à prendre la mer. Cocks attendait avec une telle impatience d'être débarrassé des trublions qui composaient l'équipage qu'il les aida à préparer la cargaison et à rassembler les vivres qui leur étaient nécessaires. Arrivé avec des marchandises dont la valeur était estimée à deux mille cent cinquante livres mais qui étaient pour la plupart invendables, le *Hosiander* repartit avec une piètre collection d'épées et de bols japonais, et avec cinq cent cinquante livres en pièces d'argent provenant de la vente de drap et d'armes à feu. Cocks ne se sépara qu'à contrecœur de cette somme car elle représentait presque tout l'avoir de la factorerie, mais il se rendait compte qu'il était indispensable de prouver aux marchands de Londres que l'activité déployée par son équipe et par lui-même avait commencé à porter ses fruits.

Avant le départ du navire, l'avenir du commerce avec le Japon fut passé en revue lors d'un grand conseil réuni à cet effet. Les hommes en poste à Hirado firent preuve d'un optimisme prudent en dépit des résultats peu satisfaisants dont les livres de comptes de la factorerie faisaient état. Adams les avait convaincus que la vente au Japon de produits de luxe importés d'Indochine rapporterait gros, et ils attendaient le retour de Tempest Peacock et de Walter Carwarden avec impatience. Ils espéraient aussi beaucoup des liens commerciaux qu'ils pourraient forger avec la dynastie chinoise des Ming. Comme il faudrait que le comptoir dispose d'un personnel plus nombreux pour qu'un projet aussi ambitieux puisse être mis à exécution, le capitaine Coppindale fut prié de laisser trois des membres de son équipage à Hirado. La présence de ces renforts ne présentait pas que des avantages, car Cocks aurait ainsi plus de bouches à nourrir. Le jeu en valait cependant la chandelle, ainsi en fut-il décidé. La seule crainte que Cocks et son équipe nourrissaient était d'avoir été abandonnés par Sir Thomas Smythe et par les autres marchands de Londres que seul motivait le désir de voir les sommes qu'ils avaient investies rapporter gros.

X

L'AVENIR EN QUESTION

Sir Thomas Smythe avait l'habitude de recevoir des visites inattendues. Philpot Lane, la rue qu'il habitait à Londres, voyait passer des marchands, des navigateurs chevronnés et des spécialistes en explorations qui venaient tous demander au gouverneur de la Compagnie des Indes qu'il leur accorde son patronage et les fasse bénéficier de l'influence dont il jouissait. L'accueil réservé en général à de tels personnages était excellent, mais celui fait à la femme qui se présenta le matin du 13 avril 1615 manqua de chaleur. Mary, l'épouse délaissée de William Adams, était tellement à court d'argent qu'elle avait fait tout le chemin entre Limehouse et le cœur de la ville pour en quémander.

Les dépenses encourues par Mrs Adams avaient récemment beaucoup augmenté. Ses maigres économies avaient fondu depuis longtemps et elle n'avait pas de quoi subvenir aux besoins de sa fille, Deliverance, âgée d'au moins dix-sept ans. Une somme permettant aux deux femmes de se nourrir et de s'habiller lui était absolument nécessaire, et elle supplia Sir Thomas de l'aider en « la soulageant avec trente livres des gages de son mari ». Elle y avait droit et Adams lui-même avait demandé que l'on verse à son épouse une somme prélevée sur l'argent qui lui était dû par la compagnie, et avait promis « satisfaction [...] au Japon ou ailleurs ». Mais Smythe, toujours réticent lorsqu'il s'agissait de puiser dans ses précieuses réserves d'argent, se montra évasif.

Sa mesquinerie rencontra l'approbation de ses collègues qui lui conseillèrent de ne pas s'avancer, de temporiser et « de voir si vingt livres la contenteraient pour le présent, et dix livres douze mois plus tard ». Mrs Adams ne se laissa cependant pas intimider et se montra si obstinée qu'elle finit par avoir gain de cause. On n'est pas sûr qu'elle ait reçu la somme qu'elle demandait en une seule fois, mais il est certain qu'elle en toucha au moins une partie. La radinerie des directeurs eut peu d'effets sur sa combativité qui n'en fut en réalité que renforcée. Elle revint par la suite plusieurs fois à la charge, se présentant au siège de la Compagnie pour toucher les sommes supplémentaires qu'elle estimait lui être dues.

L'irritation causée par des rumeurs d'un caractère plus alarmant provenant de l'Orient vint bientôt s'ajouter à celle due à la visite de Mary Adams. Partis en quête de la fortune, les intrépides capitaines envoyés par Thomas Smythe avaient bravé moussons et typhons, et le réseau commercial de la compagnie créée grâce à eux étendait ses tentacules jusqu'au fin fond de mers lointaines et peu connues. Des comptoirs avaient été fondés sur des îles tropicales marécageuses, des atolls coralliens et dans les « épiceries » parfumées. Dans ces régions reculées, de petits groupes d'Anglais côtoyaient des roitelets orientaux, d'arrogants chefs de tribus et des peuplades de chasseurs de têtes.

L'isolement dans lequel ces aventuriers vivaient souvent était tel qu'il était impossible aux marchands de la Compagnie des Indes orientales de leur imposer une quelconque ligne de conduite. Les hommes pondérés qui se réunissaient régulièrement à Londres, chez Smythe, s'alarmaient des rumeurs de rixes, de paillardise et de bruyante débauche qui leur revenaient aux oreilles. Quelques-uns des récits les plus cho-

Les rumeurs selon lesquelles Richard Cocks organisait de joyeuses beuveries, qu'égayaient des acteurs et des danseuses, horrifiaient Sir Thomas Smythe et ses collègues. « C'est une pitié de savoir que des hommes si avancés en âge se laissent si misérablement aller à la volupté », écrivit l'un d'eux.

quants qui émanaient de Hirado, et décrivaient les bacchanales organisées par Cocks et égayées par la présence de danseuses, glaçaient le sang de ces puritains. Mais ils ne pouvaient rien à ce scandaleux état de choses. Les quelques tentatives qu'ils firent pour imposer un semblant de discipline à distance ne rencontrèrent que dérision et mépris chez leurs employés établis dans ces contrées lointaines.

L'absence, dans le cas des factoreries les plus lointaines, de registres faisant état des comptes, inquiétait aussi Smythe et ses collègues. Les navires qui en revenaient étaient chargés de poivre et d'épices, mais il était impossible d'évaluer quelle part de l'argent de la compagnie avait trouvé le chemin des poches des facteurs corrompus et perdus d'honneur.

Sir Thomas entreprit de passer au crible les données relatives au commerce avec l'Orient et se rendit vite compte que les divers problèmes qui se posaient venaient en grande partie d'un défaut de gestion. Il proposa une réorganisation complète de l'administration de la compagnie et, en particulier, la création d'entrepôts régionaux, le rétablissement de la discipline et l'envoi immédiat d'un gouverneur général aux Indes orientales. Cette dernière mesure était imitée des Hollandais auxquels leur approche agressive du commerce avait permis de s'approprier de nombreuses îles et atolls dans les îles aux épices.

Il fallait en premier lieu aux marchands de Londres nommer l'homme qui les représenterait en Orient. Thomas Best, un capitaine chevronné, se porta candidat, se recommandant du fait qu'il était la seule personne à Londres à avoir «la prestance et la compétence» nécessaires. Mais il provoqua la colère des directeurs de la Compagnie en demandant une importante gratification pour services rendus dans le passé, et Smythe eut la sagesse de lui refuser le poste. Le choix du directeur se porta à la place sur William Keeling, personnage qui avait plus de panache et qui était déjà allé deux fois aux Indes.

Le futur gouverneur général ne ressemblait en rien aux autres navigateurs. Cultivé et raffiné, il aimait ses aises et ne voyait aucune raison pour que faim et inconfort soient le lot des marins partis pour de longs voyages en mer. Il adorait le théâtre – surtout celui de Shakespeare – et estimait que porter des pièces à la scène avec des acteurs amateurs était une bonne façon de soulager l'ennui suscité par les longues traversées. Lors de l'expédition qu'il avait conduite en 1607, il avait encouragé ses marins à donner une représentation sur les rivages tropicaux de l'Afrique occidentale. « Nous avons joué la tragédie d'*Hamlet* », avait-il noté fièrement dans son journal. La troupe improvisée avait remporté un immense succès et, peu après, elle était occupée à répéter *Richard II*.

Lorsque Keeling prenait la plume pour rédiger le journal de bord, il ne notait pas, comme c'était la coutume, ni les relevés de la sonde qui mesurait la profondeur de l'eau, ni la direction des vents, mais préférait relater des faits plus divertissants : « Que personne n'attende un tracé exact de la route suivie par le navire, écrit-il [...], ni ne pense trouver ici une description des pays [...] mais seulement celle des incidents qui se passent dans la flotte. » Régaler ses lecteurs du récit de furieuses tempêtes, de joyeux banquets et de bamboulas dansées par des chefs de tribu africains, telle était son intention.

L'expérience que Keeling avait de l'Orient étant indéniable, il se vit offrir le poste de « commandant des Anglais dans l'Inde tout entière ». La vivacité de son tempérament ne fut cependant pas sans donner quelques inquiétudes aux directeurs qui eurent rapidement à en faire l'expérience à propos d'une question au sujet de laquelle ils se trouvèrent en désaccord avec lui. Keeling était, à ce qu'il paraissait, très amoureux de sa femme, et il déclara vouloir l'emmener. Une intention si peu orthodoxe provoqua l'extrême étonnement des directeurs : une loi implicite interdisait en effet aux épouses de voyager à bord d'un vaisseau sur lequel leur mari naviguait. La question avait déjà fait l'objet de discussions. « Il est mal commode et peu convenable pour de telles femmes d'aller parmi des marins indociles dans un navire », avait-il été décidé. Keeling était d'un avis contraire et il présenta une pétition à la cour pour demander l'autorisation de voyager avec sa bien-aimée Anna.

Sa requête sema la confusion parmi les hommes prudes qui dirigeaient la compagnie. Certains l'approuvèrent sans réserve, disant qu'on assurerait ainsi « le calme de son esprit et le bien-être de son âme ». Ils firent remarquer qu'il était contre nature de séparer un couple marié pendant si longtemps. « Une malédiction tombe sur ceux qui gardent un homme et son épouse éloignés », insistèrent-ils. Certains de leurs collègues avaient une opinion différente qu'ils exprimèrent avec véhémence. Ils tirèrent argument du fait qu'Anna était enceinte. « Elle est faible et n'est pas en état de voyager », firent-ils remarquer, ajoutant qu'elle empêcherait Keeling de visiter les factoreries les plus lointaines et que sa présence le gênerait dans l'exercice de ses fonctions en Orient.

Keeling fut très malheureux lorsque toutes ces discussions lui furent rapportées, et il fit remarquer que la compagnie de sa femme lui conférerait « une meilleure bénédiction dans ses efforts ». Faisant d'autre part appel au puritanisme des directeurs, il suggéra que partager sa cabine avec Anna libérerait son esprit de « diverses pensées corrompues ». L'argument était habile. La collection d'images pornographiques de Saris avait horrifié ces hommes prudes que les relations entretenues au Japon par les facteurs avec les femmes de ce pays n'avaient pas moins mécontentés. Certains parmi eux soutinrent la cause de Keeling, soulignant que le risque de voir les facteurs coucher avec des prostituées était moins grand s'ils étaient accompagnés de leurs épouses. Quand la question fut mise au vote, la requête de Keeling fut néanmoins rejetée.

Le futur commandant ne fit pas appel de cette décision et ne s'en plaignit pas. Il retira même sa pétition avec une telle promptitude que le bruit courut qu'il avait l'intention de faire monter Mrs Keeling en secret à bord du navire peu avant le départ. Cette rumeur se trouva confirmée lorsque, en février 1615, cette dame, dissimulée sous un déguisement, rejoignit son mari à bord du *Red Dragon*. Alertés, les directeurs s'inquiétèrent, d'autant qu'ils apprirent que la voyageuse avait pris en secret des dispositions pour se faire accompagner d'une sage-femme. Répugnant à employer la force pour lui faire quitter le navire, ils menacèrent Keeling de le priver de son commandement s'il ne renonçait pas à son projet. Il ne resta plus à celui-ci qu'à capituler, mais il le fit le cœur lourd et écrivit à ses supérieurs une lettre amère. «Très peu d'hommes [...] sont capables, en dépit de leurs plus grands efforts, de vivre sans la compagnie de femmes», leur fit-il remarquer.

La flottille de quatre vaisseaux commandée par Keeling appareilla au printemps 1615. Son départ fut accompagné de manifestations plus extravagantes que de coutume. La raison en était en partie qu'elle transportait Sir Thomas Roe, le premier ambassadeur envoyé en Inde pour obtenir de l'empereur moghol qu'il accorde des privilèges commerciaux à l'Angleterre. Mais l'importance cruciale de la mission dont était chargé Keeling entrait aussi en ligne de compte. L'avenir des relations commerciales nouées par le royaume de Jacques Ier avec l'Orient dépendait de sa réussite.

Le voyage fut extrêmement agréable. De nombreuses occasions de se divertir furent offertes aux équipages et Keeling garda le contact avec les divers capitaines en leur envoyant des bateaux à rames chargés de victuailles et de menus cadeaux. Il était en particulier aux petits soins pour Sir Thomas qu'il couvrait de présents : il lui fit parvenir une fois un mouton (transporté vivant à bord du *Red Dragon*), une autre fois cent huîtres «fraîches» de Weymouth, et lui offrit aussi des cordes de soie pour sa viole. Il reçut en retour de son compagnon de voyage six madrigaux italiens, présent qu'il apprécia beaucoup.

La flotte s'arrêta d'abord en Inde où Sir Thomas Roe débarqua, puis elle mit le cap sur Bantam. Malgré une alimentation saine, les matelots commencèrent à mourir comme des mouches à l'approche des côtes de Java. Certains contractaient la dysenterie ou le scorbut, tandis qu'un petit nombre d'autres succombait à la calenture, un étrange délire qui fait imaginer au malade que la mer est un champ luxuriant dans lequel une envie compulsive le pousse à se jeter.

Keeling annonça son arrivée à Bantam par une canonnade. Prévenu, John Jourdain, le maître facteur, monta à bord du navire amiral et se répandit en lamentations. L'air malsain et les marécages infestés de moustiques porteurs du paludisme avaient coûté la vie à un grand nombre de ses hommes et l'activité commerciale de la factorerie était presque au point mort. La faillite était imminente et des factions divisaient les hommes restés en vie qui passaient leur temps à se battre entre eux. Mais une menace plus grave encore se préparait, et elle pesait sur tous les comptoirs anglais fondés en Orient, sans excepter ceux créés au Japon. Les Hollandais, qui s'étaient jusque-là contentés de s'attaquer aux Portugais et aux Espagnols, avaient commencé à s'en prendre à leurs anciens partenaires. C'était une chose à laquelle personne ne s'attendait. Les Anglais et les Hollandais étaient de vieux alliés, et des ressortissants des deux pays servaient à bord des navires des uns et des autres. Ils pratiquaient la même religion et une haine commune de leurs rivaux catholiques les unissait. Des tensions avaient toujours existé en Orient entre marchands concurrents, mais elles s'étaient récemment aggravées d'une manière spectaculaire, et les Hollandais semblaient vouloir adopter une attitude beaucoup plus agressive que par le passé.

Ils avaient déjà chassé les facteurs anglais de l'île d'Amboine, couverte de girofliers. Ils semblaient maintenant avoir la ferme intention de leur barrer l'accès de la mer lointaine de Banda et des îles qui y étaient situées afin d'interdire à l'Angleterre le commerce de la noix muscade, fabuleusement lucratif. Ils ne sauraient tarder, ensuite, à appliquer leur politique belliqueuse au Japon où Cocks s'efforçait, avec son équipe, d'éviter la faillite qui menaçait la factorerie qui y avait été fondée.

À Bantam, Jourdain était particulièrement inquiet de voir les rues devenir le théâtre d'actes violents. Plusieurs de ses hommes avaient été attaqués par des matelots hollandais et rixes et agressions se multipliaient. Richard Hunt, un des facteurs, s'était par exemple trouvé face à face avec deux Hollandais alors qu'il se promenait dans une étroite ruelle. Ces hommes lui avaient barré la route, l'avaient brutalement jeté à terre et l'avaient tabassé avec vingt de leurs amis appelés à la rescousse. « Ils l'ont battu très cruellement, et l'ont traîné dans la poussière par les cheveux jusqu'à leur propre maison, et l'ont enchaîné au portail sous le soleil brûlant, sans chapeau », rapporte Jourdain. Les Hollandais voulaient prouver aux Javanais qu'ils étaient plus forts que les Anglais, telle fut l'explication qu'ils donnèrent par la suite eux-mêmes de leur geste.

Certaines fortes têtes parmi les Anglais jurèrent de se venger, mais Jourdain, choisissant une ligne de conduite plus sage, fit appel au gouverneur de l'endroit, le *pangeran*. Les Hollandais, qui ne désiraient pas provoquer la colère de ce personnage, relâchèrent Hunt, mais ne purent se retenir d'écrire une lettre d'injures à Jourdain. Celui-ci fut pris d'une telle rage qu'il se promit de se venger. Il en fut cependant empêché par l'arrivée inattendue de Keeling.

Le « commandant de tous les Anglais » se révéla beaucoup plus accommodant que son subordonné. Mis au courant de l'incident, il décida de l'ignorer. « Je suis prêt à fermer les yeux », remarqua-t-il. Sa réaction s'explique probablement par le fait qu'il avait appris l'arrivée imminente de Joris van Spilbergen, un intrépide Hollandais qui avait entrepris de faire le tour du monde. Désireux de discuter avec le navigateur de ses aventures, Keeling ne voulait pas se mettre ses compatriotes à dos et, loin de critiquer leur conduite désordonnée, il fit donner du canon pour accueillir le voyageur.

Ravi d'être l'objet de tant d'honneurs, Spilbergen vint rendre visite au capitaine anglais en grande pompe. «Il est venu comme un général, raconte Keeling, dans un bateau japonais, bien construit, avec tous ses sabords pleins de banderoles de soie.» On ne comprend pas bien comment une telle embarcation se trouvait à Bantam, mais elle avait grande allure. Elle était propulsée par quarante rameurs japonais «bien habillés et dûment armés» et, tandis qu'elle s'approchait du *Red Dragon*, le bruit de «trompettes et autre musique» remplissait l'air moite des tropiques.

Keeling trouva son visiteur très agréable. Le Hollandais dit qu'il nourrissait une profonde affection pour les Anglais et son hôte lui répondit par mille et une flatteries. Le capitaine anglais écouta avec intérêt l'aventurier raconter qu'il avait réussi à couler trois galions espagnols au large des côtes du Chili, et ce qu'il entendit le fascina tellement qu'il invita le navigateur à revenir plusieurs fois à bord de son navire, donnant à chaque occasion un somptueux dîner en son honneur.

L'attitude de Keeling plongeait Jourdain dans une extrême perplexité, d'autant que les attaques dont ses hommes étaient l'objet se faisaient plus fréquentes. Des Hollandais s'en prirent, armes à la main, à plusieurs matelots dans une gargote de Bantam tandis que trois autres Anglais étaient poignardés et laissés pour morts. Lavées et pansées, les plaies de ces hommes guérirent, mais ils restèrent eux-mêmes traumatisés. «Ils étaient si douloureusement blessés qu'ils ne seront jamais les hommes qu'ils étaient», remarqua un de leurs camarades. Les Hollandais faisaient aussi tout ce qu'ils pouvaient pour discréditer les Anglais auprès des notables de l'endroit : ils leur disaient que Jourdain et ses hommes venaient d'une « nation pauvre et vile », qu'ils étaient des « déflorateurs de femmes », et de grands « voleurs et ivrognes ».

Keeling continuait à se montrer enclin à « fermer les yeux » sur de tels agissements tout en se rendant compte que les relations qu'il entretenait avec le navigateur hollandais étaient l'objet de violentes critiques de la part de ses compatriotes. Invité à un banquet à la factorerie rivale, il ne put à la fin faire autrement que de refuser : « Je suis empêché d'aller dans leur maison par des torts extrêmes faits à notre nation », écrivit-il à Spilbergen en lui exprimant son regret de ne pas pouvoir être présent.

Les mondanités lui étant interdites, Keeling s'occupa de trouver une solution aux difficultés de la factorerie anglaise. Il réussit à se procurer une cargaison de poivre pour le *Peppercorn*[1], navire au nom prédestiné, et obtint du gouverneur de l'endroit l'autorisation pour les Anglais de fortifier leur factorerie afin de la protéger contre de nouvelles attaques de la part des Hollandais. Éviter la catastrophe financière posait un problème qu'il ne savait pas bien comment résoudre. Dans un rapport sévère envoyé au siège de la Compagnie, il rend sans ambages les directeurs responsables de la situation. « Par Dieu, envoyez en hâte des marchandises, leur écrivit-il, sinon votre défaut de prévoyance sera cause que votre commerce saignera à mort dans toutes ces régions. » Et il ajouta : « Tous vos serviteurs sont complètement découragés par manque de fondements sur lesquels s'efforcer de construire votre profit. »

Les instructions reçues à l'origine par Keeling lui enjoignaient de mesurer l'étendue de la crise dans l'Orient tout entier. Il devait « passer de port en port » pour y rencontrer les chefs de comptoir et examiner leurs doléances. Il avait déjà

1. *Peppercorn* signifie grain de poivre. *(N.d.T.)*

lu des lettres envoyées par des facteurs établis ailleurs aux Indes, et il avait entendu les lamentations d'hommes revenus récemment de régions reculées. La factorerie de Hirado, la plus éloignée de Bantam, ne semblait pas plus florissante que les autres. « Il n'y a pas de vraisemblance qu'il y ait de l'argent du Japon, avait déjà conclu Keeling, tout au moins pas à court terme. » Tout espoir n'était cependant pas interdit. Tout en soulignant sans mâcher leurs mots le caractère désespéré de la situation dans laquelle ils se trouvaient, Cocks et ses collègues continuaient, dans leurs lettres, à insister sur le potentiel que représentait le pays dans lequel ils résidaient. Wickham, le plus enthousiaste de tous, prédisait même que Hirado exporterait un jour des « quantités si grandes de pièces d'argent qu'elles rempliraient toutes les factoreries entre celle-ci et Bantam ». En Orient, tous les comptoirs dépendraient entièrement de celui du Japon, ajoutait-il, et il n'y aurait « plus jamais besoin d'envoyer de l'argent d'Angleterre ».

Keeling avait la ferme intention de juger de la situation par lui-même. Il projetait de se rendre dans chacune des factoreries afin d'être en mesure de donner son avis sur les dispositions à prendre. Mais à peine avait-il décidé de cette ligne de conduite qu'il reçut une nouvelle propre à le surprendre, tout en le comblant de joie. Le capitaine du *Swan*, qui venait d'arriver à Java, lui tendit une lettre dans laquelle les directeurs de la Compagnie lui donnaient « licence de retourner en Angleterre ». Pour des raisons qui restent obscures – et que Keeling lui-même ne comprit jamais très bien – ils avaient décidé de mettre un terme à la mission qu'ils lui avaient confiée en Orient. Croyant à peine à sa chance, le chef suprême tomba à genoux. « Ta merci en cela, Ô Seigneur, ne me laisse jamais l'oublier », pria-t-il.

La petite flottille qu'il commandait leva l'ancre en octobre 1616 et l'espoir de revoir sa chère épouse illuminait le cœur de celui qui la commandait tandis qu'il donnait l'ordre de hisser les voiles. Le voyage fut atroce car des voies d'eau se déclarèrent dans tous les navires et les vivres se firent rares. L'*Expeditian* fut envahi par des rats qui se multiplièrent avec une rapidité alarmante dans la cale d'une propreté douteuse. « C'est presque incroyable, raconte un témoin, le bruit de cette vermine qui est prête à nous manger vivants. » Ces bêtes mordaient les dormeurs et les hommes qui mouraient la nuit avaient « leurs orteils arrachés et d'autres parties de leurs corps rongés ».

En approchant de Londres, Keeling avait l'esprit tout occupé de la pensée de sa chère Anna. Quand il donna l'ordre de jeter l'ancre à South Downs, la vision qui se présentait à lui dans ses rêves depuis si longtemps se matérialisa : celle de son épouse bien-aimée. Tenait-elle un bébé dans ses bras ? L'histoire ne le dit pas.

Le départ précipité de Keeling porta un coup grave aux espoirs que les Anglais nourrissaient de commercer en Orient. Il signifia, entre autres, que la situation dans laquelle se trouvaient les plus démunis des comptoirs resterait ignorée de Londres. La visite du « commandant de tous les Anglais » à Hirado, si elle s'était produite, aurait été pour la factorerie une chance unique de voir ses coffres vides se remplir. Elle n'avait pas eu lieu et Cocks avec ses collègues se trouvaient une fois de plus obligés de se débrouiller par leurs propres moyens.

L'automne et l'hiver 1615 furent particulièrement difficiles. L'absence de William Adams, qui passa plusieurs mois à la cour, en était en partie la cause. Il disait avoir été appelé par Ieyasu en personne, mais Cocks avait ses doutes. L'esprit troublé par la crainte de se retrouver seul à Hirado, il accusa Adams – une fois de plus – de duplicité et de traîtrise. « Je soupçonne que c'est un complot ourdi [...] par le capitaine

Adams lui-même et par les Hollandais, confie-t-il à son journal, [...] et, en vérité, j'estime qu'il les aime beaucoup plus que nous qui sommes de sa propre nation. » Mais il n'y avait de « complot » que dans l'imagination du maître marchand. Adams avait bien été convoqué par le shōgun qui désirait connaître l'opinion de son conseiller anglais à propos d'un navire espagnol dont il avait appris l'arrivée au Japon. À son bord se trouvaient trois ambassadeurs – des moines franciscains – dont la visite enfreignait l'édit antichrétien. Ieyasu refusa de les recevoir et Adams eut le plaisir d'être chargé de les expulser. « L'empereur n'a voulu ni accepter leurs présents ni leur parler, raconte Cocks contrit, mais il a envoyé le capitaine Adams leur dire qu'ils devraient éviter ses États. »

Adams revint à Hirado à la fin du mois de novembre mais n'y passa que peu de temps. Moins de dix jours après son retour, il partit en effet pour le Siam où il avait l'intention de se procurer du bois de sapan. Le voyage durerait huit mois, et ce fut de mauvais gré que Cocks laissa son collègue s'en aller. Tout en sachant que personne d'autre dans son équipe n'était capable de guider un navire à travers la mer de Chine orientale, il redoutait le moment où, Adams parti, la factorerie anglaise se trouverait une fois encore privée de son membre le plus important, et où il n'aurait lui-même personne vers qui se tourner en cas de crise.

Le temps, qui devint glacial, ne fit rien pour améliorer les choses. La neige se mit à tomber avec une monotonie lassante et la température se maintint en dessous de zéro pendant plusieurs semaines. Des chandelles de glace pendaient au bord des toits et d'énormes congères barraient les rues de Hirado. Les Anglais se plaignaient tous du froid, car le poêle à bois de la factorerie chauffait très mal. Tout le monde espérait qu'avec la nouvelle année, des navires chargés de marchandises arriveraient et, avec eux, la prospérité.

La veille du Nouvel An 1615, le barbier de Cocks se présenta à la factorerie avec un panier d'oranges destinées à orner l'entrée du bâtiment où les Anglais logeaient. Une ancienne coutume voulait en effet que l'on décore «la porte d'entrée avec certaines sortes d'arbres qui signifient bonne fortune et longévité [...] et aussi des bigarades». À la tombée du jour, les habitants envahirent les rues de la ville et s'apprêtèrent à faire la fête jusque très avant dans la nuit. Cocks et ses hommes, invités à participer à des festins bruyants et à des cérémonies religieuses, passèrent de longues heures à prendre part aux réjouissances et à participer à la bonne humeur générale. «Tous se divertissent, écrit le père Joao Rodrigues, et tiennent certaines cérémonies avec des lampes allumées en l'honneur du dieu du foyer et autres esprits et lares.» La coutume voulait aussi que l'on échange des cadeaux et les Anglais furent forcés de s'y plier, quoique de mauvais gré. Les femmes s'attendaient à recevoir des présents coûteux et il n'était pas question de les décevoir. Cocks offrit donc à Matinga des coupons de soie et de taffetas et distribua quelques pièces de coton indien à ses domestiques.

Le temps se radoucit en janvier, provoquant la fonte rapide de la neige et de la glace. Cocks espérait qu'avec le printemps, il verrait arriver un vaisseau venant d'Angleterre. Il se disposa donc à se procurer du bois d'œuvre en prévision des réparations dont tout navire avait besoin après un long voyage en mer. Ayant appris qu'une grande quantité de ce matériau était en vente à Akuno-ura, un petit village côtier situé au sud de Hirado, il envoya William Eaton en acheter autant que possible.

Le facteur partit immédiatement mais, à son arrivée, il se trouva en butte aux tracasseries des marchands du pays. Il entra dans une grande colère, ce qui provoqua la rage de l'un des ouvriers travaillant dans la scierie qui le frappa avec un gourdin. Réagissant avec une violence démesurée, Eaton abattit son bâton sur la tête de son assaillant. «J'ai cassé une petite partie de sa tête et en ai tiré du sang», admit-il.

Le choc fit vaciller l'homme qui retrouva toutefois vite son équilibre et qui, brûlant de se venger, brandit à nouveau son gourdin. Eaton dégaina alors son épée et sa dague. Les deux hommes commencèrent à se battre chacun avec son arme, animés l'un et l'autre du désir de mettre l'adversaire à mal. «Avec la force des coups, nous sommes tombés lui et moi dans l'eau», raconte Eaton. Leur ardeur au combat n'en fut pas diminuée pour autant, et ils continuèrent à bondir et à échanger des coups au milieu des vagues. L'interprète qui avait accompagné Eaton, comprenant que son maître était en danger, plongea dans l'eau pour lui porter secours. Il saisit le Japonais et «le frappa à la tête avec un bâton qu'il avait à la main». Eaton avait l'avantage et il s'en saisit sans perdre de temps. Profitant de ce que son adversaire était tombé à la renverse dans la mer après avoir glissé dans le sable mou, il brandit sa dague et la plongea dans son corps. La lame transperça les organes vitaux de l'homme qui mourut sur-le-champ.

Eaton se retrouva immédiatement en état d'arrestation. Des douzaines de gens du village avaient été témoins de la bataille. Ils se saisirent de lui et le maintinrent sous bonne garde pendant que l'affaire était portée à la connaissance du seigneur de l'endroit. Sitôt la nouvelle de l'incident connue à Hirado, Nealson se précipita à Akuno-ura pour porter secours à son ami, mais les villageois refusèrent de céder à ses instances. La situation dans laquelle Eaton se trouvait était d'autant plus grave que William Adams venait de quitter Hirado, en route vers le Siam. Il ne pourrait donc pas aider son compatriote à recouvrer sa liberté, et celui-ci était si terrifié qu'il en perdit l'appétit. «Par chagrin, j'ai à peine mangé un peu de viande», écrivit-il. Emprisonné, se croyant en danger de mort, il tomba dans un profond désespoir.

Tout n'était cependant pas perdu. Les villageois avaient tué l'interprète d'Eaton, et cette mort avait apaisé leur fureur. Cocks écrivit de son côté au seigneur du lieu pour lui demander de se montrer clément. Invoquant les privilèges accordés par Ieyasu, il fit remarquer que les Anglais ne pouvaient être jugés que par le shōgun lui-même et que mettre Eaton à mort signifierait désobéir au souverain. Il eut gain de cause. Le seigneur répondit que le décès d'un de ses sujets lui importait peu et qu'il ne voulait pas enfreindre un ordre de Ieyasu. Après avoir passé une quinzaine de jours à se morfondre en prison, Eaton fut donc libéré.

Une autre nouvelle mit bientôt du baume au cœur de Cocks : deux navires avaient été aperçus au large des côtes de Hirado. Il s'avéra que l'un, le *Thomas*, venait de Bantam et l'autre, l'*Advice*, de Londres. Ce dernier avait été envoyé sur les conseils du capitaine Saris, et les facteurs pensaient avoir des raisons d'espérer que sa cale serait remplie de marchandises susceptibles de trouver des acheteurs au Japon.

Ils furent vite déçus. Il n'y avait pas de soieries dans les caisses qu'ils ouvrirent, le drap qu'elles contenaient n'était pas de la bonne couleur et il n'y avait, à part cela, que des objets sans grande valeur. En fouillant dans ce bric-à-brac, Cocks fut surpris de tomber sur deux peintures « lascives », l'une représentant Vénus et Adonis et l'autre « Vénus dormant avec deux satyres ». Les marchands avaient oublié, semblait-il, l'indignation que leur avait causée la collection pornographique de Saris.

Cocks sentit le désespoir l'envahir en découvrant la pacotille qui remplissait caisse après caisse. Consterné par le choix qui avait été fait, il adressa une lettre de protestation aux directeurs de la Compagnie, soulignant qu'il avait besoin « de meilleures marchandises que celles reçues d'Angleterre ». Wickham fit de même, mais dans un langage moins diplomatique. « Si nous étions de savants alchimistes, nous ne pourrions pas de sitôt transformer les métaux en argent», écrivit-il, dégoûté. Les deux hommes se demandaient encore comment ils allaient disposer de ce nouveau lot de marchandises inutilisables lorsqu'une nouvelle vint interrompre le cours de leurs pensées. Elle émanait de Shizuoka où Ieyasu tenait sa cour, et elle n'augurait rien de bon : le shōgun était malade et personne ne savait s'il guérirait.

Tout avait commencé au retour d'une des habituelles chasses au faucon que le souverain affectionnait. Il en avait célébré la clôture par un somptueux festin où il avait mangé de la brème de mer tout juste sortie de l'eau et cuite à l'huile de sésame. Le repas ne lui avait pas convenu et il avait eu de violents maux de ventre. Des médicaments avaient calmé les douleurs, mais celles-ci étaient vite revenues et le patient était très faible. Terriblement inquiets, ses amis, craignant le pire, avaient décidé de l'honorer du titre de *dajo-daijan* ou ministre-président. « C'est comme les noms de César et d'Auguste pour les empereurs de Rome », explique Cocks.

Bien que dans un état très grave – il souffrait probablement d'un cancer à l'estomac –, Ieyasu quitta son lit de douleur pour recevoir les félicitations et les flatteries que lui prodigua son entourage. Il n'en avait pas pour longtemps à vivre, la chose était évidente aux yeux de tous. À la mi-juillet, il tendit son sabre à un ami, lui demanda d'aller en essayer la lame sur un criminel et de revenir lui rendre compte du résultat. Son émissaire exécuta sans se faire prier la macabre tâche qui lui était confiée, et dit à Ieyasu que son arme était aussi bien affûtée qu'elle l'avait jamais été. «Avec ce sabre, je garderai et protégerai mes descendants pendant bien des âges», remarqua le shōgun.

Il ne fut bientôt plus en état de prendre une alimentation solide et n'était capable d'avaler que quelques gorgées d'eau chaude. Le 17 juillet, il se redressa sur sa couche, écrivit un court poème de deux vers et rendit le dernier soupir. « Il est passé dans un autre monde», tels sont les mots employés par le chroniqueur officiel pour noter l'événement. Cocks et ses hommes avaient perdu leur plus puissant allié.

Il en allait de même pour William Adams. Pendant plus de seize ans, il avait entièrement dépendu de Ieyasu à qui il devait le titre qu'il portait, les terres qu'il possédait et la position unique qu'il occupait à la cour. Le shōgun lui avait aussi sauvé la vie en 1600 en empêchant les jésuites de le crucifier. Il en était même venu à considérer son conseiller anglais comme un oracle – une fenêtre ouverte sur le monde extérieur – et lui avait fréquemment demandé son avis sur la conduite à tenir devant le prosélytisme des catholiques. Adams ne savait que trop qu'il devait tout à Ieyasu et la nouvelle de sa mort, qu'il apprit à son retour du Siam, dut lui porter un coup très rude. Les lettres qu'il écrivit dans les jours qui suivirent immédiatement cet événement ont disparu, mais d'autres récits datant de la même période révèlent l'angoisse suscitée au Japon par le décès d'un personnage important: les plus dévoués des hommes liges du défunt étaient souvent conduits au suicide afin de l'accompagner au pays des morts. La pratique barbare et atrocement douloureuse du *junshin* – ensevelissement vivant – était depuis longtemps à l'honneur, mais celle qui consistait à s'ouvrir le ventre dans un geste rituel gagnait du terrain. François Caron, un aventurier français qui assista à ces deux formes d'immolation, en fut si frappé qu'il en a fait une description quelque peu détaillée. «Quand un des seigneurs meurt, écrit-il, [...] ils célèbrent la fête du départ sur des nattes et des tapis [...] et, ayant bien mangé et bu, ils s'ouvrent le ventre de sorte que leurs tripes et entrailles jaillissent au-dehors [...]. Celui qui coupe le plus haut, comme le font certains même jusqu'à la gorge, est jugé le plus brave et le plus estimé.»

Les individus qui choisissaient d'être enterrés vivants affrontaient la mort avec une volonté d'acier. «Ils vont avec joie jusqu'à l'endroit désigné, poursuit le même témoin, et, s'étendant, souffrent que les fondations soient posées sur eux, lesquelles, par leur poids, les meurtrissent immédiatement et les fracassent.»

Beaucoup s'attendaient à assister à un suicide en masse après la mort de Ieyasu, mais un calme très particulier régna sur la ville de Shizuoka. Cocks en fait la remarque dans son journal et note que seuls deux nobles choisirent de mourir : «Ils se tuèrent pour accompagner Ieyasu dans un autre monde», écrit-il. Leur loyauté ne manqua pas d'être récompensée : ils furent enterrés non loin du shōgun, et un splendide monument fut édifié en leur honneur.

La nouvelle de la mort de Ieyasu n'avait pas pris les Anglais entièrement au dépourvu, car l'événement leur avait été annoncé plus de sept mois avant qu'il ne se produise. À l'époque, ils étaient restés sceptiques. «Je crois plutôt que c'est une fable, racontée dans l'intention de voir comment les gens prendraient la chose», note Cocks. En mars, le décès du shōgun avait été de nouveau rapporté, et en avril le bruit circulait qu'il était tombé de cheval et était resté inconscient «si bien que personne ne pouvait parler avec lui». Lorsqu'il comprit qu'il ne s'agissait plus, cette fois, d'un on-dit mais d'un fait avéré, Cocks se rendit compte qu'il devait de toute urgence se rendre à la cour. Il fallait aux Anglais présenter leurs hommages au nouveau shōgun, Hidetada, le fils de Ieyasu, et, plus important encore, faire confirmer les privilèges commerciaux qui leur avaient été accordés.

Par chance, Adams était rentré de voyage moins d'une semaine après la mort de Ieyasu. Il offrit immédiatement d'accompagner Cocks et Eaton qui, escortés par un petit groupe de marins, iraient porter des cadeaux à Hidetada et lui offrir leurs vœux. Alors qu'ils traversaient la mer Intérieure, les voyageurs eurent la preuve de l'existence de troubles. «Nous vîmes un homme mort jeté sur le rivage, que quelque vilain avait assassiné, note Cocks, et pourtant il gisait là, et les gens de la campagne ne lui faisaient pas de funérailles. » Les voyageurs détournèrent les yeux de ce pénible spectacle mais un autre, plus macabre encore, s'offrit à leur regard : « De l'autre côté était un homme crucifié sur une croix pour avoir tué le serviteur d'un marchand », poursuit Cocks qui remarqua un peu plus loin « quelque huit ou dix têtes de malfaiteurs fichées sur des poteaux le long de la grand-route ».

Les voyageurs passèrent quelques jours à Osaka pour se reposer avant de partir pour Edo où ils avaient l'intention de loger dans la maison qu'Adams avait en ville. Arrivés à destination, ils reçurent un accueil très aimable de la part des courtisans et de leur entourage et se virent offrir du sake, des cochons de lait, des raisins et du pain. Mais ils étaient à peine installés qu'ils furent exposés à un danger très grave : « Vers trois heures de l'après-midi, un très grand tremblement de terre se produisit dans cette ville », raconte Cocks, impressionné par l'ampleur du phénomène. « Il était si extrême que je croyais que la maison tomberait sur nos têtes », poursuit-il. Poussés par la peur d'être écrasés, car des « bruits et craquements effrayants à entendre » émanaient des poutres du bâtiment, les Anglais sortirent en courant dans la rue « sans chapeau ni chaussures ».

Quand la terre eut cessé de trembler, les visiteurs, ayant sorti les présents destinés au shōgun de leurs bagages afin de les examiner, découvrirent que certains avaient été irrémédiablement endommagés pendant le voyage et que d'autres avaient complètement disparu. Superstitieux comme ils l'étaient, ils pensèrent que ce contretemps présageait mal de leur visite et commencèrent à se demander si leurs privilèges leur seraient effectivement confirmés.

Le grand jour arriva enfin pour eux et, le 1er septembre, ils furent priés de se rendre au palais du shōgun. La construction de ce vaste labyrinthe avait commencé dix ans plus tôt, date à laquelle Ieyasu avait fait d'Edo sa capitale officielle. Six cent mille ouvriers avaient travaillé à l'édification des bâtiments et à celle du mur d'enceinte qui s'étendait sur plus de seize kilomètres et offrait un spectacle très impressionnant. Le gouverneur espagnol des Philippines venu en visite quelques années plus tôt était resté sidéré devant l'ampleur des fortifications. Elles comportaient trois rangées de murs et un fossé rempli d'une eau parcourue par un courant très rapide. « Il y a plus de vingt mille personnes entre la première porte et la chambre du prince », remarqua le visiteur. D'une merveilleuse beauté, les salles étaient décorées de scènes encadrées d'or. « Bien que le premier compartiment n'eût rien laissé à désirer, écrivit l'Espagnol, la seconde chambre était plus belle tandis que la troisième était encore plus splendide. »

Les hommes qui gardaient toutes les parties du palais portaient des cuirasses dorées qui brillaient au soleil et étaient armés de pics, de lances et de sabres aussi tranchants que des rasoirs. Cocks était ébahi devant les dimensions et le luxe du palais auquel rien en Angleterre ne pouvait être comparé. Cent cinquante Tours de Londres auraient tenu à l'intérieur de son mur d'enceinte. « C'est une chose énorme [...], beaucoup plus grande que la cité d'York », s'étonna le visiteur. Contrairement à la ville anglaise, le palais de Hidetada était entouré par « trois fossés grands et profonds, remplis d'eau, avec de forts murs autour de chacun d'eux [...], lesquels étaient tous faits de pierres libres et d'une hauteur extrême, avec de beaux bâtiments dessus, et des tours ». Cocks découvrit à son grand étonnement que les tuiles des toits elles-mêmes étaient dorées à la feuille.

L'intérieur du palais n'était pas moins splendide, « étant doré avec de l'or, au-dessus de la tête aussi bien que sur les murs ». Les salles étaient elles aussi richement décorées et ornées de peintures et de fresques représentant des « lions, tigres, loups-cerviers, panthères, aigles et autres bêtes et volatiles, d'un dessin très vivant et bien plus appréciable que leurs dorures». Des paravents pliants, «qui montent ou descendent, ou se tirent plutôt sur le côté [...] comme on ferme les fenêtres en Angleterre», permettaient de diviser les salles en pièces plus petites.

L'ameublement impressionna tout autant Cocks à qui la façon exotique dont le sol était garni plut particulièrement. «Toutes les salles du palais étaient couvertes sous le pied de nattes bordées de damas ou d'étoffe d'or qui sont jointes si étroitement qu'on ne peut pas glisser la pointe d'un couteau entre elles», s'émerveille-t-il.

Les Anglais furent accompagnés à l'intérieur du palais par les principaux conseillers de Hidetada qui les déchargèrent des présents de drap, de corail, de peaux et de vases dont ils s'étaient munis avant de les conduire jusqu'à la salle où le shōgun les attendait. Ils s'arrêtèrent sur le seuil car Honda Masanobu lui-même, tout haut dignitaire qu'il était, n'osait pas entrer sans y avoir été autorisé.

Adams avait insisté auprès de Cocks sur l'importance qu'il y avait à se plier aux règles compliquées de l'étiquette japonaise. Il lui avait dit qu'il s'attirerait beaucoup de considération en se conformant au protocole et que le respect des convenances faciliterait l'établissement de bonnes relations avec Hidetada. Saris, à qui il avait, dans le passé, donné de semblables conseils, les avait ignorés et avait été, de ce fait, mal vu à la cour. Cocks se montra plus docile et impressionna le shōgun par sa déférente humilité. «Il me dit une ou deux fois d'entrer, raconte-t-il, ce que je refusai; ceci, comme je le compris plus tard, fut jugé bon.» À la troisième invitation, il pénétra dans la salle et se trouva face à face avec le shōgun. Celui-ci était assis sur le sol «jambes croisées comme un tailleur», et entouré de quatre moines à la tête rasée. C'était un individu au teint sombre, bien bâti, mais auquel les rubans qu'il portait habituellement dans les cheveux donnaient un air

À la cour japonaise, une immense importance était accordée au protocole. Les serviteurs n'entraient dans les pièces qu'en se traînant sur leurs mains et leurs pieds, et les seigneurs s'aplatissaient fréquemment sur le sol. Lorsque Richard Cocks s'y rendit, il trouva le shōgun assis « jambes croisées comme un tailleur », flanqué de moines au crâne rasé.

comique. En cette occasion, il était tout à fait splendide, revêtu d'un léger vêtement d'été taillé dans une soie bleu vif.

Cocks avait de la chance de se voir accorder une audience privée. Hidetada adorait la pompe et les cérémonies et aimait à être entouré de tous les seigneurs de son royaume revêtus de costumes traditionnels, chapeaux compris. Les extraordinaires couvre-chefs portés par ces personnages avaient médusé l'Espagnol Sebastian Vizciano, venu à la cour quelques années plus tôt. « Certains avaient des mitres, d'autres des tricornes semblables à des barrettes, d'autres des chapeaux comme des galoches, d'autres des turbans de couleur et ainsi de suite », raconte-t-il. Hidetada lui-même n'était pas moins superbement accoutré, mais ses vêtements pittoresques dissimulaient un caractère rusé et astucieux hérité de son père auquel il ressemblait, disait-on, beaucoup. Cocks jugea que c'était « le prince le plus politique qui eût jamais régné sur le Japon ». Les événements devaient lui donner raison.

Ni commerce ni privilèges ne furent mentionnés lors de la première entrevue. Seules des plaisanteries furent échangées et l'audience se passa « avec beaucoup de mots favorables ». Deux jours plus tard, Adams se rendit de nouveau au palais dans le but d'obtenir « le renouvellement des privilèges du vieil empereur, avec un *gowshin* [laissez-passer shōgunal] pour sa jonque ». Hidetada écouta poliment sa requête – faite au nom de Cocks –, mais refusa de donner une réponse immédiate. Adams dut donc se retirer les mains vides et aller prévenir ses compatriotes que le document confirmant leurs privilèges risquait de ne pas être signé.

Une activité frénétique occupa les quelques jours qui suivirent, au cours desquels Adams se dépensa sans compter pour tenter de persuader les plus influents des courtisans du shōgun que la présence de Cocks et de ses hommes sur le sol japonais ne constituait aucune menace. Il découvrit toutefois vite que ce ne serait pas chose facile. Hidetada avait hérité de la méfiance que son père nourrissait envers les chrétiens, et il était encore plus déterminé que lui à faire respecter l'édit promulgué à leur sujet. S'il était tout à fait prêt à laisser Adams demeurer au Japon, il se posait beaucoup plus de questions à propos du petit groupe d'Anglais établi à Hirado. Adams prévint Cocks que Hidetada était soupçonneux par nature : « Il est beaucoup plus sévère envers la religion romaine que son père, car il a interdit dans tous ses États sous peine de mort, à aucun de ses sujets, d'être catholique », lui fit-il remarquer.

Hidetada, qui avait l'esprit beaucoup moins vif que son père, avait beaucoup de mal à distinguer les protestants des catholiques. Ses courtisans, auxquels l'opinion qu'avait Adams du catholicisme était bien connue, se montrèrent bientôt très curieux de savoir ce que Cocks pensait des pères jésuites et des moines franciscains. Ils lui posèrent mille et une questions sur le protestantisme que l'on pratiquait en Angleterre et sur la doctrine qui sous-tendait cette foi, afin de comparer ses réponses à celles données par Adams, l'homme en qui ils avaient confiance. « Le Conseil m'envoya chercher au moins plus de vingt fois, je crois, pour apprendre si la nation anglaise était chrétienne ou non », raconte Cocks. Une des principales difficultés à laquelle il se heurtait pour formuler ses réponses venait d'une lettre dans laquelle le roi Jacques Ier se proclamait « Défenseur de la foi chrétienne ». C'étaient là les termes exacts utilisés par les jésuites, faisaient remarquer les dignitaires japonais, et la foi des Anglais devait donc être la même que celle de ces religieux. « Tous les jésuites et les frères étaient bannis d'Angleterre longtemps avant ma naissance, répétait Cocks exaspéré, car la nation anglaise ne suit pas le pape ni sa doctrine. »

Ses interrogateurs l'écoutaient poliment, mais restaient méfiants et recommandaient aux Anglais de n'avoir aucun contact avec les papistes. Cocks, de son côté, n'était pas avare de conseils : Hidetada devait veiller à ce que les catholiques ne fassent pas au Japon ce qu'ils avaient fait contre les rois en Angleterre avertissait-il : « Ils ont tenté de les tuer et de les empoisonner ou de les faire sauter avec de la poudre, leur disait-il, et avaient agité leurs sujets pour qu'ils se rebellent contre leur prince naturel, ce pour quoi ils avaient été bannis du royaume. » Entraîné par le désir de prouver ses sentiments anticatholiques, Cocks suggéra même qu'une attaque anglo-japonaise pourrait être lancée contre les Philippines espagnoles. L'occasion serait belle de tuer des catholiques, plaida-t-il, et il assura même Hidetada de « l'assistance des Anglais et des Hollandais ».

L'avertissement de Cocks fut suivi d'effets. Le désir de Hidetada de débarrasser son royaume des jésuites et des franciscains s'en trouva renforcé et, au début de septembre 1616, il promulgua de nouveaux édits ordonnant que quiconque serait soupçonné de cacher des chrétiens fût mis à mort avec sa famille. Deux jours plus tard, le maître facteur reçut la visite d'un courtisan venu pour lui apprendre que le renouvellement des privilèges commerciaux accordés aux Anglais était retardé à cause d'un bruit qui courait selon lequel les terres de William Adams à Hemi servaient de refuge à des chrétiens accueillis par l'épouse de ce dernier. « Veillez à ce qu'une telle chose ne soit pas prouvée contre vous tandis que vous vaquez à vos besognes », écrivit à ses gens le pilote, très inquiet.

Adams se rendait à la cour tous les matins dans l'espoir d'y apprendre que la charte garantissant les privilèges octroyés aux Anglais avait été signée, mais il s'entendait dire chaque fois qu'un nouvel obstacle s'y était opposé. Un jour le « mauvais temps » avait empêché la conduite des affaires, un autre les courtisans étaient trop occupés à torturer un homme soupçonné d'avoir participé à la défense du château d'Osaka. Le malheureux avait été « mis à la question et beaucoup tourmenté », mais il avait refusé d'avouer, ne voulant pas se déshonorer en cédant à la torture. Son attitude ne fit qu'encourager ses bourreaux : « Ils appliquèrent d'exquises tortures avec le feu et le pressèrent entre deux planches garnies de piques pointues et le transpercèrent, mais, malgré ce qu'il savait certainement, il n'avoua pas une seule chose avant de mourir. »

Un usage courant était fait de la torture au Japon et les moyens employés étaient atroces. Les plus terribles de ces châtiments – la suspension avec poids *(ci-dessus)* par exemple – étaient infligés aux personnes dont l'appartenance à la religion chrétienne était prouvée.

Si Hidetada hésitait sur la décision à prendre au sujet de l'avenir des relations commerciales avec l'Angleterre, il nourrissait toutefois le plus grand respect pour Adams et désirait vivement s'assurer ses services en tant que maître pilote. Il le savait, par son père, habile navigateur et connaissait l'intention qu'avait eue Ieyasu de lui confier le commandement d'une expédition chargée de rechercher le légendaire passage du Nord-Ouest. À la grande déception d'Adams, ce projet n'avait pas abouti car le vieux shōgun avait été trop occupé par les menaces pesant sur la paix civile pour en organiser le financement.

Hidetada avait lui aussi une mission – d'une autre nature – dont il voulait charger le conseiller de son père. Il le fit donc venir pour en discuter les détails. « Il y a au nord certaines îles très riches en mines d'or et d'argent que l'empereur veut conquérir, rapporte Cocks, et il lui demanda si, les termes étant bons, il accepterait d'être pilote. » Adams fit remarquer qu'il s'était engagé à mener à bien un certain nombre de projets au nom de la Compagnie des Indes orientales et, en homme de principe qu'il était, il dit ne pas pouvoir « servir deux maîtres », mais il promit de faire tout ce qu'il pourrait pour en apprendre plus sur ces îles. Sa bonne volonté évidente dut convaincre le nouveau shōgun car son attitude envers les Anglais commença à se modifier.

Au cours de la troisième semaine de septembre, des signes indiquèrent à Cocks et à ses compagnons qu'ils allaient être fixés sur leur sort. Le shōgun leur fit porter des présents – dix kimonos et une armure pour le maître facteur et deux kimonos pour chacun de ses collègues, Eaton et Wilson. Ces cadeaux furent suivis d'autres offerts par des courtisans et des nobles, et le plus grand de tous arriva trois jours plus tard : la charte renouvelant leurs privilèges commerciaux et les autorisant à demeurer au Japon fut remise à Adams. Elle était assortie d'une seule condition : « Communiquer, confesser, baptiser» avec les catholiques leur était interdit, ce que ni Cocks ni aucun de ses hommes n'avait l'intention de faire. Hidetada octroya aussi à Adams un *shuinjo* – document portant un sceau vermillon – qui confirmait le droit qui lui avait été accordé de se rendre à l'étranger à bord de son bateau et constituait également une protection contre les pirates. Toute attaque menée contre un navire porteur d'un tel laissez-passer était en effet considéré comme dirigée contre le shōgun lui-même. Les coupables étaient recherchés et mis à mort.

Quelques heures à peine après avoir reçu ces documents d'une importance capitale, Cocks, Eaton et Wilson partirent avec Adams pour Hemi afin de visiter le domaine que ce dernier y possédait. Alignés le long des chemins, les vassaux et les «fermiers» de leur hôte célébrèrent joyeusement le retour de leur maître. En tant qu'invité d'honneur, Cocks fut lui aussi accueilli en héros: «Certains de ses tenanciers m'apportèrent des présents de fruits tels des oranges, figues, poires, châtaignes et raisins», raconte-t-il. Il leur offrit en retour des pièces d'étoffe et de l'argent. L'étendue des propriétés d'Adams et l'autorité qu'il exerçait sur ceux qui les habitaient firent une impression durable sur l'esprit du visiteur. Contrairement aux seigneurs anglais dont la loi limitait le pouvoir, Adams était réellement le maître de tout ce qu'il possédait. «Il y a plus de cent fermes ou foyers sur ses terres, écrit Cocks, outre d'autres qui sont sous eux, lesquels sont tous ses vassaux, et il a pouvoir de vie et de mort sur eux [...]. Ce sont tous ses esclaves et il a autorité absolue sur eux, comme, au Japon, tout *tono* ou roi sur ses vassaux.»

Après avoir passé quelques jours à se divertir chez Adams, la petite troupe décida de rendre visite à Mukai Shogen Tadakatsu, un amiral japonais respecté qui vivait non loin. La route se fit à cheval et Cocks fut très frappé de voir une troupe d'hommes appartenant à Adams courir à pied à côté des cavaliers tels des «vassaux». À leur arrivée chez l'amiral, ils se virent servir un généreux repas et offrir des paquets remplis de cadeaux. Cocks, ravi de l'épée qu'il reçut, remarque à propos de Mukai que celui-ci comptait parmi «les meilleurs amis que nous ayons au Japon».

Les quelques jours idylliques passés à Hemi furent brutalement interrompus à la fin du mois de septembre par une lettre envoyée par Richard Wickham resté à Edo. Elle apportait une nouvelle désastreuse. Hidetada avait promulgué un décret rendant illégal tout commerce entre les marchands japonais et les étrangers résidant à Osaka, Kyoto et Sakai. Si la chose était vraie, elle porterait un coup terrible à l'activité commerciale naissante des Anglais qui devraient abandonner toutes les filiales créées jusque-là. Perplexe, Cocks ne comprenait pas ce qui avait pu pousser Hidetada à prendre une telle décision si peu de temps après avoir confirmé les privilèges accordés aux Anglais. La nouvelle lui semblait «très étrange» et il demanda l'aide d'un prêtre bouddhiste érudit pour étudier en détail le document dans lequel l'autorisation était consignée. Cet examen lui révéla que des limites sévères avaient été imposées à leurs droits. «Nous étions restreints dans notre navigation à n'aller, au Japon, à aucune autre place qu'à Hirado», note-t-il. Il comprit qu'à moins que cette disposition ne soit annulée, la factorerie devrait être fermée et un terme serait mis à la vie bénie qu'ils menaient au Japon, lui et ses compatriotes.

Adams retourna en toute hâte à Edo en compagnie de Cocks et d'Eaton afin d'obtenir, par leurs communes supplications, la modification du décret. Cocks était consterné.

«L'empereur pourrait aussi bien nous bannir incontinent du Japon que de nous lier par un tel ordre, car nous ne pourrions faire aucune vente dans cet endroit», déclara-t-il à un des dignitaires les plus chevronnés. Il fit tout ce qui était en son pouvoir pour avoir gain de cause auprès de Hidetada, allant jusqu'à déclarer que sa vie serait en danger si leurs privilèges n'étaient pas rendus aux Anglais. « Le roi Jacques croirait que notre mauvaise conduite est cause qu'ils nous ont été retirés », plaida-t-il. « Je tenais autant qu'à ma vie d'obtenir cet amendement, autrement je ne sais pas comment j'aurais osé me montrer en Angleterre », note-t-il plus tard dans son journal.

Mais Hidetada resta sur ses positions. Cocks ne lui avait pas fait très bonne impression et il était décidé à confiner les Anglais dans leur factorerie lointaine de Hirado. Ce ne fut qu'après de longues tractations qu'il consentit à un compromis : les marchandises entreposées dans les filiales pourraient être vendues selon les termes de la charte originelle, mais l'activité commerciale des Anglais se limiterait par la suite à Hirado. Seul William Adams échappait à la règle imposée à ses compatriotes : impressionné par l'étendue de ses connaissances, Hidetada renouvela le statut de *hatamoto* qui faisait de lui l'égal de n'importe quel samouraï. Cocks ne perdait pas l'espoir de voir le shōgun changer d'avis. « Je crains que notre commerce au Japon ne vaille pas la peine qu'on s'en occupe », note-t-il cependant dans son journal. Mais Hidetada s'obstina et les Anglais, déçus, décidèrent de quitter Edo.

En rentrant à Hirado, Adams fut victime d'un accident qui aurait pu lui être fatal. Il suivait au galop un chemin de campagne lorsqu'un oiseau perché sur une haie s'envola tout à coup. « Il fit cabrer le cheval du capitaine Adams, lequel tomba à la renverse et se démit l'épaule gauche et, à cent chances contre une, il se serait cassé le cou », raconte Cocks.

Les voyageurs trouvèrent à se loger sur place pour que le blessé puisse se reposer. Le lendemain il se sentait un peu mieux, mais il n'était pas question pour lui de reprendre immédiatement la route. « Le capitaine Adams craignait que son bras ne se disloque encore et il pensait que mieux valait demeurer quatre ou cinq jours à Suruga », poursuit Cocks.

Adams rattrapa éventuellement ses compagnons malgré l'extrême douleur qu'il ressentait toujours à l'épaule, et il fit le reste du trajet avec eux. Ils arrivèrent le 4 décembre 1616 à Hirado. Ils étaient profondément déçus et l'avenir leur semblait plus sombre que jamais. À la factorerie quelqu'un pourtant échappait au découragement général, c'était Richard Wickham.

XI

HARPONNÉ COMME LES POISSONS

Les raisons d'être satisfait ne manquaient en effet pas à Richard Wickham. Tandis que l'activité commerciale de la factorerie restait balbutiante et que Cocks se lamentait, il avait bien mené sa propre barque. Ayant mis toute son énergie à amasser une fortune personnelle, il avait obtenu des résultats spectaculaires.

Sa prospérité sautait aux yeux quand on pénétrait chez lui. Sa chambre était remplie du plancher au plafond d'objets précieux ou curieux, et ses armoires regorgeaient de soieries chinoises. La liste de tout ce qu'il possédait permet de se représenter un homme qui prenait plaisir à s'entourer de tous les signes extérieurs de richesse et n'hésitait pas à dépenser son argent. Il mangeait dans de la vaisselle en porcelaine, faisait le thé dans une théière en argent, buvait la bière dans une « corne à boire » polie. Une nappe coûteuse couvrait la table sur laquelle il prenait ses repas et il y avait une boîte d'onguent dans son cabinet de toilette pour ceux qui désiraient se parfumer. Son logement présentait tous les attributs de la splendeur orientale, décoré qu'il était d'une extraordinaire collection de bibelots précieux et de souvenirs venant de l'Orient tout entier : il y avait des coffres japonais, des lances javanaises et des rubis siamois. Le contenu de son garde-manger n'était pas moins exotique : on y voyait du « sucre candi » pour ses amis friands de sucreries, ainsi que des « jarres de conserves » et des boissons alcooliques en grande quantité.

Mais les objets exposés dans son logement n'étaient rien en comparaison de l'extraordinaire collection de vêtements qu'il possédait. Il avait vite remarqué que les Japonais aimaient s'habiller avec élégance et, pour les imiter, il avait fait l'acquisition de douzaines de chemises fines et de belles jarretières. C'étaient cependant ses pourpoints qui traduisaient avec le plus d'extravagance ses aspirations au raffinement vestimentaire : l'un, coupé dans un épais satin pourpre, était bordé de dentelle d'or tandis qu'un autre avait un col orange vif. Pour apporter une touche d'exotisme à ses tenues les plus recherchées, il possédait aussi une collection de rubans de chapeau voyants dont certains étaient incrustés d'or.

En additionnant la valeur de tout ce que Wickham possédait, on arrivait à plus de mille quatre cents livres, une somme considérable comparée à celle de tout juste quarante livres qu'il gagnait par an. Les marchands de Londres furent ébahis quand ils apprirent l'étendue de sa fortune, et ils s'étonnèrent qu'un homme puisse amasser tant d'argent « dans un endroit où la Compagnie perdait le sien ». Ils savaient en réalité très bien comment il l'avait gagné. Au lieu de se consacrer aux affaires de la factorerie – ce pour quoi il était employé et rémunéré – il avait mis toute son énergie à s'enrichir personnellement.

Wickham était avide d'argent. Ses efforts pour en accumuler dataient de bien avant son arrivée au Japon, et l'opiniâtreté avec laquelle il les avait poursuivis pendant le voyage avait choqué beaucoup de ses compagnons. Sitôt arrivé à Bantam, il s'était lancé dans l'acquisition, avec ses économies, de marchandises qu'il espérait vendre à profit au Japon. Cette première tentative ayant échoué, il renvoya ce qu'il avait acheté à Bantam et demanda aux amis qu'il avait dans ce port de lui expédier à la place du poivre, de la soie ou tous autres articles qui lui feraient regagner son « principal ». Entre-temps, il s'occupa à spéculer avec l'argent qu'il avait apporté d'Angleterre.

Le commerce privé était une malédiction pour la Compagnie des Indes orientales, et les marchands de Londres se montraient très sévères à son endroit et faisaient tout ce qu'ils pouvaient pour limiter l'achat et la vente de marchandises par des particuliers. Les capitaines des navires qu'ils affrétaient recevaient l'ordre d'interdire toute spéculation financière à leurs marins et, en 1611, il avait été explicitement demandé à Saris, lors de son départ, d'appliquer ces instructions à Cocks et à ses collègues. « Il est absolument défendu à aucun homme, aux capitaines, aux marchands, aux maîtres, aux mariniers, ou à aucune autre personne ou personnes [...] de faire le trafic ou le négoce de quelque marchandise que ce soit », lui fut-il précisé.

Qu'il y eût des contrevenants à de telles règles était inévitable, et rares auraient été les marins à vouloir quitter l'Angleterre si l'espoir de se remplir les poches ne les y avait pas incités. Les capitaines eux-mêmes ne se privaient pas de le faire et William Keeling avait même eu l'audace de demander qu'en tant que commandant d'une importante expédition, il fasse l'objet d'une exception. Les marchands exprimèrent la « répugnance profonde » que leur inspirait une telle requête et offrirent à la place de doubler ses gages. Keeling accepta allègrement l'augmentation, mais continua à insister pour qu'on lui permette de commercer pour son propre compte. Comme il menaçait de donner sa démission, les directeurs de la Compagnie se trouvèrent forcés de céder. Ils ne le firent cependant qu'à la condition qu'il promette de garder le secret à propos des transactions privées auxquelles il se livrerait, et qu'il empêche ses marins de l'imiter. Il tint parole et outrepassa même les ordres qu'il avait reçus en punissant plusieurs des facteurs en poste à Bantam et en les avertissant que c'était «à leurs propres périls» qu'ils enfreignaient les règles de la Compagnie.

À Hirado, Wickham n'était pas le seul Anglais à s'occuper de ses affaires personnelles plus que de celles de ses employeurs. Nealson, Sayers et le jeune Richard Hudson, l'un des trois hommes venus à bord du *Hosiander*, entretenaient des relations secrètes avec des partenaires commerciaux japonais. Eaton avait ses propres réseaux de vente d'objets laqués et «l'honnête» Mr Cocks lui-même ne résistait pas à l'envie de faire fructifier son propre argent. Il avait, une fois, confié une somme lui appartenant à Wickham pour qu'il l'investisse, mais enrichir autrui n'intéressait pas l'habile spéculateur. «Il me tendit mon argent comme je le lui avais remis et employa le sien propre», se plaint Cocks d'une plume furieuse. Une telle mesquinerie était la cause de frictions continuelles entre les deux hommes, comme l'était aussi l'habitude qu'avait Wickham de répondre aux remontrances de Cocks en lui rappelant l'amitié qui le liait à Thomas Smythe.

Contrairement à Adams, les Anglais venus après lui ne s'étaient pas fait beaucoup d'amis parmi les habitants de Hirado et préféraient rester entre eux pour se divertir. À leur arrivée au Japon, Cocks et Wickham avaient eu plaisir à se fréquenter, mais leurs relations n'avaient pas tardé à se détériorer. Cocks le regrettait car il pensait avoir plus en commun avec Wickham qu'avec n'importe lequel de ses autres compatriotes. Comme lui, il s'estimait cultivé – même raffiné –, et comme lui aussi il aimait prendre la plume pour relater les détails de sa vie au Japon. Les deux hommes aimaient la lecture et consacraient beaucoup de temps et d'argent à l'acquisition de livres. Wickham s'était constitué une bibliothèque considérable comportant cinquante-huit volumes «grands et petits», et Cocks se faisait envoyer de Bantam des livres d'histoire. Les deux collègues se plaisaient à faire étalage, par manière de plaisanterie, de leur érudition, et Wickham adorait parsemer les lettres qu'il écrivait de références à Suétone et à Cicéron. Il avait aussi du goût pour les commérages scandaleux, surtout quand il était question de femmes, et fait par exemple allusion, dans sa correspondance ou dans son journal, à sa «petite harpie» en parlant d'une certaine jeune Japonaise.

Les deux hommes avaient donc beaucoup en commun, mais Cocks se fatigua vite de la grossièreté dont Wickham faisait souvent preuve, de son orgueil, de ses caprices et de ses colères soudaines. Ce dernier passait beaucoup de temps en compagnie de gens buvant sec, peut-être parce que les ivrognes étaient plus disposés que quiconque à le supporter. Cocks note avec satisfaction dans son journal que Wickham n'avait pas l'heur de plaire à grand monde, et ajoute que ceux qui recherchaient son amitié espéraient en réalité profiter de sa mort, au cas où elle surviendrait prématurément. «Je pense que le reste des Anglais de par ici désire plutôt sa chambre que sa compagnie», remarque-t-il. L'impatience que lui inspirait le caractère de son collègue augmentait à mesure que la situation financière de la factorerie se détériorait, mais il se rendait aussi compte qu'une rupture définitive rendrait la vie impossible dans la communauté anglaise. Après une querelle particulièrement violente, il tenta par exemple une réconciliation: «J'ai chassé de ma mémoire tous les mots échangés entre nous», écrivit-il à son collègue. Il n'allait pas tarder à découvrir que Wickham n'était pas aussi magnanime.

Une tension commença aussi à se manifester dans les relations entre les autres employés du comptoir. Ils avaient, sous bien des rapports, à se féliciter de l'existence qu'ils menaient au Japon, mais de devoir vivre dans un pays aussi étrange, aux lois si intransigeantes, les fatigua vite et ils se lassèrent aussi d'être contraints à une promiscuité constante. William Nealson était de loin le plus turbulent. Il était chargé de participer à la tenue des registres de la factorerie, mais la passion de la boisson l'emportait généralement chez lui sur l'ardeur au travail. Sa tendance à l'alcoolisme s'était révélée peu de temps après son arrivée au Japon et il était vite devenu sujet à des sautes d'humeur aussi irrationnelles que violentes. Cocks s'était trouvé de plus en plus fréquemment forcé de le rappeler à l'ordre, mais ses admonestations étaient restées sans grand effet. Elles semblaient même au contraire alimenter la fureur de Nealson qui se retourna un jour contre lui et se lança dans une violente diatribe. « Il s'est fâché avec moi, m'appelant vieil âne aviné, et m'adressant des menaces insupportables », note Cocks qui se lassa vite des soûleries de son subordonné dont il nommait « fumées ampliatrices » les crises de colère éthyliques. Il finit par abandonner la partie et le laissa faire ce qu'il voulait. « Dieu m'est témoin, soupira-t-il, que j'ai été accusé par tous les Anglais du pays de souffrir que Mr Nealson insulte tout le monde comme il le fait quotidiennement. »

John Osterwick, arrivé à bord du *Hosiander* en 1615, ne valait pas mieux. Il avait tout de suite déplu à Cocks. « C'est un jeune homme fier et désagréable qui méprise tous les hommes comparés à lui-même », avait-il noté à son sujet. Le manque de sympathie était mutuel et le nouveau venu ne tarda pas à faire de son mieux pour monter ses collègues contre le maître marchand. Il se lia d'amitié avec Nealson qu'il essaya de convaincre que Cocks utilisait l'argent de la factorerie à ses propres fins. Furieux, ce dernier réussit cependant à garder son sang-froid. « Il aurait mieux valu qu'il me dise la chose plutôt que d'en parler à d'autres », se contente-t-il de remarquer.

Qu'un si petit groupe d'hommes se divise en factions était inévitable, comme l'étaient aussi les critiques qu'ils formulaient à l'égard de leur supérieur. Cocks avait cependant un allié en la personne de William Eaton en qui il trouva toujours un associé loyal, compétent et travailleur. Les deux hommes découvrirent qu'ils avaient beaucoup en commun. Ils venaient même peut-être de la même région, le Staffordshire, puisque Cocks utilise souvent le terme de « pays » quand il parle de lui. Il considérait certainement Eaton comme un individu d'une capacité hors pair et l'envoyait souvent en mission à Osaka, Sakai et Kyoto. Le jeune homme lui resta fidèle jusque dans les moments les plus sombres, ceux où l'argent était rare, et Cocks le récompensa en le couvrant d'éloges dans les lettres qu'il écrivait ou dans son journal où il le qualifie de « vrai honnête homme et ami de son ami ». L'attitude d'Eaton était peut-être due au fait qu'il était heureux au Japon. Après une brève et désastreuse liaison avec O-man, il était tombé amoureux d'une jeune fille de Hirado appelée Kamezo. Il l'avait couverte de cadeaux, lui offrant toutes sortes de soieries et d'autres étoffes, et elle lui avait donné en retour un fils et une fille.

C'était avec Adams que les relations des membres de la petite communauté anglaise étaient le plus difficiles. Ils savaient tous que l'amitié que Ieyasu portait à leur compatriote avait énormément bénéficié à la factorerie, et ils faisaient constamment appel à lui en cas de difficulté ou quand ils avaient besoin de conseils. Cocks avouait volontiers l'admiration que lui inspirait la connaissance qu'avait Adams de la langue et des coutumes japonaises. Il ne savait que trop que, si le protégé du shōgun n'avait pas été là pour plaider leur cause à la cour, les Anglais n'auraient jamais été autorisés à s'établir dans le pays. Pourtant, une méfiance inconsciente continua longtemps à l'habiter envers le plus utile de ses subordonnés qu'il soupçonnait de servir secrètement les intérêts des Hollandais et des Espagnols. Il n'eut jamais de preuves de sa déloyauté, mais il lui fallut plus de trois ans pour admettre qu'il s'était trompé à son sujet. À l'instar du capitaine Saris, il prenait l'attitude distante de son compatriote pour de l'arrogance et ne comprenait pas qu'il avait de bonnes raisons de considérer l'ivrognerie et la conduite licencieuse de ses compatriotes avec inquiétude. C'était après tout à lui qu'il incombait de répondre de leur conduite à la cour du shōgun, ce pour quoi il ne se voyait reconnaître aucun mérite ni par Hidetada ni par Cocks.

Ce ne fut qu'après avoir vu Adams plaider la cause des Anglais auprès du shōgun que Cocks comprit à quel point il se montrait injuste envers son compatriote. Il changea alors complètement d'attitude et se répandit en éloges sur lui dans les lettres qu'il écrivait aux directeurs de la compagnie. « Je trouve l'homme traitable et prêt à rendre à Vos Honneurs le meilleur service qu'il puisse », leur écrivit-il, remarquant plus tard que le calme dont Adams ne se départait pas était à l'opposé du comportement désordonné des hommes qu'il avait sous ses ordres : « Je suis persuadé que je pourrais vivre sept ans avec lui avant que des propos malvenus passent entre nous », leur assura-t-il encore.

En 1616, Adams avait sauvé la factorerie anglaise de la ruine. Avant cette date, Cocks avait dépensé une petite fortune en travaux de construction et avait encore puisé dans les maigres fonds dont il disposait pour créer des filiales à Edo et à Osaka. Les réceptions et les fêtes qu'il avait données avaient encore diminué ses précieuses ressources, et les marchandises entreposées dans le comptoir dirigé par William Eaton avaient été en outre en grande partie endommagées pendant les troubles qui avaient suivi la bataille d'Osaka. Les réparations imprévues à apporter au *Hosiander* avaient en outre coûté plus de trois cents livres. Ces énormes dépenses avaient entraîné la factorerie au bord de la faillite.

Lorsque le contrat qui le liait à la Compagnie des Indes orientales était arrivé à échéance en novembre 1615, Adams n'avait eu d'abord aucune intention de le renouveler. Il n'avait en effet aucun besoin du maigre salaire qui lui était versé : les expéditions commerciales entreprises pour son propre compte et le riz moissonné sur ses terres constituaient pour lui un revenu suffisant. Mais il connaissait les difficultés financières auxquelles Cocks avait à faire face et, bien que n'ayant pas grand-chose en commun avec les employés de la factorerie anglaise, il ne leur voulait pas de mal. Il avait donc décidé de rester à la disposition de leur chef pendant une grande partie de l'année et il l'avait aidé à surmonter une série de crises.

Au cours de l'hiver 1615, Adams était parti pour le Siam à bord de sa jonque, le *Sea Adventure*, et ce voyage, dont il ne devait revenir qu'en été 1616, avait été comme une bouée de sauvetage pour la factorerie. Il était allé jusqu'à Ayuthia – la ville où Lucas Antheunis avait fondé un petit comptoir commercial anglais – et avait couvert les fonctionnaires royaux de cadeaux. Il avait été autorisé en retour à acheter de vastes quantités de bois de sapan, marchandise dont la vente continuait à rapporter des sommes fabuleuses au Japon. Il s'en était procuré tellement que la cale de sa jonque avait été vite remplie et qu'il avait été obligé d'affréter deux autres bateaux pour transporter le reste de la cargaison jusqu'à Hirado.

En entreprenant ce voyage, Adams faisait une immense faveur à Cocks, mais les facteurs en poste au Siam, qui n'avaient pas vu la chose sous cet angle, lui avaient témoigné une grande méfiance, s'interrogeant sur les motifs qui l'animaient, et plus particulièrement sur les relations qu'il entretenait avec ses marins japonais. L'un des Anglais, Benjamin Farie, avait été jusqu'à juger que l'autorisation qu'il donnait à son équipage de charger des marchandises leur appartenant à bord du navire lésait les intérêts de la Compagnie des Indes orientales : « Il l'abuse excessivement par ce grand privilège », avait-il déclaré. Il ignorait que cette pratique, habituelle chez les marins japonais, était conçue pour prévenir les désertions.

Ayant appris la mort de Ieyasu lors de son retour à Hirado, en juillet 1616, Adams était parti immédiatement pour Edo avec Cocks, et ce n'avait été qu'à leur retour à tous deux que le bois de sapan avait pu être vendu. Il avait rapporté une énorme somme d'argent qui venait à point nommé renflouer les caisses de la factorerie. Le bois avait été cédé pour le triple de son prix d'achat – aubaine inattendue pour Cocks – et un bénéfice de cent pour cent avait été fait sur les peaux. Les Anglais étaient ravis et un renouveau d'optimisme leur donna l'envie de fêter Noël en grande pompe. Le *Thomas* et l'*Advice* étaient encore au mouillage dans le port et ils firent tonner leurs canons «en honneur du jour de Noël». Maintenant que la factorerie était en mesure de payer ses dettes, l'humeur était à la fête et Cocks loua les services de danseuses japonaises pour égayer banquets et réceptions. Le maître d'équipage de l'*Advice*, qui avait remarqué le goût qu'avait le chef du comptoir pour le bain, lui offrit dix-huit pains de savon, et Li Tan lui donna deux pièces de taffetas noir et «dix grands gâteaux chinois de pain sucré». Cocks avait pour sa part acheté des présents pour les enfants de ses amis japonais, entre autres un éventail, une pomme de senteur et «un rouleau de papier» pour une petite fille.

Les fêtes de Noël une fois passées, les Anglais songèrent à trouver une réponse à une question qui ne laissait pas de les inquiéter. Ils étaient depuis plus de deux ans sans nouvelles de Tempest Peacock et de Walter Carwarden, partis pour la Cochinchine au printemps 1614. Ils s'étaient attendus à les voir revenir quatre ou cinq mois plus tard – un peu plus peut-être – et espéraient qu'ils rapporteraient des soieries et des peaux en grande quantité. Au lieu de cela ils avaient entendu dire que les deux hommes avaient été soit tués soit capturés. Une rumeur plus propre à parler à l'imagination voulait que Peacock se soit noyé, entraîné au fond de l'eau par le poids de l'or qui remplissait ses poches. Carwarden était sain et sauf, racontait-on aussi, et serait bientôt de retour au Japon. Malgré ces bruits, qui circulaient depuis près de deux ans, Cocks n'avait fait aucun effort pour retrouver ses compatriotes. L'occasion d'agir se présenta à lui au printemps 1617, époque à laquelle Adams offrit d'aller à leur recherche jusqu'en Cochinchine.

Comme il avait besoin de câbles et de fournitures pour sa nouvelle jonque, le *Gift of God*, Adams décida d'aller les acheter à Nagasaki où ces articles étaient très bon marché. De retour à Hirado, il découvrit que son souci d'économie avait déplu au roi Figen, qui était à la tête du fief depuis peu et aurait préféré qu'Adams dépense son argent à Hirado. Il avait aussi mécontenté les principaux marchands de la ville, toujours en bisbille avec Cocks à propos des termes de la vente du bois de sapan. Quelques-uns des plus irascibles de ces négociants – jaloux depuis longtemps de l'accès qu'Adams avait à la cour – envoyèrent trois de leurs hommes de main au port avec ordre de le punir et de l'humilier. Une fois à bord du *Gift of God*, ces gaillards outrepassèrent leurs instructions : « Ils attrapèrent les bras du capitaine Adams et, avant qu'il ne s'en rende compte, les tordirent d'une manière si extrême qu'ils lui causèrent une grande peine », raconte un témoin. Adams était à peine remis de sa chute de cheval et ils lui firent très mal. Tandis qu'il hurlait de douleur, ses agresseurs tombèrent à bras raccourcis sur les autres marins. S'étant emparés de John Phebie, le maître d'équipage, ils menacèrent de le couper en morceaux avec leurs sabres et, après avoir saisi Sayers « par l'arrière de ses cheveux », ils le cravatèrent jusqu'à lui faire presque perdre le souffle.

Le danger que couraient Adams et ses hommes était grave car leurs assaillants, réputés pour être « d'une sorte aussi violente qu'il se pouvait », semblaient décidés à les tuer. Croyant qu'Adams n'était plus sous la protection du shōgun, ils pensaient pouvoir le traiter à leur guise. Mais, ayant réussi à leur échapper, leur victime glissa la main dans les plis de son kimono, en tira un document portant la signature et le sceau de Hidetada et l'agita en l'air, « le baisant et le tenant au-dessus de sa tête en signe de protestation et en témoignage de la violence qui lui était faite ». Ce geste théâtral eut un effet aussi immédiat que spectaculaire. Le sauf-conduit qu'il brandissait prouvait qu'Adams jouissait effectivement de la protection du shōgun et que ceux qui s'en prenaient à lui risquaient la peine de mort. Ses assaillants pâlirent à sa vue. Craignant les conséquences de leur geste, ils remirent leurs armes au fourreau et s'éclipsèrent sans demander leur reste.

Adams eut la sagesse de passer ce désagréable épisode sous silence et partit pour la Cochinchine vers la fin du mois de mars. Au bout d'une traversée de trois semaines, il remarqua que la mer était boueuse, ce qui indiquait clairement que l'estuaire du Quang Nam était proche. Le matin suivant, il distingua l'embouchure de ce puissant fleuve et en remonta avec précaution le cours.

L'arrivée d'Adams intrigua le fonctionnaire chargé de la surveillance de la région. Cet homme voulant savoir ce qui l'amenait dans ces parages, Adams lui répondit qu'il était envoyé par le chef de la factorerie anglaise au Japon et chargé de découvrir ce qu'il était advenu de Peacock et de Carwarden. S'ils avaient été tués « sans offense », il avait l'intention de « chercher justice », ajouta-t-il d'un ton menaçant. Son interlocuteur tourna les talons après avoir murmuré des excuses et promis de faire une enquête. Peu de temps après, Adams vit arriver le secrétaire du souverain de l'endroit qui le salua et s'enquit lui aussi de la raison de sa visite. Adams se montra cette fois plus explicite. « Nous lui avons dit [...] que nous étions venus sur l'ordre du roi d'Angleterre, pour savoir ce qui était arrivé à deux Anglais envoyés par ici», raconte-t-il. «Nous avons entendu qu'ils avaient été tués ici [...] mais comment, nous ne savons pas encore», avait-il ajouté. Le secrétaire écouta poliment et feignit l'indignation. «Ils ont été noyés par maladventure dans un petit bateau», se contenta-t-il de dire.

Adams était convaincu que son interlocuteur en savait davantage, mais, sans le laisser placer un mot, celui-ci lui recommanda de ne pas se mêler de questions aussi délicates. «La chose appartient au passé et il n'est pas nécessaire d'en parler maintenant», avertit-il. Furieux de se voir ainsi éconduit, Adams continua à poser des questions. Son obstination provoqua une réaction inattendue de la part du secrétaire : «Le plus important des deux a tenu beaucoup de propos méprisants et orgueilleux, sans aucune considération pour le roi ni pour son pays», aboya-t-il soudain, livide de rage. Se rendant compte qu'il était allé trop loin, il se tut, refusa d'en dire plus et quitta les lieux. Son attitude renforça les soupçons des Anglais.

Adams passa les jours qui suivirent à interroger les marchands du pays, et un certain nombre de témoignages qu'il reçut d'eux lui permirent de reconstituer d'une manière plausible ce qui s'était passé. Il semble que Peacock, qui avait remonté le fleuve attiré par l'espoir de trouver des occasions de faire du commerce, avait trouvé à se loger chez un marchand japonais appelé Mangosa. Celui-ci, au premier abord accueillant, était en réalité un homme de main que les notables de l'endroit avaient payé pour qu'il assassine son hôte. Les motifs des commanditaires du crime étaient clairs : Peacock les choquait en s'enivrant continuellement, et les offensait en se vantant que les Anglais pouvaient mettre la Cochinchine à mal en bloquant l'accès de ses ports maritimes. Les détails entourant sa mort restent obscurs, bien que Cocks ait noté plus tard à ce sujet une rumeur probablement rapportée par Adams : il aurait été « attaqué traîtreusement et tué dans l'eau avec un harpon, comme les poissons ».

La mort de Walter Carwarden était moins mystérieuse. Resté à l'embouchure du fleuve pendant que Peacock en remontait le cours, il avait probablement appris l'assassinat de son ami. Terrifié à l'idée qu'un sort semblable l'attendait, il s'était enfui sur un petit bateau. Un violent coup de vent avait par malheur fait chavirer son embarcation et il s'était noyé avant de pouvoir gagner le rivage à la nage.

Adams avait juré de venger ses compatriotes s'il apprenait qu'ils avaient, l'un ou l'autre, été tués, mais il savait qu'il n'était pas en mesure de mettre sa menace à exécution. Il ne lui fut pas non plus possible de se faire rendre l'énorme quantité d'argent que les victimes avaient avec elles car il avait disparu sans laisser de trace. La situation empira lorsque Sayers, allé à terre pour acheter des soieries, fut dépouillé des fonds dont il s'était muni. Le cœur lourd, les deux hommes décidèrent qu'ils n'avaient aucune chance d'arriver à leurs fins et ils reprirent le chemin de Hirado. Les nouvelles qu'ils rapportaient furent accueillies avec une morne résignation par Cocks et par ses collaborateurs, de moins en moins nombreux.

Il avait été difficile de faire des affaires pendant l'absence d'Adams, et Cocks avait passé de plus en plus de temps à tailler ses arbres fruitiers, à s'occuper de ses poissons rouges et à noter dans les lettres qu'il écrivait et dans son journal une série de détails pittoresques et d'incidents amusants. C'est ainsi qu'il raconte avoir vu un jour avec étonnement Nealson arriver à la factorerie avec, à la main, un pénis géant taillé dans le bois. Interrogé sur l'origine de l'objet, Nealson avait répondu en gloussant de rire qu'il l'avait trouvé près « d'un autel de l'antique dieu Priape, un dieu licencieux, avec un grand instrument ». Il s'agissait d'un objet de dévotion pour les femmes qui, lorsqu'elles désiraient être enceintes, avaient coutume de marcher en procession autour de l'autel « en portant des dards en bois faits comme un membre d'homme ». Pensant que ce serait là un ornement digne de la factorerie, il en avait acheté un, au grand étonnement des dévotes réunies là.

Cet épisode rappela à Cocks un autel qu'il avait vu en France alors qu'il se rendait à Bayonne sur l'ordre de Sir Thomas Wilson. Là aussi, il avait vu « un grand instrument [...] auquel toutes les dames nobles faisaient pèlerinage ». Elles s'approchaient gravement du pénis, un couteau bien aiguisé

La vue des temples et des sanctuaires japonais *(ci-dessus probablement le Honno-ji, situé près de Kyoto)* remplissait Cocks d'étonnement. Il en faisait des descriptions pittoresques auxquelles le roi Jacques ne croyait pas un mot et qu'il considérait comme « les plus gros mensonges » qu'il eût jamais entendus.

à la main, « rabotaient ou grattaient un petit peu de la verge, et le mettaient dans du vin qu'elles buvaient ».

Malgré les difficultés financières croissantes qui avaient assailli la factorerie au cours de l'année 1617, Cocks n'avait pas cessé de nourrir l'espoir de transformer Hirado en une source fabuleuse de richesse. Il pensait depuis longtemps que seul le commerce avec la Chine lui permettrait de réaliser ce rêve et, dans la toute première lettre adressée trois ans plus tôt aux directeurs de la Compagnie, il avait proposé d'entrer en contact avec les empereurs Ming. « Qui ne cherche rien ne gagne rien », avait-il déclaré. Estimant dépendre de l'aide d'Adams depuis trop longtemps, il jugea le moment venu pour lui de voler de ses propres ailes. Le projet qu'il conçut était ambitieux. Commercer avec la Chine était en effet beaucoup plus compliqué qu'avec le Siam ou avec Pattani, car toute transaction avec ce pays était interdite sous peine de mort. Il faudrait donc à Cocks faire appel à des intermédiaires s'il voulait se procurer des soieries chinoises.

Par chance, Li Tan, l'ancien propriétaire des locaux de la factorerie anglaise, se montra tout disposé à l'aider. Il était riche, avait beaucoup d'influence et se trouvait à la tête de la petite communauté chinoise de Hirado. Il était en bons termes avec les Anglais et comptait parmi leurs principaux clients. Il était fréquemment invité à la factorerie et offrait souvent des cadeaux à Cocks et à ses collègues sous la forme de victuailles ou d'étoffes. Il scella son amitié avec le maître facteur en lui demandant de devenir le parrain de la petite fille qui venait de lui naître. Celui-ci accepta et donna le nom d'Elizabeth au nourrisson.

Si Cocks avait foi dans la droiture et l'honnêteté de Li Tan, l'opinion qu'il avait du Chinois n'était pas partagée par tous. Celui-ci était qualifié de « sournois » dans un rapport hollandais qui détaillait les magnifiques maisons qu'il possédait à Hirado et à Nagasaki, et faisait allusion à « plusieurs jolies épouses et enfants». Faites avec une délectation évidente et dénotant une certaine méfiance, ces constatations venaient corroborer les accusations portées contre le chef de la communauté chinoise soupçonné d'être malhonnête et de ne pas jouir d'autant d'influence qu'il le prétendait sur les marchands des régions côtières de son pays d'origine. Cocks refusa de prêter l'oreille à ces allégations et accepta les assurances que lui donnait Li Tan sans se poser de questions. Il avait déjà fait part aux directeurs de la Compagnie de son «extraordinaire espoir de porter le commerce en Chine». Persuadé que le succès était à portée de main, il décida de miser les fonds dont la factorerie disposait pour se procurer des soieries en provenance des États des empereurs Ming, et avança mille cinq cents livres à son ami, une somme énorme, propre à grever lourdement les finances de la factorerie. Il offrit également de coûteux présents à son partenaire.

La nouvelle des transactions hasardeuses dans lesquelles Cocks se lançait parvint jusqu'à Bantam, apportée par Richard Wickham. Parti pour Java au printemps 1617 à bord de l'*Advice*, ce dernier avait pour mission de faire un rapport sur les activités commerciales de la factorerie de Hirado. S'il avait été choisi, c'était que son supérieur le jugeait plus au courant de la question que ses collègues. Il l'était assurément et se saisit de l'occasion pour attaquer violemment la manière dont son supérieur dirigeait le comptoir : rien n'échappa à ses critiques, ni la gestion financière, ni la crédulité, ni la sottise du maître marchand.

Le délateur trouva une oreille complaisante à Bantam. Le nouveau chef de poste, George Ball, était un individu à la réputation douteuse qui prenait un grand plaisir à dire du mal de ses pairs. Il avait déjà critiqué les lettres décousues envoyées par Cocks en qui il ne voyait qu'un vieux moulin à paroles. «Vos lettres sont copieuses mais pas succinctes ;

longues mais bourrées de bavardages oiseux et inutiles, peu dignes de quelqu'un de votre position, années et expérience », lui avait-il écrit. Le roi Jacques fit plus tard écho à de tels sentiments. Ayant lu une de ces épîtres avec intérêt, il refusa cependant de croire que les faits relatés étaient vrais et déclara qu'il s'agissait « des mensonges les plus gros » qu'il eût jamais entendus.

Ball écouta ce que Wickham avait à dire avec un mélange de dégoût et de plaisir et rédigea un rapport virulent dans lequel il mettait en doute les méthodes, le caractère, la compétence et l'honnêteté du chef du comptoir de Hirado. Un exemplaire de ce document fut envoyé au Japon et l'autre à Londres, à l'adresse de Sir Thomas Smythe. Cocks le lut avec horreur, sans pouvoir en croire ses yeux. La lettre qui l'accompagnait commençait par les habituels « cordiaux éloges » et salutations mais des remarques acerbes et des invectives faisaient immédiatement suite à ces compliments. Ball déclarait qu'il soupçonnait depuis longtemps Cocks d'être « extrêmement chaud en passion et très misérablement froid en raison ». Après avoir entendu Wickham lui décrire l'ineptie de son patron, force lui était, continuait-il, de constater que ses craintes les pires se trouvaient confirmées. On ne trouvait que vétilles et commérages dans les comptes de la factorerie, mais pas de chiffres, et la manière dont Cocks dirigeait le comptoir frisait l'incompétence. Il accusait son collègue de se montrer « complètement aveugle en encourageant des gens sans mérite » et se moquait de la façon dont il prêtait l'oreille aux conseils des individus qui étaient « les plus prêts à lui couper la gorge ». Mais ses critiques les plus acerbes étaient dirigées contre la manière dont Cocks avait l'intention de s'y prendre pour établir des relations commerciales avec la Chine. Li Tan, le « père de la duperie », l'avait trompé, lui apprenait-il, en lui reprochant de remplir les poches d'un escroc corrompu.

Ball se montrait encore plus sévère dans la lettre qu'il

adressa à Sir Thomas Smythe. Il y suggérait que Cocks avait perdu tout sens de la réalité. «Ayant ses imaginations portées par-delà la lune, il a les yeux de son entendement si aveuglés par l'attente de merveilles incroyables qu'on peut craindre qu'il sentira ses pertes avant d'être forcé de voir son erreur», écrivit-il au gouverneur de la Compagnie des Indes orientales.

Si elles étaient injustes, les accusations de Ball n'étaient pas tout à fait inexactes. Ce qu'il disait des comptes tenus durant le voyage du *Clove* était sans fondement, car Cocks avait déjà expliqué d'une manière plausible le caractère incomplet de ce registre. Les critiques concernant la promotion accordée à Eaton étaient elles aussi injustifiées, car celui-ci était sans aucun doute le plus capable des sept individus que Cocks avait sous ses ordres. Mais le reproche le plus accablant – celui concernant la crédulité dont Cocks faisait preuve dans ses rapports avec Li Tan – contenait une grande part de vérité. Le maître facteur s'était montré trop confiant envers un homme plus apte à faire des promesses qu'à les tenir. Il avait déversé argent et cadeaux dans les poches sans fond de son partenaire sans se rendre compte que celui-ci n'avait aucun intérêt à voir les Anglais prendre pied en Chine car leur présence lui ferait perdre son monopole. Alors même que les preuves de la malhonnêteté de Li étaient devenues évidentes, Cocks s'était obstiné à croire que ce n'était que par son intermédiaire qu'on pourrait atteindre le but par lequel – «tous juraient» – établir des relations commerciales avec la Chine.

Après avoir digéré le contenu de la lettre de Ball, Cocks se mit en devoir d'adresser une longue réponse à Sir Thomas Smythe. Il s'y justifiait de l'ensemble des accusations portées contre lui et demandait au gouverneur de ne pas croire tout ce que son collègue lui avait écrit. «J'ai des gens qui me veulent du mal, qui cherchent à causer ma disgrâce auprès de Vos Honneurs, nommément Mr Ball», se défendait-il. Ajoutant que tout ce que celui-ci lui reprochait était «pur fiel», il se déclara tenté de rentrer en Angleterre pour plaider sa cause en personne. «La meilleure voie pour moi sera de venir me disculper moi-même, si Dieu m'accorde assez de vie pour voir mon pays d'Angleterre», annonça-t-il. La tempête finit par s'apaiser et Cocks demeura à Hirado. Mais sa réputation était ternie et des doutes à son sujet s'insinuèrent dans l'esprit des directeurs de la Compagnie. Une question difficile à trancher se posait en outre à lui : quelle attitude lui faudrait-il adopter envers Wickham lorsque celui-ci reviendrait au Japon ?

XII

UNE AMITIÉ BRISÉE

Richard Wickham réservait une dernière surprise à Cocks : il était las du Japon, annonça-t-il à son retour à Hirado ; il y avait passé quatre ans et demi et il était prêt à dire adieu à ses collègues.

Il aurait pu partir plusieurs années plus tôt, car le capitaine Saris l'avait autorisé à rentrer en Angleterre quand il le voudrait. Mais il avait préféré faire d'abord sa pelote, et ce n'avait été qu'en 1618 qu'il avait amassé assez d'argent pour pouvoir jouir d'une vie confortable dans son pays natal. S'il quittait le Japon, c'était à cause de « quelques torts et croix subis de quelques ennemis », écrivit-il à sa « très chère mère », évoquant aussi, plus par sens du devoir que par amour filial sincère, la promesse qu'il lui avait faite « de revenir au bout de trois ans ». Le délai était expiré depuis longtemps sans qu'il eût songé à monter à bord d'aucun des navires de passage. Ce ne fut qu'après le bref séjour qu'il fit à Bantam qu'il fut saisi du désir pressant de retourner chez lui.

Wickham écrivit à plusieurs autres membres de sa famille pour leur annoncer sa décision. La retenue n'était pas son fort et sa correspondance porte les marques d'une désagréable amertume. Il s'y plaint de n'avoir pas reçu une seule lettre de ses proches pendant son absence. « Je m'étonne fort que parents et amis alliés se soient montrés capables de m'oublier à ce point », se plaint-il et il ajoute que, tout en se gardant

« d'accuser une mère si bonne et affectueuse », il n'en était pas moins horrifié qu'elle ne lui eût pas écrit « une seule fois en sept ans ».

C'est avec encore moins de précautions oratoires que, dans une missive envoyée à sa tante, il critique amèrement sa famille dont il n'a pas reçu une seule ligne pendant son séjour au Japon. « Cela me donne à penser qu'ils me supposent tous mort, sinon je ne peux pas croire que je sois à ce point oublié », remarque-t-il. Il demande aussi à être rappelé au bon souvenir de ses sœurs, « si elles sont en vie », ajoute-t-il d'une plume sarcastique.

La décision de Wickham inquiétait beaucoup Cocks. Il avait déjà souffert de la mesquinerie de son collègue et craignait qu'une fois de retour en Angleterre, son collègue ne répète à Sir Thomas Smythe les propos diffamatoires qu'il avait déjà tenus à son encontre. C'était exactement ce que Wickham avait l'intention de faire : il se promit de mettre les marchands de Londres au courant des « nombreux désordres et torts faits pendant ces quelques années, au grand dam du commerce des Indes orientales et au déshonneur de la nation ».

En critiquant Cocks de la sorte, Wickham faisait preuve d'une grande hypocrisie. Il n'avait pas mis lui-même beaucoup d'enthousiasme à servir les intérêts de la Compagnie des Indes orientales et les transactions commerciales qu'il avait conclues pour son propre compte avaient fait un tort beaucoup plus grand à la factorerie que les supposées malversations de son supérieur. Il serait cependant certainement écouté à Londres, Cocks le craignait et estimait fort possible que ses collègues et lui soient rappelés en Angleterre et disgraciés. La Compagnie avait consacré de vastes sommes d'argent à la factorerie de Hirado et voudrait inévitablement trouver un bouc émissaire à qui faire porter la responsabilité des échecs subis par ce comptoir. Mais la fortune sourit pour une fois à Cocks. Wickham ne fut pas plus tôt arrivé à Bantam – la première étape de son voyage – que l'air malsain des tropiques fit son œuvre. Il perdit ses forces et dut s'aliter, tremblant de fièvre. Après avoir joui d'une excellente santé pendant les longues années passées au Japon, il succomba à la typhoïde, au paludisme et au « flux sanglant ». Il rendit bientôt le dernier soupir, emportant ses médisances contre Cocks dans la tombe.

Lorsque ses exécuteurs testamentaires en vinrent à évaluer ses biens, ils découvrirent que leur valeur s'élevait à mille quatre cents livres, une somme astronomique. Sa mère endeuillée fut ébahie quand elle apprit l'étendue de la fortune laissée par son défunt fils, mais elle sécha vite ses larmes en apprenant qu'elle était sa principale héritière. Elle se présenta sans perdre de temps aux bureaux de la Compagnie des Indes orientales et mit les directeurs en demeure de lui verser son dû. Ceux-ci refusèrent de lui donner le moindre sou, alléguant que la fortune de Wickham venait du commerce privé auquel il s'était livré. La vieille dame se battit pendant plus de six ans et porta même l'affaire devant le Trésor. Son opiniâtreté se révéla payante, car la Compagnie finit par capituler et par reconnaître ses droits. Après une longue attente, Mrs Wickham se trouva à la tête d'une belle fortune.

En quittant Hirado, puis ce monde, Wickham laissait Cocks libre de poursuivre ses mondanités sans crainte de les voir dénoncées. Adams retourna à Hemi afin d'y passer quelque temps avec sa famille, puis, après de longs préparatifs, il effectua pour son propre compte deux voyages d'affaires en Cochinchine et au Tonkin (le Viêtnam actuel). Pendant ce temps, Cocks continuait à donner de fréquents dîners et à organiser à la factorerie des banquets où il conviait la noblesse de la ville. Toujours très gaies, ces réceptions devinrent encore plus bruyantes lorsqu'il y servit un tord-boyaux de sa fabrication – « une très bonne et forte eau d'anis » – qui garantissait l'accès immédiat au paradis des ivrognes. Des danseuses en grand nombre égayaient les fêtes et il y avait en général « un violoneux aveugle pour chanter ». Que ses hôtes fussent « divertis à leur propre contentement », tel était le but recherché par Cocks.

Tout extravagantes qu'elles fussent, ces réceptions n'étaient pas sans avoir leur utilité. Elles permettaient à Cocks de recueillir nouvelles et cancans et de se tenir au courant de ce qui se passait un peu partout en Orient. Ce fut ainsi qu'il apprit qu'au Siam, la solitude avait tellement pesé à un facteur anglais qu'il en avait perdu la tête : il avait attaqué un marchand hollandais, l'avait ligoté et avait déclaré que le malheureux était son prisonnier personnel. Au Cambodge, la chaleur tropicale fit tant souffrir un autre expatrié qu'il sombra dans une profonde mélancolie. « Il tomba dans une humeur folle, rapporte Cocks, et voulut se tuer lui-même avec un pistolet chargé de deux balles. » Il était mauvais tireur et le coup laissa ses organes essentiels intacts, mais la terrible douleur qu'il s'infligea dissipa ses idées noires.

Les nouvelles en provenance d'Angleterre – colportées par les marchands portugais et hollandais – étaient à la fois peu crédibles et bizarres. « Il était apparu au firmament une très grande croix, avec la couronne d'épines et les clous », apprit par exemple Cocks. Un tel signe aurait alarmé le roi Jacques et ses courtisans qui seraient « tombés à terre pour l'adorer ». Un terrible sort avait été réservé à un prêtre catholique qui s'était moqué de ces manifestations de piété : « Les deux yeux du prêtre avaient jailli de sa tête et il était mort immédiatement, à la vue de tous les hommes. »

Moins sensationnelles, les rumeurs rapportées de Java et des îles aux épices étaient beaucoup plus inquiétantes. Les Hollandais y poursuivaient leurs projets d'expansion commerciale avec une agressivité croissante, dirigée non seulement contre les chefs des tribus locales mais aussi contre les Anglais, leurs concurrents. Ils les avaient expulsés d'Amboine et avaient fortifié les côtes de cette île pour empêcher les intrus de se procurer les clous de girofle qu'elle produisait en abondance. Non loin de là, à Ceram, ils avaient juré de couler les navires anglais venus dans l'intention de faire du commerce. Ailleurs dans les Moluques, ils interdisaient aux chefs indigènes de vendre leurs épices à qui que ce fût d'autre qu'à eux-mêmes, et les menaçaient « de la perte de leur tête s'ils traitaient avec les Anglais ». La situation était encore plus alarmante dans la plus riche des « épiceries », l'archipel de Banda où poussaient les muscadiers. Des aventuriers anglais avaient débarqué dans ces îles parfumées dès 1603, et s'étaient immédiatement liés à leurs habitants par des traités d'amitié. Les Hollandais tentaient maintenant d'en chasser les Anglais et de leur en interdire l'accès à jamais. Ils y avaient bâti des forts, édifié des remparts et contraint les chefs indigènes à leur céder leurs droits de vendre la muscade.

Une bande d'aventuriers avait, sous la conduite de l'intrépide Nathaniel Courthrope, juré de ne pas se laisser expulser, mais s'était bientôt trouvée face à face avec un ennemi nouveau et redoutable. Les Hollandais, grands admirateurs depuis longtemps des vertus guerrières des Japonais, avaient commencé à les prendre à leur service.

Un Anglais, John Alexander, avait eu le malheur d'être capturé et séquestré par un groupe de ces mercenaires. Il avait été « emmené [...] dans les montagnes [...] mains liées, avec quatre Japonais derrière lui, sabres tirés », raconta-t-il plus tard. Il ne mit pas longtemps à découvrir que ses gardiens n'avaient peur de rien et qu'ils étaient d'une terrible efficacité. Ils obéissaient toujours au doigt et à l'œil et tuaient impunément. Le pauvre Alexander tremblait dans son pourpoint en les voyant tirer leur sabre, et il se prépara à mourir de mort

Les Hollandais, qui admiraient les vertus guerrières des samouraïs japonais, les engageaient comme mercenaires pour se battre contre les Anglais dans les îles aux épices. Ces féroces soldats tuaient avec un terrible sang-froid et une effrayante efficacité.

violente dans les montagnes parfumées des îles Banda. Par bonheur pour lui, les Japonais tombèrent dans une embuscade dressée par une importante troupe d'indigènes qui les repoussa jusqu'à la côte. Bien que moins nombreux et moins bien armés que leurs adversaires, ils n'avaient néanmoins pas accepté facilement de relâcher leur captif anglais. « Ils le jetèrent dans leur bateau, pieds et poings liés, et le piétinèrent dans la cale après avoir retiré ses vêtements de son dos. » Alexander n'avait été libéré qu'après de longues négociations.

Pendant cette période troublée, les navires anglais avaient continué à naviguer en toute sécurité, car les Hollandais s'en prenaient exclusivement aux bâtiments portugais et espagnols. Mais en 1617, les événements survenus dans la mer de Banda avaient fait monter la tension, et un vaisseau hollandais avait attaqué un navire anglais, le *Swan*. Une féroce bataille navale s'était ensuivie, au cours de laquelle des douzaines de marins avaient été mutilés ; certains, criblés de balles, avaient expiré en perdant tout leur sang ; d'autres « n'avaient plus ni jambes ni bras et étaient presque sans aucun espoir de vie, sinon déjà morts ». Le *Swan* une fois aux mains des Hollandais, les survivants parmi ses marins avaient été mis aux fers, conduits à Banda et jetés dans des culs-de-basse-fosse. « Les Hollandais malmènent nos Anglais de la façon la plus vile », avait appris Cocks de la bouche de son interprète espagnol, Harnando Ximenes. La vérité était bien pire. Les prisonniers étaient torturés, privés de nourriture et enchaînés sous le débouché des égouts de leurs geôliers « dont les ordures et le pissat tombaient sur eux la nuit ».

Tout ce qu'il entendait plongeait Cocks dans l'indignation, mais il continuait à croire fermement que Hirado serait épargné. Il était toujours en bons termes avec Specx et jugeait inconcevable qu'une guerre éclate jamais entre les deux factoreries situées à quelques centaines de mètres seulement l'une de l'autre. Il tablait en partie sur le fait que le shōgun interdisait, sous peine de mort, que des combats eussent lieu sur le sol du Japon, mais il comptait aussi sur la profonde amitié qui le liait à son homologue hollandais. Les deux hommes avaient toujours entretenu des relations cordiales et continuaient à s'inviter l'un l'autre à des repas fins où la boisson coulait à flots. Ils étaient tous deux de tempérament joyeux et enclins à prendre la vie du bon côté, et n'avaient ni l'un ni l'autre intérêt à ce qu'un conflit éclate entre eux. Ils prenaient en fait grand plaisir à se rendre des services réciproques, à envoyer des lettres à Bantam et à faire passer des messages l'un pour l'autre, et se saluaient mutuellement en faisant tirer le canon. Cocks avait même permis à Specx de charger un lot de bois d'ébène sur le *Hosiander* en route pour Java.

L'existence d'une telle coopération fut bientôt connue à Bantam où la situation était tout autre. Réputé pour son acerbité, George Ball, le chef de poste, condamna l'attitude de Cocks dans laquelle il vit «une offense odieuse» et une preuve de plus de l'ineptie de son collègue. N'étant jamais allé au Japon, il ne pouvait pas comprendre les raisons pour lesquelles il était important pour les Anglais et les Hollandais d'entretenir des relations cordiales. Il ne savait pas que Hirado ne ressemblait en rien à Bantam, que c'était un petit port isolé où les Européens dépendaient les uns des autres pour les contacts qu'ils pouvaient maintenir avec le reste du monde. Il y avait aussi d'autres explications, moins tangibles celles-là, que Ball ne prenait pas en compte : les hommes vivant au Japon se trouvaient aux confins de l'univers, condamnés à une extrême solitude, presque entièrement coupés de leur patrie. Le mal du pays était un problème réel pour eux, et les liens d'amitié qui les liaient les uns aux autres étaient d'une importance vitale pour leur santé mentale.

Lorsque Specx apprit que l'attitude coopérative de Cocks avait valu une réprimande à son homologue, il prit la plume, initiative tout à fait inusitée, pour le défendre auprès de John Jourdain qui venait d'être nommé «président» des Anglais en Orient. «J'ai été désolé de comprendre que, dans votre lettre au capitaine Richard Cocks, vous sembliez mécontent de l'assistance et amitié qu'il nous montre», écrivit-il. Il ajoutait qu'il n'essayait pas de jouer de mauvais tours aux Anglais, ni de leur mettre des bâtons dans les roues. «J'ai l'honnête intention de rendre service dans des cas semblables et de ne pas être une source d'embarras pour Votre Honneur», ajoutait-il. En conclusion, il se permettait d'énoncer une vérité à laquelle il attachait une grande importance : «En tant que voisins et amis mutuels, nous ne devrions pas refuser de nous aider les uns les autres.»

Ce plaidoyer était admirable, mais la solidité de l'amitié que Specx portait à son homologue anglais restait à prouver. Tant que les factoreries étaient d'une dimension à peu près semblable, la rivalité qui existait entre elles sur le plan commercial n'avait donné lieu à aucune hostilité patente. Mais en juin 1618 une nouvelle dérangeante parvint aux oreilles de Cocks. Le roi Figen, qui n'avait jusque-là pris le parti d'aucun des deux concurrents, fit soudain don aux Hollandais d'une rue où s'élevaient cinquante maisons. Et il ne s'en tint pas là : il envoya une équipe aider ses protégés à démolir les bâtisses existantes et à construire «une maison plus grande avec deux nouveaux magasins».

Cocks sentit le désespoir l'envahir. Mal remis du coup que lui avait porté la décision prise par Hidetada d'imposer une limite aux activités commerciales anglaises, il était occupé à composer une lettre pour annoncer ce revers à Sir Thomas Smythe : «Maintenant les choses sont pires que jamais, avec l'interdiction qui nous est faite de commercer dans tous les endroits du Japon», se lamentait-il. Les nouvelles venues des autres régions de l'Orient lui paraissaient de plus en plus inquiétantes : un peu partout, les Hollandais redoublaient d'agressivité envers les Anglais. Cocks fut particulièrement horrifié d'apprendre qu'ils traitaient ouvertement le roi Jacques d'homosexuel et que des marchands s'étant emparés du drapeau anglais – leurs «couleurs» – l'avaient «mis en pièces avec mépris et s'étaient torché le derrière avec les morceaux».

Cocks fit de son mieux pour cacher son inquiétude quand

la nouvelle du cadeau fait par le roi Figen aux Hollandais lui fut rapportée. Il alla même inspecter les travaux en cours et offrir ses félicitations à Specx. Il fut abasourdi de voir que la factorerie de ses concurrents était « véritablement grande » et surpris du nombre des bâtiments que les Hollandais avaient l'intention de lui adjoindre. Il y aurait une « demeure » avec une grande salle et une série de chambres élégantes pour les marchands, ainsi que deux magasins, un corps de garde et un pigeonnier et, plus impressionnante encore, une maison forte construite en pierre. Cocks se rendit compte qu'une fois leur factorerie agrandie, les Hollandais seraient en possession de moyens rendant toute concurrence anglaise impossible.

Bien pire était à venir, le maître facteur n'allait pas tarder à le découvrir. Le 8 août 1618 vers minuit, alors qu'il tentait de prendre du repos dans la moiteur de la nuit, on vint lui dire qu'un navire avait été aperçu du haut d'un promontoire, près des côtes de Hirado. Il approchait lentement car le temps était « calme et chaud », et la légère brise qui avait soufflé pendant la journée était tombée au crépuscule. On ne pouvait pas être absolument sûr de la nationalité du bâtiment car le ciel était déjà sombre, mais le bruit courait qu'il s'agissait d'un vaisseau portugais ou espagnol chargé d'une riche cargaison que les Hollandais avaient capturé. « Son mât brisé pendait par-dessus bord [...] et le navire était beaucoup cassé », ce qui semblait indiquer qu'il avait participé à une furieuse bataille navale.

Les Hollandais n'avaient pas coutume de faire pénétrer leurs proies dans le port, si bien que Cocks, intrigué, envoya Sayers trouver ses voisins afin de tenter de connaître l'identité du navire et d'offrir à Specx l'usage de la chaloupe anglaise pour « aider à tirer le navire, car il n'était qu'à une petite distance dehors et le temps était calme ». La curiosité de Cocks fut vite satisfaite. Un médecin au service des Hollandais frappa à sa porte et demanda à lui parler en privé. « Il vint à moi en secret, raconte Cocks, et me dit que le navire dehors était anglais, l'un de quatre que les Hollandais avaient pris il y avait peu aux Moluques. »

Cocks fut atterré ; l'idée qu'il pouvait s'agir d'un navire anglais ne lui était même pas venue à l'esprit. Mais le matin suivant, il apprit de source officielle que le bâtiment avait été capturé après un féroce combat en mer. On lui dit aussi que beaucoup d'hommes avaient été « massacrés » et le reste « faits prisonniers ». Au milieu de la journée, sa chaloupe lui fut renvoyée avec un bref message : le vaisseau avait été pris « par ordre de guerre ». Les Hollandais n'avaient « pas besoin d'aide pour le tirer », précisait un post-scriptum sarcastique.

Cocks comprit qu'il lui fallait réagir immédiatement et, Adams étant absent, il prit la situation en main. Il alla tout de suite trouver Doi Toshikatsu, un fonctionnaire haut placé, et, après l'avoir informé qu'il voulait « aller à bord du navire tôt le lendemain », il demanda que les Japonais lui accordent leur soutien et l'aident à découvrir « si les Hollandais se regardent comme les ennemis des Anglais ou non ». Une fois ce point éclairci, il avait l'intention de se plaindre officiellement au shōgun.

Le vaisseau – l'*Attendance* – fut remorqué jusque dans le port de Hirado en plein jour, à la joie délirante de ses ravisseurs qui firent tout ce qu'ils purent pour humilier les Anglais, se répandant en railleries et en allusions blessantes à leurs malheurs. « Ils amenèrent notre navire par bravade, rapporte Cocks atterré, et tirèrent maints coups de ses canons. » Jacques Specx était loin de partager la joie bruyante de ses compatriotes. Aussi surpris que son collègue, il ne fut pas long à prévoir les difficultés qui allaient surgir. Il envoya son interprète à la factorerie anglaise en le chargeant de faire part de son embarras à son ami et d'exprimer ses regrets. « Il me certifia qu'il était désolé de ce qui était arrivé », raconte Cocks. Il se déclara également disposé à libérer le navire sans délai.

L'humiliation ressentie par Cocks était si cuisante qu'il refusa abruptement l'offre de Specx. Cette réaction peina tellement ce dernier qu'il se rendit en personne à la factorerie anglaise. « Il usa de maints mots complimenteurs, mettant le navire et ce qu'il transportait à ma disposition », rapporte Cocks. L'offre était généreuse mais vide de sens. La coque du bateau était criblée de trous faits par les boulets de canon et sa cale avait été « bien vidée » par ses ravisseurs : il ne restait plus rien de sa cargaison.

Cocks chercha à gagner du temps et garda une attitude très digne pendant l'entretien. Il dit à Specx qu'il « était désolé de ce qui s'était passé, et désirait que cela ne fût pas arrivé ». Il en voulait particulièrement aux Hollandais d'avoir remorqué leur proie jusque dans le port, sous les yeux des Japonais. « Il eût suffi qu'ils prissent notre navire et nos marchandises, se lamente-t-il dans son journal, sans amener le vaisseau d'une manière si méprisante. » Specx ne pouvait pas faire grand-chose d'autre que de présenter ses excuses. Sincèrement ému par la colère de Cocks, il dit que les ordres de faire main basse sur les marchandises venaient de Bantam. Cocks rétorqua qu'il y avait un code de conduite, même en temps de guerre. « Eh bien quoi, il semble que vos maîtres vous commandent d'être des voleurs communs, de voler Anglais, Espagnols, Portugais, Chinois [...] sans respect », se souvint-il lui avoir dit.

Specx écouta patiemment les reproches de Cocks. Il tenait absolument à retrouver la confiance de son collègue et lui dit que, même si les hostilités éclataient pour de bon entre l'Angleterre et les Pays-Bas, ses propres hommes ne se sentiraient pas liés par une déclaration de guerre faite par les Hollandais, mais « feraient ce qui leur semblerait bon ». Ces propos conciliants ne firent pas grand-chose pour apaiser la colère de Cocks. Amer et blessé, il répondit que Specx pouvait continuer à lui manifester de l'amitié s'il le voulait mais que, quant à lui, il se « souciait comme d'une guigne » de ce que feraient ses hommes.

Les habitants de Hirado étaient aussi surpris que Cocks de la tournure prise par les événements. Ils se rendirent nombreux à la factorerie hollandaise et posèrent tous la même question : « Pourquoi prenaient-ils des Anglais et leurs bateaux de la sorte ? » C'était parce que les Anglais importaient des armes et de la poudre, leur fut-il répondu, ce qui ne fit qu'augmenter leur perplexité. « Quoi, remarqua l'un d'eux, les Anglais sont-ils vos vassaux qu'ils soient obligés d'observer vos commandements ? » Il n'y avait à Hirado qu'une seule personne que l'affaire n'étonnait pas. C'était le frère du roi Figen qui, après avoir observé pendant quelques mois les relations entre les deux factoreries, en était arrivé à penser que les liens qui les unissaient étaient fragiles et pouvaient facilement être brisés. « Il me dit, raconte Cocks, qu'il avait noté depuis longtemps que les Hollandais et nous étions amis seulement du bout des lèvres, et non pas cordialement, comme il sied à des voisins et amis. »

Après s'être entretenu plusieurs fois avec Specx, Cocks tint une réunion de crise avec les trois membres de la factorerie présents à l'époque à Hirado – Nealson, Sayers et Osterwick – pour décider s'il était opportun de protester officiellement auprès du shōgun. « Dénoncer l'insolence des Hollandais qui avaient la présomption non seulement de prendre nos navires, mais de les amener ouvertement dans le port pour notre disgrâce », telle était la proposition que fit Cocks à ses collègues. L'offense commise par les Hollandais était trop grave pour être ignorée, fut-il jugé après une longue discussion, et Cocks lui-même fut choisi pour « entreprendre le long et fâcheux voyage », avec Adams et Nealson.

En cas de difficulté, Cocks et son équipe s'étaient toujours tournés vers Adams. Les relations que celui-ci avait établies avec les Japonais et la connaissance qu'il avait de leur langue faisaient de lui le seul Anglais capable de résoudre les difficultés auxquelles la factorerie avait à faire face et de consolider les liens qui menaçaient de se rompre. Une fois de plus, son aide était indispensable. Cocks et ses collègues savaient que, sans lui, il leur serait impossible d'obtenir que Hidetada leur accorde une audience. Mais au moment d'entreprendre la mission délicate dans laquelle ils avaient décidé de se lancer, ils se rendirent compte qu'ils se trouvaient devant un obstacle majeur : Adams n'était pas disponible ; il était déjà parti pour la cour, envoyé par Specx pour renforcer les relations des Hollandais avec le shōgun. « Il est le seul instrument que les Hollandais ont pour servir de médiateur avec l'empereur », remarqua Cocks alarmé.

Le maître facteur anglais avait en effet de quoi être inquiet. Il y avait peu de chances que Hidetada prenne ses récriminations au sérieux s'il venait de recevoir une délégation hollandaise conduite par son propre compatriote. Il fallait absolument empêcher Adams de remplir sa mission. Il n'y avait pas une minute à perdre : il y avait onze jours qu'il avait quitté Hirado et son arrivée à la cour devait être imminente. Cocks affréta une « barque rapide » et envoya un messager à Edo dans l'espoir qu'il intercepterait Adams avant que celui-ci ne soit reçu par le shōgun. « Il doit se séparer des Hollandais et attendre ma venue [...], ne pas aller avec eux devant l'empereur », telle était l'injonction qui devait lui être faite.

Pendant ce temps, Cocks s'efforçait de rallier un certain nombre de notables japonais à sa cause. Il s'assura l'appui de Matsura Nobutoki, le frère du roi Figen, venu le voir afin de se faire expliquer les griefs des Anglais. Cocks lui dit qu'il avait l'intention de faire savoir à Hidetada que les Hollandais étaient « des voleurs communs et des écumeurs des mers », et de lui demander de frapper leurs navires et leurs marchandises d'embargo. Nobutoki lui donna raison et lui souhaita bonne chance.

Cocks et Nealson partirent pour la cour du shōgun dans la quinzaine qui suivit l'incident, non sans avoir choisi des étoffes de velours et de satin à offrir à Hidetada. Au cours d'un bref arrêt qu'ils firent à Shimonoseki, ils apprirent qu'Adams avait reçu le message de Cocks. « Le capitaine Adams a l'intention de m'attendre à Kyoto », note le maître facteur, rassuré. Mais au Japon une mauvaise nouvelle en chassait toujours une bonne, Cocks eut une fois encore l'occasion d'en faire l'expérience. Il reçut une lettre d'Adams qui écrivait n'être en rien disposé à renoncer à la mission dont les Hollandais l'avaient chargé. Il avait promis de conduire leur délégation auprès du shōgun et tiendrait parole. Loin de se montrer prêt à se plier à la requête de Cocks, il soulignait le caractère déraisonnable de la démarche que ce dernier projetait. Il serait ridicule, faisait-il remarquer, de demander au shōgun de punir Specx pour un délit commis dans l'archipel malais, et Cocks ferait un tort irréparable à la cause des Anglais s'il présentait la pétition qu'il avait préparée.

Au reçu de la missive d'Adams, Cocks entra dans une grande colère. « C'est une lettre si inopportune et déraisonnable à laquelle je m'attendais peu », note-t-il. Il trouva particulièrement irritant qu'Adams déclarât n'être « en rien un serviteur de la Compagnie », et l'accusa, une fois de plus, d'être « complètement hollandisé ». Ce dont il ne se rendait pas compte, c'était qu'Adams avait raison, et que le conseil qu'il lui donnait était le fruit d'une longue expérience. Il avait souvent vu les Portugais et les Espagnols pétitionner le shōgun de pareille façon et être renvoyés dos à dos par Hidetada, extrêmement irrité d'être dérangé pour des événements qui se déroulaient hors des eaux territoriales du Japon.

Les voyageurs anglais eurent bientôt à faire face à des difficultés bien plus graves. À peine avaient-ils quitté Shimonoseki qu'un « extrêmement grand tremblement de terre » se produisit, jetant à bas les bâtiments et déracinant les arbres.

Des orages accompagnés de trombes d'eau suivirent et, en arrivant à Ishibe, endroit où il fallait traverser un fleuve, ils durent s'arrêter : « Nous avons été forcés de rester toute la nuit car les eaux étaient hautes », note Cocks. Ils réussirent à franchir l'obstacle et poursuivirent leur chemin jusqu'à Mitsuke où ils furent attaqués par des bateliers rebelles. À Oiso où ils arrivèrent ensuite, Cocks souffrit d'une violente infection intestinale. « Je fus soudain pris d'une colique de vents et d'obstruction de mon eau telle que je pensais assurément que j'allais mourir », se rappelle-t-il. Loin de manifester de la sympathie pour le malade, le propriétaire de l'auberge où ils étaient descendus demanda à ses hôtes de quitter les lieux, et ceux-ci durent se mettre en quête d'un autre logis.

Une rencontre embarrassante vint bientôt s'ajouter à tous ces contretemps. À peine les voyageurs avaient-ils repris la route qu'ils virent arriver les Hollandais qui revenaient de la cour où ils avaient été reçus par le shōgun. Cocks leur fit un accueil glacial. « Il y eut un petit salut entre nous, se rappelle-t-il, et ils passèrent. » Un peu plus tard ils croisèrent Adams qui s'était tenu discrètement à l'écart du gros de la délégation hollandaise. « Il vint à ma rencontre à dix lieues d'Edo », note Cocks dont la colère s'apaisa cependant un peu lorsqu'il sut que des chevaux et des laquais lui avaient été envoyés. Il fut également satisfait d'apprendre qu'Adams avait changé d'avis et qu'il ne refusait plus de l'accompagner à la cour. Tout en étant toujours persuadé du caractère futile de la démarche du maître facteur, il se rendait compte que son ex-collègue ne se laisserait pas dissuader de l'entreprendre. Comprenant que continuer à le critiquer ne servirait à rien et ne ferait même que le confirmer dans son intention, Adams offrit à contrecœur de l'aider à obtenir d'être reçu par Hidetada.

Les trois voyageurs reçurent un accueil triomphal à leur arrivée à Edo. Le roi Figen, venu lui aussi de Hirado, envoya une troupe de piquiers à leur rencontre, tandis que les enfants d'Adams, qui se trouvaient également en ville, préparaient un splendide banquet en leur honneur. Des seigneurs avaient afflué en grand nombre dans la capitale pour se rendre à la sépulture shinto où la dépouille de Ieyasu avait été placée l'année précédente. Les temples, les rues et les jardins grouillaient de monde et les Anglais prirent part aux célébrations aux côtés des courtisans, festoyant et visitant les tombes avec eux. Seule ombre à la fête, lorsqu'ils allèrent voir le roi Figen, ils le trouvèrent très mal en point. « Il est très faible et plein de la maladie française [la syphilis], aussi je pense qu'il ne vivra pas longtemps », note Cocks.

Les gens qui arrivaient de plus en plus nombreux dans la capitale envahissaient les rues. Un jour, les Anglais suivirent une vaste foule en route pour le temple de Yemia Fachman, le dieu de la guerre. « Je pense en vérité qu'il y avait plus de cent mille personnes, écrit Cocks, hommes, femmes et enfants qui allèrent ce jour-là faire leurs dévotions en cet endroit. » Le spectacle était pittoresque car des acteurs revêtus des costumes les plus extraordinaires étaient alignés le long du chemin. « Et devant le temple, les sorciers ou magiciens dansaient, avec des nœuds ou grappes de grelots attachés à des bâtons », raconte Cocks, étonné par la générosité des pèlerins qu'il voyait « se presser dans la pagode en multitude, l'un après l'autre, pour jeter de l'argent dans une petite chapelle ».

On fit aux Anglais l'honneur de les autoriser à visiter la sépulture de Ieyasu gardée par une phalange de moines. « Ils en usèrent très aimablement avec nous, rapporte Cocks, ouvrirent les portes du monument et nous laissèrent entrer. » C'était une des tombes les plus splendides qu'il lui avait jamais été donné de voir – « un très merveilleux ouvrage » –, et à côté se trouvait une chapelle à la mémoire des deux aristocrates « qui s'étaient tués pour accompagner Ieyasu dans un autre monde ». Cocks fut même autorisé à pénétrer jusque dans le

Edo était une ville splendide ; le palais du shōgun constituait le plus grand groupe de bâtiments, mais il y avait aussi des dizaines de temples et de jardins publics que les nobles et leurs vassaux visitaient en grand nombre au moment des fêtes.

sanctuaire, « l'endroit secret où l'idole du défunt est placée, devant laquelle tous les Japonais tombent en prosternation et qu'ils adorent ».

Tous les matins, Adams se rendait à la cour dans l'espoir de pouvoir s'entretenir avec Hidetada. Mais chaque fois, le shōgun était occupé : il participait à quelque fête ou chassait le cygne sauvage avec ses faucons. L'insistance de Cocks avait de toute évidence lassé le souverain, et Adams, qui lui servait à contrecœur d'intermédiaire, se voyait éconduit. Les deux hommes perdirent bientôt patience devant l'inutilité de leurs démarches. « Le capitaine alla encore à la cour pour obtenir le règlement de notre affaire, note Cocks, mais revint avec seulement un hochement de tête de la part des conseillers. »

Il redoutait qu'aucune audience ne soit jamais accordée à Adams et, le 27 novembre, un signe funeste envoyé par le ciel vint confirmer ses craintes. « Il y avait une comète (ou étoile embrasée) apparue ces cinq ou six jours une heure avant le jour », raconte Cocks. « Elle est si proche du soleil que nous ne pouvions rien voir d'autre que sa queue, laquelle était d'une immense longueur », observe-t-il aussi.

Un phénomène naturel non moins spectaculaire mais beaucoup plus terrifiant se produisit le même jour : vers midi la terre trembla. Les habitants de la ville, pris de panique, sortirent en foule dans les rues et se mirent à courir dans tous les sens pour éviter de recevoir des poutres sur la tête. Cocks, à qui les séismes étaient devenus familiers car il en avait fait plusieurs fois l'expérience, élabora une théorie pour en expliquer la cause. Il avait observé qu'ils se produisaient lorsque la marée était haute. « Beaucoup de vent pénètre en soufflant dans des caves creuses sous terre à marée basse », raisonne-t-il. Ce vent est bloqué par la mer et c'est elle qui, « barrant le passage, cause ces tremblements de terre pour trouver un passage ou évent pour l'air qui est enfermé ».

Un incendie dévastateur suivit le séisme et menaça de détruire tous les bâtiments restés debout. Bien que souffrant de tuberculose, Nealson était si excité à l'idée de voir la ville réduite en cendres qu'il grimpa sur le toit de la maison et resta « deux ou trois heures d'affilée assis en chemise et robe de chambre ». Sa curiosité lui coûta cher. « Il tomba malade d'une soudaine fièvre avec flux sanguin, en grande extrémité », raconte Cocks. On appela les médecins du shōgun, mais ils ne purent pas faire grand-chose pour faire baisser la fièvre du patient ni pour arrêter les frissons qui lui parcouraient le corps. Ils se montrèrent également incapables de dire si Nealson, affaibli par l'alcool, se remettrait d'un nouvel « excès de fièvre ».

Le chaos auquel la ville était en proie et les fêtes religieuses qui continuaient à se dérouler se liguèrent contre Cocks et Adams. Hidetada refusa de leur accorder une audience et ne manifesta qu'indifférence à l'égard de la rivalité anglo-hollandaise. Il se lava les mains de toute l'affaire et déclara que c'était au roi Figen, tout vérolé qu'il était, de s'assurer que «justice était faite». Les prévisions d'Adams s'avéraient justes. Il avait eu raison de critiquer la démarche de Cocks et celui-ci, mortifié, découvrit qu'il ne jouissait plus de la protection du shōgun. Les Hollandais jubilèrent lorsqu'ils apprirent le manque d'intérêt dont Hidetada avait fait preuve. Ils savaient qu'ils avaient dorénavant les mains libres et qu'ils pourraient attaquer les Anglais sans s'exposer à aucun risque.

De retour à Hirado, Cocks apprit que les relations entre les Anglais et les Hollandais s'étaient envenimées d'une manière dramatique en Orient et que les deux pays étaient pratiquement en guerre. C'était l'envoi d'une grande flotte lourdement armée, chargée de protéger les intérêts commerciaux de l'Angleterre, qui avait fait monter la tension. Le commandement en avait été confié à Sir Thomas Dale, un «lion héroïque» réputé pour sa cruauté et sa brutalité depuis qu'il avait servi aux Pays-Bas et en Virginie. Il était enchanté à l'idée d'en découdre avec les Hollandais et avait cinglé droit sur Java avec son armada. Les Anglais y étaient plus nombreux et mieux armés que leurs adversaires dont une grande partie des vaisseaux patrouillait dans les «épiceries». Sir Thomas, le sachant, décida de tirer parti de la faiblesse de l'ennemi. Il ouvrit les hostilités le 2 janvier 1619 par une formidable canonnade. «Après un tel petit déjeuner, les Hollandais n'en attendront pas un second, mais s'enfuiront devant nous», remarqua un Anglais appartenant à l'entourage de Dale.

Les Hollandais quittèrent en effet le champ de bataille, mais ce n'était pas la peur des Anglais qui les en chassa. Ils mirent cap à l'est avec l'intention de retrouver le reste de leur flotte et de revenir affronter leur ennemi avec une assurance renouvelée. Cette fois ils se montrèrent plus efficaces. Ils s'attaquèrent à des traînards anglais, prirent en chasse les vaisseaux les plus faibles et dispersèrent la grande flotte. La majestueuse armada anglaise fut bientôt éparpillée et la stratégie mise au point par Dale devint inopérante. Brisé et humilié, ce dernier conduisit les navires qui lui restaient en Inde où, au cours de l'été 1619, il succomba au paludisme. Le sort réservé à un autre groupe de rescapés ne fut pas plus heureux. John Jourdain, le président des Anglais en Orient, partit à sa tête pour Pattani et fut attaqué par des vaisseaux de guerre hollandais qui l'y attendaient. Il fut abattu par un tueur embusqué.

La nouvelle de la catastrophe parvint aux oreilles de Cocks et des quelques collègues qui lui restaient en août 1619, apportée par un navire hollandais, l'*Angell*, qui entra triomphalement dans le port de Hirado. Un personnel supplémentaire destiné à la factorerie hollandaise était à son bord, ainsi que trois prisonniers anglais. La présence de ces derniers était alarmante. Leurs geôliers les traitaient avec une brutalité abominable, les enchaînant les uns aux autres et leur infligeant coups et tortures. Ailleurs en Orient, ils avaient traîné leurs captifs dans les rues et les ports afin de prouver aux populations indigènes que la maîtrise des mers leur appartenait. Il était très possible qu'ils agissent de la même façon au Japon où une telle démonstration ne manquerait pas de faire une profonde impression sur les autorités locales.

Cocks et ses collègues ne se sentaient pas capables de libérer les captifs anglais, car l'*Angell* à bord duquel ils étaient prisonniers avait jeté l'ancre au milieu de la baie. Mais Adams était d'un avis contraire. Quoique souffrant d'une affection tropicale, « malade » et « censé prendre médecine », il quitta son lit et se mit à élaborer un plan de sauvetage audacieux. Il en garda les détails absolument secrets et ne laissa personne deviner comment il allait traverser la baie et monter à bord de l'*Angell.* Il n'expliqua pas non plus comment il arriverait à débarrasser les prisonniers de leurs chaînes. Il y parvint cependant, monta en secret sur le navire hollandais, libéra deux des trois captifs et les ramena sains et saufs à la factorerie anglaise.

Lorsque Cocks apprit le succès de l'opération menée par Adams, il se sentit gêné de n'avoir rien fait lui-même pour secourir ses compatriotes. Dans une lettre adressée à Sir Thomas Smythe, il fait, chose inhabituelle chez lui, preuve d'une extrême concision en relatant l'incident. «William Gourden et Michael Payne se sont échappés et ont rejoint la terre avec l'aide de Mr William Adams», se contente-t-il d'écrire. Le récit qu'il fit de ce qui se passa la nuit suivante est encore plus succinct. Ce fut en effet à peine s'il mentionna le deuxième succès remporté par Adams qui libéra le troisième prisonnier – un Gallois nommé Hugh Williams – qu'il n'avait pas pu sauver la première fois. Cocks passait ainsi quasiment sous silence une manifestation d'héroïsme d'autant plus méritoire que son auteur gâchait, en l'accomplissant, les chances qu'il avait de trouver à l'avenir un emploi auprès de Specx et de ses hommes.

Les Hollandais furent pris de colère lorsqu'ils apprirent que leurs prisonniers leur avaient échappé, et ils exigèrent qu'ils leur soient rendus sur-le-champ. Mais les Anglais, ravis d'avoir pour une fois le dessus, s'y opposèrent fermement. Leur attitude ne fit qu'augmenter la rage des Hollandais qui jurèrent de reprendre leurs captifs par tous les moyens qui leur sembleraient bons. «Lorsqu'ils virent qu'ils ne pouvaient en aucune façon reprendre leurs captifs, ils leur tendirent de secrètes embuscades à terre», raconte Cocks. Mais cette stratégie resta sans effet car les rescapés restèrent en sécurité derrière les portes verrouillées de la factorerie anglaise.

Specx et ses hommes décidèrent alors de faire une démonstration de force devant la factorerie anglaise dans l'espoir que

Cocks, intimidé, se soumettrait. « Ils vinrent nous braver dans les rues devant nos propres portes, nous pressant avec de viles paroles », raconte-t-il, très inquiet. Des dizaines de matelots turbulents venus de l'*Angell* se joignirent aux assaillants et, se sachant beaucoup plus nombreux que les Anglais, essayèrent par tous les moyens de les forcer à se battre. Cocks refusa avec la plus grande fermeté d'ouvrir les portes de la factorerie, à la grande fureur de la racaille attroupée sous ses murs. « Ils devinrent si furieux qu'ils vinrent à terre en multitude, pensant entrer dans notre maison par force et nous couper la gorge », raconte Cocks. Les assaillants marchèrent sur la factorerie anglaise en vagues successives, à l'inquiétude croissante de Cocks qui savait que si ses hommes étaient forcés de se battre, ils le feraient à un contre cent. Heureusement, les bâtiments étaient entourés par un mur d'enceinte solide, relativement facile à défendre et quasiment impossible à escalader. Mais, comme les Hollandais arrivaient toujours plus nombreux, leur courage renforcé par l'alcool, les Anglais eurent peur que la fin ne soit proche. Ils étaient épuisés – physiquement et mentalement – et se rendaient compte qu'ils finiraient tôt ou tard par devoir céder devant le nombre de leurs assaillants.

Mais pour une fois la chance leur sourit. Les autorités japonaises, horrifiées par le désordre dont les rues de leur ville étaient le théâtre, envoyèrent un contingent de soldats chargé de défendre les Anglais contre la canaille hollandaise. « Ils prirent notre parti », écrit Cocks qui, soulagé, vit les Japonais disperser les émeutiers et rétablir l'ordre. Il ne resta plus aux Hollandais qu'à prendre leurs jambes à leur cou.

Cocks, pensant que l'intervention des Japonais avait mis un point final à l'affaire, se mit au lit la nuit venue avec la certitude de n'avoir plus rien à craindre. Son optimisme était prématuré. Une bande de marins hollandais débarqua le lendemain matin à l'aube sans être vue, surprit les Anglais et s'introduisit dans leur factorerie après en avoir forcé les portes. « Une compagnie de dix entra dans notre maison armée de pics, d'épées et de cattans, et blessèrent John Coaker et un autre, pensant qu'ils avaient tué l'un d'eux », raconte Cocks, terrifié à ce souvenir. Les intrus eurent vite fait de pénétrer dans la partie de l'établissement où les Anglais dormaient encore. Réveillés par le ferraillement terrifiant des lames et des mousquets, ils se rendirent immédiatement compte de la gravité de la situation.

Ce fut au moment précis où leurs vies étaient en danger que les bonnes relations qu'Adams entretenait avec les habitants de Hirado se montrèrent les plus payantes. Cocks ayant appelé à l'aide, une escouade de soldats japonais se précipita à son secours et, pénétrant quelques minutes plus tard dans la factorerie, en chassa les Hollandais. « Sans l'assistance des Japonais, nos voisins, qui prirent notre parti, ils nous auraient tous tués », conclut Cocks. Les assaillants furent forcés de quitter les lieux, laissant leurs occupants épuisés et terrifiés.

Cocks continuait à nourrir de vives inquiétudes quant à la sécurité de ses hommes. « Je fus contraint de garder dans notre maison une troupe de Japonais jour et nuit, armée, nourrie et abreuvée aux grands frais de Votre Honneur », écrivit-il à Sir Thomas Smythe. Il fut cependant un peu tranquillisé quand il apprit qu'alarmé, le roi Figen avait prévenu les Hollandais que tout désordre serait à l'avenir puni avec la plus extrême sévérité. Specx et sa canaille s'empressèrent toutefois de désobéir, ce dont Cocks informa ses supérieurs dans une lettre désespérée. « Les Hollandais ont proclamé la guerre contre la nation anglaise, sur mer et sur terre, par le feu et l'épée [...], ils ont menacé de prendre nos navires et nos marchandises et de détruire nos personnes autant qu'ils le pourraient, comme ils le feraient de leurs ennemis mortels », leur écrivit-il.

L'arrivée d'une grande flotte hollandaise faillit mettre le feu aux poudres. Le belliqueux personnage qui la commandait jura de tuer Cocks et tous ses hommes. Se rendant compte que ce ne serait pas chose facile car des gardes japonais continuaient à les protéger, il promit une récompense en argent à quiconque les assassinerait. « Il mit ma vie en vente, offrant cinquante pièces de huit à toute personne qui me tuerait et trente des mêmes pour chaque autre Anglais mis à mort », note Cocks, terrifié.

En tout juste deux ans, les Hollandais s'étaient transformés d'amis très proches en ennemis acharnés. Les Anglais ne pouvaient plus quitter leur factorerie sans craindre d'être assassinés.

XIII

LA FIN D'UNE ÉPOQUE

Craignant qu'à Londres on ne croie pas à la gravité de la situation dans laquelle il se trouvait, Richard Cocks décida d'écrire à un ami de longue date, Sir Thomas Wilson, pour lui faire part de ses difficultés. Il lui dit que la factorerie était entourée par une foule enragée et hurlante, « une canaille ingrate et voleuse [...] qui a pour habitude quotidienne de tout piller et gâter ». Les matelots hollandais devinrent si agressifs que Cocks supplia Hidetada de venir à son secours. Mais le shōgun fit la sourde oreille. Malgré les « bonnes paroles et promesses » que justice serait faite aux Anglais, il considérait que les querelles intestines n'étaient pas de son ressort et continuait à soutenir que c'était au seigneur de Hirado qu'il incombait de faire appliquer la loi. Il ne se montra pas plus disposé à écouter les doléances d'une délégation portugaise venue à la cour pour protester. Faisant remarquer à ses visiteurs que leurs navires avaient été capturés hors des eaux territoriales japonaises, il déclara sans ambages qu'il « ne se mêlerait pas des affaires d'autres hommes ».

Le shōgun était beaucoup plus préoccupé par ce qui se passait à Nagasaki. Il avait entendu dire qu'un petit nombre de pères jésuites précédemment expulsés étaient revenus subrepticement au Japon et y vivaient cachés au sein de certaines communautés de chrétiens convertis. Il eut bientôt la confirmation de ces rumeurs. De petits groupes de jésuites étaient effectivement revenus à bord des vaisseaux de commerce qui venaient une fois par an de Macao. Il ne leur était pas difficile de se glisser dans le pays sans être remarqués car l'arrivée de ces bâtiments donnait lieu à beaucoup de confusion. Une fois débarqués, les pères disparaissaient tels des fantômes, ne sortant que la nuit des maisons bien gardées dans lesquelles ils se cachaient. Ils avaient l'appui d'un réseau « souterrain » d'amis dont les ramifications s'étendaient dans le pays tout entier, et pouvaient dire la messe en secret sans crainte d'être découverts. La torture et la mort attendaient ceux qui se rendaient coupables d'une violation aussi flagrante de l'édit antichrétien de Hidetada, mais une telle perspective n'intimidait pas les plus fervents d'entre eux.

Hidetada eut pour la première fois la preuve que sa loi avait été enfreinte au printemps 1617. Il fut particulièrement courroucé par la conduite de deux religieux – un jésuite et un franciscain – qui nourrissaient un tel mépris pour son édit antichrétien qu'ils se mirent à prêcher en public. L'un d'eux, le père Jean-Baptiste Machado, déclarait même que l'ardent espoir du martyre, suscité sans doute par quelque histoire impressionnante entendue dans son enfance, l'habitait depuis l'âge de dix ans, et que le jour de sa mort serait le plus heureux de sa vie. L'occasion lui fut bientôt donnée de prouver qu'il ne se vantait pas : il fut arrêté dans le fief d'Omura et accusé d'avoir contrevenu à l'édit de Hidetada.

Il ne chercha pas à se disculper et ne manifesta aucun remords. Il dit même au seigneur d'Omura qu'il serait heureux d'être exécuté à la manière japonaise, c'est-à-dire démembré et mis en pièces. Il ne fut en réalité coupé qu'en deux morceaux – tête et corps – et eut à souffrir trois douloureux coups de sabre avant que sa tête ne roule enfin sur le sol. À chaque fois, avant que le fer ne s'abatte, il remerciait Jésus du supplice qu'il subissait. L'autre religieux fut, lui aussi, décapité, non pas par le bourreau ordinaire, mais par « l'un des premiers officiers du seigneur ». Les deux corps furent placés dans une même tombe qui fut entourée de gardes, ce qui n'empêcha pas des scènes d'hystérie et des manifestations publiques de ferveur de se produire alentour. « Des malades furent apportés près de la sépulture pour être rendus à la santé, écrit un témoin. Les chrétiens trouvèrent une nouvelle force dans le martyre et les païens eux-mêmes étaient pleins d'admiration. » Loin de décourager les Japonais convertis au christianisme, la mort des deux religieux leur donna le courage de pratiquer leur religion ouvertement. « Maintes conversions et retournements des apostats se produisirent partout », constate le même témoin.

Les chrétiens étaient nombreux dans le fief d'Omura dans lequel régnait désormais un grand désordre. La situation empira lorsque deux autres pères étrangers, émerveillés par l'effet produit par les martyres, abandonnèrent toute prudence et se mirent à prêcher revêtus de leurs vêtements sacerdotaux. L'un, le père Alphonso, eut l'audace de déclarer qu'il ne reconnaissait pas l'empereur du Japon mais seulement l'Empereur du Ciel. Le seigneur d'Omura ordonna l'exécution sommaire des deux hommes d'Église. Il prit cette fois une précaution supplémentaire et fit disparaître secrètement leurs corps. « Parce que les gens avaient emporté le sang des deux autres dans leurs mouchoirs ou leurs vêtements, il les fit jeter dans la mer avec des pierres attachées à leur cou », raconte Cocks. Ce geste macabre ne fit que rendre la foi des chrétiens plus intense. Chaque fois qu'un martyr était brûlé ou décapité, il y avait « une telle ferveur et un tel courage chez tous les chrétiens qu'ils ne pensaient ni ne parlaient de rien d'autre que de la manière de se préparer eux-mêmes à les imiter et les suivre ».

Les jésuites continuaient à rendre William Adams

responsable de leurs malheurs. On trouve dans leur correspondance privée de multiples plaintes concernant ses « malicieux et très vils rapports », et ils ne tardèrent pas à l'accuser publiquement. L'auteur d'un ouvrage intitulé *A Briefe Relation of the Persecution Lately Made Against the Catholike Christians in the Kingdome of Japonia* (« Un bref récit de la persécution dont les chrétiens catholiques ont été dernièrement victimes au royaume du Japon ») désigne Adams comme le principal coupable. Si la noblesse japonaise s'est retournée contre les jésuites, c'est qu'elle y a été « incitée par les paroles d'un pilote anglais, qui parle très amèrement contre nos religieux et contre les Espagnols », écrit cet auteur qui accuse Adams d'avoir rendu « leurs personnes odieuses au shōgun, et tout ce qu'ils font suspect ». L'élite qui détenait le pouvoir tout entier a été « pas un peu provoquée par les sottes paroles d'un certain pilote », lit-on dans un autre ouvrage dans lequel Adams est accusé d'avoir raconté à Hidetada que les jésuites étaient en réalité des soldats déguisés venus au Japon pour « faire la guerre contre eux et, les ayant vaincus, prendre leurs royaumes et États ».

Adams avait, il est vrai, formulé de telles accusations pour se venger de ceux qui avaient tenté de le faire crucifier et fait beaucoup de tort aux religieux étrangers, mais ceux-ci étaient eux-mêmes responsables dans une grande mesure de leurs malheurs. Ils avaient provoqué la colère du shōgun en se battant aux côtés des rebelles pendant le siège d'Osaka, et avaient menacé l'ordre féodal d'une manière persistante en exigeant une obéissance totale des Japonais qu'ils convertissaient. Ils avaient, crime encore plus odieux, enfreint l'édit de Hidetada. Contrairement à Ieyasu qui avait maintes fois « fermé les yeux », Hidetada était déterminé à agir. Prenant moins d'intérêt que son père au commerce avec l'étranger, il avait pour objectif principal de renforcer le contrôle qu'il exerçait sur le Japon, et était résolu à écraser quiconque défierait son autorité. S'il lui fallait massacrer les chrétiens – européens et japonais confondus –, il le ferait sans hésiter.

Les Anglais se rendirent compte que la situation se gâtait rapidement et observèrent avec attention la manière dont elle évoluait. Ils avaient remarqué que, bien que nombreux à Nagasaki, les chrétiens laïcs y avaient été jusque-là épargnés. La chose était d'autant plus surprenante que Hasegawa, le gouverneur de la ville, était fanatiquement antichrétien. Mais, très occupé, ce personnage confiait le règlement des affaires quotidiennes à son adjoint, Murayama Toan, qui s'était converti au christianisme quelques années plus tôt.

Tout le monde savait ce qu'il en était, mais les autorités avaient choisi jusque-là de fermer les yeux. Cependant, pendant la période tendue qui suivit les exécutions survenues à Omura, Toan fut dénoncé par un de ses ennemis les plus acharnés. Il fut accusé, avec tous les membres de sa famille, d'être chrétien et de « protéger des jésuites et des frères qui étaient ennemis de l'État ». Il nia avoir financé les menées secrètes des jésuites, mais refusa obstinément d'abjurer sa foi. Son attitude inflexible provoqua la colère des autorités qui le condamnèrent à être brûlé vif avec toute sa famille. L'ordre fut exécuté avec l'efficacité qui caractérisait les Japonais.

« On pense qu'une grande persécution va s'ensuivre à Nagasaki », prédit Cocks. Les événements lui donnèrent raison, et la vindicte des autorités s'abattit tout entière sur la ville. Un grand nombre des églises qui y avaient été édifiées avaient été détruites à la suite du premier édit, mais il en restait quelques-unes comme la magnifique Santa Casa da Misericordia. Dans l'effort fait pour éradiquer le christianisme, la moindre chapelle, église ou tombe fut cette fois démolie pierre à pierre. Les Anglais, qui assistaient, fascinés, à toutes ces destructions, prédisaient la fin du catholicisme. «Tout est entièrement mis à bas, note Cocks, et toutes les tombes et sépultures ouvertes, et les os des hommes morts sortis.»

Ajoutant aux malheurs des catholiques, Hidetada fit «ériger des pagodes» sur les lieux où les églises les plus riches et les plus prestigieuses s'étaient élevées. Il ordonna aussi que «des prêtres païens y vivent, pensant déraciner entièrement la mémoire des chrétiens au Japon». Il exigea que les petites chapelles privées fussent elles aussi détruites et que les arbres plantés par les chrétiens à la mémoire de leurs défunts fussent coupés. «Tous lesdits arbres et autels sont entièrement abattus, et le sol aplati, note Cocks, tel est son désir d'arracher le souvenir de toutes ces choses.» Quand les équipes de démolition envoyées par Hidetada eurent fini leur travail, tous les édifices chrétiens de Nagasaki étaient en ruine, tandis que les cimetières étaient parsemés d'os humains et de corps pourrissants et couverts de mouches.

Ce fut non sans quelque malice qu'Adams et Cocks assistèrent au sort fait aux pères jésuites, mais la colère de Hidetada les surprit l'un et l'autre par sa violence, et la démolition des églises leur inspira une certaine inquiétude. «Je ne me réjouis pas de cela», écrivit Cocks à Sir Thomas Smythe tout en se déclarant heureux qu'il soit devenu possible aux Anglais de se promener à Nagasaki sans se faire insulter par les habitants, qu'ils soient religieux ou laïcs. «Au temps de cet évêque, on ne pouvait pas passer dans les rues sans être appelé *Lutranos* et *herejos*», écrivit-il, ajoutant: «Aucun d'eux n'ose à présent ouvrir la bouche pour prononcer un tel mot.» Les hommes d'Église qui avaient autrefois essayé de tuer William Adams étaient réduits au silence, et les quelques âmes courageuses qui se trouvaient encore au Japon étaient exposées à des dangers extrêmement graves.

Les persécutions ne tardèrent pas à frapper les Japonais convertis au christianisme. À l'automne 1619, alors que Cocks passait quelques jours à Kyoto, il entendit dire qu'un spectaculaire autodafé allait avoir lieu. S'étant renseigné, il apprit qu'il n'y aurait pas moins de cinquante-deux suppliciés au nombre desquels se trouveraient les habitants chrétiens les plus dévots de la ville qui seraient brûlés vifs dans le lit du fleuve Kamo, alors à sec. Des familles entières se trouveraient parmi les condamnés, ainsi que de nombreuses mères qui avaient obstinément refusé d'abjurer leur religion et qui seraient accompagnées de leurs enfants.

Très fréquentes au Japon, les exécutions publiques d'un grand nombre de condamnés attiraient toujours beaucoup de monde. Une grande excitation régnait la veille des supplices du feu qu'entourait une mise en scène barbare. Les spectateurs participaient à l'organisation de la cérémonie en aidant à préparer le bûcher et à ficher en terre les poteaux auxquels les victimes seraient attachées. «Lorsque quelqu'un doit être brûlé, la chose est annoncée publiquement et proclamée la veille au soir afin que chaque maison proche de l'endroit [...] apporte deux, trois, quatre ou cinq fagots de bois à brûler», raconte un Hollandais, Reyer Gysbertsz. Cette description concerne une exécution postérieure à celle dont Cocks fut témoin, mais toutes étaient aussi brutales et horrifiantes. Les fonctionnaires locaux revêtaient leurs plus beaux habits et arrivaient tôt sur les lieux pour superviser l'aménagement du bûcher. «Autant de poteaux qu'il y avait de personnes devant être brûlées étaient plantés et le bois était disposé à une distance d'environ six pieds des poteaux», continue le même témoin. Lorsque tout était en place, les condamnés étaient amenés et ligotés aux poteaux avec une corde attachée à l'un de leurs bras. À mesure que la chaleur des flammes s'intensifiait, ils faisaient des soubresauts et des bonds sous l'effet de la douleur, se ridiculisant tandis qu'ils s'acheminaient vers la mort affreuse qui les attendait.

Les cinquante-deux chrétiens qui périrent sous les yeux de Cocks furent amenés sur le lieu de leur supplice dans des charrettes. Les femmes et les petits enfants avaient été placés au milieu du convoi tandis que les hommes et les jeunes garçons ouvraient et fermaient la marche. Tandis que ce solennel cortège se dirigeait vers le Kamo, un crieur public annonçait la décision des autorités à la foule assemblée : « Le shōgun, souverain du Japon tout entier, désire et commande que toutes ces personnes soient brûlées vives pour être chrétiennes », répétait-il.

Comme les suppliciés étaient nombreux, les bourreaux durent en attacher plusieurs au même poteau. Les hommes furent ligotés ensemble, dos à dos, tandis que les mères et les enfants étaient enlacés. Le spectacle était pitoyable et beaucoup de ceux qui y assistaient avaient les larmes aux yeux. Jamais un supplice du feu n'avait atteint de si vastes proportions et, lorsque la foule prit conscience de ce dont elle allait être témoin, la gaieté carnavalesque qui régnait se transforma brusquement en effroi. L'une des mères, Tecla, allait être brûlée avec ses cinq enfants ; une autre, Madeleine, devait être ligotée avec sa petite fille de deux ans, Régine ; Marthe périrait dans les flammes avec Benoît, son fils âgé de deux ans ; un autre enfant, âgé de huit ans, était aveugle.

La vue des garçonnets et des fillettes qu'on attachait aux poteaux avec leurs parents bouleversait Cocks. « Parmi eux il y avait de petits enfants de cinq ou six ans », raconte-t-il. Les jésuites avaient aidé les victimes à se préparer au martyre et avaient fait circuler parmi eux des conseils sur la manière de supporter leur supplice. « Pendant qu'on vous torture, représentez-vous la Passion de Jésus, lit-on sur une de ces feuilles. Pensez intensément que Sainte Marie, beaucoup d'anges et d'âmes bénies contemplent votre combat du haut des cieux. »

Cocks était présent au moment où le feu fut mis aux fagots et où les flammes commencèrent à lécher les victimes. « Ils ne reniaient pas leur foi chrétienne, même lorsqu'ils souffraient la

Les exécutions et les supplices du feu étaient annoncés publiquement la veille du jour où ils devaient avoir lieu. Les habitants du quartier aidaient à préparer le bûcher et apportaient souvent poteaux, brindilles et bois.

plus terrible agonie », note-t-il ébahi. Ils supportèrent la douleur avec un stoïcisme qui étonna tous ceux qui les voyaient. Les mères caressaient la tête de leurs enfants tandis que le feu grondait et les petits gémissaient doucement lorsque leurs souffrances devenaient insupportables. « Ils furent brûlés dans les bras de leurs mères qui criaient : "Que Jésus reçoive leur âme" », note Cocks d'une plume désespérée. Tecla tenait sa petite Lucie de quatre ans si serrée dans ses bras que, lorsque l'on retira leurs deux corps calcinés du bûcher, on ne put pas les séparer. La foule qui s'était assemblée n'avait jamais assisté à un spectacle aussi émouvant et nombreux étaient les témoins qui pleuraient ouvertement. Ils déclarèrent tous n'avoir plus peur de rien.

L'autodafé de Kyoto fut suivi d'une intensification des persécutions qui touchèrent un nombre croissant de gens. Dans l'immédiat, elles eurent de nouveau pour théâtre Nagasaki où les supplices se multiplièrent. « Seize autres ont été martyrisés, constate Cocks, dont cinq ont été brûlés et le reste décapités ou coupés en morceaux et jetés dans la mer dans des sacs, à deux cents pieds de profondeur. » Parmi ces derniers se trouvait Domingo Jorge, un négociant portugais, accusé d'avoir caché deux jésuites. Il fut condamné à être coupé en morceaux. Toutes brutales qu'elles fussent, ces exécutions ne réussirent pas à tempérer l'enthousiasme du public pour le christianisme, ni à apaiser la soif générale pour les reliques. Les cadavres jetés au fond de la mer eux-mêmes étaient repêchés : « Les chrétiens les ramènent à la surface et les conservent en secret comme reliques », raconte un témoin.

Ce fut une grande chance pour les Anglais qu'Adams eût réussi à convaincre Hidetada qu'ils étaient foncièrement anticatholiques, car ils échappèrent ainsi aux persécutions. Ils n'en continuaient pas moins à courir le risque d'être assassinés par leurs rivaux hollandais et à faire face à une crise financière aiguë. Il y avait quelques peaux de bêtes et du chanvre dans

Au Japon, les autodafés attiraient beaucoup de monde, surtout quand les condamnés étaient chrétiens. « Ils ne renient pas leur foi », constata avec surprise Richard Cocks, même quand ils sont en proie aux douleurs les plus intenses.

leurs entrepôts, mais ils ne trouvaient personne pour acheter de telles marchandises. Ils disposaient aussi de grandes quantités de bois de sapan, mais la surabondance de ce matériau en avait ralenti la vente, et le marché de la soie s'était effondré au cours des mois précédents. Dans leurs conversations, les Anglais n'évoquaient plus les bénéfices qu'ils espéraient faire mais discutaient des moyens de gagner suffisamment d'argent pour subsister. Eaton prédisait qu'ils n'auraient pas de quoi se nourrir au cours de l'hiver et évoqua même cette sombre perspective dans une lettre adressée à Londres : « Il y a ici maintes bouches qui mangent beaucoup, ajoute-t-il dans un post-scriptum désespéré. Que Dieu nous aide ! »

La plupart de ces « bouches » étaient arrivées au Japon au cours des quelques mois précédents. La factorerie de Hirado servait encore de refuge aux trois prisonniers échappés de l'*Angell* avec l'aide d'Adams, et plusieurs autres matelots qui avaient quitté divers navires de passage y vivaient aussi. Ce personnel supplémentaire constituait un réel fardeau pour un établissement qui avait à faire face à une crise grave, car il y avait parmi les nouveaux arrivants beaucoup de malades et de blessés incapables de travailler.

Cinq des huit fondateurs du comptoir étaient restés en vie et Cocks s'en félicitait car il pouvait compter sur leur aide pour cultiver son potager et produire ainsi de quoi manger. Mais en mars 1620, William Nealson tomba gravement malade. Il n'avait jamais joui d'une très bonne santé et la consommation prodigieuse qu'il faisait d'alcool n'arrangeait pas les choses. Après chaque crise, il s'était jusque-là tant bien que mal remis en allant se plonger dans les sources chaudes d'Iki, mais il finit par se sentir trop faible pour être en état de bénéficier de cette cure. Il était « si extrêmement malade », nota Cocks, qu'on pouvait douter qu'il guérisse. Dévoré par la fièvre, il s'était tellement affaibli qu'il ne pouvait plus quitter son lit. Le voyant « ruiné par une consomption », Cocks était convaincu que sa fin était proche. Un jour de mars – la date exacte n'a pas été notée – il rendit le dernier soupir. La factorerie avait perdu un de ses membres les plus turbulents et les plus indisciplinés.

Le défunt était mort intestat, mais les employés de la factorerie jurèrent tous que, de son vivant, « étant en bonne et parfaite mémoire », il avait désigné Cocks comme son héritier. Ce dernier fut sincèrement touché et se repentit des dures paroles qu'il n'avait pas épargnées au défunt. « Si Dieu m'avait appelé à Sa merci avant Mr Nealson [...], il aurait eu autant de moi », confia-t-il à son journal.

La mort de Nealson porta un coup au moral de Cocks et de ses collègues. Tout ivrogne et bon à rien qu'il était, il faisait partie de l'équipe qui avait fondé la factorerie anglaise au Japon. Ces hommes étaient fiers d'avoir vécu aux confins de la planète et d'avoir surmonté toutes les épreuves que cela comportait ; la confiance qu'ils avaient en leurs propres capacités avait crû à mesure que les années passaient. Mais ils perdirent peu à peu courage en voyant leur nombre diminuer et ils commencèrent à se demander lequel d'entre eux serait le prochain à tomber malade ou à se faire tuer. Peacock et Carwarden avaient disparu depuis longtemps, assassinés et noyés en Cochinchine, Wickham avait expiré à Bantam. Après la mort de Nealson, il ne restait plus que quatre des hommes qui avaient fondé la factorerie : Cocks, Eaton, Sayers et Adams. Mais ce dernier n'était pas, lui non plus, en bonne santé. Cocks était incapable de déterminer l'exacte nature de la maladie dont son collègue était atteint, mais il s'agissait peut-être d'une résurgence de l'affection dont il avait souffert à son retour de Cochinchine. Le paludisme était endémique sur les côtes de ce pays tropical, la chose était connue, et il est tout à fait possible qu'Adams eût été en proie à une crise de cette maladie débilitante. Il avait été, il n'y avait pas longtemps, suffisamment vigoureux pour défier Cocks à la course en canot. Quelques jours plus tard de telles prouesses sportives étaient interdites à cet homme de cinquante-cinq ans dont les forces se mirent à décliner d'une manière catastrophique.

C'était un coup très dur pour Cocks et pour son équipe. Contrairement à Nealson, dont la contribution aux activités de la factorerie avait été quasi inexistante pendant les sept années qu'il avait passées au Japon, Adams avait apporté au comptoir anglais une aide d'une importance cruciale. À chaque crise, ses concitoyens s'étaient tournés vers lui. Ils avaient compté sur lui pour obtenir d'être reçus en audience par le shōgun, ils s'étaient servis des amis qu'il s'était faits parmi les négociants japonais. C'était lui qui leur avait évité la faillite en 1616 en se rendant au Siam, lui encore qui avait découvert la vérité à propos de la mystérieuse disparition de Peacock et de Carwarden. Trois des habitants de la factorerie – les hommes qu'il avait aidés à s'échapper du navire hollandais où ils étaient prisonniers – lui devaient leur salut et les autres n'avaient supporté l'existence qu'ils menaient au Japon que grâce à son aide et à ses conseils. Il était maintenant alité, malade et sans force ; il ne guérirait pas, ses compatriotes durent bientôt se rendre à cette évidence.

Il en était conscient lui-même. Le 16 mai 1620, il fit venir Cocks et Eaton près de son lit afin de leur dicter ses dernières volontés. « Moi, William Adams, marinier, qui ai résidé au Japon l'espace de quelque dix-huit ou vingt années, étant malade dans mon corps mais de parfaite mémoire – gloire et louange soit au Dieu Tout-Puissant –, fais et ordonne ceci, mon présent testament [...]. »

La rédaction de ce document demandait mûre réflexion car Adams était riche. Outre le domaine qu'il possédait à Hemi et la maison de ville dont il était propriétaire à Edo, il avait accumulé la somme de cinq cents livres, considérable pour l'époque. Il fit deux parts de ses biens, l'une devant aller à sa famille anglaise dont il était séparé depuis longtemps, l'autre à Joseph et Susanna, nés de son épouse japonaise. Quant à l'enfant qu'il avait eu à Hirado de sa servante, aucune mention n'en était faite.

Adams tenait à ce que sa fille anglaise, Deliverance, fût la bénéficiaire principale de la fortune qu'il laissait, et il précisa que la première Mrs Adams ne devrait recevoir que la moitié de la somme qui leur était destinée à toutes les deux, le reste devant aller à la seule jeune personne. « Car ce n'était pas son idée que sa femme eût tout, laquelle pourrait épouser un autre mari et enlever tout à son enfant », note Cocks.

Les proches que le mourant avait au Japon n'étaient pas oubliés. À Cocks, il légua son précieux globe terrestre, ses cartes maritimes et ses plus belles épées et à Eaton tous ses livres et ses instruments de navigation. Sa belle collection d'armes alla à son fils Joseph, tandis qu'Osterwick, Hudson et deux autres Anglais recevaient chacun un de ses kimonos. Bien que fréquemment accusé d'être « hollandisé », Adams ne laissa rien à aucun de ses soi-disant collègues étrangers.

Cocks et Eaton, qui étaient ses principaux exécuteurs testamentaires, le regardèrent avec tristesse écrire la phrase finale de son testament : « Et donc, ici j'ai apposé ma main, ceux dont les noms sont ci-dessous étant mes témoins. » Ce furent les dernières lignes qu'il traça. À peine avait-il signé le document que son souffle se fit plus faible et que la vie le quitta. Le samouraï William – le premier Anglais à avoir posé le pied au Japon – n'était plus. Sa mort marquait la fin d'une époque.

On n'a aucune certitude quant à l'endroit où il est enterré. Sa tombe se trouve peut-être dans le petit cimetière anglais de Hirado situé au flanc boisé des collines surplombant la ville. Mais elle peut tout aussi bien être à Hemi, dans le domaine où sa femme japonaise devait éventuellement reposer. C'est à la plume de Cocks que l'on doit l'éloge funéraire de son ancien collègue. Le maître facteur paya un magnifique tribut à l'homme qui avait permis aux Anglais de s'établir au pays du Soleil Levant et d'y survivre : « Je ne peux qu'être affligé de la perte d'un homme tel que le capitaine William Adams, lequel eut la faveur de deux empereurs japonais comme jamais ne l'eut un chrétien dans ces parties du monde », écrivit-il, évoquant ensuite l'extraordinaire ascendant exercé par son compatriote. « Il aurait pu librement entrer et s'entretenir avec les empereurs, là où beaucoup de rois japonais se tenaient dehors et n'auraient pas été admis », se souvient-il.

Le prestige dont Adams avait joui était assurément immense. Il avait joué un rôle important dans l'expulsion des jésuites, et c'était grâce à lui que les Anglais de Hirado avaient échappé aux effets des édits antichrétiens du shōgun. C'était à lui que ses compatriotes devaient d'avoir survécu aux longues années qu'ils avaient passées au Japon. L'énorme influence qu'il avait exercée à la cour avait disparu avec lui. Cocks et les quelques compagnons qui lui restaient encore n'auraient dorénavant plus personne pour plaider leur cause auprès du shōgun régnant, personne pour défendre leurs intérêts.

Cocks fut profondément affecté par la mort d'Adams. Son séjour au Japon touchait à sa fin, il le pressentait depuis longtemps ; le décès de son collègue lui rappela brutalement que le temps lui était à lui aussi compté : il avait largement dépassé la cinquantaine et il sentait la vieillesse approcher à grands pas.

À sa surprise, il s'aperçut que l'idée de quitter le pays du Soleil Levant ne l'attristait plus. Dans une lettre écrite à Sir Thomas Smythe au printemps de 1620, il s'avoua « tout à fait las du Japon ». Les efforts qu'il avait faits pour établir des relations commerciales avec la Chine et le Siam avaient complètement échoué, et la factorerie continuait à vaciller au bord de la ruine. La menace de la faillite qui avait pesé constamment sur lui avait eu raison de son optimisme et il était « sans espoir de rien de bon à faire au Japon ».

Son incapacité à se constituer une fortune personnelle pendant les sept ans qu'il avait passés à Hirado était pour lui une source de préoccupations encore plus grave. Contrairement à Wickham, qui s'était surtout soucié de se remplir les poches, il ne s'était livré qu'occasionnellement au commerce privé. Il avait, par ailleurs, vécu sur un grand pied, dépensant sans compter l'argent dont il disposait en nourriture, femmes légères et poissons rouges de collection. Mais c'était Matinga qui lui avait coûté le plus cher. Au fil des années, il lui avait offert des bijoux, des étoffes de soie et de satin ; il avait loué une maison pour elle à Hirado et avait engagé plusieurs servantes et domestiques. Au bout du compte, il apprenait qu'elle le récompensait de ses bontés en le trompant. Elle s'est conduite avec « vilenie », note-t-il dans son journal, et « a mal usé d'elle-même avec six ou sept personnes ».

Cocks craignait depuis longtemps que son mode de vie luxueux ne fît penser aux marchands de Londres qu'il se livrait à un commerce illicite. Dans une lettre à Sir Thomas Smythe, il affirme avoir toujours fait preuve de probité et d'honnêteté. « J'étais pauvre en quittant l'Angleterre et j'y retournerai en mendiant », insiste-t-il. Il essaya aussi de justifier les dépenses faites pour les fêtes qu'il donnait en soutenant que ces réceptions servaient essentiellement à promouvoir les affaires de la factorerie. « Vos Honneurs ne trouveront jamais que j'ai été joueur ou dissipé », plaide-t-il.

Il en était encore à se demander comment il allait diriger le comptoir anglais sans l'aide d'Adams lorsqu'il reçut une nouvelle aussi étonnante qu'inattendue. Le 23 juillet 1620, il entendit dire qu'un grand vaisseau anglais avait été aperçu au large des côtes de Hirado et qu'il constituait l'avant-garde d'une vaste flotte. Il ne s'agissait pas d'une rumeur. Entré dans le port à bord du *James Royal* qu'il commandait, le capitaine

Martin Pring confirma l'arrivée imminente d'une immense armada, et annonça que les Hollandais et les Anglais, qui se faisaient une guerre non déclarée depuis plus de quatre ans, étaient maintenant alliés. La nouvelle était saisissante. Un pacte avait été signé entre les compagnies rivales de Londres et d'Amsterdam, et les hostilités avaient été suspendues. Ce n'était pas seulement de rétablir le *statu quo* qu'il était question. L'accord prévoyait la création d'une « flotte de Défense » commune à laquelle participeraient des navires appartenant aux deux pays. Elle aurait pour mission de « faire butin et saccage de tous les Portugais et Espagnols, où qu'ils soient rencontrés ».

Cocks pouvait à peine croire à sa bonne fortune. Il avait perdu un protecteur – Adams –, mais en voyait un autre prendre immédiatement sa place. Trois navires – le *Moon*, l'*Elizabeth*, et le hollandais *Trouw* – entrèrent bientôt à leur tour dans la baie à la suite les uns des autres. Quelques jours plus tard on vit arriver le *Palsgrave* suivi d'une petite escadre. La présence de ces bâtiments changea tout du jour au lendemain, la paix fut faite entre les factions ennemies, et le blocus de la factorerie anglaise fut levé. Cocks et Specx se réconcilièrent tant bien que mal et se virent encouragés par leurs supérieurs respectifs à reprendre une collaboration autrefois sévèrement critiquée.

Ce fut avec une grande joie que le personnel misérable et à court de vivres de la factorerie anglaise, encore affligé par la mort prématurée d'Adams, apprit l'accord surprenant qui avait été passé. « C'est une nouvelle bienvenue pour ceux qui vivent ici, et pour tous les autres qui sont gens honnêtes », écrivit Eaton. Il y avait des mois que les Anglais vivaient sous la menace d'une mort imminente et ne pouvaient sortir de leur factorerie que sous la protection de gardes japonais. Ils dormiraient dorénavant sans craindre d'être attaqués. La flotte qui venait d'arriver leur apportait la sécurité, des approvisionnements dont ils avaient un besoin désespéré, et quatre coffres remplis de pièces d'argent.

Mille matelots indisciplinés, impatients de prendre du plaisir dans les bordels du port, débarquèrent aussi des bateaux. Les proxénètes de Hirado, ravis, virent dans leur arrivée une magnifique occasion de se remplir les poches. « Lorsque nos hommes marchent dans les rues, écrit Cocks, les Japonais les appellent aimablement et leur donnent du vin et des putains jusqu'à ce qu'ils soient ivres, et les dépouillent de tout ce qu'ils ont (les laissant parfois complètement nus). »

Adams avait toujours prévenu qu'il était dangereux de laisser des marins insoumis envahir la ville de Hirado. Ce conseil était plus que jamais judicieux, mais dans l'excitation du moment, il fut ignoré. Les plaisirs orientaux dont on pouvait jouir sur la terre ferme enchantèrent tant certains des hommes que toutes leurs économies passèrent de leurs poches dans celles des prostituées. D'autres, qui préféraient faire le coup de poing, attaquaient quiconque leur barrait la route. Quelques-uns d'entre eux en vinrent aux mains avec la population locale. « Étant ivres, ils se colletèrent avec des Japonais et tirèrent leurs couteaux », raconte un témoin. Mal leur en prit, car ils furent arrêtés et traînés jusque dans un terrain vague où ils firent connaissance sans attendre avec les châtiments infligés au Japon. Ils furent décapités et « laissés dans les champs pour être mangés par les corbeaux et les chiens ».

Il était inévitable que des rumeurs concernant leurs bagarres et leur dévergondage parviennent jusqu'à Java, aux oreilles de Richard Fursland qui, nommé depuis peu président du conseil de Défense de l'Angleterre, les accueillit avec colère et mépris. Il n'y avait pas là de quoi s'étonner car ce personnage puritain se faisait de la discipline une idée très stricte et avait juré de débarrasser la Compagnie des Indes orientales de ses éléments les moins respectables. La purge avait commencé à Java où les facteurs les plus incompétents avaient été renvoyés en Angleterre, déshonorés ; d'autres furent punis pour s'être mal conduits. L'un d'eux, John Vincente, d'origine italienne, fut mis aux fers après avoir été pris en flagrant délit avec une prostituée.

Un lamentable spectacle se présenta aux yeux de Fursland lorsqu'il porta son regard plus loin, en direction de l'est : tout n'y était que dégénérescence et insolvabilité. Plusieurs factoreries situées dans des régions reculées étaient abandonnées depuis longtemps ; le commerce avec les Moluques était presque au point mort et, dans la mer de Banda, les Anglais avaient perdu le dernier îlot producteur de muscade qu'ils possédaient depuis que l'héroïque résistance des hommes qui s'y étaient maintenus avait cessé. Les petites factoreries de Jambi, à Sumatra et de Pattani sur la côte malaise, étaient couvertes de dettes et « presque en ruine ». Le facteur de ce dernier établissement devait plus de cent vingt livres et il lui était interdit, par ordre du souverain, de quitter le pays. La situation n'était pas moins déprimante à Ayuthia. Le rêve qu'avait nourri Lucas Antheunis d'un comptoir qui devrait sa prospérité au commerce avec le Japon ne s'était pas réalisé.

La flotte de Défense n'avait pas non plus remporté les succès spectaculaires qu'on attendait d'elle. La première fois qu'en janvier 1621 elle s'était aventurée dans la mer de Chine du Sud, elle était mal commandée. La riche proie portugaise dont elle avait l'intention de s'emparer lui avait échappé et elle n'avait pu se saisir que de cinq jonques chargées de marchandises sans grande valeur. Sa seconde tentative ne fut pas non plus une réussite. L'attaque qu'elle lança contre Macao fut repoussée par les Portugais, et le butin qu'elle prit aux bâtiments qu'elle parvint à capturer servit en grande partie à rééquiper ses propres navires. Fursland décida alors de redéployer les navires anglais qui faisaient partie de la formation. Cette initiative hardie sonna le glas de l'alliance anglo-hollandaise. L'esprit de coopération qui avait présidé à sa création fut étouffé avant même qu'aucun bénéfice eût pu en être tiré.

Le président du conseil de Défense s'était aussi promis de mettre fin au chaos qui régnait à Hirado. L'existence, dépravée à ses yeux, que le personnel de la factorerie y menait l'horrifiait. Les histoires de banquets, de fêtes et de danseuses qui lui revenaient aux oreilles lui déplaisaient particulièrement et, choisissant Cocks comme bouc émissaire, il le déclara responsable des malheurs du comptoir commercial et dénonça auprès des marchands de Londres les bacchanales auxquelles il se livrait. « Non seulement elles consomment beaucoup de votre bien, mais elles ruinent entièrement la plupart de vos hommes par leur très bestial mode de vie », leur écrivit-il. Son dégoût se mua en écœurement lorsqu'il entendit parler d'échanges de partenaires, de concubines et d'enfants illégitimes. « C'est une misère de savoir que des hommes d'âge si avancé se laissent si misérablement aller à la volupté, sans considérer ce qu'ils dépensent pour cela », remarque-t-il.

Désirant voir la détestable conduite des facteurs de Hirado punie, il décida de les convoquer à Java. Au printemps 1622, il envoya un message au Japon ordonnant à Cocks, Eaton et Sayers « qui sont depuis longtemps au Japon » de quitter ce pays.

Cocks n'avait aucune intention d'obtempérer. Il était terrifié à l'idée d'être tenu pour responsable de tous les malheurs de la factorerie de Hirado, et non moins inquiet du désordre qui régnait dans ses livres de comptes. Il prit le parti de refuser de quitter le Japon, prétendant, pour justifier sa désobéissance, que ses registres n'étaient pas à jour. Se méprenant sur l'humeur dans laquelle était Fursland et ne se rendant pas compte du sérieux de la situation dans laquelle il se trouvait, il adopta le ton de la plaisanterie pour écrire à son supérieur qu'il ne pouvait pas se présenter devant lui avec des comptes inexacts. «Votre Honneur m'ordonnerait de m'en retourner, comme un vieux sot que je suis, et de les refaire», remarqua-t-il.

Fursland mit plusieurs mois à recevoir la réponse de Cocks. Celui-ci jouit ensuite de la protection des vents qui lui offrirent un répit de quatre mois supplémentaires en empêchant Fursland d'envoyer le moindre bateau à Hirado. Pendant cette période incertaine, le maître marchand mena une existence plus tranquille, s'occupant de son verger bien-aimé, donnant à manger à ses poissons rouges et revivant par le souvenir les dix années qu'il avait passées au Japon. Nombreux étaient les moments heureux qui lui revinrent à l'esprit : les voyages entrepris pour aller à la cour du shōgun, les festins partagés avec les courtisans, les visites dans les temples et les fêtes organisées par les moines bouddhistes. Il se sentait fier d'avoir fondé, aux confins de l'univers, un comptoir commercial qu'un voyage en mer de deux ans séparait de l'Angleterre et dont il avait maintenu les comptes dans un équilibre plus ou moins précaire. Il était également fier d'avoir veillé avec succès sur la santé de ses hommes et de leur avoir fourni des distractions et des amusements qui n'auraient même pas effleuré l'imagination de certains d'entre eux. Et pourtant, il savait que rien de tout cela n'aurait été possible sans Adams, l'ange gardien méconnu de la factorerie anglaise.

Après la mort de son compatriote, il était resté en contact avec son épouse à laquelle il envoyait de petits cadeaux. En mars 1622, il lui fit parvenir une grande quantité de soie blanche, de tissu damassé et de taffetas destinés à Joseph et à Susanna. Il offrit aussi de l'argent et proposa de payer les études du jeune garçon. Lorsqu'il rendit visite à la famille à l'occasion du Noël qui suivit la mort d'Adams, il donna à Joseph le sabre et la dague de son père, ce dont l'adolescent lui fut très reconnaissant. « Des larmes furent versées à cette occasion », se rappelle Cocks.

Joseph reçut aussi un don d'une valeur bien plus grande encore. Peu de temps après la mort de son père, le shōgun le fit venir et lui conféra les privilèges accordés à William Adams plus d'une douzaine d'années plus tôt. « Il confirma la seigneurie à son fils, que l'autre empereur avait donnée au père », note Cocks. Joseph Adams hérita aussi des droits dont avait joui son père sur le domaine de Hemi, sur ses villages et ses rizières.

Ce fut le cœur lourd que les Anglais virent le *Bull* entrer dans le port de Hirado, voiles gonflées par les premiers vents de l'été. Son capitaine apportait une lettre qui, écrite par Fursland d'une plume toujours furieuse, ne comportait aucune ambiguïté. Adressée avec mépris à « Mr Cocks et le reste », elle reprochait à ces hommes la « grande désobéissance » qui les avait poussés à contrevenir aux ordres qu'ils avaient reçus. « Ce qui vous a incités, nous ne savons pas », continue Fursland qui se disait choqué que quelqu'un « de tant d'années » n'eut pas appris à obéir à ses supérieurs.

La première partie de la lettre du président de la Défense était remplie de menaces voilées, la seconde d'ordres. Cocks était sommé de remettre tous ses pouvoirs entre les mains de Joseph Cockram – chargé de fermer la factorerie – ainsi que ses livres de comptes. Il devait aussi se faire verser l'argent dû par Li Tan par lequel il avait été « trop longtemps dupé ». L'idée que Cocks refuserait une fois de plus de s'embarquer préoccupait tellement Fursland qu'il terminait sa lettre en répétant les ordres donnés au début, de peur, disait-il, « que, les ayant lus dans la première partie ci-dessus, vous ne les oubliiez avant d'arriver à la fin ».

Cocks sentit son cœur se serrer en lisant cette lettre. Elle signifiait qu'il allait devoir quitter non seulement le Japon mais aussi le service de la Compagnie des Indes orientales.

Si les marchands de Londres décidaient de cesser de lui verser des gages, il finirait ses jours dans la misère. C'était, sous le règne de Jacques Ier, une perspective terrifiante pour un gentilhomme anglais, surtout si, comme lui, il lui restait peu d'amis encore en vie dans son pays natal.

La fermeture de la factorerie prit un certain temps. Il y avait des dignitaires à prévenir et une visite au shōgun et à sa cour s'imposait. Le délai fut aussi occupé à distribuer de petites sommes d'argent aux domestiques de la factorerie et à charger à bord du *Bull* les quelques marchandises qui se trouvaient dans l'entrepôt. Ce n'était que «pacotille et fatras», dirait plus tard Fursland, et il avait probablement raison. Il y avait peu de chose de valeur à emporter en quittant le Japon. Cocks et ses hommes cherchèrent à gagner du temps et passèrent les quelques jours qui leur restaient à faire des adieux larmoyants. Le 22 décembre, tout atermoiement était enfin devenu impossible. «Beaucoup d'habitants de la ville vinrent avec leurs femmes et leurs familles prendre congé des facteurs, certains pleurant de les voir partir», raconte un témoin. La détresse particulièrement profonde de Kamizo, la maîtresse de William Eaton, était compréhensible : elle se séparait à la fois de son compagnon et de son fils. Elle supplia Cocks de veiller sur le gamin et devait bientôt lui écrire pour lui demander son aide : «Je compte sur vous plus que sur son propre père [...]. Soyez assez bon, je vous le demande, pour prendre grand et doux soin de lui», le suppliait-elle.

Les Anglais étaient eux aussi désolés de quitter les femmes et les enfants qu'ils aimaient. Eaton serra sa fille, Helena, dans ses bras, et Sayers fit des adieux définitifs à sa maîtresse et à leur fille. Cocks était le seul à ne pas regretter de se séparer de Matinga, la créature infidèle qui lui avait coûté une fortune. En dépit des efforts qu'il avait faits pour démentir les plaisanteries dont sa virilité avait souvent été l'objet, il n'avait pas réussi à l'engrosser.

Le 23 décembre 1623, quelques facteurs hollandais et un grand nombre « d'amis japonais » vinrent à bord du *Bull* pour dire un dernier au revoir aux voyageurs. Le capitaine Cockram était impatient de hisser les voiles mais, ému par les larmes versées autour de lui, il décida de retarder le départ afin de permettre à une ultime soirée de fête d'avoir lieu. Les convives s'en donnèrent une dernière fois à cœur joie jusque tard dans la nuit, et le port de Hirado plongé dans l'obscurité résonna du bruit de leurs ébats accompagnés de musique.

Il était tard lorsque les derniers invités regagnèrent la terre et la nuit était très avancée. Les voyageurs eurent juste le temps de se reposer quelques heures avant que le soleil n'apparaisse au-dessus de l'horizon et que l'équipage ne soit appelé sur le pont. Le *Bull* leva l'ancre et ses grandes voiles se déployèrent. Un vent du nord souillait et il y avait de la neige dans l'air. La journée s'annonçait froide en mer.

La ville s'estompa jusqu'à ce que ses maisons ne fussent plus qu'une masse indistincte et que le palais fût à peine visible. La terre prit ensuite l'aspect d'un mirage, ses sombres montagnes escarpées et couvertes de pins se découpant sur le ciel. Hirado disparut rapidement dans le lointain. Après y avoir séjourné dix ans, six mois et douze jours, les Anglais abandonnaient le Japon.

Le discrédit qui les accompagnait les menaçait depuis des années. Ils auraient pu espérer se racheter s'ils étaient arrivés à Londres chargés de trésors – les lingots d'argent dont la Compagnie était tellement avide. Mais la factorerie de Hirado avait fait faillite, ils n'avaient rien à rapporter en Angleterre. Seuls ses bâtiments abandonnés – les entrepôts et les habitations qui avaient coûté si cher à construire – témoignaient des rêves de la Compagnie des Indes orientales. Et ces solides bâtisses elles-mêmes n'étaient pas destinées à durer longtemps. Battues par les ouragans et endommagées par la pluie, elles furent vite en ruine et ne tardèrent pas à s'écrouler. Au bout de quelques années, toute trace de la présence des Anglais avait disparu. Ils auraient aussi bien pu n'être jamais venus.

La compagnie avait depuis longtemps l'intention de faire porter la responsabilité de l'échec subi au Japon à Richard Cocks. Mais le maître facteur était un homme brisé. Son rappel avait eu raison de sa fougue. Las et déprimé, il était « d'une disposition irritable et fantasque ». Il était d'ailleurs gravement malade, frappé par une dangereuse maladie tropicale contractée peu après son départ. Il rendit le dernier soupir durant le long voyage qui le ramenait à Londres et sa dépouille fut confiée à la mer « sous une décharge d'artillerie ».

Edmund Sayers mourut lui aussi avant d'arriver à destination, et Eaton resta le seul membre de l'équipe qui avait fondé la factorerie à rentrer en Angleterre. Il réussit à éviter d'être censuré en opposant l'inertie à l'enquête menée par la Compagnie. Interrogé sur sa conduite dévergondée, il se contenta de « réponses froides et incertaines », et les marchands dégoûtés se désintéressèrent de lui. Bien qu'ayant vécu jusqu'à un âge respectable, il ne fut jamais plus employé par la Compagnie des Indes orientales.

Les Anglais avaient quitté le Japon de mauvais gré et menacés de disgrâce, mais c'était à point nommé qu'ils étaient partis. Peu après leur départ, Hidetada avait en effet été remplacé en tant que shōgun par son fils Iemitsu, un personnage sadique qu'animait une haine passionnée des étrangers. Il se mit en devoir de les chasser du pays avec une barbarie telle qu'on n'en avait jamais encore vu de semblable. Les jésuites furent les premiers à souffrir de son acharnement. Les quelques pères vivant encore au Japon subirent les tortures les plus atroces, et les convertis qui refusaient d'abjurer leur foi connurent le même sort. Ce fut ensuite le tour des marchands portugais qui, expulsés en 1637, se virent interdire de jamais revenir. Un de leurs vaisseaux ayant enfreint cet ordre, tous les hommes qui se trouvaient à son bord furent saisis et décapités. Les Hollandais ne furent pas épargnés. Adams n'étant plus là pour défendre leurs intérêts, ils durent quitter Hirado et se virent confinés à Deshima, une minuscule île de la baie de Nagasaki. Bien qu'autorisés à exercer une certaine activité commerciale, ils étaient étroitement surveillés et n'avaient le droit d'avoir aucun contact avec la population locale.

Le Japon était entré dans une période appelée *sakoku* – pays fermé. Les turbulents étrangers et leurs querelles intestines avaient fini par lasser ses dirigeants. Après un siècle de contacts avec le monde extérieur, les fenêtres ouvertes jadis se refermaient, et l'accès à ses marchés lucratifs et à ses villes était interdit aux commerçants. Les quelques marins qui s'aventurèrent au large de ses côtes ou qui eurent le malheur d'y échouer furent arrêtés, torturés et tués.

Plus de deux cents ans allaient s'écouler avant que des Anglais – et d'autres étrangers – ne remettent le pied sur le sol de ce royaume oriental. Lorsqu'ils finirent par y revenir et furent autorisés à visiter les pagodes et les temples de Tokyo, les Britanniques furent étonnés de découvrir que William Adams n'avait pas été oublié. Ils s'entendirent raconter l'histoire fabuleuse de l'ascension de leur compatriote à la cour. On leur dit qu'il avait été à la fois porte-parole, conseiller, mentor et oracle. Le titre dont il avait été honoré, le domaine dont il était devenu le maître et l'extraordinaire amitié qui l'avait lié au shōgun avaient marqué d'une façon durable l'esprit des Japonais. Pour manifester le respect qu'il leur inspirait, ils avaient donné à un district de Tokyo le nom d'Anjincho, quartier du pilote.

Ils n'avaient pas non plus oublié le nom de William Adams dans leurs prières. Dans l'ombre sacrée du temple de Jodoji, proche de l'endroit où se trouvait autrefois sa maison de ville, les fidèles s'assemblaient très nombreux chaque année pour honorer sa mémoire. Ils avaient choisi cet endroit comme lieu de pèlerinage parce que c'était là, disait-on, que le pilote anglais venait faire ses dévotions.

Deux siècles plus tôt, il s'était tenu humblement devant le panthéon des divinités. Maintenant, dans la lumière vacillante des lampes et des bougies, des foules venaient communier dans le souvenir d'Anjin Sama, le marin de Limehouse dont le nom était encore célèbre dans le pays tout entier.

Tandis que d'épaisses vapeurs d'encens remplissaient l'air et que les cloches sonnaient à l'approche du crépuscule, elles évoquaient l'âme du samouraï William.

NOTES ET SOURCES [1]

William Adams et ses compagnons ont laissé une grande quantité de lettres et de journaux décrivant la vie qu'ils menèrent au Japon. Mais ces documents manuscrits – dont la plupart se trouvent à la British Library – sont extrêmement difficiles à déchiffrer. Jusqu'à une période récente, quelques-uns seulement avaient été publiés, dans des versions souvent peu satisfaisantes. Le pittoresque *Journal* de Richard Cocks par exemple, imprimé pour la première fois en 1883 par la Hakluyt Society, avait été impitoyablement expurgé par ses éditeurs.

Au cours des recherches entreprises pour camper le personnage du Samouraï William et pour rédiger le livre qui lui est consacré, j'ai eu la chance d'avoir accès à de nouvelles versions établies par des érudits. L'ouvrage en deux volumes d'Anthony Farrington, *The English Factory in Japan, 1613-1623*, publié en 1991 par la British Library, est indispensable. Il contient toutes les lettres et les journaux de bord d'Adams, ainsi que la correspondance de ses collègues, et on y trouve également les livres de comptes de la factorerie, ainsi que divers testaments et journaux intimes. Il remplace avantageusement le *Memorials of the Empire of Japan in the Sixteenth and Seventeenth Centuries* publié par la Hakluyt Society en 1850.

1. Ces notes et sources étant l'œuvre de l'auteur, elles renvoient aux ouvrages qu'il a lui-même consultés en langue originale.

Le *Journal* de Richard Cocks, publié en trois volumes entre 1978 et 1981, est lui aussi précieux (voir les notes du chapitre VIII), et contient tout ce qui avait été supprimé dans la version de 1883.

A World Elsewhere, Europe's Encounter with Japan in the Sixteenth and Seventeenth Centuries, magnifique ouvrage de Derek Massarella publié par Yale University Press en 1990, fournit une analyse détaillée des activités des Anglais et des Hollandais au Japon et examine les raisons du déclin économique de la factorerie de Hirado.

L'histoire des missions catholiques au Japon a fait l'objet de peu de recherches. Le *Christian Century in Japan* publié par Cambridge University Press reste, bien que datant de 1951, l'ouvrage de référence sur ce sujet. Il vaut mieux le lire parallèlement à *They Came to Japan : An Anthology of European Reports on Japan, 1543-1640* de Michael Cooper, publié par Thames & Hudson en 1965, qui contient de larges extraits de l'*Historia del Principio y Progresso de la Compania de Jesus en las Indias Orientales*, du père Alessandro Valignano, de l'*Historia do Japao* et de *Cartas*, du père Luis Frois, et de l'*Historia da Igreja do Japao*, du père Joao Rodrigues.

Joao Rodrigues's Account of Sixteenth-Century Japan de Michael Cooper, publié par la Hakluyt Society en 2002, complète utilement *This Island of Japan, Joao Rodrigues' Account of 16th Century Japan*, du même auteur, publié à Tokyo et New York par Kodansha International en 1973.

Les neuf volumes du monumental *Asia in the Making of Europe* publié par University of Chicago Press entre 1965 et 1993 fournissent une excellente vue d'ensemble de la période. Les renseignements sur le Japon figurent surtout dans le volume 3, livre 4, chapitre 23. La *Kodansha Encyclopaedia of Japan*, publiée par Kodansha à Tokyo, constitue un autre ouvrage de référence extrêmement précieux.

Les livres cités plus loin sont pour beaucoup épuisés et

quelques-uns – surtout ceux publiés après la Seconde Guerre mondiale – ne sont pas disponibles en Grande-Bretagne. La collection la plus complète de documents relatifs à la présence des Anglais au Japon se trouve à Tokyo, à la Japan Foundation.

Les références complètes concernant chacun des ouvrages en question apparaîtront dans les notes figurant dans les pages suivantes, à la première mention qui en sera faite.

Prologue

La description la plus pimentée et la plus pittoresque de la conception que les élisabéthains avaient du monde se trouve dans les douze volumes de *The Principal Navigations, Voyages, Traffiques and Discoveries of the English Nation*. Richard Hakluyt, l'auteur de cet ouvrage, y a rassemblé une masse de témoignages de première main fournis par des capitaines et des marins revenus de voyages les ayant conduits aux quatre coins du monde, aux Indes, en Afrique et en Amérique. Il ne parle qu'en passant du Japon où les Anglais ne s'étaient pas encore rendus. Publié d'abord dans sa totalité entre 1598 et 1600, cet ouvrage fut réimprimé par la Hakluyt Society entre 1903 et 1905 sous la forme de suppléments aux publications de cet organisme.

William Adams appartenait à une génération dont les horizons s'élargissaient sans cesse. C'est chez l'aventurier de l'Arctique George Beste qu'on trouve exprimé avec le plus d'enthousiasme et d'éloquence le sentiment, nouveau à l'époque, d'une possible globalité du monde. On peut lire le texte qu'il écrivit pour servir de préface au récit de l'expédition entreprise en 1576 par Martin Frobisher dans *Three Voyages of Martin Frobisher*, publié en 1867 par la Hakluyt Society.

Chapitre I

On trouve un compte rendu des voyages des premiers Européens à avoir visité le Japon et de leurs impressions, en même temps qu'une évaluation de la véracité des récits qu'ils firent, dans le chapitre I de *Christian Century in Japan*, de C. R. Boxer. Michael Cooper, l'auteur de *Southern Barbarians, The First Europeans in Japan*, publié par Kodansha International en 1971, s'intéresse surtout à la présence des jésuites au Japon ; cet ouvrage illustré contient de larges extraits empruntés à Frois et à Rodrigues. Le quatrième volume de *Francis Xavier, His Life, His Times*, le monumental ouvrage de Georg Schurhammer publié en 1982 à Rome par le Jesuit Historical Institute, confie une documentation supplémentaire sur les premiers aventuriers portugais ; voir en particulier les notes 95-118 des pages 260 et suivantes.

La première traduction en anglais de *Peregrinaçam*, de Fernao Mendes Pinto, a paru en 1663 sous le titre de *The Voyages and Adventures*.

L'histoire de la famille Otomo fait l'objet d'un traitement assez détaillé dans *The Cambridge History of Japan*, publiée par Cambridge University Press en 1993 ; voir le volume 4, publié sous la direction de John Whitney Hall, pp. 350-355.

L'aperçu donné dans les pages de mon livre de l'histoire du Japon durant le *sengoku jidai* (la période des guerres civiles) est en grande partie tiré de *A History of Japan during the Century of Early Foreign Intercourse, 1512-1651*, de James Murdoch et Isoh Yamagata, d'abord publié à Kobe en 1903 par l'Asiatic Society of Japan.

On peut lire le jugement porté sur les Japonais par Jorge Alvarez dans le premier chapitre de *Christian Century in Japan*, de C. R. Boxer. La mission de François Xavier au Japon est décrite en détail dans la biographie que Georg Schurhammer a consacrée à ce saint. Les notes contenues dans le volume 4 contiennent de longues citations empruntées à des sources originales.

La meilleure description de l'activité des négociants portugais au Japon se trouve dans *The Great Ship from Amacon* de C. R. Boxer publié en 1959 par le Centro de Estudios Historicos Ultramarinos. Un compte rendu, année par année, des voyages de commerce y figure, ainsi que des extraits de documents japonais officiels.

Chapitre II

Le récit de la désastreuse expédition conduite en 1580 par Pet et Jackman se trouve dans le volume 3 des *Principal Navigations* de Richard Hakluyt. Y figurent aussi les ordres donnés par William Borough, pp. 259-262 ; les jugements du Dr Dee, pp. 262-263 ; les notes de Richard Hakluyt, pp. 264-275 ; le journal du voyage, pp. 282-303.

A History of Travaile de Richard Willes a été publié en 1577 ; ce que cet auteur dit de la Chine et du Japon se trouve aussi dans *Principal Navigations* de Richard Hakluyt. La description qu'on y lit des « monstrueuses moustaches » des habitants de Hokkaido ne doit rien à l'imagination de Willes : voir à ce sujet les illustrations qui accompagnent *Alone with the Hairy Ainu*, de Savage Landor, publié par John Murray en 1893.

Les navigateurs qui s'aventuraient dans l'Arctique craignaient tous les icebergs qui constituaient un grave danger pour les navires élisabéthains. On en aura une image qui parle à l'imagination en lisant « A True Report » de Thomas Ellis dans *The Third Voyage of Martin Frobisher to Baffin Island*, publié par James McDermott, Hakluyt Society, 2001, pp. 197-200.

La liste des biographies consacrées à William Adams figure dans les notes du chapitre 5. En tant qu'apprenti de Nicholas Diggins, ce personnage a dû être en mesure de lire les ouvrages suivants : William Boume, *A Regiment for the Sea*, 1571 ; Martin Cortes, *Art of Navigation* (traduit en anglais par Richard Eden et publié en 1561) ; Lucas Waghenaer, *Spieghel der Zeevaert, 1585.* En 1585 il était un pilote expérimenté et ses lettres révèlent qu'il possédait au moins quelques instruments de navigation.

Chapitre III

Le récit le plus complet du voyage qui conduisit William Adams au Japon se trouve dans *De Ries van Mahu en de Cordes*, publié sous la direction du Dr F. C. Wieder. Cet ouvrage en trois volumes publié par la Lindschoten Society en 1923 et 1925 contient une quantité de renseignements concernant les capitaines, l'équipage, le matériel, les armes et les objectifs de l'expédition. Il n'est malheureusement disponible qu'en néerlandais et je suis infiniment reconnaissant à Marjolein van der Valk qui en a traduit pour moi de longs passages.

Un récit plus bref du voyage d'Adams existe en anglais. Il s'agit de la traduction faite en 1703 du *Recueil des Voyage*s, de Constantine de Renneville, parue en 1702 sous le titre de *Collection of Voyages Undertaken by the Dutch East India Company.* On peut d'autre part lire en anglais des extraits du récit fait par Sebald de Weert dans le deuxième des vingt-quatre volumes de *Purchas, His Pilgrims*, de Samuel Purchas, publié à nouveau dans la série des suppléments de la Hakluyt Society entre 1905 et 1907. Les récits faits par William Adams lui-même et rédigés entre 1605 et 1611 environ figurent dans *The English Factory in Japan*, d'Anthony Farrington.

Pour brosser un tableau du contexte historique, j'ai puisé dans d'autres récits faits par des contemporains. Les renseignements concernant le scorbut m'ont été fournis par *The Hawkins Voyages*, de Sir Richard Hawkins, publié par la Hakluyt Society en 1878, p. 138 et suivantes, et par le *Voyage to the East Indies*, de Sir James

Lancaster, publié par la Hakluyt Society en 1877. Au sujet du danger que représentait le pot au noir, voir *The Troublesome Voyage of Edward Fenton*, Hakluyt Society, 1959. Pour plus de détails sur les îles du Cap-Vert, voir la description que fait Sir Richard Hawkins dans *The Hawkins Voyages* et celle que l'on trouve dans le récit de la circumnavigation de Thomas Cavendish qui figure dans *Principal Navigations* de Hakluyt, volume 11, p. 291 et suivantes. Pour plus de détails sur les voluptueuses habitantes de l'Afrique de l'Ouest, voir *Description and Historical Account of the Gold Kingdom of Guinea*, faite par Pieter de Marres en 1602 et publiée en anglais par Oxford University Press en 1987.

Un bon compte rendu des explorations menées par les Hollandais figure dans *The Cradle of Colonialism*, de George Masselman, publié par Yale University Press en 1963.

Chapitre IV

Le séjour d'Alessandro Valignano au Japon est raconté en grand détail par J. F. Moran dans *The Japanese and the Jesuits*, publié par Routledge en 1993. L'auteur de cet ouvrage rend compte des tentatives faites par les jésuites pour s'intégrer à la société japonaise et décrit l'imprimerie qu'ils y faisaient fonctionner. On peut y lire de longues citations extraites de plusieurs des œuvres de Valignano, de son *Sumario*, de son *Historia del Principio* et de ses *Advertimentos*, parfois connus en Angleterre sous le titre de *The Customs and Ceremonies of Japan*. C. R. Boxer examine lui aussi l'action de Valignano dans son *Christian Century in Japan* et Michael Cooper fait de même dans *Southern Barbarians*.

Il existe de l'arrivée du *Liefde* deux récits dus à des Portugais qui figurent l'un et l'autre dans *The Travels of Pedro Teixeira*, Hakluyt Society, 1902. On peut lire entre autres des extraits de *Decada Decima* de Diogo de Couto et *Relaçam Annual* de Fernao Gerreiro.

La peur de la crucifixion ressentie par Adams n'avait rien d'un fantasme. La description faite par Carletti, qui se trouve dans les pages de ce livre, a été empruntée à Michael Cooper, *They Came to Japan*.

La ville d'Osaka créait une forte impression sur tous les étrangers qui la visitaient, comme le faisaient aussi les magnifiques maisons de ville des marchands. On peut lire la description qu'en ont faite Luis Frois et Joao Rodrigues dans *They Came to Japan*.

La seule biographie qui existe en anglais de Ieyasu est celle de L. Sadler, *The Maker of Modern Japan, The Life of Tokugawa Ieyasu*, Allen & Unwin, 1937. Les intrigues ourdies par ce shōgun et les batailles qu'il a livrées sont traitées en détail dans *A History of Japan* de James Murdoch et Isoh Yamagata. Un chapitre entier de cet ouvrage est consacré à la bataille de Sekigahara.

Le meilleur compte rendu que l'on possède d'une audience accordée par Ieyasu est celui fait par Rodrigo de Vivero y Velasco, reproduit dans *They Came to Japan*. Les détails crus que l'on doit au père Diego de San Francisco au sujet des prisons japonaises sont cités dans l'ouvrage de Murdoch et Yamagata, volume 2, p. 604.

Chapitre V

Plusieurs biographies et essais ont été consacrés à William Adams ; il n'y est en général fait que brièvement allusion aux relations qu'il entretint avec Saris, Cocks et avec ses autres collègues.

The First Englishman in Japan, de P. G. Rogers, publié par Harvill Press en 1956, fournit une utile vue d'ensemble ; *Servant of the Shogun*, de Richard Tames, publié par Paul Norbury Publication, 1981, est assez précis bien que court. Parmi les récits faits antérieurement, on peut citer d'Arthur Diosy « In Memory of Will Adams » dans *Transactions and Proceedings of the*

Japan Society, London, 1906 ; et « Englishman or Samurai : The Story of Will Adams » par Ilza Vieta in *Far Eastern Quarterly*, 5, Wisconsin, 1945. William Corr est l'auteur de *Adams the Pilot*, publié plus récemment par la Japan Library en 1995, et de *Orders for the Captain*, publié à compte d'auteur par Wild Boar Press, Sakai, 1999. Ces deux ouvrages contiennent des renseignements intéressants mais leur lecture exige une certaine connaissance de l'histoire de la période.

Adams a décrit lui-même dans les lettres qu'il a écrites le rôle qu'il a joué en tant que charpentier de marine ; le pittoresque épisode concernant le frère Juan de Madrid est relaté dans une lettre en date du 10 novembre 1614 adressée par Cocks à Sir Thomas Wilson. Savoir ce qu'il advint des autres survivants du *Liefde* n'a pas été facile. Des allusions à leur sort se trouvent dans des récits hollandais et d'occasionnelles mentions de leurs noms figurent dans la correspondance de Cocks et de ses collègues.

La description de Nagasaki doit beaucoup aux paravents japonais, les *fryobu*. L'histoire de la *Nossa Senhora de Graça* (également connue sous le nom de *Madre de Deus*) est racontée en grand détail par C. R. Boxer dans « The Affair of the Madre de Deus » in *Transactions and Proceedings of the Japan Society*, 26, 1929. L'*Histoire de la Religion Chrétienne au Japon 1598-1651*, de Léon Pages (Charles Dounion, Paris, 1867-1870), contient une bonne description de la bataille navale. Pour plus de détails sur l'arrivée de Jacques Specx et de ses compagnons, voir *Hollanders in Hirado*, de W. Z. Mulder (Fibula van Dishoeck, 1985) ainsi que *A World Elsewhere* de Derek Massarella et *The English Factory in Japan* d'Anthony Farrington. Voir aussi *Jan Compagnie in Japan* de C. R. Boxer (Martinus Nijhoff, La Haye, 1936).

Le compte rendu des visites faites par Specx à la cour du shōgun se trouve dans le septième des dix volumes du *Recueil des Voyages* de Constantine de Renneville publié en 1725. On trouve une description de la mission de Sebastian Vizciano dans *They Came to Japan* de Michael Cooper, ouvrage dans lequel on peut aussi lire le récit de la visite du gouverneur des Philippines, Rodrigo de Velasco y Vivero, qui avait précédé Vizciano au Japon. Voir aussi à ce sujet E. M. Satow, «The Origin of Spanish and Portuguese Rivalry in Japan» in *Transactions of the Asiatic Society of Japan*, 1890.

Chapitre VI

Le meilleur ouvrage d'histoire qui ait été rédigé sur la Compagnie anglaise des Indes orientales est celui de John Keaw, *The Honourable Company*, Harper Collins, 1991. Il en existe d'autres, intéressantes quoique un peu dépassées, parmi lesquelles *The East India Company*, de Marguerite Wilbur, Stanford University Press, 1945, et *Ledger and Sword*, de Beckles Willson (deux volumes), Longmans, 1903.

La description faite de Bantam dans les pages de ce livre doit beaucoup au journal d'Edmund Scott publié dans *The Voyage of Sir Henry Middleton to the Moluccas*, 1604-1606, Hakluyt Society, 1943, ainsi qu'aux journaux de bord des capitaines de l'époque qui se plaignent tous de «ce lupanar puant».

Le récit du voyage à bord du *Globe* se trouve dans *Peter Floris, His Voyage in the «Globe»*, The Hakluyt Society, 1934. Pour plus de détails au sujet de la factorerie anglaise au Siam, voir John Anderson, *English Intercourse with Siam in the 17th Century*, Kegan Paul, 1890. John Huyghen van Lindschoten fait une excellente description des Indes orientales et de l'Indochine au XVIe siècle dans *Voyage to the East Indies*, Hakluyt Society, 1885. Les lettres d'Antheusis et de ses compagnons se trouvent dans *Letters Received by the East India Company*, dont il existe six volumes publiés par divers éditeurs (1896-1902).

Pour plus de détails sur la correspondance entre Jacques Ier et le shōgun, voir Derek Massarella, «James Ist and Japan», *Monumenta Nipponica, 38*, Tokyo, 1983.

Le journal tenu par le capitaine Saris pendant le voyage qui le conduisit au Japon a été publié en 1900 par la Hakluyt Society sous le titre de *Voyage to Japan, 1613*. Des lettres figurent dans l'appendice de cet ouvrage, ainsi qu'une description des marchandises faisant l'objet d'échanges commerciaux en Orient. Cet ouvrage ne couvre que la traversée de Bantam à Hirado et les mois passés par Saris au Japon. Pour la première partie du voyage, voir Takanobu Otusuka, *The First Voyage of the English to Japan* by John Saris (deux volumes), Tokyo, 1941. Des détails concernant les querelles survenues à bord figurent dans *Letters Received.*

Chapitre VII

Pour l'arrivée du *Clove* au Japon, les sources principales sont le *Voyage to Japan of Saris* et le *Journal* de Richard Cocks (voir les notes du chapitre VIII).

Les témoignages d'Européens au sujet de la manière désinvolte dont la violence était pratiquée au Japon sont nombreux. Les remarques faites par le père Joao Rodrigues publiées en traduction dans *They Came to Japan* de Michael Cooper figurent dans *Historia da Ingreja do Japao*, dont ce jésuite est l'auteur.

On trouve de fréquentes allusions à Li Tan dans les lettres écrites par les Anglais. L'analyse la plus éclairante faite de son négoce se trouve dans « Li Tan, Chief of the Chinese Residents at Hirado », par Seiichi Iwao, in *Tokyo Bunko Memoirs*, 17, Tokyo, 1958.

Hirado est aujourd'hui une petite ville de province, assoupie mais moderne ; on n'y trouve aucune trace des dix années qu'y passèrent les Anglais. On parle de construire dans son centre plusieurs maisons imitant le style de l'époque de Jacques Ier.

Chapitre VIII

Les « souvenirs » du capitaine Saris figurent dans *The English Factory in Japan* d'Anthony Farrington. Plusieurs articles consacrés à Cocks ont paru récemment. Les meilleurs sont celui de Derek Massarella, «The Early Career of Richard Cocks», in *Transactions of the Asiatic Society of Japan*, 3e série, 20, Tokyo, 1985, et celui de Michael Cooper, «The Second Englishman in Japan», in *Transactions of the Asiatic Society of Japan*, 3e série, 17, Tokyo, 1982. Voir aussi Anthony Farrington, « Some Other Englishmen in Japan», in *Transactions of the Asiatic Society of Japan*, 3e série, 19, Tokyo, 1984.

La seule édition disponible du *Journal* de Cocks a longtemps été celle publiée en deux volumes par la Hakluyt Society en 1883. De nombreux passages intéressants en avaient été supprimés et l'excellent *Diary Kept by the Head of the English Factory in Japan – Diary of Richard Cocks, 1615-1622* (trois volumes) de Shiryo Hensan-jo, Historiographical Institute, Tokyo, 1978-1981, l'a avantageusement remplacé. Cet ouvrage n'a, malheureusement, eu qu'un tirage limité.

Les récits décousus dus à la plume de Cocks figurent dans *The English Factory in Japan* d'Anthony Farrington, mais on peut aussi lire Peter Pratt, *History of Japan Compiled from the Records of the English East India Company*, publiée en deux volumes sous la direction de M. Paske-Smith par J. L. Thompson à Kobe en 1931. Un bref, mais néanmoins bon article consacré à la factorerie figure dans L. Riess, « History of the English Factory at Hirado, 1613-1622 », in *Transactions of the Asiatic Society of Japan*, 26, Tokyo, 1898. Voir aussi M. Paske-Smith, *A Glimpse of the English House and English Life at Hirado, 1613-1623*, Kobe, 1927. Plusieurs articles ont paru récemment dans *Study of Hirado City History*, publié par la Commission d'historiographie de Hirado. Un plan au sol de la factorerie se trouve dans le troisième numéro de cette revue (novembre 1997). La description la plus détaillée de l'établissement figure dans *A World Elsewhere* de Derek Massarella.

La description faite par Francesco Carletti de la prostitution telle qu'elle était pratiquée à Nagasaki figure dans *They Came to Japan* de Michael Cooper. On trouve d'autres détails passionnants au sujet des habitudes des Japonais touchant à la propreté et à l'alimentation, ainsi que des renseignements concernant leur conception de l'architecture et de l'art dans *This Island of Japon*, du père Joao Rodrigues qui fait, en particulier, une longue description de la cérémonie du thé.

On doit au père Lourenço Mexia une description de l'acupuncture, qui se trouve reproduite dans *They Came to Japan* de Michael Cooper. Voir aussi Engelbert Eaempfer, *History of Japan* (volume 3, p. 263 et suivantes), qui a fait l'objet d'une deuxième édition à Glasgow, en 1906.

Chapitre IX

Le récit du retour de Saris en Angleterre est tiré de l'introduction à son *Voyage to Japan, 1613* ainsi que de divers passages du *Calendar of State Papers*, Colonial Series, volumes 2-4, 1862-1878.

Il existe deux versions imprimées du voyage d'Adams à Ryukyu, l'une intitulée «The Log Book ofWilliam Adams, 1614-1619» se trouve dans *Transactions and Proceedings of the Japan Society*, 13, 2e partie, 1915, l'autre figure dans *The English Factory in Japan* d'Anthony Farrington. Le manuscrit original est conservé à la Bodleian Library.

La description des activités des jésuites et de l'édit antichrétien promulgué par Ieyasu en 1614 est principalement tirée de C. R. Boxer, *Christian Century in Japan*. Voir aussi *Southern Barbarians*, de Michael Cooper, et *The Life of Tokugawa Ieyasu*, de

L. Sadler. On trouve un compte rendu détaillé du siège d'Osaka dans *A History of Japan* de James Murdoch et Isoh Yamagata. Un récit plus parlant de cet épisode tiré de lettres écrites par des contemporains, figure dans *Histoire et description générale du Japon* (deux volumes), de Pierre François Xavier de Charlevoix, Paris, 1736.

On peut lire le journal tenu par Rowland Thomas au cours du voyage du *Hosiander* dans *The English Factory in Japan* d'Anthony Farrington (volume 2, pp. 1030-1044).

Chapitre X

Les lettres en provenance de l'Orient mettaient des années pour parvenir à Londres. La collection la plus complète de ce genre de documents se trouve dans *Letters Received* et dans *Calendar of State Papers*. La correspondance n'était dans l'ensemble pas cataloguée à l'époque ; lettres et journaux intimes étaient, selon une description faite en 1682, « dans un état confus, amassés dans le grenier de la maison [des Indes orientales] ».

Le journal tenu par William Keeling pendant l'expédition de 1607 a été publié dans le volume 2 de *Purchas His Pilgrims* de Samuel Purchas ; celui de 1615 a été annoté et publié par Michael Strachan et Boies Penrose dans *The East India Company Journals of Captain William Keeling and Master Thomas Bonnet 1615-1617*, University of Minnesota Press, Minneapolis, 1971. Le journal tenu par John Jourdain pendant le séjour qu'il fit en Orient est publié sous le titre *The Journal of John Jourdain, 1608-1617*, Hakluyt Society, 1905.

La description faite par François Caron du suicide rituel pratiqué au Japon se trouve dans *They Came to Japan*, de Michael Cooper.

Pour plus de renseignements sur le christianisme au Japon, voir *Histoire de la Religion Chrétienne au Japon* de Pages. L'hostilité croissante suscitée par le christianisme a été étudiée en détail par George Elison dans *Deus Destroyed : The Image of Christianity in Early Modern Japan*, Harvard University Press, 1973. Cet ouvrage comporte de longs passages empruntés à des sources originales.

Chapitre XI

Ce chapitre est presque entièrement tiré du *Journal* de Richard Cocks et de *English Factory in Japan* d'Anthony Farrington, lequel contient l'inventaire des biens de Richard Wickham (volume 1, pp. 729-736).

Ce même ouvrage décrit le voyage d'Adams à Ayuthia, ainsi que celui qui le conduisit en Cochinchine sur le *Gift of God* (volume 2, pp. 1128-1140). Cette dernière expédition est aussi racontée dans *The English Factory*, à travers le récit qu'en fait Edmund Sayers.

Chapitre XII

Une partie du *Journal* de Richard Cocks manque, celle correspondant à la période allant de janvier 1619 à décembre 1620. Sa correspondance et celle de ses compagnons ont permis de reconstituer ce qui s'était passé pendant ce laps de temps. Les meilleures lettres de Cocks sont celles adressées à son vieil ami Sir Thomas Wilson.

L'histoire des batailles dont les îles aux épices – et plus particulièrement celles situées dans la mer de Banda – ont été l'enjeu se trouve dans *Nathaniel's Nutmeg: How One Mans's Courage Changed the Course of History*, Hodder & Stoughton, 1999, dont je suis l'auteur (*La Guerre de la noix muscade*, Noir sur Blanc, 2000 ; Libretto n° 368, 2012). On peut aussi y lire le récit de l'attaque dont l'aventurier anglais Sir Edward Michelbourne fut l'objet de la part de pirates japonais.

Le désastreux échec de la mission confiée à Sir Thomas Dale est longuement commenté par George Masselman dans *The Cradle of Colonialism*, de même que l'assassinat de Jourdain. Pour plus de détails concernant le séjour de Dale en Virginie, voir mon *Big Chief Elizabeth : How England's Adventurers Gambled and Won the New World*, Hodder & Stoughton, 2000 (*Les Aventuriers de la Reine à l'assaut du Nouveau Monde*, Noir sur Blanc, 2002).

Chapitre XIII

Le déclin de l'influence des jésuites est examiné en détail par C. R. Boxer dans *Christian Century in Japan*. Les divers épisodes de persécution sont étudiés minutieusement par Masakaru Anesaki dans *A Concordance to the History of Kirshitan Missions* (supplément du volume 6), 1930. Certains des récits les plus intéressants sont ceux publiés, à l'époque, par les jésuites. Voir par exemple Pedro Morejon, *A Briefe Relation of the Persecution Lately Made Against the Catholike Christians in the Kingdome of Japonia*, traduit par William Wright et publié à Saint-Omer en 1619 ; *Exhortation to Martyrdom* (extraits reproduits dans C. R. Boxer, *Christian Century in Japan*) ; *The Palme of Christian Fortitude*, traduit par Edmund Sale et publié à Saint-Omer en 1630. On trouve d'autres descriptions effroyables de tortures dans un ouvrage de François Caron écrit en 1636 et publié en Angleterre en 1663 sous le titre de *A True Description of the Mighty Kingdoms of Japan and Siam*. La version de C. R. Boxer publiée en 1935 par Argonaut Press contient aussi de macabres récits d'autodafés parus pour la première fois en 1637.

Le testament d'Adams a été publié plusieurs fois ; la version la plus exacte est celle que l'on peut lire dans *The English Factory*, d'Anthony Farrington. Pour plus de détails concernant la flotte de Défense, voir Derek Massarella, *A World Elsewhere*, le seul ouvrage où l'incapacité de la flotte à remplir sa mission soit examinée en détail.

William Eaton – le seul facteur à être rentré sain et sauf en Angleterre – devait avoir une santé de fer : il était encore en vie à la fin des années 1660. À cette époque, la Compagnie des Indes orientales, qui envisageait de s'établir de nouveau au Japon, envoya un émissaire le voir chez lui, à Highgate. Il refusa de coopérer et le projet resta sans lendemain.

De nombreuses tentatives ont été faites pour retrouver la trace des descendants d'Adams, mais en vain. Pendant la longue période appelée *sakoku* (pays fermé), quiconque avait du sang étranger dans les veines devait quitter le pays sous peine de mort. Les enfants ou petits-enfants de Joseph Adams, s'ils ont existé, ont tenu leur origine secrète.

SOURCES DES ILLUSTRATIONS

Pages 20, 82, 87, 91, 97, 99, 106 : extraits de *De reis van Mahu en de Cordes door de Straat van Magalhaes naar Zuid Amerika en Japan*, par F. C. Wieder, Lindschoten Society, La Hague,1923.

Pages 27, 117 : détails de *namban byobu* du XVIIe siècle peint par Kano Nizen, Kobe.

Pages 42, 45, 57, 62, 128, 148, 158, 206, 217, 219, 224, 227, 241, 244, 261, 277, 288, 293, 301, 347, 358, 370, 387 : extraits de *Atlas Japannensis* par Arnoldus Montanus, 1670.

Pages 70, 131, 255 : avec l'aimable autorisation du musée Okura Shukokan de Tokyo.

Pages 125, 322 : extraits de *A True Description of the Mighty Kingdoms of Japan and Siam* par François Caron et Joost Schouten, introduction, notes et appendices de C. R. Boxer, Londres, 1883.

Page 141 : extraits de *Zohyo monogatari* par Nobuoki Matsudairaira, Tokyo, vers 1629.

Page 156 : détail de *tawarakasane kosaku emaki*, Tokyo.

Page 177 : extraits de *Premier Livre de l'histoire de la navigation aux Indes orientales* par Willem Lodewyckszoon, Amsterdam, 1609.

Page 187 : extrait de *India orientalis*, Johann Theodor de Bry et Johann Israel de Bry, Francfort, 1607.

Page 195 : détail de *miyako meisho zu byobu*, Tokyo.

Pages 326, 389 : extraits de *De christianis apud Iaponicos triumphis* par Nicolas Trigault, 1625.

TABLE

DU MÊME AUTEUR

Aux Éditions Buchet/Chastel

Le Monde selon Arnold, 2010.

Le Nez d'Edward Trencom, les aventures héroïques et byzantines d'un fromager londonien, 2007.

Aux Éditions Noir sur Blanc

Le Paradis perdu, 1922, la destruction de Smyrne la tolérante, 2010.

Captifs en Barbarie, l'histoire extraordinaire des esclaves européens en terre d'Islam, 2006; Petite Bibliothèque Payot n° 684, 2008.

Samouraï William, l'Anglais qui rompit l'isolement du Japon, 2003; Libretto n° 397, 2012.

Les Aventuriers de la Reine, à l'assaut du Nouveau Monde, 2002; Petite Bibliothèque Payot n° 743, 2010.

La Guerre de la noix muscade, 2000; Libretto n° 368, 2012.

Cet ouvrage
a été reproduit et achevé d'imprimer
en septembre 2012
dans les ateliers de Normandie Roto Impression s.a.s.
61250 Lonrai
N° d'imprimeur : 12-3450

Imprimé en France

Dépôt légal : octobre 2012